KB149575

다문화시민교육

다문화시민교육

– 세계시민을 위한 교육적 탐색

초판 1쇄 펴낸날 | 2024년 1월 5일

지은이 | 이해주·이로미
펴낸이 | 고성환
펴낸곳 | (사)한국방송통신대학교출판문화원
　　　　(03088) 서울시 종로구 이화장길 54
　　　　전화 1644-1232
　　　　팩스 (02) 741-4570
　　　　홈페이지 https://press.knou.ac.kr
　　　　출판등록 1982년 6월 7일 제1-491호

출판위원장 | 박지호
편집 | 신경진·김경민
편집 디자인 | (주)성지이디피
표지 디자인 | bookdesign SM

© 이해주·이로미, 2024
ISBN　978-89-20-04903-3　93370

값 22,000원

다문화시민교육

세계시민을 위한 교육적 탐색

이해주 • 이로미 지음

Education for Multicultural Citizenship

에피스테메
EPISTEME

이제 우리가 원하든 그렇지 않든 다문화사회는 세계적인 현상이 되었다. 우리나라도 예외가 아니다. 이미 한국에 체류하는 외국인의 수가 200만 명을 돌파했으며 국제결혼의 비율도 계속해서 증가하고 있다. 특히 외국인근로자와 국제결혼의 급증으로 국내 다문화가정도 증가했으며 다문화가정의 자녀들도 많아져서 이들의 정체성 혼돈, 중도탈락, 사회적 부적응 등이 문제점으로 지적되고 있다. 이주민들은 언어적 차이로 인한 부적응뿐만 아니라 경제적 어려움과 함께 다양한 형태의 차별과 인권침해로 힘들어한다. 이들이 차별이나 불이익을 받지 않고 평등하게 살 수 있도록 하기 위해 교육과정상의 변혁을 추구하는 교육이 다문화교육이다. 이는 모든 학생들이 학교에서 학업성취를 위해 동등한 기회를 보장받을 수 있도록 교육제도를 바꾸자는 일종의 개혁운동이며, 동시에 각 집단의 문화적 다양성을 존중하면서 전체적인 차원에서 사회적 통합을 지향하는 교육이다.

그런데 현실적으로 다양성을 존중하면서 동시에 사회적 통합을 이루어 나간다는 것이 쉽지만은 않다. 다수집단과 소수집단의 이해가 상충하는 문제가 발생하면 대부분 다수집단의 이익을 지속시키는 방법으로 사회가 재생산되기 마련이다. 그렇기 때문에 교육을 통해 이주민이나 소수민들의 어려움을 인식하고 그들의 문화와 가치를 존중하면서 모두가 동등한 인간으로서 존중받으며 살아갈 수 있는 사회를 만들어 보자는 것이다. 불평등과 차별은 비단 이주민에게만 해당되는 문제가 아니라 성별, 인종, 종교, 장애 등 다양한 차원의 소수자들에게 가해지고 있는 문제이기도 하다.

학교가 주로 다수자의 가치, 문화, 언어를 중심으로 운영되기 때문에 소수자는 적응 자체가 어렵고 학업성취 면에서도 불리한 입장에 있다. 차별적 사회화는 공식적 교육과정뿐만 아니라 잠재적 교육과정을 통해 무의식적으로 영향을 미친다. 그러므로 이러한 악순환의 고리를 깨뜨리기 위해서는 교육제도의 개혁이 필요하다. 그렇다면 우리는 교육을 통해 어떤 변화를 모색해야 하며, 어떤 시민성을 갖춘 시민을 길러 내야 하는가를 고민하면서 교육적 차원의 대안을 마련해야 할 것이다. 그것이 다문화시민교육의 목적이다.

다문화시민교육은 다문화사회에 능동적으로 적응하고 그 사회의 바람직한 발전을 위해 기여할 수 있는 시민의 자질을 함양하도록 하는 교육이다. 이는 한 공동체 내에서 다문화를 이해하고 존중하는 것뿐만 아니라 글로벌 시민으로서 책임을 인식하고 지속가능한 지구를 만들기 위한 실천적 노력까지를 포함한다. 이러한 다문화적 세계시민성은 저절로 만들어지는 것이 아니라 의도적인 교육을 통해 육성된다. 그러므로 진정한 다문화사회의 정착을 위해서는 이주민만이 아니라 선주민도, 그리고 학교의 학생들만이 아니라 지역사회의 성인이나 지역민들도 다문화주의를 수용하고 관용적 태도와 참여적 시민성을 함양해야 할 것이다. 이를 위해 학교만이 아니라 가정과 지역사회의 다양한 평생교육 기관에서 적극적으로 나서서 다문화시민교육 관련 프로그램을 제공, 운영해야 할 필요가 있다.

이 책은 필자가 그동안 집필했던 시민교육 관련 논문을 수정, 보완하여 필요한 부분은 새롭게 쓰고, 이로미 교수님의 다문화 관련 논문을 함께 엮어 '다문화시민교육'이란 제목으로 출간하게 되었다. 공동 저작을 흔쾌하게 수락해 주신 이로미 교수님께 감사드린다. 또한 이 책의 교정과 참고문헌 정리를 성심성의껏 해 주신 이정 TA 선생님께도 고마움을 전한다. 다문화사회의 다양한 차원의 불평등 문제와 지구적 차원의 문제에 대해 좀 더 진지하게 인식하고 함께 실천하고자 하는, 진정한 다문화시민을 육성하는 데 이 책이 도움이 되기를 바란다.

동숭동에서
이해주 드림

차례

다문화사회의 등장과
다문화시민교육

1. 서론

단군신화에서 볼 수 있듯이 한국사회는 예부터 민족주의, 순혈주의적 성격이 강한 편이었다. 하지만 그것의 사실 여부와 상관없이 백의민족에 대한 강한 자부심은 다문화 현상에 대해 부정적 정서로 이어지는 측면이 있다. 그래서인지 한국사회는 다른 나라에 비해 이주민의 본격적 유입이 비교적 늦은 편이었고 그 결과 다문화사회의 등장도 늦어졌다. 필자는 언젠가 신문에서 가수 인순이 씨의 글을 본 적이 있다. 인순이 씨는 어린 시절 학교에서 '백의민족'이란 이야기만 나오면 책상 밑으로 숨고 싶었다고 한다. "괜히 나 하나 때문에 흰 천에 검은 때를 묻힌 것 같아 죄책감을 느꼈다"라고 고백했다. 아이를 낳고서도 한국인으로 기르고 싶었지만 혼혈아가 겪을 차별과 정체성 혼돈으로 방황하게 될까봐 미국으로 건너가 아이를 낳았다고 털어놓았다(중앙일보, 2013). 이 기사를 읽으면서 우리 사회가 가지고 있던 민족주의나 순혈주의가 누군가에게는 차별과 배타성으로 다가올 수 있겠구나 하는 생각이 들면서 인순이 씨가 어린 시절 감당해야 했던 '차별과 고독감'에 대해 미안한 마음이 생겼던 기억이 난다.

세계화의 영향으로 다국적 기업이 증가했고 그에 따라 더 나은 경제적 기회를 희망하는 이주민이 늘어났다. 또한 전쟁이나 폭동을 피해 이주한 난민으로 인해 세계는 다양한 인종, 언어, 종교를 가진 사람들이 혼재하게 되면서 다문화 현상은 이미 보편적인 현상이 되었다. 우리나라도 과거에 비해 외국인 이주민의 수도 훨씬 증가했고, 미디어를 통해 다양한 민족을 만나면서 그 나름대로 다문화사회에 익숙해졌다. 그러면서 차츰 다문화에 대한 이해가 필요하고 다문화주의를 수용해야 한다는 생각이 확장되고 있어 외견상 그 차별의 정도는 줄어들고 있는 듯하다. 하지만 더 깊숙이 들여다보면 아직도 많은 이주민이 '이방인'으로 차별받고 있으며 비인권적 환경에서 살고 있는 경우가 많다. 이러한 상황에서 우리는 어떻게 다문화사회를 이해하고 수용해야 할까? 그리고 모두가 인간답게 존중받으며 더불어 잘 살기 위해서는 사회적 차원에서 어떤 노력을 해 나가야 하며 특히 교육적 차원에서 어떤 변화가 이루어져야 할지 생각해 볼 필요가 있다.

다문화(multiculture)라는 용어는 1941년 미국의 《헤럴드 트리뷴(Herald Tribune)》의 서평에서 사용된 '다문화적 생활양식'이라는 표현에서부터 시작되었다고 한다. 본래 문화의 다양성을 지칭하던 이 용어는 이후 이질적인 문화에 대한 인정과 존중이라는 의미를 내포하게 되면서 민족주의에 근거한 편견과 행동을 지양해야 한다는 의도를 표명할 때 사용되었다(이경윤, 2012). 미국은 원래 이주민에 의해 이루어진 국가이다 보니 오래전부터 문화적, 인종적 다양성으로 인해 여러 가지 사회문제가 발생해 왔다. 당시 미국의 보수주의 학자인 슐레진저(Schlesinger, 1992)는 문화적, 인종적 다양성이 개인주의, 애국심과 같은 미국의 전통적 가치를 약화하고 분열과 분리를 조장한다고 주장했다. 문화적 다양성을 부정적으로 인식하던 보수주의 입장에서는 다양성을 사회 해체에 영향을 미칠 수 있는 위협으로 간주했다. 그리하여 이들은 '동화(同化)주의'를 지향하면서 학생들이 주류문화를 습득하도록 돕는 것이 학교의 일차적 책임이라고 강조했다. 보수주의자들은 '단일문화'를 강조하면서 '사회적 동질화', '민족성의 강화', '이(異)문화 간의 경계설정'이라는 세 가지 요소를 주장했다(Herder, 1966, 이경윤, 2012에서 재인용). 단일문화에서는 대부분 하나의 문화권 속에서 사람들의 행동이 동일한 틀로 유지되도록 규제하기 때문에 그 문화권 내에서 거주하는 대부분의 사람들은 공통적이고 유사한 삶의 형태를 형성한다. 이러한 속성은 한 집단의 문화권에 속한 집단이 다른 문화권에 속한 집단과 명백히 구분될 수 있도록 하면서 한 민족의 특성 유지 및 사회통합을 가능하게 한다. 이런 이유로 보수주의자들은 이문화에 대한 경계 짓기를 열심히 했던 것이다.

반면 진보주의자들은 이주민이 증가하면서 동질화의 개념 자체가 깨지게 되었고 지나친 동화주의는 다른 문화나 민족집단의 정체성 혼란과 가치갈등으로 사회가 오히려 분열될 수 있다고 보았다. 이들은 다양한 민족과 문화가 함께 공존하기 위해서는 민족성에 대한 신화를 무너뜨리고 서로의 문화와 가치를 이해하고 받아들여야 하며, 그렇지 않으면 더불어 살아가기 어렵다고 설명하면서 오히려 문화적 다양성에 긍정적 가치를 부여했다. 진보주의 학자에 속하는 뱅크스(Banks, 2008)는 문화적 다양성은 세계화가 진행 중인 국제사회에 유용한 자원이 되며 시민에게 풍부한 문화적 경험을 제공해 주고 공적 의사결정 시 고려할 수 있는 대안의 수를 늘려 준다고 설명하면서, 교육적 차원에서 다양한 문화의 가치를 존중하고 보전하면서 상이한 문화들이 공존할 수 있도록 시민성의 전환을 주장했다. 그는 '다른 것'을 인정하는 방식을 취해야만 자아와 타인의 공존이 가능하다는 민주적 원리가 해결의 중심 잣대가 되어야 한다고 주장하면서 다문화시민교육의 필요성을 강조했다(Banks, 2008). 특히 오늘날과 같이 세계화된 21세기에 살고 있는 개인은 다양한 종족, 문화, 계층 등과 만나게 되며 동시에 그들 자신도 다양한 문화, 국가, 세계에 대한 다중적 정체성(multiple identity)을 갖게 된다. 다중적 정체성을 가진 시민에게 과거의 획일적 시민성을 강요하는 것은 적절하지 않다. 결과적으로 세계화시대의 시민교육은 다문화사회를 인정하고 나와 다른 가치와 문화를 가진 사람들을 존중하고 그들의 문화나 가치를 수용할 줄 아는 다문화주의적 시민을 길러 내는 교육이어야 한다.

이러한 논리적 배경하에 이 장에서는 우선 다문화사회란 어떤 사회이며, 어떤 문제가 발생하는지 살펴보고 이러한 문제를 해결하기 위한 교육적 방안으로 다문화시민교육을 제시하고자 한다. 그 후 다문화시민교육의 개념과 내용, 방법 등에 대해 살펴볼 것이다.

2. 다문화사회의 특징과 현상

다문화사회는 다양성과 역동성을 특징으로 한다. 동일한 공간과 장소에 여러 가지 문화가 존재하면 서로 다른 생활양식과 준거가치를 가진 사람들 간에 갈등과 긴장이 유발될 가능성이 크다. 어느 사회에서나 선주민은 자신들만의 문화, 언어, 사회제도를 갖고 살아왔기 때문에 그렇지 않은 타인들이 들어오면 경계하기 마련이다. 그래서 이주민은 선주민의 놀림과 따돌림, 폭력과 폭언에 시달리는 경우도 많다. 이주민은 언어적 어려움, 사회에 대한 부적응 등으로 인해 어려움을 겪으면서 주변인으로 살아가게 된다. 이러한 문제는 이민 1세대에만 일어나는 현상이 아니라 대를 이어 나타난다. 예컨대, 다문화가정의 아동은 언어적 불편과 적절한 지도 및 지원 부족으로 학교에서도 잘 적응하지 못하여 낮은 학업성취도, 중도탈락으로 이어지는 경험을 하기도 한다. 그 후 그들은 노동시장 진입에서도 어려움을 겪게 되며 나아가서 사회적으로도 소외될 수 있다. 사회의 주변부에서 빈곤과 인권 이하의 상황에서 살면서 사회적 불만, 부적응자로 이어질 수도 있다. 이미 이러한 현상들은 미국이나 유럽의 다문화사회에서 발생했던 문제들이다.

이주민이 증가하면 대부분 초기에는 이주민이 주류사회에 진입하기 위해 가능하면 주류문화에 동화하려는 노력이 이루어진다. 하지만 시간이 지나 어느 정도 정착하면 자신들의 독립적 정체성을 유지하면서 살고자 하는 욕구가 커진다. 이러한 과정에서 집단 간, 문화 간의 몰이해와 충돌, 편견과 차별의 문제 등이 수면으로 떠오른다. 다문화사회의 도래로 발생하는 문제들은 다양하다. 물론 국가나 상황에 따라 조금씩 다르게 나타나지만 대체로 개인적인 차원에서 겪게 되는 정체성의 혼돈과 가치관의 갈등, 국가적인 차원에서 빚어지는 문제, 전 지구적 차원에서 국제사회 전체에 걸쳐 나타나는 문제로 나누어 볼 수 있다.

첫째, 개인적 차원에서 빚어지는 문제로는 정체성의 혼돈 또는 가치갈등의 문제가 있다. 미시적인 차원에서 다문화시대에 살고 있는 개인은 기존 국민 국가의 구성원으로서의 정체성뿐만 아니라 자신의 출신 배경, 언어, 성 등에 따라 또 다른 문화적 정체성을 갖고 있기 때문에 이주국의 국적을 갖고 각기 나름대로 적응했다고 하더라도 근본적인 차원에서 자신의 정체성이나 가치상의 혼란을 겪게 된다. 사람들은 일반적으로 자신의 문화공동체 안에서 사회화되며, 그렇게 만들어진 가치관이나 정체성을 기준으로 옳고 그름에 대한 판단과 행동을 한다. 그런데 그러한 정체성이 다원적일 때 그리고 각각의 공동체가 요구하는 가치나 신념이 다를 때 사람들은 정체성의 갈등을 겪는다. 예를 들면 한국 사람이 미국으로 이주했을 경우, 그는 한국인으로서의 정체감과 미국인으로서의 정체성을 모두 가질 수 있다. 그러나 그중 하나만 선택할 수밖에 없는 경우가 일어난다면, 일원적 정체감만이 옳은 것이라는 가치관은 그에게는 스트레스가 될 수 있으며 가치와 문화 갈등으로 인한 어려움을 겪을 수 있다. 또한 그것을 감추다 보면 그 자체가 억압요인으로 작용할 수도 있다. 한편 선주민의 경우에도 이주민이 증가하면 타 문화의 유입으로 자신들의 문화가 훼손되는 것은 아닌지 혹은 자신들의 몫을 이주민에게 빼앗기는 것은 아닐지 등의 의구심을 가질 수 있다. 또한 그들에 대한 분노와 미움을 갖게 될 수 있고, 이는 나아가 집단 간 분쟁과 갈등의 원인이 될 수도 있다.

둘째, 국가적 차원에서는 선주민과 이주민 간의 갈등과 차별 문제를 지적할 수 있다. 이주민의 증가는 다양한 민족 간의 문화적 충돌과 가치관의 갈등을 가져올 뿐만 아니라 집단 간 차별과 배제라는 문제를 심화시켜 사회 전체적인 차원에서 불평등과 차별 문제가 제기될 수 있다. 이는 사회적 통합을 저해하는 요인으로 작동할 수 있으며 국가 내 사회적 신뢰감을 깨뜨려 사회불안을 야기할 수 있다. 이러한 문제들은 이주민뿐만 아니라 선주민에게도 부정적인 영향을 미치게 된다. 대부분의 경우 주류집단에 비해 이주민의 사회적 조건이 불리한 경우가 많다. 이를테면 우리나라에 코리안드림을 가지고 이주해 왔으나 여러 가지 차별적 상황 속에서 제대로 정착하지 못할 경우, 한국사회에 대한 분노와 피해의식을 가질 수 있다. 궁극적으로 이들도 한국시민이기 때문에 동등한 시민으로 포용하지 못한다면 사회통합을 저해할 수 있으며 정의로운 사회의 구현을 어렵게 만들 수 있다.

셋째, 전 지구적 차원에서 세계화의 현상은 다국적 기업에 의한 국제시장질서의 왜곡, 그로 인한 세계적 차원의 소득격차, 빈곤의 확대 등을 가져왔으며, 문화적 다양성을 인정하지 않음으로써 생기는 다양한 양태의 테러, 폭동, 전쟁, 지구의 생명악화 등 세계적 차원의 문제를 가져왔다. 물론 기업의 세계화로 상품과 자본의 이동이 가능해지고 그로 인해 경제적 기회도 확장되기 때문에 글로벌 기업이야말로 세계적 부를 창출하는 강력한 엔진 역할을 했다고 주장하는 사람도 있다. 하지만 이로 인해 불평등이 세계적인 차원에서 심화되고 인류의 생존이 위험할 정도로 지구의 생명 보존체계가 망가지고 있다는 비판도 제기되고 있다.

그렇다면 이제 우리는 '어떻게 이러한 문제를 해결할 수 있을까?' 하는 질문에 대해 고민하고 대답해야 한다. 세계적인 이주현상은 계속해서 증가할 것이며 그에 따라 다문화사회가 더욱 가속화될 것임은 명확하다. 다문화사회의 문제점을 최소화하면서 모두가 함께 잘 살 수 있는 사회를 만들기 위해 우리는 어떻게 해야 할까? 우리는 어떤 시민성을 갖춘 시민을 길러 내야 할까? 이러한 질문에 답하기 위해 우선 다문화사회의 특징과 핵심 가치에 대해 살펴보기로 하자.

3. 다문화사회의 의미와 핵심 가치

1) 다문화사회와 다문화주의

다문화사회란 다양한 문화적 배경을 가진 민족이나 집단들이 하나의 국가 혹은 지역사회에 함께 거주함으로써 형성되는 사회와 그 현상을 일컫는다(이경희, 2015). 하지만 보다 적극적인 의미에서 다문화사회란 문화의 다양성이 존중되면서 함께 잘 어우러져 상생하는 사회를 의미한다. 전자의 의미로 보면 우리 사회는 이미 다문화사회에 접어들었지만, 후자의 의미로 보면 아직 다양한 민족과 문화가 동등하게 존중받고 이해되는 다문화사회가 되지는 못했다고 할 수 있다. 진정한 다문화사회는 인종, 언어, 종교, 성, 계층, 장애 여부 등에 따른 일체의 차별 없이 이질적이고 다양한 문화를 가진 사람들이 서로 존중받으며 평화적인 공존이 가능하도록 사회제도와 문화적 환경이 조성된 사회라고 할 수 있다. 다문화사회는 원칙적으로 문화적 다원주의를 기초로 하는 사회이다. 문화적 다원주의를 인정하고 받아들이는 입장을 다문화주의(multiculturalism)라고 한다. 다문화주의는 접근하는 관점에 따라 다양하게 정의될 수 있지만 세네카의 정의에서 그 의미를 이해할 수 있다(이경희, 2015에서 재인용).

즉, 다문화주의는 국가란 하나의 언어, 하나의 문화, 하나의 민족으로 구성되어야 한다는 국민국가의 원칙을 뛰어넘어 다양한 언어, 문화, 민족, 종교 등을 통해서 서로의 정체성을 인정하고 함께 어우러질 수 있는 사회적 질서를 말한다. 이에 반해 동화주의는 국가통합 또는 사회통합을 기본 원리로 하여 소수집단의 문화, 언어, 생활습관을 보호하고 또 직업이나 교육의 기회에서 인종차별 금지 등 정책적으로 소수를 지원하고 사회참여를 유도한다.

한편 테일러(Taylor, 1989)는 다문화주의를 문화적 다수집단이 소수집단을 동등한 가치를 지닌 집단으로 인정하는 '승인의 정치(politics of recognition)'로 정의했으며, 마르티니엘로(Martiniello, 2007)는 다문화주의를 '다르게 평등하게 살기'로 보았다. 이는 다문화주의를 민주주의 조건과 문화적·민족적 정체성과 다양성의 조화로 본 것이다. 문화적 다양성이라는 점에서 다문화주의의 핵심은 한 사회나 국가 안에 복수의 문화가 있다는 사실을 받아들이고 각 문화가 갖는 고유한 가치를 존중하는 것이다(이경희, 2015). 이는 다문화수용성을 포함하는 개념으로 "자기와 다른 구성원이나 문화에 대해 편견을 갖지 않고, 자신의 문화와 동등하게 인정하고 그들과 조화로운 공존을 위해 협력하고 노력하는 태도"를 의미한다(Hindess, 1993). 이러한 점들을 종합해 볼 때 다문화주의란 다문화적 관점을 수용하는 것으로, 다른 민족이나 문화에 대해 개방적 태도를 가지고 이해하려고 노력하며 각기 문화적 존엄성을 가진다는 점을 받아들이고 그들에 대해 연대감을 갖고 상호 존중하려는 입장이나 태도를 의미한다고 하겠다.

다문화주의와 관련해서는 다양한 관점과 이론이 있지만 실질적으로 다문화주의가 인정되는 사회가 되기 위해서는 다음 세 가지 원칙을 받아들일 수 있어야 한다.

① 각 인종은 인종적 기원을 가지고 있으며 그 점에서 평등하다(equality).
② 모든 인간은 각기 존중받을 만하다(dignity).
③ 정부는 이들에게도 동일한 지원을 해 주어야 한다(equal support).

이는 구체적으로 다문화주의가 실천되기 위해서는 모든 인간이 평등하고 존중받아야 하며, 각 종족집단(ethnic group)이 갖고 있는 문화적 이질성에도 불구하고 모두가 평등하게 사회에 참여할 수 있도록 도와주어야 하며, 정부나 지자체 차원에서는 각각의 문화를 존중하면서 동등하게 지원해 줄 수 있어야 한다는 것을 의미한다.

이를 우리 사회에 적용하여 설명해 보자. 만일 한국사회가 진정한 다문화사회라면, 그리고 진정한 '다문화사회'가 '다문화의 속성을 국가사회에 존재하는 다양한 소수자 세력이 표출하는 다양한 문화적 특성의 이해와 수용'을 전제하는 것이라면, 우리는 다양한 민족, 소수자의 인권 모두를 존중해야 한다. 즉, 여성의 문화, 소수자의 문화 등 다양한 유형의 이질적인 문화를 동등한 문화로 인정하고 그들도 제도권으로 수용하여 동등한 존중과 지원이 이루어질 수 있도록 도와주어야한다. 이것이 '다문화주의'의 진정한 수용이며 바람직한 다문화사회의 모습일 것이다.

2) 다문화사회의 핵심 가치

앞에서 언급한 다문화주의의 원칙이 실생활에서 지켜지는 것은 쉽지 않다. 피상적으로 다른 민족의 특징과 문화를 이해하는 것은 인정할 수도 있겠지만 막상 나의 것을 나누어주어야 한다고 할 때 이를 쉽게 허용하기는 어려울 수 있다. 그러나 다문화주의를 받아들이고, 진정한 다문화사회를 실현시키기 위해서는 세계인권선언(Universal Declaration of Human Rights)에서 천명하듯이 "모든 인간은 태어나면서부터 자유롭고 불가침의 권리를 갖는다"라는 사실을 인정하고 그것을 실천해야 한다. 다문화사회가 실현되기 위한 핵심 가치를 소개하면 다음과 같다.

(1) 인권의 존중

인권은 다문화주의 담론의 확산과 제도화의 근거가 된다. 1948년에 유엔에서 채택된 세계인권선언에서는 지구상의 모든 인간은 선천적으로 소지하고 태어난 것으로 간주되는 불가양의 권리를 가지고 있으며 그 누구도 인종, 피부색, 성, 언어, 종교, 장애 등의 이유로 차별받지 않을 불가양의 권리를 갖고 있다고 천명하고 있다. 인간이기 때문에 모든 인간은 기본적 권리를 갖는다는 인권존중의 원리는 이후, 각종 국제조약과 개별 국가의 헌법에서도 이어지고 있다. 개개인의 차이를 넘어 공통의 인간성이 가지는 존엄성과 지구 차원의 상호의존성, 인류 공동의 자산으로서의 문화적 다양성 등을 강조하는 것이라고 해석할 수 있다. 세계인권체제에서도 개개인의 내적, 외적 차이를 넘어 공통의 인간성이 지니는 존엄성과 지구 차원의 상호의존성, 인류 공동의 자산으로서의 문화적 다양성 등을 강조한다. 또한 1992년, 유엔에서는 '민족, 인종, 종교 및 언어적 소수집단에 속하는 사람들의 권리에 관한 선언(Declaration on the Rights of persons belonging to National or Ethnic, Religious and Linguistic Minorities)'을 통해 모든 회원국이 유엔이 추구하는 원칙과 모든 인간의 존엄성과 평등, 자유 및 인권을 명문화한 세계인권선언의 정신을 따를 것과 동시에 사회문화적 소수집단에 속하는 개인이 어떠한 차별도 받지 않도록 하기 위한 각종 법적, 제도적 조치를 취할 것을 촉구하고 있다. 특히 오늘날 사회에서 시민성의 충돌로 문제가 생겼을 때 해결점을 찾을 수 있는 보편적인 규범이 '인권'이다. 즉, 다중시민으로서 갈등을 조정할 수 있는 최소의 행위표준이 인권이므로 인권을 존중하는 태도와 사회 분위기가 기본적으로 조성되어야 한다.

(2) 개인의 존중

다문화사회를 실현하는 과정에서 중시되는 또 다른 핵심원리로 개인 중심의 원칙이 있다(정민승 외, 2013). 개인은 사회를 구성하는 기본 인자로서 자생적이고도 자연적인 실체로 간주된다. 역사적으로 개인이 사회의 핵심구성원 혹은 행위자로 등장한 것은 근대 국민국가 모델이 확산된 이후부터이다. 근대사회 이후 국가통치자에게 소속되었던 충직한 '신민(臣民)'으로서의 개인은 사회의 주인이자 역사의 주도자인 '시민(市民)'으로 그 지위가 바뀌었다. 근대사회 이후 개인은 사회의 핵심구성원인 동시에 사회, 경제, 문화 등의 제반 사회 영역에서 주체적 위치를 갖게 되었으며 시민은 자유롭게 정치참여를 하는 주체로 인식되었다. 합리적 행위주체로서 개인의 위상이 강화될수록 각 개인의 고유한 정체성에 대한 인정도 불가피해진다. 그 결과 소수인종, 성 소수자, 장애인, 하층계급, 여성이나 아동 등과 같이 전통적으로 주변화되었던 집단의 권익증대와 주류화 등이 중요시될 수 있다.

(3) 다양성의 존중

다문화사회의 핵심 가치는 다양성(diversity)이다. 과거의 백인 남성 중심의 주류사회가 점차 다양한 인종, 문화, 가치를 존중하는 다원적 사회로 변하고 있다. 물론 이들 간의 갈등이나 충돌이 일어나기도 하지만 기본적으로 다문화사회에서는 다양성이 존중되어야 한다. 서로의 문화에 대한 존중과 다원성에 대한 담론이 단지 이념 차원을 넘어 실질적인 실효성을 갖기 위해서는 특정 소수집단이 주변화되지 않도록 평등한 사회제도의 변혁이 필요하다. 즉, 사회적 권력이나 헤게모니 혹은 부의 불평등이 고착화되지 않도록 사회문화적 억압기제를 제거해 나가야 한다. 따라서 다문화사회에서는 사회문화적 소수집단에도 공정한 정책적 지원과 배려를 해 줄 수 있도록 제도화해야 한다. 하지만 여기서 주의해야 할 점은 다원성의 존중이 비단 소수자에게 힘을 실어 주는 차원이 아니라 서로의 문화나 가치를 존중해 주는 상호문화주의(interculturalism)라는 차원에서 이루어져야 한다는 점이다. 이는 소수자에게 힘을 실어 주는 복지 중심의 논리를 넘어서 상호 존중과 인정의 차원에서 다원성을 받아들여야 한다는 것을 의미한다.

(4) 평등과 사회정의의 추구

다문화사회는 모든 인간이 보편적 자연권을 가지며 불가양의 권리를 갖는다는 점을 중시한다. 따라서 민족이나 인종, 종교, 언어, 성적 지향, 계층, 성, 장애 등의 이유로 인해 차별받지 않고 누구나 평등하게 존중받으며 살 수 있도록 사회제도가 작동되어야 한다. 특히 평등의 실현을 위해서는 교육기회의 평등, 교육과정의 평등, 결과의 평등이 보장되어야 한다. 또한 능력주의의 한계를 보완하기 위해서는 롤스(Rawls, 2003)가 제시한 정의론에 대해서도 적극적 검토와 도입이 필요하다. 특히 그가 제시한 보상적 정의는 출발선의 평등을 위해 국가는 장애를 갖고 있거나 차별을 받고 있는 사람들에게 불평등의 기본적 조건을 완화해 줄 수 있는 제도적 보완책이 필요하다는 것으로 이를 지원하기 위한 공적 차원의 노력이 요구된다. 이러한 사회적 가치나 원칙이 있을 때 실질적 정의가 실현되고 진정한 다문화사회가 이루어질 수 있다.

(5) 민주주의

민주주의 원칙은 한 사회에서 다문화주의가 구현될 수 있는 이념적 혹은 제도적 바탕이다. 따라서 다문화사회에서 시민들도 사회의 일원으로서 각자의 자유를 누리는 동시에 사회적 책무를 수행해야 한다. 민주주의 원칙은 모든 개인이 법 앞에 평등한 존재로서 다양한 형태의 부당한 차별로부터 보호받을 권리가 있으며, 사회공동체의 형성과 운영의 주체로 참여할 수 있는 권리를 갖도록 하는 기제로 작동한다. 다문화사회에서는 한 사회의 다수집단이 소수집단의 권리를 일방적으로 무시하거나 차별할 수 없으며 동시에 전체 사회의 통합과 유지를 위해 무조건 모든 사람의 문화나 정체성을 용인해 줄 수도 없다. 결과적으로 다문화사회가 존속하기 위해서는 전체 사회를 통합하는 한편 각 집단의 다름을 인정하면서 균형을 이루도록 해야 할 것이다. 그러기 위해서는 민주주의적 원칙에 따라 제도를 운영하는 수밖에 없다. 이러한 점은 다문화주의의 한계라고도 할 수 있겠지만 어느 것이든 완벽한 제도는 없기 때문에 다수결의 원칙을 지키되 소수의 의견에도 경청하고 존중하도록 해야 할 것이다.

4. 다문화시민교육의 개념과 필요성

1) 다문화사회가 요구하는 시민성

그렇다면 '다문화사회가 요구하는 시민은 어떤 시민이며, 어떤 시민성을 가진 사람이어야 할까?'

원래 시민성(citizenship)이란 말은 '시민으로서 요구되는 자질로 개인으로서의 자질이기보다 공동체의 시민으로서 요구되는 권리와 책임감'을 의미한다. 그런데 과거에는 시민의 정체성이 주로 한 국가에 대한 충성심만을 의미했다. 하지만 다문화시대로 변화됨에 따라 개인이 갖는 정체성이 국가뿐만 아니라 지역에 대한 정체감, 세계에 대한 정체감 등 다양한 집단에 대한 정체감을 동시에 갖게 되었다. 다시 말해 세계화된 사회에서 개인은 다수의 상이한 집단에 소속되며 여러 집단에 대해 정체성과 충성심을 갖게 되므로 경우에 따라서는 정체성의 혼동과 갈등이 이루어질 수 있다. 이에 뱅크스는 앞으로의 사회에서는 '강요된 하나(imposed unum)'가 아니라 각 소수집단의 정체성과 경계를 인정하면서 다원적 정체성을 인정하고 모두가 진정한 하나가 되는 교육, 즉 '진정한 하나(authentic unum)'를 만들어 가는 교육이 필요하다고 주장했다. 그것은 바로 다문화시민교육이라고 설명했다(Banks, 2008).

결과적으로 다문화사회에서 요구하는 시민성은 다문화시민성(multicultural citizenship)이라 할 수 있으며 이는 세계시민성과도 연결된다. 글로벌시대의 시민교육은 곧 다문화시민성을 키우는 교육이며 이는 피부색, 소득계층, 성, 종족, 소수집단의 문화를 포용하는 다문화주의에 기초하기 때문이다. 오늘날 글로컬라이제이션(glocalization) 시대가 요구하는 시민성은 자신들이 속한 지역사회에 대한 소속감과 그들의 문화공동체에 대한 정체감을 갖고 동시에 국제화된 세계사회의 시민문화 양자 모두에 대한 헌신(commitment)을 유지하려는 권리와 책임을 가진 시민을 요구한다. 그러므로 다문화사회의 시민성교육은 단지 자신의 문화공동체나 국가에 대한 정당성뿐만 아니라 다른 집단이나 문화에 대한 이해에서 나아가 세계공동체에서의 자기 역할에 대해서도 깊이 이해하고 그에 대한 책임감을 적극적으로 실천할 수 있는 자세와 능력을 함양하도록 하는 교육이어야 한다.

이제까지의 시민성에 관한 역사를 보면, 국가라는 몰개인적인 관념이 최고의 정치이념으로 인식될 때만 시민성은 실질적인 의미와 활력을 가져왔다. 국가와 시민성 사이의 공고한 관계는 일원주의적 시민성을 강조해 왔고 이에 따라 세계주의적 시민성은 거의 언급조차 할 수 없었다. 하지만 세계화 현상과 함께 이주민의 증가는 인구학적인 변화를 넘어 한 민족 혹은 한 국가의 사회, 경제, 문화가 다른 사회의 그것들과 상호작용을 통해 정치, 경제, 문화에 이르기까지 광범위한 영역에서 문제를 야기하고 있다. 즉, 세계화로 인해 개별 국가적인 차원에서는 국가 정부가 국제적 행위자에 의해 다원화되는 현상이 나타났으며, 이로 인해 국가 정체성, 권력, 정향, 네트워크 등이 변화하는 이른바 다층적 사회구조(multilayered structure)로 변화하게 되었다(Jarvis, 2007). 이에 히터(Heater, 1990)는 '국가가 없으면 시민성도 없는 것인가?'라는 문제를 제기하면서 다원적 시민성에 대한 개념을 제시했다. 다문화사회에 살고 있는 시민은 기존 국민 국가의 구성원으로서의 정체성뿐만 아니라 자신의 출신 배경, 언어, 성 등에 따라 다른 문화적 정

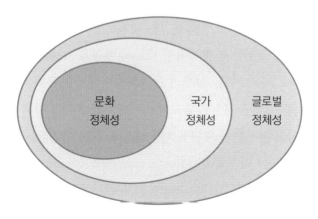

[그림 1-1] 다문화사회의 정체성

출처: Banks(2008), p.52.

체성을 갖는다. 하지만 동시에 세계시민으로서의 정체감도 갖는다. 결과적으로 [그림 1-1]에서 볼 수 있듯이 다문화사회에서 개인은 문화 정체성, 국가 정체성과 함께 글로벌 정체성을 갖게 되며 이것이 모두 동일하지 않을 수도 있다.

그러므로 다문화사회에서는 과거의 일원주의적 시민성에서 다원적 시민성을 포함하는 방향으로 개념적 확장이 요구된다. 또한 시민성의 내용이 비단 주류집단의 가치와 이익만을 대변하기보다는 모두의 경험과 가치를 토대로 모두의 이익을 대변할 수 있도록 구성되어야 한다. 나아가서 전 지구적 차원에서 발생하는 문제에 대해 책임감을 갖고 행동하는 시민성이 필요하다. 이는 특정 국가 공동체에 대한 배타적 시민성을 넘어 다양한 수준의 공동체에 대한 복합적 정체성을 받아들이는 다원적 시민성(multiple citizenship)이며, 모두가 인간으로서 존중받고 살아갈 수 있는 평화롭고 정의로운 사회를 만들기 위해 행동하는 참여적 시민성을 의미한다.

킴리카(Kymlicka, 1995)는 다문화시민성이란 종족, 문화적 공동체와 국가 시민문화 양자를 모두 실행하는 것이 시민의 요구이며 권리라는 것을 인식하고 그것을 위해 필요한 태도와 행동을 기르는 것이라고 정의했다(Banks, 2008). 이는 21세기 세계화시대에서 요구되는 시민성으로 다양한 종족, 인종, 언어, 종교적 공동체와 소통하고 각각의 문화가 존중되는 사회를 실현하기 위한 시민성이다. 또한 이러한 시민성을 기르기 위한 교육이 다문화시민교육(multicultural citizenship education)이다. 다문화시민교육은 하나의 획일화된 시민성에서 벗어나 다양한 문화, 민족, 종교와도 갈등하지 않고 받아들일 수 있도록 문화, 국가, 글로벌 정체성의 적절한 균형에 도달하도록 지원하는 것이며, 자신이 속한 집단의 문화적 경계를 넘어 모두가 인간으로서 존중받으면서 살아갈 수 있는 정의로운 사회를 위한 교육이다. 나아가서 세계시민으로서 함께 더불어 살아가기 위한 지식과 태도를 갖고 행동하는 데 필요한 기능을 습득한 포용적 시민을 길러 내는 교육이라고 하겠다.

2) 다문화시민교육의 개념과 내용

(1) 다문화시민교육의 개념과 목표

1960년대와 1970년대 미국의 시민권운동에서 발생한 다문화교육운동은 다양한 인종, 종족, 언어 및 사회계층 집단들이 평등한 교육을 통해 평등한 시민으로 성장할 수 있도록 돕고자 하는 일종의 학교개혁운동이었다. 뱅크스와 뱅크스(Banks & Banks, 2007)는 "다문화시민교육을 다문화사회에서 필요한 민주적 가치와 지식과 태도, 기능을 가진 시민을 길러 내는 교육으로 지적이고 사려 깊으며 책임 있는 다문화적 소양(multicultural literacy)을 갖춘 시민을 길러 내는 교육"이라 정의했다. 한편 캠벨(Cambell, 2004)은 "다문화교육이란 문화적, 인종적 배경이 다른 사람들의 상호 문화적 전통을 이해하고 존중함으로써 궁극적으로 인간의 존엄성과 모든 인간의 평등성을 증진시키는 교육이다"라고 정의했다. 이 두 용어는 비슷하기는 하지만 약간의 차이가 있다. 즉, 다문화교육은 교육 자체에 의미를 두는 한편 다문화시민교육에서는 다문화적 소양을 갖춘 시민의 육성에 강조점을 둔다. 따라서 다문화시민교육은 모든 시민이 사회참여에 필요한 지식과 태도, 기능을 발달시키는 것뿐만 아니라 사회를 변혁시키고 재구축할 수 있도록 지원하는 것을 목표로 한다.

다문화교육이나 다문화시민교육의 개념은 사회적 맥락의 다양성과 관점의 차이를 반영하며 시대적으로 그 강조점이 조금씩 변하면서 발전해 왔다(구정화 외, 2009; 김영인 외, 2008, p.20에서 재인용). 다문화교육에서 공통적으로 중시되어 온 핵심 가치는 문화의 다양성, 모든 인간에 대한 존중과 평등성에 대한 인정, 문화적 이해와 관용의 정신, 반차별과 반편견, 공존과 협력 등이다. 한편 다문화시민교육에서는 앞의 개념을 관념으로만 받아들이는 것이 아니라 그러한 가치를 행동으로까지 실천할 수 있는 참여적 시민을 길러 내고자 한다. 이는 민족, 문화, 성, 장애, 계층, 정체성에서의 차이뿐 아니라 지구의 지속가능성, 인권, 평화와 같은 문제까지도 포함하는 다원적 시민성을 기르기 위한 교육이며, 포괄적 시민성을 추구하는 과정이라고 하겠다.

다문화교육의 목표에 대해 뱅크스(Banks, 2002)는 다음과 같은 것을 제시하고 있다(권순희 외, p.26에서 재인용).

첫째, 다문화교육은 각 개인에게 다른 문화의 관점에서 자신을 바라보게 함으로써 자신에 대한 이해를 더욱 깊게 하는 것을 목표로 한다. 즉, 다문화교육은 개인에게 역사와 문화에 관해 다양한 시각이 존재하고 있음을 자각하게 하는 것으로, 개인은 다문화교육을 통해 자신이 속한 집단의 문화와 다른 문화를 이해하고 그 속에서 효과적으로 기능하고 살아가는 방법을 함양하고자 함이다.

둘째, 다문화교육의 목표는 다른 문화와의 관계, 이해, 존중을 전제로 학생들에게 문화적, 종족적, 언어적 대안을 제시한다.

셋째, 다문화교육은 특정 민족, 인종 집단의 구성원이 신체적, 문화적 특징 때문에 경험하는 고통과 차별을 줄이는 것을 목표로 한다.

넷째, 다문화교육은 다양한 집단의 구성원들이 자신의 공동체에서 제구실을 하는 데 필요한 것, 요컨대 전 지구적인 테크놀로지 세계에서 상호 소통하며 살아가는 데 필요한 읽고 쓰기의 기능과 수리적 능력을 습득하도록 한다.

다섯째, 다문화교육은 다양한 인종, 문화, 언어, 종교집단의 학생들이 자신이 속한 문화 공동체, 국가 시민 공동체, 지역문화, 전 지구 공동체에서의 역할 수행에 필요한 지식과 기능, 가치와 태도를 습득하는 것을 목표로 한다(Banks, 2002).

(2) 다문화시민교육의 원칙

다문화시민교육은 기본적으로 다문화사회에서 능동적으로 적응하고 이 사회의 바람직한 발전에 기여할 수 있는 시민의 자질을 함양하기 위한 교육이다. 다문화시민교육의 목적은 한 공동체 내에서 다양한 문화를 인정, 존중하는 다문화주의의 수용뿐만 아니라 글로벌 시민으로서의 자질과 행동양식을 갖고 행동하는 시민을 길러 내는 것이다. 인종적, 민족적, 문화적, 종교적 편견과 그에 기인하는 갈등을 예방하고 공존을 위한 '더불어 사는 생활양식(모두스 비벤디, Modus vivendi)과 참여'를 중시한다(최성환, 2015). 이를 위해서는 몇 가지 원칙이 요구된다.

첫째는 상호성의 원칙이다. 문화이해에서 가장 기본적인 것은 상호적이며 호혜적인 차원에서의 이해와 노력이다. 서로의 입장을 객관적으로 검토하고 자신의 입장에서 조정할 수 있는 것이 무엇인지 고민해야 한다. 이때 무엇보다 중요한 것은 통합이나 동화의 환상을 버리고 적정한 선에서 균형을 추구하려는 자세이다.

둘째는 '유동성(과정성)의 원칙이다. 문화형성 자체가 유동적이기 때문에 시민교육의 내용 역시 항상 개방적인 형태를 취해야 한다. 함께 더불어 살아가기 위해서는 항상 자신의 결함과 한계를 인정할 수 있는 태도가 필요하며 이를 통해 생산적이고 발전적인 성과를 기대할 수 있다.

셋째는 '공동성의 원칙'이다. 공동체의 원활한 운영을 위해서는 공통의 사회 규범을 설정해야 하며 개인과 가정, 문화적 단체, 사회 정부 모두가 이에 적극적으로 참여해야 한다.

넷째는 '미래지향성의 원칙'이다. 다문화시민교육은 지식의 전수만을 하는 것이 아니라 올바른 판단력과 실천력을 형성해야 하기 때문에 공동의 삶에 대한 미래비전을 형성할 수 있도록 동기부여를 해야 한다.

이러한 기본원칙으로부터 소통과 교류, 상호 인정과 관용, 수용과 극복, 창조와 같은 다문화시민교육의 이념이 도출된다. 그러나 이러한 원칙 중 가장 기본적인 이념은 '인간성'의 지향이다. 그것은 모든 인간의 기본적인 권리에 대한 인정과 책임을 통해 '인권'을 추구한다는 점이다.

결과적으로 다문화시민교육을 실시함에 있어 중요한 것은 학생들이 앞의 다문화적 개념과 내용을 이해하고 그것을 실천할 수 있도록 가르치는 것이다. 다문화 시민은 보다 인간적인 세상을 만들기 위해 공동체와 국가 안에서 어떻게 행동해야 할지 고민해야 한다. 이때 다문화시민교육은 학생들이 세계를 변화시키기 위해 행동하는 방법을 배우도록 지원하는 것이다. 사려 깊고 효율적인 시민행위자가 되기 위해서는 지식이 구성되는 방법을 이해해야 하고, 어떻게 지식이 사회, 정치, 경제적 맥락 속에서 상호작용을 하면서 생성되는지를 이해해야 한다. 또한 학생들이 습득한 지식을 민주적 사회와 시민행동에 적절히 사용하도록 도와주는 것이 다문화시민교육의 주요 내용이 된다.

3) 다문화시민교육의 핵심요소

뱅크스와 뱅크스(Banks & Banks, 2007)는 다문화시민교육에서 이루어져야 하는 내용을 다섯 가지 요소로 구분했다. 즉, 다양한 내용의 통합, 형평성을 갖춘 지식구성과정, 학습자의 문화적 편견 감소, 공평한 교수법, 학생의 역량을 강화하는 학교문화 형성이다. 각 요소에 대해 간략히 설명하면 다음과 같다.

첫째, 내용 통합(content integration)이다. 이는 교사가 자신의 교과에 나오는 주요 내용을 설명하기 위해 다양한 문화와 집단에서 자료와 정보를 가져다가 가르치는 것을 의미한다. 특정한 집단의 사례나 문화만을 교과내용으로 사용하기보다는 다양한 집단의 사례를 이용하면 자연히 사고나 문화의 다양성이 만들어질 수 있기 때문이다.

둘째, 형평성을 갖춘 지식구성 과정(knowledge construction process)이다. 이는 지식이 창조되는 절차와 관련되는 것으로 특정 학문 영역의 암묵적인 문화적 가정, 준거, 관점, 편견 등이 해당 학문 영역에서 지식이 형성되는 과정에 어떠한 영향을 미치는지를 보여 준다. 교사는 지식이 어떻게 만들어지고 그것이 개인과 집단의 인종, 민족, 성, 사회계층 등에 의해서 어떠한 영향을 받는지 학생들이 이해할 수 있도록 돕는 역할을 해야 한다. 교사는 되도록 지식이 가치중립적으로 구성되도록 노력해야 한다.

셋째, 편견 감소(prejudice reduction)가 이루어지도록 해야 한다. 이는 학생들에게 특정 인종이나 문화에 대한 편견이 감소될 수 있도록 노력해야 함을 의미한다. 예컨대 학습교재나 교육과정을 통해 민족적, 인종적 집단에 대한 잘못된 이미지가 만들어지기도 하므로 편견이 감소될 수 있도록 다양한 인종과 문화를 균형감 있게 소개해야 한다. 특히 교사들은 학생들에게 타 인종이나 집단에 대해 보다 긍정적이고 관용적인 감정을 가질 수 있도록 교육적 장치를 어떻게 설치해야 할까 고민해야 한다.

넷째, 공평한 교수법(equity pedagogy)이다. 공평한 교수법이란 교사가 다양한 인종, 민족, 사회계층 집단 학생들의 학업 성취도를 공평하게 향상시키기 위해 사용하는 기법과 교수법을 의미한다. 즉, 교사가 학생들의 문화적 특성이나 배경을 알고 그에 적합한 교수법을 사용하면 다양한 집단의 학생들이 모두 참여도를 높일 수 있고, 학업성취도도 향상시킬 수 있을 것이다.

다섯째, 학생의 역량을 강화하는 학교문화(empowering school culture)이다. 이는 다양한 인종, 언어, 사회집단의 학생들이 교육적 평등을 경험하도록 학교의 문화와 구조를 재구조화하는 것과 관련된다. 이주민이 자신들의 문화에 대해 자신감을 갖고 있는 경우 훨씬 교육적 효과가 클 수 있다. 따라서 교사는 모든 집단에서 온 학생들이 평등한 기회를 가질 수 있도록 학교 환경을 구성해야 할 것이다.

결과적으로 다문화시민교육이 제대로 실시되기 위해서는 다문화주의적 가치관에 입각하여 각 집단의 문화적 다양성을 존중하고 이해하며, 나아가서 소수자가 주류사회에서 구조적으로 차별이나 불이익을 받지 않도록 하기 위해 앞의 다섯 가지 요소가 실현될 수 있도록 조직적, 의도적인 노력을 해 나가야 할 것이다. 이를 정리하면 [그림 1-2]과 같다.

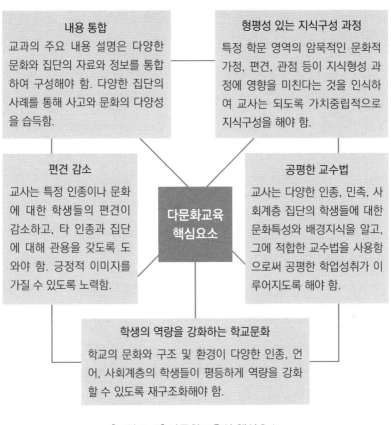

[그림 1-2] 다문화교육의 핵심요소

5. 맺는말

세계적으로 문화, 인종, 종교적, 집단 간 다양성이 증가하는 현 상황에서 앞으로의 시민교육은 어느 방향으로 나아가야 할까? 아마도 그대답은 각각의 공동체 안에서도 유효하면서 동시에 문화적 경계를 넘어서 집단 간에 서로 이해하면서 차별받지 않고 서로를 존중하면서 더불어 살아가기 위한 지식과 태도, 행동을 습득하도록 하는 교육일 것이다. 그것은 강요된 하나가 아니라 진정한 하나를 구축할 수 있는 시민성을 기르는 교육으로 국가주의를 위한 교육 혹은 인종주의, 성차별주의, 계급주의 등의 불평등성을 인식하고 이에 맞서면서 모두의 평등성을 담보할 수 있는 다원적 시민성을 위한 교육이 되어야 할 것이다.

다원적 시민성의 함양은 일원적 정체성으로 인한 혼돈을 막고 다문화사회의 갈등을 최소화할 수 있는 방법이다. 하나의 민족이나 국가에 대한 충성심과 통일성을 강조하는 일원적 시민성은 앞으로 다원화된 세계, 복잡성과 상호의존성 등을 토대로 하는 미래사회를 이해하고 대처하는 데는 한계가 있다. 21세기 다문화된 사회에서는 나와 다른 집단이나 세계에 대한 정보와 지식을 통해 상호 간의 관계, 상호의존성을 인식하고 관용과 협력의 태도를 함양하여 균형감을 가질 수 있는 시민교육이 필요하다.

그러나 실질적인 다문화사회가 이루어지기 위해서는 다문화시민교육의 당위성만으로는 충분하지 않다. 다문화교육이 실효성을 갖기 위해서는 사회운동으로서의 다문화교육 활성화(movement), 학교의 커리큘럼상의 변혁(curriculum approach), 개별 시민의 시민성 변화(process of becoming), 다문화교육에 대한 헌신(commitment)이 필요하다(Bennett, 2007). 다시 말해 사회적 차원에서 다문화교육을 위한 사회운동, 학교시민교육 과정의 변화, 시민 개개인의 시민성 변화를 위한 노력이 필요하며 무엇보다 이에 헌신하는 사람들이 중요하다.

우리 사회는 이미 다문화사회로 진입한 지 오래되었다. 전체 인구의 7% 이상이 다문화가정에서 살고 있으며 단일 혈통만을 주장해서는 우리 사회의 지속가능성이 불가능해질 수도 있다. 그뿐만 아니라 다문화가정의 구성원도 당연히 우리의 국민이며 그들의 자녀들이 우리의 시민으로 성장하고 있음을 기억해야 한다. 따라서 이들을 동등한 시민으로 받아들이고 함께 잘 살아갈 수 있는 방법을 고민하는 것이 앞으로 우리 교육이 해야 할 임무이기도 하다.

이에 몇 가지 다문화시민교육의 과제를 제시해 보면 다음과 같다.

첫째, 다문화주의와 다문화교육에 대한 이해와 수용을 위한 사회적 노력이 이루어져야 한다. 구체적으로 다문화적 시민육성을 위한 정책과 지원이 필요하다. 다문화시민교육은 저절로 이루어지지는 않는다. 그러므로 국가나 사회적 차원에서 공동체에서 이주민이나 타 문화권의 사람들을 배려하는 마음과 태도, 평등하고 공정한 사회를 만들기 위한 노력이 이루어질 수 있도록 정책적, 재정적 지원이 필요하다.

둘째, 앞으로 학교교육이나 평생교육을 통해 다문화시민교육을 보다 적극적으로 실시해야 하며 현재의 학교 교육과정상의 변화가 요구된다. 즉, 이제까지의 동화주의적 시민교육에서 다원주의적인 시민을 길러 내기 위한 교육과정의 혁신이 필요하다. 예컨대 인종주의, 성차별, 빈곤, 불평등과 같은 문제를 해결하기 위해 어떤 사회변화가 이루어져야 할지, 그리고 그러한 변화를 가져오도록 하기 위해서는 어떤 시민성을 가져야 할 것인지 등의 생각과 행동력을 키울 수 있는 교육 방법상의 변화가 필요하다.

셋째, 다문화시민교육의 대상과 프로그램의 확장이 요구된다. 이주민이 사는 지역은 지역사회이다. 이들과 지역주민을 위한 다문화교육 프로그램이 활성화될 수 있도록 평생교육적 차원에서 노력이 필요하다.

넷째, 사회 분위기가 다문화적으로 변화해야 한다. 단일민족이나 단일문화에 대한 향수보다는 다양성에 대한 긍정적 평가가 이루어질 필요가 있으며 이를 사회적으로 존중하고 촉진하는 분위기가 가정과 학교 그리고 사회 전반적으로 형성되어야 할 것이다.

참고문헌

권순희, 박상준 외(2010). 다문화사회와 다문화교육. 서울: 교육과학사.

구정화 외(2009). 다문화교육의 이해와 실천. 서울: 동문사.

김영인 외 (2008). 시민교육론. 서울: 한국방송통신대학교출판부.

김정식 외(2012). 다문화사회의 이해. 서울: 신정출판사.

이경윤(2012). 다문화시대를 넘어서 그리고 한국. 서울: 이담출판.

이경희(2015). 다문화사회에서 소수자에 대한 이해와 실천: 신자유주의와 다문화주의 담론의 극복, '보편적-창조적 소수자' 되기. 윤리교육연구, 38, 253-279.

정민승, 모경환, 이해주, 차윤경(2013). 다문화교육론. 서울: 한국방송통신대학교출판문화원.

정수복(1997). 새로운 사회운동과 초국적 시민연대. 유럽연구, 5, 397-424.

최성환(2015). 다문화 시민교육의 이념: M. 왈쩌의 관용론과 M. 누스바움의 시민교육론을 중심으로. 다문화콘텐츠연구, 18, 97-129.

Banks, J. A.(2002). *An introduction to multicultural education* (3th ed.). Boston: Allyn & Bacon.

Banks, J. A.(2008). 다문화교육 입문(모경환 외 공역). 서울: 아카데미프레스. (원저는 2007년 출간)

Banks, j. A. & Banks, C. A. M.(2007). *An introduction to multicultural education* (3th ed.). Boston: Allyn & Bacon.

Bennett, C. I.(2007). *Multicultural education: Issues and perspectives*. New York: Wiley.

Cambell, D. E.(Ed.). (2004) *Choosing democracy: A practical guide to multicultural education*. Upper Saddle River, NJ: Pearson Education.

Heater, D.(1990). *Citizenship: The civic ideal in world history, politics and education*. London & New York: Longman.

Jarvis, P.(2007). *Globalization, lifelong learning and the learning society: Sociological perspectives*. London & New York: Taylor & Francis.

Kymlicka, W.(1995). *Multicultural citizenship*. Oxford: Clarendon Press.

Martiniello. M.(2007). 현대사회와 다문화주의(윤진 역). 서울: 한울. (원저는 1997년 출간)

Rawls, J.(2003). 정의론(황경식 역). 서울: 이학사.

Schlesinger, A. M.(1992). *The disuniting of American: Reflections on a multicultural society*. New York: W. W. Norton & Co.

Taylor, C.(1989). Citizenship and social power. *Critical Social Policy, 9*(26), 19-31.

중앙일보(2013). 다양한 얼굴의 아이들… 엄마의 마음으로 보듬고 싶다. (1월 21일). https://www.joongang.co.kr/article/10468314#home

2장

시민성과 시민교육

1. 서론

최근 들어 부쩍 시민, 시민성 혹은 시민사회에 대한 담론이 증가하고 있다. 각종 시민사회단체(NGO)의 활동도 증가하고 있으며 지역사회를 중심으로 마을 만들기, 학습도시 등도 활성화되고 있다. 하지만 이러한 시민의 활동에 정작 시민의 참여가 저조하여 소위 '시민 없는 시민 활동'에 대한 우려의 소리도 있다. 그렇다면 왜 지금 새삼스럽게 시민이 거론되는 것일까? 왜 시민이 필요하다는 것이며, 그 시민은 어떤 시민성을 갖춘 사람이어야 할까? 그러한 시민을 만들기 위해 우리는 어떻게 시민교육을 해야 할까?

사실상 이러한 질문에 대답해야 하고, 훌륭한 시민을 길러 내야 하는 일에 앞장서야 하는 평생교육 영역에서조차 이 부분에 대한 논의와 실천이 부족한 실정이다.

원래 시민(citizen)이란 용어는 서구 민주주의의 발달과정에서 등장한 개념으로 당시에는 봉건적 농촌사회의 외부인 '도시에 사는 자유로운 존재'로 규정되었다. 고대 그리스 아테네에서 시작된 민주주의는 왕이나 일부 귀족의 통치가 아닌 다수 도시국가 구성원의 통치인 민주정이 등장함에 따라 그 민주정의 주체로 시민의 개념이 만들어진 것이었다. 당시 민주정의 통치에 참여할 수 있는 지위와 권리를 가진 사람들을 데모스(Demos)라고 했는데 이들이 오늘날 시민의 기원이라고 할 수 있다(김영인 외, 2008). 그들은 점차 경제적 부를 획득하면서 부르주아(bourgeois) 계층으로 발전했으며 이후 시민혁명의 주체로 등장했다. 이런 점에서 서구의 시민은 봉건적 질서하의 신민(臣民)과는 다른 '주체적이고 의식을 가진 근대사회의 국민'을 지칭했다(조희연, 1996). 이들은 기본적으로 봉건적 질서와 그 내부에서의 신분제적 차별에 저항하면서 군주와 맞서 '자유가 아니면 죽음을 달라!'며 시민으로서의 기본권을 요구했던 사람들이다. 시민사회의 성립과정에서 시민혁명을 통해 탄생한 시민은 오랜 세월 국가의 부당한 권력에 대항하여 인간의 기본권으로서 자유권과 참정권을 확보해 나갔다(Heater, 2007). 당시에 여성, 노예, 이방인은 시민에 포함되지 못했다. 여성이 시민권을 갖게 된 것도 1789년 올랭프 드 구즈에 의해 '여성의 권리선언'이 이루어지고부터이다. 그 후 오랜 기간의 투쟁을 거쳐 1869년에 미국의 와이오밍주에서 처음으로 참정권을 인정받았다.

이렇게 긴 세월, 어려운 과정을 거쳐 획득한 시민의 권리를 현대의 시민은 귀하게 여기지 않고, 스스로 그 권리와 의무를 포기하는 경우도 많다. 사람들은 국가나 사회에 대한 관심보다는 사적 이익에만 관심을 가질 뿐, 공적인 문제에 대해서는 국가에게 위임하는 현상이 벌어지고 있다. 과거에는 눈이 많이 올 때면, 주민 모두가 빗자루나 삽을 들고 나가서 함께 마을의 길을 치웠다. 그러나 요즘 사람들은 동네 경비 아저씨나 시청의 청소부가 와서 그 일을 해 주기를 바라며 내가 나가 치울 생각은 별로 하지 않는다. 지역사회의 문제도 자체적으로 해결하려고 하기보다는 정부나 정치가에게 일임하고 방임하는 경향이 있다. 이러한 현상은 단기적으로는 개인에게 이익이 될지 모르나 장기적으로는 스스로 시민의 권리를 포기하고 이방인으로 소외되어 가는 것이라고 할 수 있다. 이는 시민으로서의 책임을 회피하는 것이며 시민의 권리인 주체성을 포기하는 것이라고도 볼 수 있다.

사회적 무관심과 비참여는 정치적 소외를 가져오며, 의식 있는 시민의 양성을 무기력하게 만들고 특정한 소수에 의한 지배를 가져오게 함으로써 결국 민주주의 자체를 위협한다. 또한 지나친 복지정책은 국민을 국가에 의존하게 만들고 국가에 대한 국민의 책임의식을 저하시켜 결국 '국민에 의한 정치'여야 하는 민주주의를 위태롭게 만들 수 있다. 그뿐만 아니라 산업사회와 자본주의는 발전의 대가로 환경악화, 즉 토양, 대기, 수질의 화학적 오염, 생물종의 감소, 자원고갈, 삼림파괴, 사막화 등을 유발했으며, 그 영향은 특정 지역 국가를 넘어 전 지구적 차원에서 나타나고 있다(Braidotti, et al., 1994). 복지국가의 문제를 해결하기 위해 등장했던 신자유주의 역시 풍요의 대가로 끝없는 경쟁으로 인한 스트레스, 피로사회를 가져왔고, 그 결과 공동체 의식의 상실과 빈부의 격차, 상대적 빈곤, 전쟁과 테러, 생태위기 등과 같은 파멸적 재앙을 잉태하는 위험사회로 진입하게 되었다(Beck, 1996).

이러한 상황 속에서 악순환의 고리를 끊고 모든 사람이 편안하게 숨쉬고, 안전하고 행복하게 살 수 있는 사회를 만들기 위해서는 어떻게 해야 할까? 이에 서로(Thurow) 교수는 1980년 그의 저서 《제로 섬 사회(Zero-Sum Society)》에서, 경제발전으로 인한 환경파괴의 문제를 경고하면서 이제 발전은 그만 멈추고 지속가능한 사회를 모색하는 방안을 찾아야 한다고 주장했다. 세계 정상들은 2002년에 남아프리카공화국의 요하네스버그에서 모여 '지속가능한 발전을 위한 공동선언'을 발표했다. 하지만 지속가능한 사회를 만들기 위해서는 국가나 정부의 선언만으로는 충분하지 않다. 정치가들은 자국의 이해관계 위주로 논의를 진행하기 때문에 전 세계인의 생존과 삶에 대해서는 아무런 실천안을 내놓고 있지 못하다. 그러므로 이제는 시민이 나서야 한다. 생활세계의 일상이 위협받고 있는 현대사회의 문제를 해결하기 위해서는 국가에 의존하기보다는 시민이 직접 나서서 지역사회의 문제점을 찾아

내고 전쟁과 테러로부터 시민을 구해 내고 지속가능한 지구를 만들기 위해 노력해야 한다. 그러기 위해서는 의식 있는 시민이 필요하며 그것도 한 국가의 시민만이 아니라 전 세계적인 차원에서 연대감을 갖고 함께 행동하는 시민이 필요하다. 이것이 지금, 시민이 다시 요구되는 이유이다.

그러나 문제는 이러한 생각을 갖고 함께 행동하고자 하는 시민이 점차 사라지고 있다는 것이다. 타인의 입장을 고려하고 나와 다른 집단의 문화나 가치를 이해하면서 함께 살아가고자 하는 시민을 육성하기 위해서는 시민교육이 필요하다. 나의 이익이나 편리함보다 다른 사람을 배려하고 나아가서 지구공동체를 생각하면서 더불어 살아갈 수 있는 시민성을 갖춘 시민은 저절로 만들어지는 것이 아니다. 그것은 오랫동안 교육과 지도를 통해 길러지는 것이다. 바로 여기에 시민교육의 당위성이 존재한다. 그리하여 이 장에서는 우선 시민성과 시민교육이란 무엇인지 살펴보고, 올바른 시민성을 갖춘 시민을 만들기 위해 평생교육은 어떤 역할을 해야 하는지 그리고 그것을 위한 시민교육은 구체적으로 어떻게 실천되는 것이 바람직할지에 대해 살펴 보고자 한다.

2. 시민성과 시민교육[1]

1) 민주주의와 시민 그리고 시민성

민주주의란 시민에 의한, 시민을 위한, 시민의 정치체제를 의미한다. 여기서 시민은 '공동체의 구성원으로 권리와 의무를 가진 존재'를 의미한다. 민주주의는 단순히 정치형태만이 아니라 보다 근본적으로는 공동생활의 형식이자, 경험을 전달하고 공유하는 방식을 모두 포함한다. 그렇기 때문에 민주주의는 그저 지식과 생각만으로 이루어지는 것이 아니라 시민이 공동체의 권리와 의무를 실천함으로써 실현 가능한 정치이념이다. 따라서 올바른 시민성을 가진 시민의 참여가 중요하다. 특히 권위주의의 위협으로부터 민주주의가 지속되기 위해서는 수동적인 관객 민주주의(spectator democracy)로부터 능동적인 참여 민주주의(participatory democracy)로 전환되어야 하며, 이를 위해 시민의 적극적인 참여는 필수적이다. 물론 현대사회에서 아테네 국가에서처럼 모든 시민이 정책결정에 참여할 수는 없다. 하지만 적어도 시민은 그들의 권리가 무엇이고 어떤 책임을 갖고 있는지, 그리고 그 사회의 문제가 무엇인지는 파악하고 있어야 한다. 또한 다양한 사회문제를 해결하기 위해 정부는 어떤 노력을 하고 있으며 그 역할을 제대로 수행하고 있는지 감시해야 한다. 나아가서 시민은 나 자신의 이익만을 고수할 것이 아니라 다른 사람의 입장과 공동체를 위해 어떻게 타협을 하면서 함께 더불어 살 수 있는지에 대해서도 고민해야 한다. 그러기 위해서는 깨어 있는 의식과 참여적 시민성(participatory citizenship)이 필

---

1   해당 내용은 저자의 발표 논문(이해주, 2018)에서 일부 발췌하여 재구성한 것이다.

요하다. '깨어 있는 시민'이란 모든 문제를 총체적인 시각에서 인식하고 비판적으로 분석하며, 확고한 주관과 개혁의지를 갖고, 문제를 합리적으로 해결할 수 있는 사람을 의미한다. 참여적 시민이 없다면 민주주의는 소수의 전문적 정치가나 로비스트에 의해 타락할 수밖에 없다. 그러므로 민주주의를 지키고 정의로운 사회를 만들어 가기 위해서는 바람직한 시민성을 지닌 좋은 시민을 길러 내야 한다. 그것이 시민교육의 목적이자 교육의 목적이기도 하다.

그렇다면 좋은 시민(good citizen)이란 어떤 사람일까? 그리고 좋은 시민을 길러 내기 위해서는 어떤 시민성을 갖도록 해야 할까?

이는 시민교육의 내용과 관련될 것이다. '좋은 시민'을 한마디로 정의하기는 어렵다. 바람직한 시민성은 시대와 상황에 따라 달라지기 때문이다. 고전적 의미에서 좋은 시민이란 국가에 순종적이며 충성심이 많은 사람을 의미했다. 그러나 현대사회에서는 국가에 대한 비판의식과 공적인 일에 적극 참여하는 적극적 시민(active citizen)이 필요하며, 그러한 자질을 가진 시민성을 요구한다. 역사적으로 볼 때, 시민이란 용어는 형식적으로 국가 구성원으로서 지위와 국정운영에 참여할 수 있는 시민권을 지닌 사람을 의미하지만 여기에는 동시에 시민참여, 시민정신, 시민으로서 책무 등과 같은 내용적 형식성을 포함한다. 이를 시민성(市民性, citizenship)이라고 한다. 시민성이란 개념은 어원학적 차원에서 볼 때, 시민이라는 'citizen'과 자질, 조건이라는 'ship'이 합성된 용어로 이 말 속에는 '시민으로서 요구되는 자질'이라는 뜻이 담겨 있다. 이는 개인으로서 요구되는 자질이라기보다는 특정한 공동체의 구성원, 즉 시민이라는 지위에서 요구되는 자질을 지칭하는 셈이다. 라틴어로서 시민성을 의미하는 *Civitas*는 '국가나 공동체를 구성하는 개인이나 제도가 구성원으로서 수행해야 하는 기능적 역할'이라는 뜻으로 사용되었다고 한다. 이렇게 볼 때 시민성은 공동체의 구성원으로서 지녀야 할 책임, 공동 목적, 공동체 의식 등의 의미를 담고 있는 것으로 풀이된다(Butts, 1988, XIX).

다렌도르프(Dahrendorf, 1988)는 시민성이 담고 있는 가장 중요한 요소로 '시민으로서 권리와 의무'를 지적한다. 또한 건스턴(Gunstern, 1994)은 시민은 통치자이면서 피통치자라는 이중적 성격을 지니기 때문에 시민성의 요소로 자치성과 판단력 그리고 충성심이 동시에 요구된다고 주장했다. 그러나 마셜(Marshall, 1977)은 시민성의 개념을 시민적 시민성, 정치적 시민성, 사회적 시민성 등 세 가지로 구분하고 시대에 따라 시민성의 강조점이 조금씩 달라진다고 설명했다.

① **시민적 시민성(civil citizenship)**: 18세기에 중시되었던 것으로 개인적 자유를 위해 필요한 기본 권리로 재산권의 자유, 언론의 자유, 사유(思惟)의 자유, 신념의 자유, 계약 체결의 자유 등이 포함되며 이러한 자유의 실천은 정의를 기준으로 실행된다.

② **정치적 시민성(political citizenship)**: 19세기에 중시되었던 것으로 정치적 권력행사에 참여할 권리를 의미한다. 국회, 지방의회, 행정부 등이 여기에 해당하는 제도이며 시민은 선거권을 행사하거나 피선거권을 통해 힘을 행사한다.

③ **사회적 시민성(social citizenship)**: 20세기에 등장한 개념으로 경제적 복지와 안정을 요구하는 권리로부터 문화적 삶을 유지할 수 있는 권리까지를 포함한다. 마셜은 이 마지막 사회적 시민성을 현대 복지국가에서 추구해야 하는 가장 궁극적인 이상향으로 설정

하고 이를 위해서는 지역사회에 대한 개인의 적극적 참여와 국가적 차원의 탈문맹화를 강조했다.

최근에는 세계화가 진행되면서 개인의 정체성도 다원화되고 있으며, 환경오염으로 인한 생태계의 위기는 세계를 하나의 공동체로 인식하게 만들었고 결과적으로 인류의 안전과 지구사회의 지속가능성을 위해 세계시민적 차원에서 대처가 필요해졌다. 이에 히터(Heater, 2007)는 '국가가 없으면 시민성의 개념도 불가능한가?'라는 질문을 던지면서 시민성의 개념을 한 국가의 경계를 넘어 세계적 차원으로 확대시켜야 한다고 주장했다. 이처럼 시민성의 구체적인 내용은 고정된 것이 아니라 사회 상황이나 시대에 따라 계속해서 변화됨을 알 수 있다.

2) 시민교육의 개념과 내용

시민교육의 개념과 관련해서는 학자마다 조금씩 다르게 정의하고 있지만 대략 '시민이 스스로 개인의 권리를 보호하고 공공의 이익을 위해 알아 두어야 하는 민주주의의 기본적 이념과 절차적 원리를 가르치고 시민이 직접 통치 과정에 참여할 수 있도록 안내하는 것'이라고 정의되고 있다. 넓은 의미에서 시민교육은 '공동체의 구성원으로서 자신이 속해 있는 공동체의 각 영역에서 시민으로서 역할을 수행하고 의사결정에 참여하는 데 필요한 기본적인 자질을 함양시키는 것'이라고 할 수 있으며, 좁은 의미에서는 '민주국가의 주권자로서 정치현상과 기능에 대해 바르게 이해하고 정치과정의 참여에 필수적인 지식, 기능, 가치 등을 체계적으로 함양시키는 것'이라고 할 수 있다. 시민들이 제대로 참여하기 위해서는 맹목적으로 참여하는 것이 아니라 필요한 지식을 갖춘 상태에서(informed), 그리고 효과적인 행동 방법과 숙고의 기술을 갖춘 책임감 있는(responsible) 시민의 참여가 필요하다(Quigley et al., 1991). 공적인 일에 대해 정확한 판단을 할 수 있는 폭넓은 지식과 그 지식을 효과적으로 사용할 수 있는 기술이 있어야만 민주사회에서 시민적 참여가 가능하기 때문이다. 민주사회에서 필요한 이러한 제반 능력을 키워 주고 올바른 시민을 육성하고자 하는 것이 바로 시민교육의 목적이며 주요한 기능이다.

시민교육의 기능과 필요성에 대해서는 개인적 차원과 사회적 차원, 국가적 차원에서 살펴볼 수 있다. 개인적 차원에서는 우선 시민으로서 필요한 지식, 기능, 태도, 가치 등을 함양시킴으로써 자신의 권리를 지키면서 책임을 질 수 있는 올바른 시민이 되도록 돕는다. 나아가서 개인에게 공익의 중요성과 공익정신을 가르침으로써 다른 사람들과 함께 살아가는 데 필요한 능력과 태도를 길러 준다. 민주사회에서 개인의 권리는 중요한 가치이지만 동시에 사회 전체의 공익이나 타인의 권리를 침해하지 않고 자신의 권리행사 시 절차와 한계를 지킬 수 있어야 한다. 시민교육을 통해 개인에게 권리와 책임에 대한 균형적인 인식과 자세를 함양시키는 것은 매우 중요하다. 이 외에도 시민교육은 개인에게 시민으로서 사회에 참여할 수 있는 자치능력과 판단능력, 의사결정력 등을 함양시킨다는 측면에서 매우 중요한 기능을 수행한다.

한편 사회적 차원에서 시민교육은 사회적 통합을 위해서도 매우 중요한 기능을 수행한다. 즉, 시민교육을 통해 공동체의 구성원으로서 최소한의 공통적인 가치와 태도, 예의, 관용과 배려심, 연대감, 공동체의식 등을 함양시킬 수 있기 때문이다. 또한 시민교육은 사회적 자본 형성을 가능하게 해 준다. 사회적 자본(social capital)은 상호협조와 신뢰, 시민참여를 통해 만들어지는 것으로 민주주의를 작동시키는 핵심이라고 할 수 있다(Putnam, 1993). 시민교육은 시민이 정직성, 정의감, 협동심과 같은 덕목을 갖게 하고 상호신뢰와 공동체적 시민문화를 전파함으로써 사회적 자본형성에 기여한다. 이러한 효과는 국가적 차원에서 볼 때, 시민의 역량강화를 통해 우수한 시민자원을 확보할 수 있으며 나아가서 이는 민주주의를 발전시키는 요소가 된다. 결과적으로 시민교육은 능력 있는 시민, 깨어 있는 시민, 참여하는 시민을 양성함으로써 국가의 발전과 민주주의 실현에 기여한다. 또한 시민의 잠재능력과 리더십을 계발함으로써 국가의 지도자를 양성할 수 있다는 측면에서도 시민교육은 매우 중요한 의미를 갖는다고 하겠다.

다음으로 시민교육의 내용에 어떤 것이 포함되어야 할지 생각해 보자. 르미(Remy, 1980)는 시민교육의 내용에서 고려되어야 할 요소로 첫째, 시민교육이 포함하는 시민적 행위를 개인과 공식 정부 기관과의 관계라는 좁은 관점으로부터 정부 기관은 물론이고 학교, 사회단체, 노동조합 등과 관련되어 나타나는 모든 관계라는 좀 더 넓은 관점으로 보아야 한다고 했으며, 둘째, 시민교육은 정치 상황에 관한 정보를 얻고 참여하면서 사려 깊은 결정을 하고 판단을 하며 사회 각 구성원과 의사 교환을 하면서 공동의 목표 달성, 개인의 이익과 가치 증진을 위해 시민으로서의 책임과 의무를 수행하고 권리를 주장할 수 있는 능력을 모두 포함한다고 했다. 셋째, 시민교육은 민주주의 이념이나 이상적인 면뿐만 아니라 정치 생활의 적나라한 현상에 관한 것까지도 빠뜨리지 말아야 하며, 넷째, 시민교육은 정부 기구와 법적 구조는 물론이고 실제의 정치과정에 대한 지식도 포함해야 한다고 했다. 나섯째, 시민교육은 사회적, 문화적 다양성을 반영하고 수용해야 하며 나아가서 점증하는 세계적인 문제, 즉 환경오염, 국제 교역, 전쟁, 자원 문제 등까지도 포괄해야 한다고 주장했다.

한편 엥글과 오초아(Engle & Ochoa, 1988)는 시민교육의 중요한 내용으로 사회화와 반사회화를 제시했다. 사회화(socialization)란 합리적 태도를 전수하고 민주주의적 문화를 이해시키면서 민주주의 운영에 필요한 기본적 관습을 습득하도록 하는 것이다. 이 과정은 기존의 관습과 가치, 행동양식을 전수하는 과정이기 때문에 본질적으로 보수적 성격을 가진다. 따라서 독립성과 창조성 그리고 비판성이 결핍되는 경향이 있다. 이에 반해 반사회화(counter socialization) 과정은 독립적인 사고와 이성의 계몽 그리고 책임 있는 사회비판을 강조한다. 이 과정을 통해 전통적 가치가 재검토되고 비판, 분석, 갈등의 창조적 해결이 가능해진다.

나아가서 필자는 재사회화(resocialization)의 중요성도 강조하고 싶다. 사라진 우리의 과거 규범이 필요하다면 다시 재강조할 수 있으며 불필요한 것은 재사회화의 과정을 통해 새롭게 만들 필요가 있다(이해주, 2018). 예컨대 산업사회에서 만들어진 가치관이 '개인의 욕망을 극대화'하는 것이었다면, 지속가능한 사회를 만들기 위해서는 함께 살아가기 위한 공동체 의식으로 '재사회화'가 요구된다. 이런 이유에서 성인기에도 계속해서 사회의 상황이나 요구에 따라 시민교육이 이루어져야 할 것이다.

민주사회에서 안정과 질서, 공동체의 통합은 바람직한 것이긴 하지만 그러한 조화와 균형의 상태에 도달하기 위해서는 먼저 갈등과 동요, 불안전의 파동을 극복하지 않으면 안 된다. 이러한 변동과 역동적 균형 그리고 사회 진화의 연속적 과정에서 요구되는 시민적 자질은, 단순히 주어진 관습이나 규칙을 따르는 것뿐만 아니라 서로 대립하는 갈등의 상황이 되었을 때 이를 현명하게 해결해 나갈 줄 아는 의사결정력, 비판적 사고와 같은 고급 사고력, 사회의 변동과 위기에 대응하기 위한 재사회화 능력 등이며, 이는 모두 시민교육의 내용에 포함된다.

3. 현 시민교육의 문제점과 패러다임 전환의 필요성

앞에서 언급한 바와 같이 시민교육은 바람직한 시민성을 기르는 과정이며 교육의 본질적 기능이라고 할 수 있다. 그런데 과연 우리는 그동안 제대로 시민을 길러 왔는가? 개인적 이기주의가 만연하고 공동체 의식이 사라지고 있어 시민교육에 대한 성찰과 반성이 필요한 시점이다.

이제까지 우리나라의 시민교육은 주로 아동이나 청소년을 대상으로, 학교를 중심으로, 교사에 의해 일방적 주입 방식으로 이루어져 온 경향이 높다. 학교의 시민교육은 단지 시험을 위해 관련 지식을 암기할 뿐 현실 속에서 이루어지는 사회문제에 대한 참여나 실천에는 별 관심이 없었고 그에 대한 안내나 지도 역시 미흡했다. 그렇기 때문에 우리나라의 학생들이 주로 입시에 함몰되어 사회문제나 이슈에 적극적으로 참여하지 않는 것도 당연한 결과인지 모른다.

한편 성인을 대상으로 했던 시민교육은 어떠했는가? 평생교육 영역에서 시민참여교육이 중요하다는 논의는 있었지만 정작 시민 관련 교육 프로그램의 개설이나 참여율은 다른 영역에 비해 매우 낮은 편이다. 2016년 5월 기준, 시민참여교육 프로그램 수는 전체 16만 1,731개의 프로그램 중 122개(0.08%) 정도이며 참여자는 0.01%인 1만 3,735명에 불과하다(교육부, 국가평생교육진흥원, 2017). 그 후 2020년 자료에서는 이보다는 조금 늘어나 237개 시민참여 프로그램에서 약 49만 명 정도의 참여자가 있었다. 이는 2016년에 비교하면 프로그램 수는 2배 이상, 참여자는 3배 정도 되는 숫자이다. 이는 몇몇 지자체에서 민주시민교육에 대한 지원을 아끼지 않은 결과라고 볼 수 있다. 하지만 아직도 시민참여교육은 전체 평생교육 프로그램의 0.1% 정도에 불과하며 참여자도 전체의 약 0.19% 정도에 그치고 있어 성인의 시민교육 프로그램 개설과 참여는 매우 저조한 실정이다.

현재 시민교육의 문제점을 관련 연구물과 자료를 종합하여 정리해 보면 다음과 같다(이은미, 진성미, 2014; 허영식, 2012; 이해주, 2018).

첫째, 이제까지 시민교육은 주로 학교교육을 중심으로 이루어지고 있으며, 학교의 시민교육이 암기식에 치우쳐 실질적인 민주적 삶의 태도로 이어지지 못하고 있다.

둘째, 학교 중심의 시민교육이 국가 주도로 정치적 영역에 치우쳐 실시되고 있다는 점이다. 국가 주도의 시민교육은 정권 유지나 정권의 정당성을 표방하는 수단으로 이용될 뿐 의식의 변화와 생활세계의 민주화를 위한 시민교육으로 확장되지 못한다.

셋째, 학교 밖 평생교육 영역의 시민교육은 국가 차원의 제도적 지원과 관심이 부족하다. 예컨대 정부의 '시민을 위한 시민교육' 예산은 거의 없는 수준이며 공공기관의 시민교육 프로그램도 매우 부족한 실정이다.

넷째, 시민교육을 담당하는 전문가가 없으며 시민교육을 가장 많이 실시하고 있는 시민사회단체의 경우에도 교육적 전문성이 부족하다.

교육을 전문으로 담당하는 기관이 아니다 보니 시민교육의 기본적인 이념이나 방향, 학습자의 요구나 상황 등을 충분히 반영하지 못한 채 프로그램이 개설되고 운영되기 때문에 시민교육의 효과가 낮고 참여적 시민성을 촉진시키지 못하는 측면이 있다.

이러한 지적들은 결과적으로 앞으로의 시민교육상의 변화가 이루어져야 함을 보여 준다. 시민교육의 전체적인 프레임이 학교 중심 시민교육을 넘어 평생교육적 차원으로 확장되어야 하며, 교육의 주체도 정부가 아니라 지역사회의 시민이 주체가 되어야 할 것이다. 시민교육의 내용 측면에서도 공적인 문제뿐 아니라 생활세계에 대한 내용, 인문학적 내용, 그리고 세계화에 따라 요구되는 문제까지도 포함하도록 확장할 필요가 있다. 또한 교육방법에서도 좀 더 다양하고 실효성 있는 방안이 강구되어야 할 것이다.

4. 평생교육 차원에서의 시민교육 재구조화 전략

그렇다면 모든 시민이 학습할 수 있고, 학습을 통한 시민의 육성이 가능하도록 하기 위해서는 어떻게 시민교육을 재구조화해야 할까? 사회의 변화에 따라 요구되는 시민성이 달라지면 시민교육의 구체적인 내용이나 방법도 달라져야 한다. 향후 시민교육의 재구조화를 위한 실천전략과 모형을 다음과 같이 제안한다.

1) 시민교육 주체와 대상의 확대

이제까지의 시민교육은 주로 학교에서 교사를 중심으로 실시해 왔다. 그 이유는 어린 시절 한번 결정된 시민성은 계속해서 성인기까지 거의 변하지 않고 지속된다는 믿음 때문이었다. 그리고 아이들이 미래의 시민으로 자라기 위해 어른들이 필요하다고 생각한 내용을 주입하는 방식으로 진행해 온 것이다. 하지만 시민교육은 학습자가 주체가 되어야 한다. 자신들이 필요한 내용을 스스로 학습할 수 있도록 분위기를 형성하고, 직접 지역사회에 참여하면서 체득할 수 있도록 하는 것이 바람직하다.

바이스베르크(Weissberg, 1974)는 청소년과 성인의 시민성을 비교하면서 기초적이고 광범위한 정치정향(political orientation)은 소년기에 습득되는 경향이 있으나, 구체적인 문제에 관한 신념(issue belief)은 성인기에 습득된다고 제시하면서 성인기의 정치적 결정은 당시의 상황이나 입장에 따라 변할 수 있다고 주장했다. 이러한 주장은 결과적으로 성인기에도 계속해서 시민교육이 필요함을 나타내 주는 것이라고 하겠다. 보그스(Boggs, 1991)는 성인기에도 시민교육이 필요한 이유에 대해 첫째로 어린 시절에 학습된 가치나 행동양식이 성인이 되었을 때 부적당하거나 상황에 맞지 않을 수 있으므로 이를 보충하거나 보완해 줄 필요가 있다는 것이다. 둘째로 어른들이 당대의 민주주의를 이끌어가야 하는 사람들이기 때문에 사회의 변화나 지역사회의 문제를 정확히 파악하고 의사결정을 해 나가야 하며, 셋째로 청소년의 시민성에 가장 중요한 영향을 끼치는 사람들이 바로 그들의 부모나 지역사회의 어른들이기 때문이다. 미디어에 비친 기성세대의 탈법과 비리, 지도층의 탈세와 자기중심적 태도 등은 젊은이들에게 부정적인 시민의식을 심어 주는 요인이 되고 있다. 또한 성인들 자신을 위해서도 변화하는 사회에서 필요한 지식과 태도, 기술 등을 계속해서 학습할 필요가 있다.

2) 시민교육 내용의 확장

시민성의 내용과 관련해서도 기존의 한 지역이나 국가의 구성원으로서 필요한 자질을 키우기 위한 지식과 방법, 기술을 가르치는 것에서 더 나아가서 세계시민으로서 갖추어야 하는 관용과 연대감 등으로 확대될 필요가 있다. 예컨대 과거의 시민성이 국민국가(nation-state)라는 틀 속에서 단일한 지위와 동일한 권리와 의무를 의미하는 일원적 시민성을 요구하는 것이었다면, 오늘날의 시민성은 물리적 지역경계로서 국경을 넘어선 탈국가적 시민성으로, '같은 국민'이라는 의식보다는 '같은 인간'이라는 전인적 속성을 강조한다(Soysal, 1998). 또한 존스턴(Johnston, 1999)은 현대사회에서 요구되는 시민성으로 다원적, 포용적, 성찰적, 행동적 시민성(pluralistic, inclusive, reflexive, active citizenship)을 제시한다. 결과적으로 세계화, 다문화사회의 등장으로 오늘날의 사회에서는 개인의 복합적 지위로 인한 혼동 상황을 극복하기 위해 다원적 시민성이 요구된다. 또한 다양한 사회 집단의 통합을 위한 포용성 시민성, 그리고 미래사회의 불확실성, 복잡성, 다양성을 인식하고, 각종 사회의 부조리나 불평등 현상에 대해 비판적으로 성찰할 수 있는 성찰적 시민성이 요구되며 이와 함께 개발 위주의 경제관이 불러온 환경파괴, 전쟁과 테러 등의 문제를 해결하기 위해 적극적으로 행동하는 세계시민으로서 자질이 필요하다.

특히 최근에는 환경문제에 대한 개인의 책임을 강조하는 생태적 시민성(ecological citizenship)이 시민교육의 내용에 반드시 포함되어야 한다는 주장이 나오고 있다(김병연, 2015). 생태적 시민성이란 자신이 속해 있는 지역뿐만 아니라 세계에서 발생하고 있는 다양한 환경문제에 관심을 갖고 그 문제의 원인들이 나와 직접적인 관련이 있음을 인식하고 윤리적 책임감과 의무감을 갖고 행동할 수 있는 능력을 가진 시민적 자질을 의미한다(Dobson, 2003; 김병연, 2015에서 재인용). 기후위기에서 지구를 구하고 지구의 지속가능성을 위하여 생태주의적 관점이 중요시되고 있으며 인간 삶의 안전을 위해서라도 인간과 자연의 관계 재정립을 위한 생태적 감수성이 중요해졌기 때문이다.

한편 여성주의 학자들은 과거의 시민성이 공적 영역에 한하여 시민성을 논했기 때문에 여성의 주요 관심사였던 삶과 관련된 사적 영역을 시민성 논의에서 배제함으로써 결과적으로 여성의 시민성 배제를 가져왔다고 비판하면서, 관심(concern), 보살핌(care), 관계(connectedness)와 같은 여성주의적 가치를 중시하는 방향으로 시민권의 개념을 재구성할 것을 제안하고 있다(장미경, 2001; Mouffe, 1992). 여성주의 시민성이란 법적 지위로서의 시민적 권리에 더하여 여성주의 의식과 실천을 해 나가는 것으로 사회에 대한 책임성과 가치, 덕성을 담지하는 시민성을 의미한다. 이들이 주장하는 바는 단지 시민성의 영역을 공적 영역에서 사적 영역까지 확대해야 하는 것만을 의미하는 것이 아니라 자국의 이익을 넘어 다양한 가치와 문화를 존중하는 다문화시민성까지 포괄해야 함을 의미한다. 즉, 여성주의 시민성 담론에서는 비단 여성뿐만 아니라 사회의 소수집단에 대한 차별을 중지하고 인종, 계층, 문화에 대한 차이를 이해하고 존중할 줄 아는 시민이 되어야 한다고 주장하면서 시민교육의 내용이 좀 더 다양한 종류의 차별을 인식하고 평등한 사회를 구현할 수 있는 내용으로 확장될 것을 요구한다(조형, 윤혜린 외, 2006). 이러한 논의들은 향후 바람직한 시민성은 다문화적 시민성으로 확장되어야 하며 점차 더 많은 내용이 포함되고 다원화되어야 함을 보여 준다고 하겠다. 앞서 논의한 시민성의 변화를 정리하여

1. 시민적 시민성 (civil citizenship)	재산권의 자유, 언론의 자유, 계약체결의 자유
2. 정치적 시민성 (political citizenship)	선거권, 피선거권, 정치적 권력행사에 참여할 권리
3. 사회적 시민성 (social citizenship)	복지, 안전, 문화적 삶을 향유할 권리
4. 생태적 시민성 (ecological citizenship)	지역을 넘어 세계로 다양한 환경문제에 대한 책임 인식과 참여
5. 여성주의 시민성 (feminist citizenship)	사적 영역을 시민성에 포함할 것을 주장 관심, 보살핌, 관계의 가치 중시
6. 다문화시민성 (multicultural citizenship)	글로벌 사회의 등장, 다양한 문화적 정체성, 다층적 사회구조에 따른 다원적, 다문화적 시민성

[그림 2-1] 시민성의 내용 확장

나타내면 [그림 2-1]과 같다.

3) 시민교육 방법의 다양화

이제까지의 시민교육이 효과적인 시민교육의 역할을 제대로 수행하지 못한 이유에 대해 파커(Parker, 1989)는 학교의 시민교육이 주로 인지적 교육에 치우쳐 있을 뿐만 아니라 다루는 문제들도 학생들에게 관심이 없거나 실제적이지 못한 것이며 지나치게 제도적이어서 일방적인 방어적 교육(defensive teaching)만을 했기 때문이라고 지적한다. 이에 바버(Barber, 1984)는 강력한 민주주의 건설을 위해서는 대화와 토론이 중요하다고 주장했다. 그는 말하는 것 이상으로 타인의 견해를 듣는 것도 중요하고 비판적으로 성찰하는 방법, 행동이 중요함을 강조하면서 지역사회에 실제로 참여해 보고 문제점을 스스로 해결해 나가는 방법을 추천했다. 프레이리(Freire, 1970) 역시 시민으로서의 성찰과 참여를 끌어내기 위해서는 기존의 교육방식인 은행저축식 교육방법에서 벗어나 대화를 통한 문제제기식 교육방법이 필요하다고 주장한 바 있다.

이러한 점을 고려할 때, 향후의 시민교육은 학교의 교과서 중심에서 탈피하여 지역사회의 문제를 찾아보고 토론하기, 시민 모임에 참여하거나 정당 지지하기, 이익집단의 형성 등에 참여하기와 같이 직접 참여하고 실천하는 방법을 적극 활용하는 것이 바람직하다. 이때 지역사회 중심의 시민교육은 매우 효과적이다. 지역주민들끼리 학습동아리를 만들어 학습하면서 지역의 문제를 발견하고 함께 토론하면서 해결책을 찾아가는 방법은 참여적 시민성을 기르는 데 유용한 기제가 될 것이다(김민호, 2013).

앞에서 제시한 점들을 종합하여 시민교육 실천모형을 제시해 보면 [그림 2-2]와 같다. 그림에서 볼 수 있듯이 앞으로 시민교육은 가정과 학교, 사회 각 영역에서 아동, 청소년, 성인, 노인 등 다양한 시민을 대상으로 각각의 발달단계와 상황, 필요에 따라 평생교육적 패러다임 속에서 실시되어야 한다. 또한 내용 영역에서는 시민으로서 갖추어야 하는 지식과 태도, 행동양식 등을 지역사회, 국가, 세계라는 차원에서 다원적으로 실시해 나가야 할 것이다. 그러나 이러한 모형이 시민교육 프로그램을 개발할 때 반드시 따라야 하는 불변의 틀은 아니다. 각각의 상황이나 학습자의 요구에 따라 융통성 있게 적용되는 것이 바람직하다.

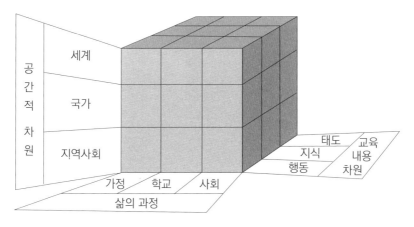

[그림 2-2] 평생교육적 차원에서의 시민교육 실천모형

5. 맺는말

자본주의 경제체제가 고도로 발달하고 국가 관료제가 비대해지면서 생활세계의 일상이 위협받고 침탈되는 현상이 빈번해지고 있다. 따라서 이를 저지할 수 있는 의식 있는 시민의 육성과 시민사회의 발전이 더욱 요구되고 있다. 사회가 복잡해질수록 사람들은 더 많은 것을 배우지 않으면 시민으로서의 기본 권리조차 누릴 수 없게 된다. 예컨대 현대사회의 시민으로 살아가기 위해서는 단순히 글을 아는 것만이 아니라 여타의 역량이 더 필요해졌다. 그리하여 유럽연합에서는 성인의 신기초역량으로 디지털 문해, 외국어 문해, 사회적 문해력(자신감, 자기주도성, 진취성, 기업가 정신 등), 학습하는 방법에 대한 학습, 변화에 대한 적응력, 정보 흐름에 대한 파악능력 등을 들고 있으며, OECD(2001)에서는 지식경제사회가 요구하는 생애역량으로 산문 문

[그림 2-3] 영화 〈나, 다니엘 블레이크〉 포스터

해력, 문서 독해력, 수리능력, 컴퓨터 활용능력, 문제해결능력, 분석적 판단력, 협동력 등을 제시하고 있다.

사회의 변화에 따라 성인들도 계속해서 요구되는 시민으로서의 기본 지식과 기능을 습득하지 않으면 기본 권리조차 누리지 못할 수 있다. 영화 〈나, 다니엘 블레이크〉가 그러한 우리의 현실을 보여 준다.

아렌트(Arendt, 2015)는 인간다운 삶을 위한 '인간의 조건'으로 생명의 유지와 자신의 세계를 갖는 것 그리고 타인과의 관계를 형성하는 다원성을 제시하고 있다. 살기 위해서는 노동해야 하며, 그 노동에 의미를 부여하고 자신만의 세계를 갖기 위해서는 작업활동이 필요하다. 그리고 다른 사람과 관계를 형성하기 위해서는 사회참여가 필요하다고 하면서 각 요소에 학습의 역할이 중요함을 역설했다. 사람들은 살기 위해 교육을 받고, 학습을 통해 삶의 의미를 발견하며 다른 사람과 상호작용을 하면서 시민이 되어 간다. 인간은 사회적 동물이기 때문에 혼자 살 수는 없다. 그러므로 다른 사람이나 집단과 함께 더불어 사는 데 필요한 최소한의 의식과 행동양식이 필요하다. 이는 저절로 생겨나는 것이 아니라 교육을 통해 후천적으로 만들어진다. 타인과 협력하면서 개인의 이익과 성장만을 생각하는 것이 아니라 장기적으로 우리의 사회, 지구 전체가 생명을 지속하고, 모두가 안전하고 행복하게 살 수 있는 방법을 고민하고 실천할 때 바람직한 시민성이 길러진다. 이것이 우리가 평생학습을 해야 하는 이유이기도 하다.

참고문헌

교육부, 국가평생교육진흥원(2017). 2017 평생교육백서.

김민호(2013). 창조적 학습도시를 향한 시민의 권한 신장: '학습 없는 시민사회' '시민 없는 학습사회'를 넘어서기. 창조적 학습도시를 향한 시민의 권한 신장. 동아시아 평생학습포럼, pp.1-10.

김병연(2015). 생태시민성과 페다고지. 서울: 박영story.

김영인 외 (2008). 시민교육론. 서울: 한국방송통신대학교출판부.

조형, 윤혜린 외(2006). 여성주의 시티즌십의 모색. 서울: 이화여자대학교출판부.

이은미, 진성미(2014). 시민교육의 확정을 위한 평생교육의 의의: 지역사회기반 시민교육을 중심으로. 시민교육연구, 4(3), 195-221.

이해주(1996). 사회교육 참여와 민주시민성과의 관련성에 관한 연구. 박사학위논문. 서울대학교 대학원.

이해주(2018). 시민과 평생학습. 평생교육학회 국제학술대회 주제발표자료. 한국평생교육학회.

장미경(2001). 시민권(citizenship) 개념의 의미 확장과 변화: 자유주의 시민권 개념을 넘어서. 한국 사회학 35(6), 55-77.

조희연(1996). 민중운동과 시민사회. 시민운동 실천문학, 겨울호.

허영식(2012). 지역사회 민주시민교육 활성화방안. 4차 대전평생교육포럼 자료집, pp.17-40.

Arendt, H.(2015). 인간의 조건(이진우 역). 서울: 한길사. (원저는 1958년 출간)

Barber, B.(1984). *Strong democracy*. Berkeley: University of California Press.

Beck, U.(2006). 위험사회: 새로운 근대(성)를 향하여(홍석태 역). 서울: 새물결. (원저는 2003년 출간)

Boggs, D. L.(1991). *Adult civic education*. Springfield, IL: Charles C. Thomas.

Braidotti. R. et al.(1994). *Women, the environment and sustainable development: Towards a theoretical synthesis*. London: Zed Books.

Butts, R. F.(1988). *A personal preface*. In C. F. Bahmueller (Ed.), *CIVITAS: A frame work for civic education*. Calabasas, CA: Center for Civic Education.

Daherendorf, R.(1988). Citizenship and the modern social conflic. In R. Holme & M. Elliott (Eds.), *The British constitution: 1688-1988*. Basingstoke: Macmillan.

Dobson, A.(2003). *Citizenship and the Environment*. Oxford: Oxford University Press.

Engle, S. H., & Ochoa, A. S.(1988). *Education for democracy citizenship*. London: Columbia University Press.

Freire, P.(1970). *Pedagogy of the oppressed*. New York: Continuum Books.

Gunstern, H.(1994). Four conceptions of citizenship. In B. Steenbergen (Ed.), *The condition of citizenship* (pp.36-48). London: SAGE.

Heater, D.(2007). 시민교육의 역사(김해성 역). 파주: 한울아카데미. (원저는 2004년 출간)

Johnston, R.(1999). Adult learning for citizenship: Toward a reconstruction of the social purpose tradition. *International Journal of Lifelong Education, 18*(3), 175-190.

Marshall, T. H.(1997). *Class, citizenship and social development.* Chicago & London: University of Chicago Press.

Mouffe, C.(1992). Feminism, citizenship, and radical democratic politics. In J. Butler & J. W. Scott (Eds.), *Feminist theorize the political.* New York: Routledge.

OECD(2001). *Education Policy Analysis 2001.* Paris: OECD.

Parker, W. C.(1989). Participatory citizenship: Civics in the strong sense. *Social Education, October,* 353-354.

Putnam, R.(1993). The prosperous community: Social capital and public life. *The American Prospect,* 13.

Quigley, C. N. et al.(1991). CIVITAS: *A framework for civic education.* Calabasas, CA: Center for Civic Education.

Remy, R. C.(1980). Criterua for judging citizenship educational programs. *Education Leadership, October,* 10-11.

Soysal, Y.(1998). Toward a postnational model of membership. In G. Shafir (Ed.), *The citizenship debates: A reader* (pp.189-217). Minneapolis: University of Minnesota Press.

Weissberg, R.(1974). *Political choice and democratic citizenship.* Englewood Cliffs, NY: Prentice-Hall.

3장

세계시민교육과 인권교육

1. 서론

현대인의 정치적, 경제적, 사회적 삶은 국가적 경계를 넘어 세계적 차원에서 이루어지고 있다. 사람들은 과거에 비해 쉽게 국경을 오가고 세계 각국의 상품들이 유통되는 인터넷마켓에서 다양한 국가의 상품을 소비하고 있으며, 다른 나라의 전쟁이나 천재지변 등이 자국의 국제수지에도 영향을 미치는 세기에 살고 있다. 그뿐만 아니라 유해환경물질도 국경을 넘나들면서 우리의 건강에 영향을 미치는 상호의존적 세상에서 살고 있다. 따라서 세계화시대에 살고 있는 시민들은 다양한 문화를 가진 사람들과 같은 지역에서 살아가기도 하며, 자신조차도 한 국가의 정체성만을 갖는 것이 아니라 출신 배경, 언어, 성별 등에 따라 복합적 정체성을 가진다. 이러한 상황에서 시민들에게 한 국가에 대한 정체성만 갖고 그 국가에 대한 충성심만을 강요하는 일원주의적 교육은 이미 시대적으로 맞지 않다. 게다가 환경위기라는 전 지구적 문제는 세계의 모든 시민이 함께 나서지 않으면 해결 자체가 불가능하기 때문에 이제는 한 국가나 민족을 넘어 세계시민으로서의 연대감과 협력이 필요한 시점이다. 그러므로 시민성의 개념적 확장이 요구되며 시민교육 역시 세계화시대에 맞는 시민교육으로 재편되어야 한다. 그렇다면 세계화시대의 시민은 과거 국가중심적 사회에서의 시민과는 어떻게 다르며, 어떤 형태의 시민성을 가져야 할까? 만일 세계시민성을 갖도록 교육해야 한다면 국민의 다양성과 국가 통일성 사이의 문제는 어떻게 해결해야 할까? 이는 '국가적 차원에서 어떻게 다양성을 보전하면서 동시에 통일성을 견지해야 하는가' 하는 문제와 연결되며 세계시민교육의 핵심이기도 하다.

세계시민은 경제적 정의를 넘어서 사회적, 정치적 정의까지도 고민하며 발생하는 문제를 함께 해결하기 위해 실천하는 시민이다. 즉, 나 자신의 권리만을 주장하는 것이 아니라 전 세계의 다른 사람도 인간으로서 기본 권리를 누릴 수 있도록 고민하면서 모두가 인간답게 살 수 있는 세상을 만드는 일에 앞장서는 시민이다(Noddings, 2005). 또한 세계시민은 특정한 국가 공동체에 대한 배타적 시민성을 넘어 다양한 수준의 공동체에 대한 복합적 정체성을 받아들이고 모두가 인간으로서 존중받고 살아갈 수 있는, 평화롭고 정의로운 세계를 만들어 보자는 세계주의 이념(cosmopolitanism)을 받아들이는 사람이며, 그러한 시민을 길러 내고자 하는 것이 세계시민교육이다. 세계시민교육의 주제에는 세계화뿐만 아니라 인권, 평화, 문화적 다양성, 지속가능한 발전 등이 포함된다. 세계시민교육은 전 지구적 차원에서 모든 형태의 배타적 정책에 반대하고 평등과 인권을 보장하며 모두를 위한 보다 적극적 참여의 길로 나아가게 하는 포괄적 시민성을 기르고자 하는 교육이라 하겠다(Johnston, 2006).

그중에서 인권에 대한 존중은 세계시민성의 가장 기본적인 요소라고 할 수 있다. 우리는 가끔 세계적인 문제와 국가적 이익이 충돌할 때 어느 것에 우선순위를 두어 판단해야 할지 고민되는 상황에 부딪친다. 이때 그 판단의 준거가 되는 것이 인권이다. 인간이라면 누구든 갖는 기본적인 권리가 있다. 그것은 최소한의 인간성을 보장해 주기 위한 원칙이기 때문에 그때는 국가적 불이익이 생길지라도 약자의 인권을 지원해 주는 방향으로 결정해야 한다. 모든 인간은 인간답게 살아야 하는 권리가 있기 때문에 인권을 근거로 판단하고 의사결정을 해야 한다. 이런 맥락에서 볼 때, 세계시민교육의 출발은 모든 사람의 기본 인권을 존중하는 인권교육에서 시작한다고 할 수 있다.

인권은 인간이면 누구나 갖는 기본적인 권리로 인간이 인간답게 살아가기 위해 마땅히 누려야 하는 기본적이고 보편적인 권리이다. 이는 한 인간의 삶이 일정 수준 이하로 떨어지는 것을 막아 주는 것이어야 하기 때문에 사람의 권리(rights of man)라기보다는 사람답게 살 권리(human right)이다(이해주 외, 2008). 사람답게 산다는 것은 단순히 생명을 유지하는 것만을 의미하는 것이 아니라 인간으로서 존엄성을 유지하면서 사는 것을 의미하므로 여러 가지 조건이 충족되어야 한다. 예컨대 일정한 수준의 경제적 삶이 보장되어야 하며 어떠한 이유로도 차별받지 않는 공정한 사회가 전제되어야 한다. 또한 깨끗하고 안전한 환경도 보장되어야 한다. 그러나 불행하게도 현대사회에서는 각종 테러와 내전으로 인한 난민의 증가, 세계화로 인한 이주민의 증가 등으로 상당수의 사람이 최소한의 인간적 삶의 조건조차 갖추지 못한 상태에서 살고 있는 경우가 많다. 이들은 합법적으로 이주한 국가의 국민이 아니고 해당 국가의 국민으로서 법적 권리를 갖고 있지 않기 때문에 누구도 그들의 인권을 지켜 주지 않는다. 국가권력의 모습은 국가권력이 법과 규칙을 실천하는 데 있기보다 법과 규칙에서 예외조항을 만들고 다시 예외조항으로부터 법칙을 만들어 내는 것을 본질로 한다. 그 과정에서 정의는 폭력을 부르고 폭력은 또다시 정의를 부르면서 예외조항에 있는 사람들을 배제시킨다(Agamben, 2005). 이렇게 배제된 사람들에게는 인간다운 삶이 보장되지 않는다. 어갬번(Agamben, 2005)은 '의미 없는 법률'에 대응되는 인간의 형태를 '텅빈 생명(bare life)'이라는 용어로 설명하면서, 위압적이지만 의미를 상실한 법으로 인해 인간의 존엄성이 상실되고, 이주민이나 소수자는 소위 '권리 없는 사람들'이 되면서 인간의 의미나 권리가 상실되고 오직 생명만 갖고 있는 사람의 권리에 대한 문제를 제기한다. 랑시에르(Rancière, 1995) 역시 '몫 없는 자의 몫(part des sans part)'이라는 개념을 통해 이민노동자나 비정규 노동자와 같은 정치적 권리의 외부에 놓이게 된 자들의 권리 문제를 제기한다. 결과적으로 모든 사람의 인권이 보장되기 위해서는 절대적 평등의 원리에 따라 이제까지 몫이 없었던 사람들도 자신의 몫을 요구할 수 있는 정치적 공간을 마련해 주어야 한다는 것이다(이경희, 2015에서 재인용). 이러한 논의는 세계시민성의 가장 기본적인 성격이 인권이라는 점을 보여 준다고 하겠다. 이주민이나 난민이 비록 법률상의 자국민은 아닐지라도 한 인간으로서 존엄을 지키면서 살아갈 수 있도록 도와주기 위해서는 모든 사람에 대한 인권의 존중과 이해가 필요하다. 나의 인권뿐만 아니라 타인에 대한 인권을 존중하고 다른 민족의 문화나 가치를 동등한 차원에서 인정하고 관용하는 태도가 세계시민의 기본 소양이다.

세계시민교육의 영역에는 인권교육뿐만 아니라 다른 집단의 문화나 가치를 인정하는 다문화교육, 구조적 불평등에 반대하고 전쟁이나 폭력에 반대하는 평화교육, 성차나 인종으로 인한 불평등에 저항하고 사회적 약자의 권리부정에 항거하는 평등교육 등이 모두 포함된다.

이 장에서는 인권교육이란 무엇이며 왜 필요한지를 알아볼 것이다. 그러고 나서 세계시민교육과의 관련성 분석과 함께 세계시민교육의 목표와 쟁점, 내용 등에 대해 살펴보고자 한다.

2. 인권교육의 의미와 내용[1]

1) 인권의 의미와 인권교육의 필요성

인권(human right)이란 '모든 사람이 가지고 있다고 추정되는 권리'라고 정의된다(최현, 2007). 인권은 인간이면 누구나 갖는 권리로서 누구에게나 적용되는 일반적이고 보편적인 특성을 지닌다. 하지만 인류 역사를 보면 사실상 성별, 인종, 사회계층, 종교 등에 따라 인권이 차별적으로 존재해 왔던 것이 사실이다. 그리하여 인권은 누구나 인간이면 가지는 보편적 가치라고 헌법에 명시되어 있지만 아직까지 그것은 당위적 수준에 머물러 있다. 그러므로 인권교육을 통해 더 많은 사람에게 소수자도 마땅히 인간으로서 가져야 하는 권리를 갖는다는 사실을 알려 주어야 하고 그들의 권익을 보호해 주어야 함을 가르쳐야 한다. 인권은 약자를 위한 권리이며 책임을 동반하는 권리이기 때문이다. 사람들은 자신의 권리에 대해서는 당연한 것으로 인정하지만 나와는 다른 사람이나 집단에 대해서는 무시하거나 차별하는 경우가 종종 있다. 따라서 우리는 무엇이 인권이며, 무엇이 도덕적으로 옳은지 그리고 무엇이 정당한 것인지 교육해야 하며 학습할 필요가 있다.

인권교육은 인간으로서 기본 권리와 자유를 존중하는 가치와 태도를 습득하여 개개인의 인성과 존엄성을 충분히 습득하도록 하는 교육 활동이며, 동시에 이러한 변화를 통해 인종이나 성별, 국적, 종교나 문화, 기타 구분에 따를 사람들 간의 차별과 편견이 종식되고 평등한 관계와 관용, 이해와 우호, 평화가 증진되는 사회 형성에 기여하는 활동

---

1 해당 내용은 저자의 발표 논문(이해주, 2018)에서 일부 발췌하여 재구성한 것이다.

이다(UNDHRE: Plan of Action for the United Nations Decade for Human Rights Education, 1994). 인권교육은 단순히 지식의 차원에서 인권에 관한 교육을 하는 것만이 아니라 전 사회구성원에게 인권적 가치와 태도, 신념을 형성하도록 하는 것이며 또한 그것을 기반으로 소외된 사람이나 집단에 대한 이해, 관용, 나아가서 차별금지 등의 적극적인 행동을 끌어내는 새로운 차원의 학습기법을 포괄한다.

민주주의 정치체제가 확립되고 법치주의가 발전해 가면서 인간의 권리문제는 헌법과 법률이 보장하는 시민의 법적 권리로 인식되면서 법 영역의 문제로 옮겨 가는 경향이 있다. 하지만 법은 인간의 권리를 더 명확하고 구체적으로 보장해 준다는 장점이 있지만 법과 제도에 의해 보장되는 원칙상의 권리와 현실상의 권리 사이에는 많은 간극이 존재한다. 이러한 간극을 메우기 위한 노력이 사회운동으로 나타났으며, 이를 통해 인권의 실질적 성장이 이루어진 것도 사실이다. 그런 의미에서 프리먼(Freeman, 2006)이 제시한 바와 같이 인권을 증진시키기 위해서는 법률 개혁만이 아니라 사회구조적 변화가 필요하다는 말은 중요한 메시지를 던진다. 인권이라는 개념에는 법적으로는 집행이 가능하지 않다는 뜻이 내포되어 있다. 사람들이 인권에 호소하는 경우는 대부분 법적 장치가 인권을 인정하지 않는 상태에 있을 때이다. 그러므로 인권이 향상되기 위해서는 법률 시스템 이외에도 문화적, 교육적 노력을 통한 사람들의 인식 변화가 필요하다. 그렇기 때문에 나의 인권뿐만 아니라 타인의 인권을 이해하고 존중하고자 하는 태도를 함양하는 인권교육은 매우 중요한 의미를 가진다고 하겠다.

2) 인권교육의 목표와 내용

인권교육은 인권에 대한(about), 인권을 위한(for), 인권의(of)의 교육을 말한다. 즉, 인권교육은 인권이란 무엇인가에 대한 지식을 가르치고, 이에 따른 책임과 의무가 무엇인지를 가르치는 것에서부터 어떻게 권리를 보호하고 예방하며 비폭력적 인권문화를 증진시킬 것인가를 가르침으로써 개인과 사회를 변화시키고자 하는 노력이라고 하겠다. 따라서 인권교육의 목적은 첫째, 사회적 약자의 입장에서 인권에 대한 보편적인 열망을 인식시키고, 둘째, 인권침해 사안을 비판적으로 인식하고 이를 개선시킬 수 있는 사회적 행동에 동참할 수 있게 하며, 셋째, 사회적 권리가 부정된 사람의 입장에서 자신의 처지를 되돌아보게 함으로써 인류의 공평하고 정의로운 인권을 지킬 수 있도록 하기 위함이다(강순원 외, 2003).

이러한 인권교육의 목표를 달성하기 위해 2005년 유엔 행동계획에서는 인권교육의 내용으로, ① 인권과 기본적 자유에 대한 존중을 강화하는 것, ② 인격과 인간의 존엄성에 관한 의식을 충분히 발달시키는 것, ③ 모든 국민과 원주민, 상이한 인종, 국가, 민족, 종교, 언어 집단 사이에 이해와 관용, 양성평등, 우애를 증진시키는 것, ④ 모든 사람이 자유로운 사회에 효과적으로 참여할 수 있도록 하는 것, ⑤ 평화를 건설하고 관리하는 것, ⑥ 인간 중심의 지속가능한 발전과 사회정의를 증진시키는 것 등을 제시하고 있다(국가인권위원회, 2005).

일반적으로 인간의 존엄성을 유지하기 위한 기본적 인권의 조건은 역사적 상황과 사회적 조건에 따라 그 내용과 범주가 조금씩 달라져 왔다. 예컨대 초기 인권사상은 주로 자유권을 중심으로 논의되었으나 점차 평등권, 생명권, 행복추구권 등으로 확산되어 갔다. 인권의 내용에 대해 카렐 바사크는 프랑스 혁명의 세 가지 구호를 근거로 하여 인권의 3세대로 분류했다. 제1세대 인권이란 국가로부터의 불간섭을 요구하는 '자유권' 중심의 인권으로 17, 18세기 서구의 정치적 혁명과 관련되어 정치권력으로부터 개인을 보호할 수 있는 정치적 권리를 의미

〈표 3-1〉 세대별 인권의 권리 목록

세대별 인권	권리 목록
제1세대 인권: 자유권적 인권	• 생명과 자유, 안전에 대한 권리 • 노예나 노예적 예속상태로부터의 자유 • 고문, 비인간적인 처우나 처벌로부터의 자유 • 자의적인 체포, 구금, 또는 추방으로부터의 자유 • 법의 동등한 보호를 받고 공정하고 공개적인 재판을 받을 권리 • 프라이버시에 대한 권리 • 사상, 양심, 종교의 자유 • 표현의 자유 • 평화적 집회 및 결사의 자유 • 자유로운 선거를 통해 정부에 참여할 수 있는 권리
제2세대 인권: 사회권적 인권	• 사회보장을 받을 권리 • 노동할 수 있는 권리, 실업으로부터 보호받을 권리 • 유급휴가 등 휴식과 여가를 누릴 권리 • 의식주와 의료 등 적절한 생활수준을 누릴 권리 • 교육에 대한 권리 • 문화에 대한 권리
제3세대 인권: 집단권(연대권) 또는 발전권	• 자결권(정치적 지위를 자유롭게 결정하고 경제, 사회, 문화적 발전을 자유롭게 추구할 수 있는 권리) • 평화에 대한 권리 • 발전권 • 인도주의적 재난구제를 받을 권리 • 다를 수 있는 권리 • 지속가능한 환경에 대한 권리

출처: 국가인권위원회(2005), p.16.

했다. 제2세대 인권은 '평등권'에 근거한 경제, 사회, 문화적인 권리를 의미하는 것으로 19세기를 전후하여 발달했다. 여기에는 사회보장을 받을 권리, 교육에 대한 권리 등이 포함된다. 마지막으로 제3세대 인권은 20세기 이후 발달한 것으로 소수자, 제3세계에서 인권을 누리지 못하는 개인과 집단을 위한 인권을 포함한다. 이는 약자를 위한 집단적이고 연대적인 권리이며 여기에는 지속가능한 환경에 대한 권리 등이 포함된다. 세대별 인권의 권리 목록을 제시하면 〈표 3-1〉과 같다.

인권의 내용은 시대와 상황에 따라 강조점이 변해 왔으며 그 범주도 점차 확대되는 추세이다. 이러한 변화는 인권교육에도 반영되어 국가인권교육계획 수립을 위한 유엔 가이드라인에서는 인권교육활동의 원칙으로 ① 차이에 대한 반대, ② 비차별적 언어와 행동, ③ 참여적 교수와 학습, ④ 인권 기준을 일상생활의 행동으로 제시하기 등을 들고 있다(UNDHRE, 제20항).

교육대상집단과 관련해서는 여성과 아동, 노인, 소수자, 난민 등 취약집단에 대한 특별한 배려가 필요하다. 추후 인권교육의 주체와 대상과 관련해서는 평생교육적 차원에서 논의가 확대되어야 할 것이다.

즉, 학교뿐 아니라 평생교육기관에서도 성인을 대상으로 하는 인권교육이 강화되어야 한다. 학교교육과 같은 형식적 교육기관에서는 청소년을 대상으로 인권에 대한 지식(knowledge about human right)을 중심으로 교육하고 있지만 학교 밖 청소년이나 성인을 대상으로 하는 평생교육에서는 인권에 대한 기술이나 태도의 습득(skills and attitudes for human right)에 강조점을 두어 교육하는 것이 바람직하다(Flowers, 2009). 특히 우리나라의 경우, 학교에서 인권교육이 제대로 실시되지 못하고 있고 인권적 의식이란 것이 사실상 가정이나 지역사회의 영향을 더 크게 받는다는 점을 고려할 때 성인의 인권에 대한 인식이나 태도는 매우 중요하다. 예컨대 가정의 부모나 학교의 교사 그리고 사회 전반에 걸친 인권 친화적 분위기는 그 자체로 아동의 인권의식에 영향을 미친다. 그것이 비형식교육으로서 효과를 지니며 사회의 인권민감성에 그대로 반영된다. 이는 성인을 위한 인권교육의 당위성을 설명하는 근거라고 할 수 있다.

한편 인권교육의 내용과 관련하여 미국의 인권교육 매뉴얼(2009)에서는 인권교육의 주요 주제로 시민성, 민주주의, 차별, 교육과 여가, 환경, 가족과 대안적 보살핌, 양성평등, 건강과 복지, 미디어와 인터넷, 참여, 평화와 안전, 빈곤과 사회적 소외(social exclusion), 폭력 등을 들고 있다. 이러한 주제가 곧 인권교육의 내용이 된다. 인권교육의 주요 영역과 내용을 정리하면 〈표 3-2〉와 같다.

〈표 3-2〉 인권교육의 주요 영역과 내용

인권에 대한 지식 (knowledge about HR)	인권을 위한 기능 (skills for HR)	인권에 대한 태도 (attitudes in HR)
• 인간의 권리와 의무의 내용 • 인권의 역사 • 불평등과 차별의 여러 형태 • 인권을 위한 규약과 법	• 경청과 의사소통 • 비판적 사고와 판단력 • 자신의 의견 제시와 합의 도출 능력 • 의사결정에 대한 참여 능력 • 문제해결력	• 인간 존엄성에 대한 자각과 자신과 타인에 대한 존중 • 차이의 수용과 반차별적 태도, 개방적 태도 • 사회정의에 대한 믿음과 사회적 책임감 인식

자료: 이해주 외(2008); Flowers(2009)를 토대로 재구성.

3. 시민교육의 패러다임과 세계시민성

1) 전통사회의 시민성

시민교육은 결과적으로 그 시대에서 요구하는 바람직한 시민을 길러 내는 교육이다. 전통사회에서는 국가에 대한 충성심과 애국심이 많은 사람을 좋은 시민이라고 생각했지만, 현대사회에서 요구하는 좋은 시민은 단순히 국가에 순종적이고 충성심이 많으며 복종하는 시민이 아니라 경우에 따라서는 국가의 잘못된 점을 지적하고 비판하는 태도가 요구되며 적극적으로 참여하고자 하는 시민이다. 알몬드와 버바(Almond & Verba, 1963)는 민주적 정치문화를 가진 시민의 특성으로 ① 정치에 대한 높은 관심과 그에 대한 지식과 정보, ② 정치토론에 적극적으로 참여, ③ 투표 등 여러 가지 행동으로 정치에 적극 참여, ④ 정부에 대하여 영향을 미칠 수 있다는 효능감이 높은 사람이라고 했다. 인켈스(Inkeles, 1974) 역시 민주적 시민성을 '참여적 시민성'으로 규정하고 이에 대한 속성으로 ① 전통적 권위로부터의 해방, ② 향리성 또는 지역성을 초월한 세계적 정치현상에 대한 관심 ③ 정치에 대한 정보의 소유 ④ 정치에 대한 적극적 참여 등을 제시했다. 따라서 민주사회를 위한 시민교육은 시민이 스스로 개인의 권리를 보호하고 공공의 이익을 위해 알아 두어야 하는 민주주의의 기본적 이념과 절차적 원리를 가르치고 시민이 직접 정치과정에 참여할 수 있도록 안내하는 것이었다.

2) 현대사회의 시민성

현대사회에서는 세계화와 함께 개인의 정체성이 다원화되고 있다. 과거에는 시민성이 개인과 국가 간의 관계에 의해 정의되어 왔기 때문에 시민이 된다는 것은 곧 한 국가의 시민이 된다는 것을 의미했다. 하지만 글로벌 사회의 등장으로 사람들은 다층적 사회구조(multilayered structure) 속에서 살게 되었다. 다시 말해 현대사회의 시민은 기존 국민국가의 구성원으로서의 정체성뿐만 아니라 자신의 출신 배경, 언어, 성별 등에 따라 다른 문화적 정체성을 갖기도 한다. 그렇기 때문에 전통사회에서처럼 국가적 정체성만을 지나치게 강조할 경우 소수집단에 대한 배타적 태도와 차별로 이어질 수 있다. 그러므로 국가에 대한 충성심과 함께 개인이 속한 집단의 문화적 공동체의식, 그리고 세계에 대한 공동체의식을 동시에 갖도록 해야 한다. 예컨대 어떤 사람이 한 국가의 시민이기는 하지만 다른 사람들과 종교가 상이할 수 있으며 또 다른 언어를 사용할 수도 있다. 그런 경우 한 국가나 문화에 대한 정체감만을 강요하면 그 사람은 정체성 갈등을 겪게 될 것이다. 따라서 반드시 하나의 기준만을 가지고 '하나 됨'을 강요하기보다는 다양한 정체성을 가질 수 있도록 다층적 시민성(multilayered citizenship)을 인정해 주어 정체성 간의 갈등을 합리적으로 해결할 수 있도록 해 주는 것이 좋다. 그것이 다문화적 시민성이며 세계시민성이다.

세계화된 다문화사회에서는 서로 다른 가치관, 관점의 차이, 삶의 방식의 차이 등으로 인해 사적 삶의 갈등뿐만 아니라 민족 간, 문화 간, 주류사회와 주변문화 간 갈등과 충돌이 발행할 소지가 크다. 이에 로티(Rorty, 1996)는 진정한 다원적 사회가 되기 위해서는 문화적 다양성을 인정하고 인종, 성별, 나이, 종교, 계급 등으로 인한 차별이 없어져야 하며 이러한 다원적 시민성을 함양하기 위한 다문화시민교육이 필요하다고 강조했다.

시민성의 내용이 확장되고 다원화됨에 따라 데이비스 등(Davies et

al., 2010)은 미래사회에서는 시민교육에 대한 재개념화가 필요하다고 주장했다. 과거 사회에서는 국가에 대한 충성심이 '좋은 시민'의 가장 중요한 역할이었기 때문에 국가체제를 중심으로 하는 일원적 시민교육이었다. 당시에는 한 국가에 대한 충성심이 높은 신민을 길러 내는 것이 시민교육의 중요한 기능이었다. 그러므로 이주민의 경우에도 주류사회의 시민이 되도록 하는 '동화주의'적 교육이 중심이 되었다. 동화주의 교육은 모든 학생이 주류문화를 받아들이는 것을 당연시하며, 소수집단의 학생들에게 고유한 문화 정체성을 포기하고 주류문화에 용해되어 통일된 시민성을 갖도록 종용했다.

그러나 다양한 인종과 문화가 공존하는 다문화사회에서는 개인이 자신이 속한 다양한 집단에 대한 정체감을 갖고 동시에 세계시민으로서 살아가는 데 필요한 지식, 기능, 가치가 고루 함양될 수 있도록 시민교육의 패러다임이 전환되어야 한다. 세계시민으로 성장하기 위해서 학습자는 자신의 문화공동체와 국가에서의 삶이 어떠한 방식으로 다른 국가에 영향을 미치고 국제적 사건이 어떻게 자신의 일상생활에 영향력을 갖게 되는지 이해할 필요가 있으며 상호협력이 중요함을 인식해야 한다. 이러한 방식의 상호이해 교육은 학교나 우리 사회에서 나타나는 인종차별, 성차별, 장애인차별, 계급차별 등 각종 차별의 부당함을 깨우치고 공정한 사회를 실현하는 데 기여할 수 있다. 문화적 차이는 동화의 대상이 아니며 그 자체로 가치 있는 것으로 존중하도록 함으로써 사회 내 소수집단도 자신감을 갖고 인간답게 살 수 있도록 도와주어야 한다.

이렇게 볼 때 미래의 바람직한 시민성은 과거 국가 체제적 제도하에서의 일원적 정체감에서 다원적 세계시민성으로 확장되어야 할 것이다. 데이비스 등(Davies et al, 2010)은 국민국가시대의 국가 체제적 시민교육과 글로벌시대의 탈국가적 시민교육의 모델을 다음과 같이 비교하고 있다.

〈표 3-3〉 국가 체제적 vs. 탈국가 체제적 시민교육 모델

구분	국가 체제적 접근	탈국가 체제적 접근
교육체제의 일반적 지향점	• 국가의 이익에 초점 • 국가 정체성 유지, 강화 강조	• 국가 외적인 관계에 초점 • 국가나 지역 간의 전 지구적 상호의존
시민교육에 대한 접근	• 애국심, 국가시민성 강조 • 자국의 역사와 사회구조 강조 • 개인에게 국민으로서의 정체성 강조 • 국민의 법적 권리와 의무 강조	• 국가를 넘어 세계시민적 관점 강조 • 역사적으로 소외된 집단을 포함 • 초국가적 시민성 개념 • 지역 또는 지구 차원의 정치 구조 강조 • 보편적 인권 강조(정치, 사회, 경제)

출처: 정민승 외(2021) p.67에서 재인용.

4. 세계시민교육의 내용과 방법

1) 세계시민교육의 개념과 관련 유사 용어

세계시민교육(global citizenship education)은 특정 국가에 대한 배타적 시민성을 넘어 다양한 수준의 공동체에 대한 복합적 정체성을 받아들이고 모두가 인간으로서 존중받으며 살아갈 수 있는 정의로운 세계를 만들어 보자는 세계주의 이념에 기초한다. 이는 세계시민으로서 필요한 지식과 가치, 기능을 가르치는 것으로 지역주민, 국가의 국민, 세계시민으로서 갖추어야 하는 시민성을 모두 포함해야 하므로 다원적

시민성을 요구한다.

세계시민교육의 목적은 개인과 세계, 국가와 국가, 개인과 국가의 관계에 대한 시간적, 공간적 맥락에 대한 이해 증진과 함께 타 문화에 대한 이해를 길러 줌으로써 세계시민사회의 구성원으로 요구되는 보편적이고 합리적 소양을 키워 주고자 함이다(모경환, 임정수, 2010). 세계시민성의 주요 역량으로는 지구적 문제와 상호의존성에 대한 인식과 이해 그리고 비판적 사고와 창의적 능력을 포함하는 인지적 역량(cognitive competencies), 인간성의 존중과 차이와 다양성에 대한 공감과 존중과 같은 사회감성적 역량(socio-emotional competencies), 지역이나 국가는 물론이고 세계적 수준에서 협력적 관계를 유지하고 책임 있는 참여를 할 수 있는 행동적 역량(behavioral competencies)을 들 수 있다. 이러한 역량을 키우기 위해서는 학습자가 자신의 소속 국가와 세계적 맥락의 관계를 이해하게 함으로써 통일된 하나로서 세계를 인식하게 하며 나아가 세계시민성에 필요한 지식, 방법과 가치, 태도, 행동을 포괄하는 총체적 접근(holistic approach)이 필요하다(Osler & Starkey, 2005).

한편 최근 들어 시민교육과 관련하여 다양한 용어가 사용되고 있어 개념상의 혼란이 일어나고 있다. 예컨대 다문화교육, 국제이해교육, 다문화시민교육 등의 용어가 각기 사용되면서 각 용어의 개념과 특성에 대해 궁금해할 수 있다. 이들 용어의 유사성과 차이점을 정리하자면, 일단 이들은 모두 문화 다양성의 가치를 인정하고 존중하며 문화 다원주의적 사고를 바탕으로 한다는 점에서 유사성이 있다. 하지만 국제이해교육은 국경 밖에 존재하는 타 문화와의 교류와 이해를 강조하면서 상호 이해와 존중을 강조하는 용어인 반면, 다문화교육은 국경

안에 존재하는 다양한 하위문화들의 공존을 강조한다는 점에서 차이가 있다. 특히 복지주의적 관점에서 소수자에게 힘을 실어 주고자 하는 목적에서 출발했다. 한편 다문화시민교육은 다문화사회에 능동적으로 적응함과 동시에 그것을 바람직한 방향으로 유도하고 견인할 수 있는 시민으로서 자질 향상을 목적으로 하는 교육이다. 다문화사회에서 요구하는 시민성은 자신들의 종족이나 문화공동체 안에서 유효하면서 동시에 문화적 경계를 넘어 다른 종족이나 문화 속에서 함께 살아갈 수 있는 지식과 태도, 기능을 포함한다(Banks & Banks, 2007). 결과적으로 다문화시민교육은 다문화교육을 포괄하는 개념으로 다문화주의적 시민성 함양을 목표로 한다. 여기에 지구생태계에 대한 책임감까지 포함하는 개념이 세계시민교육이다.

세계시민교육이란 용어는 최근 지식정보화 사회를 넘어서는 글로벌 환경에서 모든 세계인에게 요구되는 시민성으로 '탈국가주의와 보편적 관심, 다양성의 존중'을 핵심 키워드로 한다. 세계시민교육을 가장 모범적으로 실천하고 주도하는 단체인 영국의 옥스팜(Oxfam)에서는 세계시민성을 지역적, 국가적 경계를 초월한 새로운 시민성으로 지구적 차원에서 집단적 책임감과 집합적 정체성, 다원적 시민성을 의미한다고 정의했다(Oxfam Great Braitain, 2006). 그리고 세계시민교육의 하부 영역으로 인권교육, 평화교육, 다문화교육, 국제이해교육, 지속가능발전교육 등을 들고 있다(강순원 외, 2019). 인권교육과 다문화교육에 대해서는 앞의 절에서 설명했으므로 그외 다른 개념의 특징을 간략히 기술하겠다.

평화교육은 사회적 폭력이나 사회적 불의를 비판적으로 인식하고 평화를 구축하기 위한 관련 내용과 교육기법이나 전략 등을 다루는 교

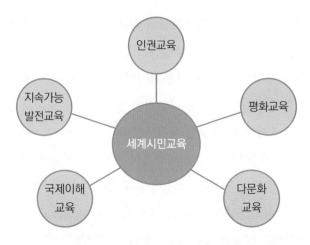

[그림 3-1] 세계시민교육의 세부 영역

육과정이다. 평화교육은 정의, 협동, 연대, 개인의 자주성 개발, 의사
결정 등의 가치를 강조하며 평화문화에 반(反)하는 차별, 비관용, 자민
족주의, 무조건적 복종이나 순응 등의 가치에 반대하며 적극적인 평화
행동을 강조한다. 유네스코에서는 평화문화를 건설하는 가장 근원적
인 수단으로 인권교육을 강조한다. 인간이 자유롭고 평화롭게 살 수
있는 방법을 찾는 것이 평화교육이고, 평화교육의 전제는 개개인이 서
로 존중받으며 인간답게 살 권리가 있다는 인권존중의 인식이다.

한편 국제이해교육은 국제사회의 이해를 통해 공존, 협력, 평화를
달성하려는 의도를 지닌 교육이다. 전쟁과 폭력, 인권유린과 사회적
불의, 자민족 중심주의와 혐오 등 인간의 고통을 가져오는 다양한 사
회문제를 예방하고 해결하기 위한 것이다. 그러므로 국제이해교육은
국민국가 체제의 한계를 극복하고 지구적 위험 사회를 대비하고자 하
는 교육으로 교육 그 자체가 목적이 아니라 인간 고통을 야기하는 조
건의 근절, 궁극적으로는 이 세계 속에서 평화, 정의, 민주주의를 실현

시키기 위한 하나의 수단이라 하겠다.

최근에는 환경파괴로 인한 각종 자연재해, 위험사회의 징후 등으로 사람들의 인권 자체가 위협받게 되면서 지구의 지속가능발전에 대한 관심이 증대되어 지속가능발전교육이란 용어도 빈번히 사용되고 있다. 지속가능발전에 대한 논의는 1972년 로마클럽의 연구보고서인 《성장의 한계(The limit of growth)》에서 생태계의 한계를 초과한 자본주의 경제의 기하급수적 성장으로 인한 자원고갈, 인구증가, 자연 황폐화는 미래세대의 위협이 될 뿐만 아니라 인류의 생존 자체에 위협이 되고 있음을 경고하면서 촉발되었다. 이후 1992년에 리우에서 개최된 유엔회의(UN Conference on Environment and Develropment, UNCED)에서는 지속가능발전을 위해 세계의 모든 국가가 동참해야 할 뿐만 아니라 이는 21세기를 위한 공동의 의무라는 점을 천명했다. 2002년 12월 유엔총회에서는 교육을 통해 지구의 위기를 알리고 각국의 모든 시민이 지속가능발전에 동참할 수 있도록 2005~2014년을 '지속가능발전교육 10년(Decade of Education for Sustainable Development)'으로 지정했다. 유네스코는 '지속가능발전을 위한 교육'을 핵심의제로 선정하여 회원국들이 이에 대해 노력해 나갈 것을 촉구한 바 있다(이해주, 2020).

이러한 용어들은 세계화, 다문화사회의 도래와 함께 발생하는 다양한 문제들을 해결하기 위한 개념으로 그때그때 상황에 따라 약간씩 다른 용어들이 사용되었다. 이들 개념은 용어상의 차이가 있기는 하지만 서로 분리되는 것이라기보다는 상호 연결된 개념으로 이해하는 것이 바람직하다. 그러나 공통적으로 바람직한 시민사회를 구현하기 위해서는 다른 민족이나 문화에 대한 이해와 존중을 바탕으로 동등한 정책적 배려를 할 수 있어야 하며 모든 사람의 인권, 평화를 위한 교육이 필요하고 나아가서 지구의 지속가능발전을 위해 다문화적 시민성 교육이 필요하다는 것을 강조하고 있다. 이러한 개념들을 모두 포괄하는 개념이 곧 세계시민교육이라 할 수 있겠다.

2) 세계시민교육의 목표와 내용

영국의 피케와 셀비(Pike & Selby)는 세계시민성을 위한 시민교육의 목표로 다음 다섯 가지를 제시한다(Heater, 1990에서 재인용).

① 세계를 서로 긴밀하게 연결된 하나의 체계로 생각하는 의식
② 다른 사람의 생각을 수용하고 이를 이해하고자 하는 의식
③ 세계의 현실과 발전과정을 이해하고 이에 대한 정의감, 책임감, 인간의 권리를 발전시키고 세계를 건강한 지구촌으로 발전시키고자 하는 의식
④ 현재와 미래세계에 영향을 줄 수 있는 일에 적극적으로 참여하고자 하는 마음
⑤ 세계가 연속적인 과정임을 인식하고 세계를 바라보는 관점을 확장시키는 태도

다음으로 세계시민교육에 포함될 내용으로는 크게 시민으로서 알아야 할 지식, 시민으로서 갖추어야 할 태도와 가치, 시민으로서 지녀야 할 기능으로 나눌 수 있다. 첫째, 시민으로서 알아야 할 지식은 사실에 대한 정확한 판단과 이해, 개인의 공적 역할을 제대로 수행할 수 있는 지식이다. 둘째, 시민으로서 갖추어야 할 태도와 가치는 자신의 편견을 인식하고 합리적으로 사고할 줄 아는 자기이해와 타인에 대한 관

〈표 3-4〉 세계시민교육의 내용

요소	구체화	영역
문화	각 문화 간의 유사점과 차이점의 특성 알기 각 문화에 대한 이해와 존중심 기르기 문화 간 긍정적 태도	지식, 이해 가치, 태도
협력	다양한 사람들과 상호작용 및 협동능력 증진하기 의사소통능력 기르기	기능
반편견	선입견, 편견, 고정관념에 대해 비판적으로 사고하기 문제상황에 대처 능력 기르기	지식, 이해, 기능, 가치, 태도
정체성	긍정적 개념 기르기 개인의 정체성 및 집단 정체감 형성	가치, 태도
평등	국가, 민족, 성별, 능력, 계층에 대한 긍정적 태도 갖기 인간의 평등 신념 형성하기	지식, 이해 가치, 태도
다양성	다양한 사람들과 상호작용 및 협동능력 증진하기 의사소통능력 기르기	가치, 태도
인권	인간으로서 당연한 기본적인 권리 찾아보기 차별 배제하기	지식, 이해 가치, 태도

용의 자세, 다양한 가치에 대한 인정과 존중의 자세이다. 셋째, 세계시민으로서 지녀야 할 기능은 자료를 수집하고 조직, 분석, 평가할 수 있는 지력과 판단력, 타인과 함께 의사소통하고 토론할 수 있는 기술을 들 수 있다. 세계시민교육의 내용을 구체적으로 제시하면 〈표 3-4〉와 같다.

3) 세계시민교육의 방법

세계시민교육의 방법은 내용 중심적인 교육보다는 문제 상황에서 적절한 합리적 의사결정을 할 수 있는 절차 혹은 방법 중심적 교육이 효과적이다. 예컨대 글로벌 시민의식이 국가적 시민의식과 양립될 수 있는지, 세계적 이해와 국가적 이해가 충돌할 때 어느 것을 우선시해야 할 것인지, 애국심과 글로벌 시민의식 사이에 내재적인 갈등이 있는지, 애국심은 갈등을 해결하는 하나의 방식으로 재정의될 수 있는지 등의 질문이 있을 수 있다.

바버와 왓슨(Barber & Watson, 1992)은 세계시민이 되기 위해서는 법에 의해 규정되는 권리와 의무만을 수행하는 수동적인 시민이 아닌, 이웃과의 만남을 통해 감정이입을 하고 공동체를 구성하고자 노력하는 능동적 시민이 되어야 한다고 했다. 이때 이웃과의 감정이입 경험은 낯선 사람에 대한 애착심을 불러일으키고 공동체의 기초를 이루는 근간이 된다고 하면서 다문화주의적 경험과 실천전략을 세계시민교육의 방법으로 제시하기도 했다.

5. 맺는말

사회 내 다양한 집단들 간의 접촉이 증가함에 따라 구성원들의 삶이 문화적으로 풍요로워지기도 하지만 동시에 구성원들 간의 갈등으로 사회적 혼란이 야기되기도 한다. 이에 정치, 경제, 문화 등 다양한 영역에서 그 다양성으로 인해 발생할 수 있는 위험성을 관리하고 효과적으로 대응할 수 있는 시민적 역량이 필요하다. 이러한 문제를 최소화하면서 모두가 인간답게 존중받으면서 상생할 수 있는 사회를 만들기 위해서는 시민교육을 통해 다양한 문화나 집단에 대한 관용적 태도와 모두가 평등한 인간으로 존중하는 다문화주의를 수용하는 자세를 길러야 한다. 그것이 곧 다문화시민성이며 세계화시대가 요구하는 세계시민성이기도 하다. 세계화된 국제체제는 국가 간의 선을 긋는 국경과 독립적인 주권 행사, 그리고 배타적인 민족주의 경쟁이 얼마나 비합리적이고 시대착오적인지를 보여 준다. 특히 정보통신혁명, 자본과 무역 자유화, 전 지구적 차원의 위험사회의 등장은 국민국가의 국경과 영향력을 약화시키고 있다(부산대학교 사범대학 국제이해교육연구팀, 2012). 그러므로 앞으로의 시민성은 국민국가 중심의 일원적 시민성에서 민족, 국가, 세계와 관련된 정체성을 복합적으로 가질 수 있는 다원적 시민성, 세계시민성을 길러 가는 방향으로 목표를 전환해야 한다. 이는 각 정체성 간의 혼돈을 막고 각 집단의 문화나 가치관의 차이에서 발생하는 갈등을 최소화할 수 있는 방법이 될 것이다. 예컨대 '국가냐, 세계냐'라는 선택의 문제가 발생하는 경우, 원칙적으로 세계적인 차원에서 생각하면서 개인을 둘러싼 환경이 서로 연결되어 있음을 인식하고 모든 사람의 기본 인권을 고려하면서 판단할 수 있는 능력이 필요하다.

이런 의미에서 인권교육은 세계시민교육의 근간이 된다. 인권교육을 통해 개인은 자신을 하나의 독립된 주체로 인식하고 자신의 권리를 기초로 삶의 질을 향상시킬 수 있다. 또한 타인의 권리를 존중해 주고 약자도 보호해 줌으로써 상호 이해와 발전을 꾀할 수 있다. 따라서 인권교육은 개인의 발전과 사회통합을 가져오는 방법이 될 수 있으며 나아가서 올바른 시민의식을 기르는 중요한 기제가 될 것이다. 게다가 인권교육을 통해 자신이 어떤 권리를 갖고 있는지도 알 수 있으므로 교육을 받는 것 자체가 하나의 권리이기도 하다.

인간의 권리실현과 사회의 지속가능발전은 서로 상보적 조건으로 기능한다. 인간과 인간, 인간과 자연은 분리되어 존재하는 것이 아니라 서로 연결되어 존재하므로 서로를 배려하고 존중할 때 모두가 행복할 수 있으며, 지속가능한 사회의 실현도 가능하리라 본다.

참고문헌

강순원 외(2003). 세계화 시대의 국제이해교육. 파주: 한울.

강순원 외(2019). 국제이해교육 페다고지. 서울: 살림터.

국가인권위원회(2005). 인권, 누구에게나 소중해요. 서울: 국가인권위원회.

김병연(2015). 생태시민성과 페타고지, 서울: 박영story.

모경환, 임정수(2010). 다문화교육의 이해. 파주: 양서원.

부산대학교 사범대학 국제이해교육연구팀(2012). 국제이해교육의 이론과 실천. 서울: 학지사.

이경희(2015). 다문화시민사회에서 소수자에 대한 이해와 실천. 윤리교육연구, 38, 253-279.

이해주(2020). 인권교육과 지속가능발전의 연계를 위한 평생교육적 방안모색. 법과인권교육연구, 13(1), 1-25.

이해주, 최윤진, 구정화(2008). 청소년 인권과 참여. 서울: 한국방송통신대학교출판부.

정민승, 모경환, 이해주, 차윤경(2021). 다문화교육론. 한국방송통신대학교출판문화원.

최현(2007). 한국의 다문화 시티즌십: 다문화 의식을 중심으로. 시민사회와 NGO, 5(2), 147-173.

Almond, G. A., & Verba, S.(1963). *The civil culture*. Princeton: Princeton University Press.

Banks, J. A., & Banks, C, A. M.(2007). *Multicultural education: Issues and Perspectives*. New York: Wiley.

Barber B. R., & Watson P.(1992). *The struggle for democracy*. Toronto: Lester & Orpen Dennys.

Davies, I. et al.(2010). Globalizing citizenship education: A critique of global education and citizenship education. *British Journal of Education Studies*, *53*(1), 69-89.

Dobson, A.(2003). *Citizenship and the environment*. Oxford: Oxford University Press.

Flowers, N. et al.(2009). Manual of human right education for children. European Youth Center Budapest.

Freeman M.(2006). 인권: 이론과 실천(김철효 역). 서울: 아르케. (원저는 2004년 출간)

Heater, D.(1990). *Citizenship: The civic ideal in world history, politics and education*. London & New York: Longman.

Johnston, R.(2006). Adult learning for citizenship: Toward a reconstruction of the social purpose tradition. *International Journal of Lifelong Education*, *18*(3), pp. 175-190.

Inkeles, A. A.(1974). Participant citizenship in six developing countries. In L. Bowman, & B. Boynton (Eds.), *Political behavior and public opinion*. Englewood Cliffs, NJ: Prentice-Hall.

Noddings, N. (Ed.) (2005). *Educating citizens for global awareness*. New York: Teachers College Press.

Osler, A., & Starkey, H.(2005). *Changing citizenship: Democracy and inclusion in education*. Maidenhead: Open University Press.

Oxfam(2006). Education for global citizenship-A guide for school. Oxfam GB.

Rancière, J.(1995). *La mésentente: Politique et philosophie*. Galelée.

Rorty, R.(1996). 우연성, 아이러니, 연대성(김동식, 이유선 공역), 서울: 민음사. (원저는 1991년 출간)

Sen, A.(2006). *Identity and violence: The illusion of destiny*. New York: W. W. Norton & Co.

4장

한국의 다문화 현상과 특징

1. 서론: 누가 한국인인가?

한국의 다문화 현상과 특징을 살펴보기 위해 사회의 다문화화(化)로 인해 기존의 국적과 민족, 인종 등의 개념에 생긴 변화와 혼선을 생각해 볼 필요가 있다. 우선 '한국인은 단일민족'이라는 사고에 대한 국제사회의 해석과 권고이다. 2007년 유엔인종차별철폐위원회는 한국에 대해 단일민족임을 강조하는 것은 인종적 우월성의 위험이 있어 영토 내에 살고 있는 다른 민족이나 국가집단과의 상호이해나 우의 증진에 장애가 될 수 있다고 보고, 지금 한국사회의 다인종, 다민족적 성격을 인정하고 적절한 조치를 취할 것을 권고했다(설동훈, 2014). 이는 자연스럽게 우리를 '누가 한국인인가?'에 대한 고찰에 이르게 한다. 외모상으로 확연히 달라 보이는 사람들을 '외국인'으로 규정하는 것이 자연스럽다고 생각하면서도 이런 생각에 균열을 내는 경우를 종종 만나게 될 때는 더욱 그렇다. 예를 들면 방송에서 자주 얼굴을 볼 수 있는 니하트 씨와 알파고 씨는 자신을 '한국인'이라고 소개한다. 니하트 씨는 아제르바이잔, 알파고 씨는 튀르키예에서 온 이민자인데 이제는 한국 국적을 취득했기 때문에 그렇게 말하는 것이다(별다리 연구소, 2022). 그렇다면 '한국인'임에도 다양성이 있는 것일까?

이런 이야기에는 '국적'과 '민족'에 대한 생각의 차이가 복합적으로 들어 있다. 한국은 과거 다른 나라로 인력을 수출하는 '송출국'이었지만 이제 밖으로 나가는 사람보다 들어오는 사람이 더 많은 '유입국'이 되었다. 한국으로 이주를 선택하는 사람들이 늘어나면서 생긴 다양한 변화에 대해 곰곰이 생각하고 행동해야 할 일이 많아진 것을 피부로 느낀다. '다문화사회'로의 변화에 따라 사회적 고려와 합의가 이루어진 일도 눈에 띈다. 그 시작은 30여 년 전인 1990년대로 거슬러 올라간다. 외국인 노동자가 들어온 이후 이들의 인권침해 문제가 일어났고 많은 시민이 이들의 인권을 지원했다. 국제결혼으로 유입된 이주민도 당시에는 무척 낯선 존재였다. 그러나 이들은 외국인 노동자와는 달리 정주할 수 있기 때문에 이들의 정착과 통합은 대번 국가적인 과제로 떠올랐고, 다문화가족지원정책이 우리 사회에 선보이게 되었다. 시간이 상당히 흐른 현재, 관련 중앙정부 정책은 다문화가족지원정책과 외국인기본계획의 두 축을 가진다. 또한 이주민이 많은 도시와 마을을 중심으로 '상호문화도시' 등 지역사회 수준의 함께 살기의 해법이 이루어지고 있다.

이 장에서는 한국사회의 다문화 현상이 어떻게 전개되었는지 살펴보고 우리 사회 이주민을 중심으로 다문화사회로서 한국사회의 특징을 알아본다. 구체적으로는 첫째, 한국사회의 다문화화의 역사를 훑어보고 송출국이었던 과거와 유입국이 된 현재를 비교하여 고찰한다. 둘째, 우리 사회의 이주민을 집단별로 나누어 그 특징과 이슈를 알아본다. 셋째, 글머리에 제기한 '누가 한국인인가?'라는 질문에 대해서 다문화사회로 변화하는 데 필요한 시민교육적 과제를 논의하고자 한다.

2. '다문화사회'로의 변화

1) '송출국'에서 '유입국'으로의 변화

현재 우리는 다른 언어나 문화권에서 온 사람들을 일상 속에서 만나고 있다. 이처럼 외국인이 유입되는 유입국으로서 우리나라의 상황은 새로운 사회적 현실이라고 할 수 있다. 이런 상황에서 우리나라가 인력을 세계의 여러 나라로 보내는 '송출국'이었다는 과거는 간혹 잊힌다. 1970년대 서독으로 간호사와 광부 파견이 있었고 1980년대에는 중동지역의 건설 특수로 인해 많은 건설 기술자들이 사막의 열기를 견디며 일하며 임금의 대부분을 고국의 가족에게 송금했다. 비슷한 시기에 신대륙 미국으로 이민이 늘어 현재 'L.A. 코리아타운'으로 상징되는 재미교포 사회를 형성했다. 누가 공동체 '밖'으로 나갈 때는 보내는 입장에서 할 일이 그다지 많지 않지만 누가 공동체 '안'으로 들어온다면 이것은 사회적인 과제가 된다. 이제 한국의 위치는 '송출국'에서 '유입국'으로 바뀌었고, 다양한 이주민의 정착과 통합에 대한 본격적인 사회적 과제를 마주하게 되었다.

먼저 우리나라 이주민의 송출과 유입의 역사를 시계열적으로 정리해 볼 필요가 있다. 1948년 대한민국 수립 이후 1980년대까지는 국민의 국외 이민이 주류를 이루었다. 전술한 바와 같이 1960~1980년대에는 독일 노동이주, 1970~1980년대 중반까지는 '중동 건설붐'에 의한 해외취업이 이어졌다. 이와 더불어 1965년 이후 아시아 국가의 이민자를 받아들이기로 한 미국의 이민법 개정에 따라 미국으로 영주이민을 떠나는 사람들의 행렬이 이어졌다.

그 당시 우리의 주요 이민정책이라고는 해외 노동이주에 대한 국가차원의 장려와 「해외이주법」을 통해 외교통상부를 중심으로 한 해외이주 지원이 전부였다. 1964년 당시 서독으로 일하러 간 간호사와 광부를 격려하기 위해 당시 박정희 대통령이 독일에서 보내 준 비행기를 타고 독일을 방문했던 일화는 유명하다. 박정희 대통령은 이들을 격려하는 자리에서 "우리가 못나서 이곳 이역만리에서 고생하고 있지만 후

[그림 4-1] 박정희 대통령을 환영하는 독일파견 광부와 간호사들

출처: 김동원(2018).

손들에게는 잘사는 조국을 물려줍시다"라고 말하며 눈물을 흘렸다고 한다(오정근, 2015).

'밖'을 향하던 이런 이주의 방향은 1988년 서울 올림픽을 전후로 중국 동포와 동남아시아 노동자들이 국내 제조업 취업을 목적으로 들어오면서 바뀌었다. 서울 올림픽은 당시 군사정권이 얻어 낸 큰 성취였다. 그래서 서울이 개최지로 결정된 발표가 있었던 도시의 지명을 따서 '바덴바덴의 기적'이라고 불렀을 정도이다. 5,000년의 자랑스러운 역사가 있지만 근대에 들어와 속국으로 견뎌 온 시간, 해방과 건국, 분단, 6.25라는 비극적인 내전에 이어 군사정권의 쿠데타 등 바람 잘 날이 없었던 우리의 역사에 세계 체육인이 함께 모여 치르는 멋진 잔치를 개최한다는 것은 실로 대단한 일이었다. 88 서울 올림픽은 우리를 세계에 알리는 기회이자 한국이 다수의 외국인에게 '발견되는' 계기가 되었다. 적지 않은 외국인이 한국을 알게 되고 '기회의 땅'으로 생각하게 되었다. 당시 국내 상황은 제조업 종사자의 감소로 '일할 사람이 없다'는 것이 외국인을 고용하고자 하는 명분이었다. 이에 '산업기술연수생제도'가 1993년에 시작되면서 외국인 노동자를 산업현장에 활용하기 시작한다.

'산업기술연수생제도'는 그 명칭만으로도 문제점을 짐작할 수 있을 정도로 문제가 많은 제도였다. 일을 시키면서 '노동자'임을 인정하지 않은 데 따른 수많은 문제가 생겼다. 이런 상황은 외국인 노동자의 저항을 가져왔다. 외국인 노동자 단체 농성이 1994년과 1995년에 연달아 일어났고, 이들의 목소리는 국내 노동인권운동의 지지를 받으며 시대의 인권 이슈로 불거졌다(한준성, 2015). 1995년 1월에 발생한 외국인 노동자 단체농성은 네팔에서 온 산업연수생이었다. 이들은 여권이 압류된 상태에서 욕설과 구타를 겪으며 일했다. 13명의 이주노동자가 명동성당에 들어섰다. 이들은 몸에 쇠사슬을 두른 채 '때리지 마세요', '우리도 인간입니다'라고 적힌 피켓을 들고 농성을 시작했다(유해정, 2009). 1996년에는 방글라데시·네팔·미얀마·중국인 노동자 26명이 '우리는 노예가 아니다'라며 작업장을 뛰쳐나와 명동성당에 모였다(정희상, 1996). 이후 산업연수생 역시 「근로기준법」상 '근로자'에 해당된다는 1995년 대법원 판결, 산업연수생제를 보완한 1997년 '연수취업제' 실시 등 여러 변화를 거쳐 2004년 외국인의 '노동자성'을 인정한 '고용허가제'가 실시되었다. 고용허가제는 저임금 노동에 외국인을 활용하며 노동자의 한국 정주를 허락하지 않는다는 점에서 큰 차이 없이 오늘에 이르고 있다. 한편, 1990년대 중반부터 외국인이 국내로 혼인하여 유입되는 결혼이민자가 증가하기 시작했다. 2004년 통계를 보면 전체 결혼의 14%가 국제결혼으로 나타나 지금도 깨지지 않는 최고

기록이 되었다. 이후 재외동포, 유학생 등 다양한 사람이 유입되면서 체류 외국인 수의 급격한 증가가 이루어졌다. 2004년에 75만 명이던 외국인이 2018년에는 237만 명으로 나타나 10여 년에 이르는 기간 동안 3배가 넘게 증가했음을 알 수 있다(법무부, 출입국통계).

이렇게 다양한 사람의 유입과 함께 인식의 변화도 이루어지기 시작했다. 소위 '다르게 보이는 사람들'에 대해 인권과 사회통합의 문제를 생각하게 한 대표적인 사건 중 하나는 2006년 미국프로풋볼(NFL) 선수 하인스 워드의 방한이다. 그간 방관하던 정부도 혼혈인 차별금지법 등 대책 마련에 나서기 시작했다(모은희, 2006). 하인스 워드의 방한은 많은 사람들이 알고 있을 법한 우스갯소리를 떠올리게 한다. 인터넷에는 '퀴리 부인이 한국에 태어났었다면 어떻게 되었을까?'를 비롯한 '세계 5대 천재 시리즈'가 있다. 퀴리 부인의 경우 아무리 뛰어나도 여자라고 무시당하고 교육도 시켜 주지 않아 봉제공장에서 일하고 있을 것이라는 이야기이다(차동엽, 2007). 하인스 워드 역시 비슷한 경우로 한국인 어머니와 아프리카계 미국인 아버지를 둔 그가 미국으로 건너가지 않았다면 어떻게 되었을까?

2000년대에 들어와서는 다문화사회에 관련한 다양한 입법이 이루어진다. 외국인정책위원회 설치 및 「재한외국인처우기본법」 제정(2007년), 외국인정책기본계획 수립(2008년), 「국적법」 개정(2010년)과 「난민법」 시행(2013년) 등이 순차적으로 이루어지며 세계사회의 선도국으로서 위치를 확보하는 노력이 이어졌다. 그중 「국적법」 개정의 골자는 복수국적 허용범위 확대이다. 원정 출산자를 제외한 선천적 복수국적자, 고령의 영주귀국 희망자 등에 대한 복수국적 허용범위를 확대하겠다는 것이다. 그러나 「난민법」의 제정과 시행에도 불구하고 멀게

만 느껴지는 이들의 존재가 사회적 이슈로 떠오른 일도 있었다. 바로 2017년에 제주에 도착한 500여 명의 예멘 난민을 둘러싼 논란이다.

현재 우리 사회는 저출산·고령화로 인한 인구구조 변화에 더해 외국인 인적자원이 필요한 상태에 있어 중앙정부에 이민청 설치를 고려하고 있을 정도로 이주에 대한 관심이 늘어났다. 이에 외국인 주민과 장기체류 외국인의 증가에 따른 사회통합 문제에 관심이 증대하고, 법률과 정책의 변화가 시급하게 대두하는 상황을 맞이하고 있다.

2) 우리 사회의 이주민

여기서는 우리 사회의 이주민을 여덟 집단 정도로 설명하고자 한다. 그러나 사실 이것은 편의적인 구분에 불과하다. 민족과 국가정체성 사이에 그 밖의 경계에 서 있는 사람도 많고, 다양성이 복잡해져서 구분이 거의 불가능한 경우도 있기 때문이다. 또한 '인종'이나 '민족'이라는 사회적 조건은 계급, 계층, 성별, 나이 등 다른 사회적 조건과도 교차가 일어나서 다양한 사회적 집단을 형성하기도 한다. 따라서 여기서는 이런 점을 인지하되 편의적으로 구분했다는 점을 밝혀 두면서, 이를 통해 우리 사회에 존재하는 '다양성'과 '다원성'에 대한 이해를 넓히는 데 의의를 두고자 한다.

(1) 외국인 노동자

한 사회에서 '외국인 근로자', 또는 '외국인 노동자'로 불리는 이들에 대한 국제연합(UN)의 공식 호칭은 '이주노동자(migrant workers)'이다. 유엔의 "이주노동자와 그 가족의 권리에 관한 국제협약"에 따르면 이주노동자란 "국적국이 아닌 나라에서 유급 활동에 종사할 예정, 또는 종사하고 있거나, 또는 종사하여 온 사람"을 말한다. 이 정의는 자신의 국적국이 아닌 나라에서 노동을 제공하는 사람을 모두 이주노동자로 통칭하며 다양한 형태의 노동을 포괄한다. 따라서 국내 대기업이나 초국적 기업의 외국 지사에서 근무하는 고숙련 노동자도 이 정의에 따르면 모두 이주노동자의 정의에 부합한다.

그러나 우리의 현실 속에서 유입국에서 외국인 노동자라고 불리는 사람들은 통상 이보다 훨씬 한정된 범위를 의미한다. 다시 말하면 외국인 노동자라고 할 때 우리는 곧잘 저개발국에서 온 3D 노동, 즉 위험하고, 어려우며, 남들이 꺼리는 일(dangerous, difficult, dirty)을 하는 사람들을 떠올리게 된다. 「출입국관리법」에 따르면 외국인 노동자는 교수(E1), 회화지도(E2), 연구(E3), 기술지도(E4), 전문직업(E5), 예술흥행(E6) 등의 사증을 받고 입국한 전문기술직 종사자와 고용허가제(E9) 사증을 발급받는 단순기능직 종사자가 있다. 모든 외국인 인력은 사증에 따라 정해진 기간에만 머물 수 있으나 같은 외국인 인력 안에도 큰 차이가 존재한다. 예를 들어 전문직 종사자들은 가족과 함께 입국할 수 있으나 단순기능직 노동자는 '한국사회가 원하지 않는' 외국인의 정착을 예방하려는 의도로 '가족초청금지' 원칙을 견지하기 때문에 홀로 입국하여 생활한다.

현재 약 80만 명이 넘는 외국인 노동자가 우리 주변에 있지만, 여전히 이들을 삶 속에서 교류하는 이웃이자 친구로 만나기는 힘들다. 이들은 눈에 잘 띄지 않는 한쪽에서 일하며 '임시 거주자(temporary residents)'로 살아간다. 그러나 독일 극작가 막스 프리시(Max Frisch)의 "노동자를 불렀더니 사람이 왔다"라는 말은 우리 사회에도 통용되는 이야기일 것이다.

(2) 결혼이민자

결혼이민자는 남성일 수도 있고 이주노동 등 다른 목적으로 한국에 왔다가 배우자를 만나 결혼으로 정주하게 된 사람일 수도 있다. 그러나 우리 사회에서 결혼이민자는 거의 '여성의 얼굴'로 대표된다. 이는 앞서 소개한 외국인 노동자의 이미지가 '남성'인 것과 대비된다. 한국인 여성과 결혼한 남성을 '결혼이민자'라고 부르는 경우는 거의 없다. 아예 '결혼이주여성'이라는 호칭이 익숙하다. 이것도 앞의 외국인 노동자의 경우와 마찬가지이다. 대기업 주재원 등으로 와 있는 외국인을 '외국인 노동자'라고 부르지 않는 것과 같은, 우리 사회의 통념일 수 있다. 심지어는 미국인, 그것도 백인인 미국인과 결혼하여 꾸린 가정은 '글로벌 가정,' 그렇지 않은 가정은 '다문화가정'이라고 구분하는 사람도 종종 만난다.

국제결혼은 자연스러운 사회적 현상이다. 지금도 여전히 열 쌍 중한 쌍 정도는 국제결혼을 한다. 그런데 사인(私人) 간의 혼인이라는 개인적 결정에 국가가 개입한 이유는 무엇이었을까? 1990년대에 급증한 국제결혼은 자연스러운 개인 간의 선택을 넘어선 사회적인 현상이었다고 보는 시각이 타당성을 갖는다. 농촌 총각이 배우자를 찾지 못하는 결혼 문제가 시작이었다. 이는 남성 중심의 가족중심주의가 공고한 한국사회에서 큰 사회문제로 받아들여졌다(김혜순, 2006). 그리고 이들이 선택한 대안인 '다문화가정'이 지속 가능하려면 지원이 필요하다는 생각이 나왔고, 그 지원의 대상은 십중팔구 유입된 이질적 존재인 결혼이민자인 여성이 되었다. 우리나라 다문화사회에 대한 중앙정부 정책의 시작점이 「다문화가정지원법」을 필두로 한 다문화가정에 대한 지원인 것도 놀라운 일이 아니다.

'다문화가정'을 돕겠다는 정책은 한 가정의 자녀 출산과 양육에 대한 지원으로 시작되었고 '지원'이 '관리'의 형태로 지속되고 있다는 주장이 설득력을 갖는 부분이 있음은 이 때문이다(원숙연, 2008). 물론 세계 어느 곳에서든 1세대 이민자의 정착 지원은 중요한 문제이다. 그리고 다문화가정에 대한 지원이 일정 성과를 거둔 것도 사실이다. 그러나 이명박 정부 때 시작되어 현재 안정적인 지원체계를 확보하고 있는 다문화가정 지원은 애초의 문제, 이주민의 '동화'와 '적응'에만 관심을 두고 있지는 않은지, 그것도 한국인 가족의 일원이 된 이주민 여성의 가족 내 역할에 대한 학습만을 주된 성과로 상정하고 있는 것은 아닌지 생각해 볼 필요가 있다(강미옥, 2014).

(3) 이주배경청소년

이주배경청소년은 「청소년복지 지원법」 제18조에 명시된 용어로, 다문화가족의 청소년과 그 밖에 국내로 이주하여 사회 적응과 학업 수행에 어려움을 겪는 청소년을 지칭한다. '부모 중 1인 이상 또는 청소년 본인이 한국 외 지역 출생이거나 한국 출생 후 국외에서 성장한 청소년'으로, 한국사회의 다양한 이주 경험이 있는 청소년을 포괄하는 개념이다(한국청소년정책연구원, 2022).

우리 사회가 마주한 과제는 이들이 우리의 미래세대로 성장하도록 돕는 것이다. 이제는 이들 중 상당수가 아동청소년기를 지나 청년이 된 나이에 접어들었다. '이주배경청소년'이라고 하면 한국의 국제결혼가정에서 출생하거나 성장기에 입국한 아동청소년을 우선 떠올리지만 사실은 외국인 가정의 자녀, 탈북민 자녀 등을 포함하여 일곱 집단으로 구분될 정도로 다양하다(한국청소년정책연구원, 2022). '이주배경'을 제외하고는 이들 집단 사이의 공통점이 별로 없어 하나로 묶는 것이 불가능해 보이기도 한다. 여기에서는 국내 출생 다문화가정의 자녀와 외국출생 중도입국 청소년 집단을 중심으로 설명한다.

우선 '다문화가정의 자녀'라고 하면 일반적으로 결혼이민자와 한국인으로 구성된 가정(다문화가정)의 자녀, 그중에서도 더욱 국내 출생 자녀를 지칭한다. 이들은 나이와 학교 재학 여부에 따라 다문화아동, 다문화청소년, 다문화학생 등으로 다양하게 불리고 있다. 아버지와 어머니의 국적, 언어, 문화가 서로 다른 아동청소년은 정체성이 남보다 하나 더 있는 셈이다. 언어도 두 개, 문화도 두 개일 때 정체성의 형성과정은 좀 더 복잡하고 어려울 수 있다. 그러나 이를 빌미로 일어나는 다양한 차별까지 당연하게 바라볼 수는 없다. 예를 들어 일본인 어머니를 둔 청년이 학창 시절 흔히 들은 말이 '독도가 어느 나라 땅인지 말해 봐라'였다는 것은 누군가에게는 '애국심의 표현'이 되는 일이 누군가에게는 '차별의 언어'가 되는 과정을 보여 주며 이때가 교육이 개입해야 하는 순간임을 일깨워 준다(김진희 외, 2020).

한편, 중도입국 아동청소년은 국내 출생 아동청소년과는 많이 다르다. 이들 대부분은 외국인으로서 아버지 또는 어머니가 한국에서 재혼하여 초청하는 경우가 많아 아동청소년기에 국경을 건넌다. 외국에서 태어나고 그 언어와 문화가 더 익숙하지만 한국에 지속적인 거주 의사를 보이는 경우가 많다고 한다(차윤경 외, 2021). 이들은 외국인인 부모보다 한국어와 문화를 빨리 습득하는 편이다. 그러나 어린 나이에 자신의 뜻과 상관없이 맞이한 '이주'가 버거워서 뭘 해야 할지 모르는 청소년도 많다. 한국어와 문화를 빨리 습득해서 적응하려고 마음먹은 아동과 청소년도 삶의 환경이 복잡한 경우가 많다. 특히 한국어를 빨리 습득하면 어른들의 통역이나 다른 형제의 돌봄 등 성인 부모의 일에 끌려다니는 경우가 많다고 한다(김진희 외, 2020). 그러면 정작 자신의 어려움을 돌볼 새가 없고 한국에서 성인으로 쭉 잘 살아갈 자신을 상상하기 어려울 것이다.

(4) 난민

한국사회에서 가장 낯선 이주민이라면 난민이 아닐까? 우리가 선진국으로 여기고 있는 많은 나라에서는 세계 곳곳에서 일어나는 전쟁과 내전 등으로 발생하는 난민을 매년 일정 정도 받아들이고 이들의 정착을 돕는 것이 시민사회의 일상이다. 이에 비해 우리나라에는 2018년 입국한 500여 명의 예멘 난민이 큰 논란을 불러왔을 정도로 난민은 두려움의 대상이 되고 있다.

한국사회에 굳이 난민을 수용해야 하는지의 논란이 그 중심을 차지한다. 낯설어도 너무 낯설다는 것이다. 하지만 우리나라는 1992년 '난민 지위에 관한 1951년 협약'에 가입해 인종과 종교, 국적, 특정 사회집단, 정치적 의견 등이 다르다는 이유로 박해받을 우려가 있는 외국인을 난민으로 인정해 수용하고 있다. 게다가 아시아 국가 최초로 난민인정 절차와 처우 등을 규율하는 법률인 「난민법」을 2013년에 제정하는 등 국제사회에 인권국가로의 진입을 선포한 지 오래이다. 이제 그런 '이타적 국가'에 맞는 면모를 보여 주어야 하는데 실상은 그렇지 않다. '세계적으로 난민을 거의 수용하지 않는 나라'라는 주장이 나오기도 하고 실제로 한국사회에서 난민으로 인정받기란 거의 불가능하다는 말도 사실에 가깝다(김진희, 이로미, 2019).

예멘 난민의 예를 들어 보자. 예멘 난민에 대한 언론보도는 그 시선이 크게 둘로 갈라졌다. 신예원과 마동훈(2019)은 보수지와 진보지 속의 난민 보도 담론이 아주 다르다는 사실을 확인했다. 즉, 보수지는 국가와 사회의 안정이 난민의 유입을 이유로 흔들릴 수 있다는 사실을 주로 보도하고, 진보지는 인도주의적 제도가 있다고는 하나 크게 허술한 우리나라의 허점을 비판하는 데 지면을 할애한다는 것이다. 당시 단기간에 70만 명 이상의 시민들이 「난민법」 폐지 청원을 하는 등 전반적으로 난민 인정에 대한 부정적인 여론이 형성되었다. 어느 날 갑자기 흘러들어 온 '불온한 위험 집단'으로 예멘 난민을 범주화하는 것이 시민사회의 현실적 반응에 가까웠다. 특히 '예멘 난민과 다문화 정책'이라는 제목의 한 칼럼은 전 세계의 골칫거리인 난민 문제가 한국에 본격적으로 상륙했다고 논평하면서 그간 추진해 온 다문화정책과 관련된 정부의 곤혹스러운 입장을 대변했다(이병종, 2018). 아시아 국가 최초로 「난민법」을 제정하고 국제사회에 '인권국가로 진입'을 선포했지만, 지구촌 공동체의 모든 이의 인권을 준수하는 인권국가가 되겠다는 국가적 정책 비전의 '이상'은 아직까지는 실현되기 어려운 현실임을 인정할 수밖에 없는 상황이다.

(5) 북한이탈주민

북한이탈주민은 '난민 아닌 난민'이다. 무엇보다도 북한을 탈출하는 데 목숨을 걸어야 한다. 그 이후로도 여러 개의 국경을 넘는 일이 많아 한국행에 그 누구보다도 큰 고난을 감수해야 한다는 점에서 이들은 앞서 거론한 '난민'에 준한다. 북한이탈주민의 영어 명칭이 일반적으로 'North Korean refugee'로 통용되는 점 역시 이들의 국경 넘기에 동반되는 어려움이 일반 이민자와 크게 다르다는 점에서 난민에 준한다는 입장을 지지한다.

　그러나 사실 이들은 '난민'이 아니다. 헌법상 우리나라 영토는 한반도와 그 부속 도서이다. 다시 말해 북한 지역까지 한국의 영토로 선언하고 있다. 따라서 북한이탈주민은 수복하지 못한 우리 영토의 주민, 헤어져 있던 민족이자 동포이다. 이들이 다른 나라에 입국할 때는 '난민'에 준하는 대우를 받을지라도 우리나라에서는 바로 국민의 지위를 주고 다른 난민이나 이민자와는 비교도 되지 않을 정도로 지원해 준다는 점도 이를 뒷받침한다.

　북한이탈주민 유입의 역사는 분단 이후부터 시작되었지만 이들의 '이주'와 '정착'에 관련한 이슈가 사회적으로 논의된 것은 2000년대에 들어오면서부터이다. 2000년대 이전에 이들의 유입은 큰 이슈가 아니었다. 그러다가 북한의 경제난과 식량난으로 인해 연간 입국자가 1,000명을 넘기 시작했고, 2006년부터 2009년 사이에는 연간 입국자가 2,000명을 넘기에 이른다. 그러나 이후 김정은 체제에 들어선 2011년 말 이후부터 입국자는 급격히 줄고 있다. 게다가 코로나19로 인해 국경통제가 과거보다 더 강화되면서 2020년 229명, 2021년 63명이라는 적은 숫자만이 유입되었다.

　2022년 기준 북한이탈주민은 모두 3만 3,815명으로 집계된다(통일부, 2022). 남성은 24.0%인 데 비해 여성이 76.0%로 세 배 정도 많다. 과거 북한 체제에 대한 실망으로 탈북했던 사람들이 많았다면, 2000년대 이후에는 '남한의 새로운 삶'에 기대를 건 사람들이 많아졌다. 또한 가족 단위의 입국이 증가하는 추세이다. 이른바 '기획 탈북'으로 가족 구성원 전체가 입국하거나 먼저 입국한 북한이탈주민이 브로커를 통해 북한의 가족을 데려오는 사례 역시 증가했다. 한편, 직업별 출신 성

분도 다양해졌다. 여전히 무직(47.6%)이 절반에 가깝고 노동자 비율 (38.1%)도 높은 반면, 당 지도원 등의 관리직, 의사·교사·통역원 등의 전문직, 예술 또는 체육 분야 종사자 등 다양한 직업을 가졌던 사람들도 늘어나고 있는 추세이다(이진석, 2020).

이들의 탈북 경로와 그에 따른 어려움은 때로 우리의 상상을 넘어선다. 일단 중국으로 국경을 넘은 후 중국에서 체류하며 어려움을 겪다가 입국하는 경우가 많다. 경우에 따라 몇 개 국가를 전전하는 경우도 있다. 입국 후 국정원, 경찰청 등 관계기관 합동신문이라는 본격적인 조사가 있고, 이후 정착지원시설인 하나원으로 옮겨져 사회적응교육 명목의 12주 합숙생활을 한다. 이곳에서 정착준비를 마친 후, 국가에서 마련해 주는 임대주택으로 전입하면서 본격적으로 '한국인'으로서 삶이 시작된다. 이들에 대한 지원은 취업지원(고용지원금, 무료 직업 훈련, 자격 인정), 교육지원(특례 편입학, 등록금 지원) 등이 있다. 이들의 지원은 통일부가 주도하며 여기에 민간기관들이 협력한다. 지역적응센터(하나센터) 운영, 정착도우미 민간자원봉사자와의 연계, 북한이탈주민지원재단(현 남북하나재단)의 운영은 정부예산으로 지원되고 있으며 북한이탈주민은 공식적으로 5년간 취업, 교육, 법률, 생활, 의료지원 등 정착과 관련된 지원을 받는다. 그러나 이들이 남한 사회에 정착하는 데 심각한 어려움을 겪고 있음은 널리 알려져 있다. 일반 국민에 비해 고용률은 낮고 실업률은 높다(박성재, 2012). 그러나 무엇보다도 이들이 견디기 힘들어하는 것은 차별의 시선이다(조민희, 유호열, 2019). 성공적인 남한 정착으로 미디어에 보도된 한 탈북여성이 고독사로 사망한 지 무려 1년이 넘어 발견된 사건은 적지 않은 충격을 주었다(이소정, 2022).

북한이탈주민은 전반적으로 자신들이 다문화정책 대상의 하나로 언급되는 것을 원하지 않는다. 한국에 들어온 여타 외국인과는 다른 대우를 받을 자격이 있다는 것이다. 이런 주장이 갖는 타당성을 인정하면서도 '이주'라는 측면에서 보면 이들은 앞서 언급한 다른 이주민 집단과 함께 사회통합정책의 핵심 대상자가 된다. 특히 다음에 서술할 재외동포와 마찬가지로 북한이탈주민도 '동포'의 속성을 갖는다는 데 주목할 필요가 있다.

(6) 재외동포

「재외동포재단법」(2020. 11. 27. 시행) 제2조(정의)에서 '재외동포'란 다음 각 호의 어느 하나에 해당하는 사람을 말한다. 이들은 첫째, 대한민국 국민으로서 외국에 장기체류하거나 외국의 영주권을 취득한 사람이고, 둘째, 국적에 관계없이 한민족(韓民族)의 혈통을 지닌 사람으로서 외국에서 거주·생활하는 사람이다. 전자를 '재외국민'이라 하고 후자를 '외국국적동포'라 한다. 즉, 재외동포는 크게 보아 한국국적을 가진 재외국민과 한국국적이 없는 외국국적동포로 구분될 수 있다. 외국국적동포의 정의에 대한민국 정부 수립 전에 국외로 이주한 동포를 포함하면서 구한말이나 일제 식민지 시대에 해외로 이주한 이와 그의 직계 자손이 재외동포에 포함되었다. 따라서 재외동포는 국적에 관계없이 한민족의 혈통을 지닌 사람으로서 외국에서 거주·생활하는 사람이라고 볼 수 있다.

이들 재외동포의 수는 무려 700만 명이 넘는다. 정확하게 말하면 193개국 732만 5,143명이다. 이렇게 많은 나라에 이렇게 많은 한국 사람이 살고 있다는 것에 우선 놀라게 된다. 이 숫자는 내국인 인구인

〈표 4-1〉 국가별 재외동포 수(2021년 기준)

순위	국가명	재외동포 수(명)
1	미국	2,633,777
2	중국	2,350,422
3	일본	818,865
4	캐나다	237,364
5	우즈베키스탄	175,865
6	러시아	168,526
7	호주	158,103
8	베트남	156,330
9	카자흐스탄	109,495
10	독일	47,428

출처: 외교부 홈페이지, https://www.mofa.go.kr/www/wpge/m_21509/contents.do

약 5,000만 명의 약 14%에 이르는 수준으로서 이 비율은 전 세계적으로도 중국, 이스라엘, 이탈리아에 이어 세계 4위를 차지한다. 2021년 기준 재외동포가 많이 살고 있는 국가는 미국을 비롯해 중국, 일본, 캐나다 등이다.[1] 이런 상황을 표현한 개념이 바로 '코리안 디아스포라(Korean diaspora)'이다(정성호, 2008).

디아스포라(diaspora)는 '이주(移住),' '이산(離散)'이라는 뜻으로 원래 자신들의 땅에서 쫓겨나 전 세계에 뿔뿔이 흩어져 살아가는 유대인의 상황을 묘사하는 단어였다. 여기에서 더 확장되어 노예로 팔려 미국 등 다른 대륙에서 살아가야 했던 아프리카 사람들, 최근에는 전쟁으로 인해 떠돌아다니며 난민으로 살아가는 시리아인 등을 이야기할 때

---

1 외교부 홈페이지, https://www.mofa.go.kr/www/wpge/m_21509/contents.do

[그림 4-2] 드라마 〈파친코〉 스틸컷

출처: https://cspress.net/3/?idx=11354485&bmode=view

도 사용된다. 우리나라의 경우, 1970년대 서독 광부와 간호사의 파견을 이야기했지만 이주의 역사는 훨씬 이전으로 거슬러 간다. 예를 들어 재일동포는 대부분이 일제 강점기부터 일본에 살던 사람들과 그들의 후손이다. 최근 전 세계의 주목을 끈 드라마 〈파친코(Pachinko)〉는 한국계 미국인 작가의 베스트셀러 소설을 원작으로 한다. 작은 구슬을 이용한 도박기기의 명칭인 '파친코'가 소설과 드라마의 제목인 것은 재일한인들이 일본에서 받은 크고 작은 차별로 인해 진로와 직업선택의 어려움을 겪고 주로 도박장 사업에 종사하게 되었다는 사실을 함축하고 있기 때문이다. 그러나 '재외동포' 중에는 대한민국 건국 이후 스스로의 의지로 출국하여 전 세계에 자리 잡은 사람들도 거의 절반에 이른다. 따라서 재외동포사회 전체를 '디아스포라'로 표현하는 것은 논란의 여지가 있다. 그러나 〈파친코〉의 주인공들처럼 우리의 가슴 아픈 역사의 일부분으로 한반도를 떠나 해외에서 살아가야 했던 한민족

구성원과 그의 후손에게는 '코리안 디아스포라'라는 말이 적합할 수 있다.

다만 우리 사회는 이들이 이주민의 삶을 접고 한국에 와서 일자리를 구하거나 장기체류하는 데 대해서는 조금 복잡한 시선을 내보인다. 조선족, 고려인, 사할린 한인의 경우가 대표적이다. 특히 흔히 '조선족'으로 불리는 중국 동포는 중국 내 소수민족 중 하나로 대부분 일제강점기에 만주로 이주한 후 정착한 이들의 후손이다. 이들은 이미 우리 사회의 일부에서는 혐오의 대상이 되어 있다. 이를테면 강력 범죄가 발생했다는 뉴스가 보도되면 '범인은 조선족'이라는 댓글이나 가짜뉴스가 퍼지기도 하고, 실제 오원춘 사건처럼 범인이 중국 동포일 경우 이들을 우리 사회에서 몰아내야 한다는 의견이 댓글과 각종 소셜 미디어에 들끓는다. 중국 동포의 집단적 저항을 부른 〈청년경찰〉과 〈범죄도시〉를 비롯하여 중국 동포와 커뮤니티를 부정적으로 묘사하고 재현하는 영화는 차고 넘친다(류찬열, 2018). 따라서 '너희 나라로 돌아가'라는 혐오의 표현은 어쩌면 이주민 집단 중 재외동포, 그중에서도 중국 동포를 향하는 것 같아 보이는 현실이 나타나기도 한다.

(7) 이주민의 가족

아직 그 수가 많지는 않지만 눈여겨볼 필요가 있는 사람들도 있다. 그중 하나로 꼽을 집단은 이주민의 본국 가족이다. 이들은 현재 손자녀를 돌보러 들어오는 장년 또는 노년 외국인, 즉 이주민의 부모가 대표적이다. 윤여정 씨가 분한 영화 〈미나리〉에 나오는 할머니도 아이들을 봐주러 들어온 이민자의 어머니이다. 이들이 1세대 이주민과 같은 특성을 갖는다고 보기는 힘들다. 1세대 이주민은 스스로 노동이나 결혼 등 어떤 목적을 가지고 국경을 넘는 사람들이고, 본국 가족은 자신의 가족을 돕기 위해 국경을 넘기 때문이다. 이주민의 부모를 포함한 본국 가족은 입국일로부터 3년 범위 내에서 체류가 가능하다. 단, '한부모 결혼이민 가정'과 '다자녀 결혼이민 가정'은 자녀가 만 13세가 될 때까지 국내에 체류할 수 있어서 체류기간을 좀 더 허가받을 수 있고 초청 횟수에 제한이 없다.

초청 자격도 변화하고 있다. 지금은 한국 국적을 취득했거나 영주 자격을 취득한 결혼이민자도 본국 가족을 초청할 수 있고, 결혼이민자가 이혼 등으로 한부모가족이 되었을 경우 한국 국적 또는 영주 자격을 취득하지 않더라도 초청이 가능하다. 초청할 수 있는 본국 가족의 범위도 이주민의 형제자매가 포함되는 등 달라졌다. 그런데 최근까지도 초청할 수 있는 본국 가족의 범위가 결혼이민자의 부모, 또는 부모가 입국할 수 없을 경우 4촌 이내 '여성' 혈족에 한정되었던 것은 아이를 돌보는 대상이 '여성'이라는 고정관념에 기인한 것이라는 의구심이 들 법하다.

현재 많은 기혼여성들은 아이를 키우기 위해 부모의 도움 없이는 일할 수 없다고 이구동성으로 말하고 있고, 이는 우리나라만이 아닌 글로벌 이슈에 속한다. 우리 사회의 이주민 기혼여성 역시 자녀의 돌봄을 위해 부모의 도움이 절실한 구조인 것이다(최규진, 2018). 그런데 이주민의 부모들은 일단 한국의 삶에 대해 아는 것이 거의 없고, 도움은 '다문화가족'이라는 협소한 울타리 내에서 이루어진다. 노인에 가까운 이들 이주민이 '말 설고 물 설은' 한국에서 어떤 장년기 또는 노년기의 삶을 살아가고 있는지에 대해서는 알려진 것이 거의 없는 상황이다.

(8) 유학생

끝으로 유학생을 보자. 외국에 공부하러 나가는 사람이 더 많았던 과거를 생각하면 우리나라에서 학업을 하고자 들어오는 외국인에게는 우선 우호적인 시선이 따른다. 정부가 2005년부터 시작한 'Study Korea Project'가 그 시작이었고, 또한 '한류' 열풍으로 시작된 한국에 대한 관심 증가로 한국에서 공부해 보고 싶다는 외국인의 행렬이 길어졌다(이선영, 나윤주, 2018). 현재 우리나라 학령인구 감소와 대학의 재정난으로 시작된 국내 대학들의 유학생 유치경쟁도 한몫했다.

2022년 기준 외국인 유학생의 수는 약 16만 명이고 이들 중 약 60%가 대학 학위과정을 밟고 있다. 유학생이 늘어난 한국 대학의 문제는 실로 다양하다. 학위과정에 비해 빠른 속도로 증가해 온 어학연수과정 유학생은 이들이 학교를 벗어나 불법체류 노동자로 살아가는 경우에 문제가 된다. 또한 정부는 유학생 유치를 확대하기 위해 학위과정의 입학기준 한국어 능력을 하향 조정했는데, 이 정도의 언어 실력으로는 한국의 대학 강의를 따라가지 못해 유학생의 중도탈락 비율이 증가하고 있다(홍준현, 2020).

한국인 학생의 입장에서도 고등교육의 질 저하를 우려하는 것은 자연스러운 일이다. 유학생과 조별 과제, 즉 '팀플'을 하다가 갈등을 경험한 일은 이미 흔한 이야기이다. 유학생이 조별 과제 기피 대상 1순위로 꼽히고 있음은 잘 알려져 있다(우영주, 2019). 물론 유학생의 상황이 더 어려울 것이다. K-POP을 비롯한 한국의 문화에 대한 동경과 선호를 가졌기에 한국행을 선택했을 수많은 유학생들은 한국 대학의 강의실에서 기대하지 않았던 무시와 혐오를 마주한다. '유학생 게토(ghetto)화'는 이미 보편적인 현상이 되었다. '한국에 왔는데 한국인 친구가 없다'고 말하는 유학생은 이미 우리 사회 어디에서나 볼 수 있다.

이런 어려움에도 불구하고 유학생, 특히 석·박사과정에 입학하는 유학생은 미래에 우리의 인적자원이 될 수 있다. 그런데 이들은 제한된 취업 정보와 한국어 실력 부족으로 인해 한국 내 취업에 어려움을 겪는다. 석·박사 외국인 유학생 취업자들 대다수는 한국에서 계속 일하고 싶어 하지만, 실상은 우리나라가 고학력 외국인의 인적자원을 활용할 준비가 안 되어 있다는 점이 여러 연구에서 드러난다(민숙원 외, 2021).

3. 다문화 시민사회의 과제

다문화 시민사회의 과제는 다양하지만 크게 보아 두 가지로 정리할 수 있다. 하나는 어떤 경우든 이주민의 보편적 인권을 보장해야 한다는 인식이 확장되어야 한다는 것이고, 다른 하나는 이주민과 함께 살아가려면 이들만 적응하고 정착하려고 애쓰는 것이 아니라 이들을 맞이하는 대부분의 시민들도 상호문화적인 이해를 높여야 한다는 것이다.

1) 보편적 인권에 대한 지지

서로 다른 사람들이 한 사회에서 살아갈 때 소수자도 다른 이들과 마찬가지로 동등한 권리를 행사할 수 있는가의 문제가 불거진다. 인권(human rights) 개념은 이에 대해 전혀 주저함이 없이 '그렇다'고 대답한다. 이 문제를 푸는 시작은 세계인권선언이다. 세계인권선언 제2조는 모든 사람이 인종, 피부색, 성별, 언어, 종교 등 어떤 이유로도 차별받지 않으며 이 선언에 나와 있는 모든 권리와 자유를 누릴 자격이 있다는 점을 명시하고 있다. 이는 주류사회의 구성원과 여러모로 달라서 눈에 띄고 구분되는 소수자인 이주민을 어떻게 대해야 하는지에 대한 이런저런 논쟁을 일거에 정리하는 명확한 선언으로 읽힌다. 예를 들어, 유입국의 국적을 취득하여 새로운 국민이 된 이주민은 물론이고 그렇지 않은 이주민의 인권도 똑같이 보장되는 것이 당연하다고 선언한다. 이는 이주로 인하여 생기는 다양성만이 아닌 성별, 계층, 연령, 장애 등 그 어떤 사회적 조건에 따른 다양성도 마찬가지이며, 이는 다문화시민교육에서 가장 중요하게 다루어야 하는 요소가 된다.

따라서 시민사회가 산출해야 하는 결론은 '다양성 인정'이 시혜나 복지가 아니라 모두의 인권을 수호하는 일이라는 점이다. 즉, 다양성에 대해 평등과 반차별에 대한 인권 차원의 생각을 명확하고 공고히 하는 것이다. 소수자의 인권을 침해하지 않고(소극적), 더 나아가 지지하기 위해서는(적극적) 어떻게 해야 할지 시민들이 논의해야 한다. 이미 국제사회는 인종차별철폐협약, 여성차별철폐협약, 이주노동자협약, 장애인권리협약 등을 제시해 왔다. 그런데 이러한 국제조약은 강제성이 없어 각 사회가 가진 문제를 해결하기에는 한계가 있다. 즉, 국제조약과 우리의 일상 사이에는 괴리에 가까운 큰 차이가 존재한다. 예를 들어 이주노동자의 권리를 다루는 각종 국제규약은 내국인과 외국인의 균등대우가 원칙이다. 심지어 우리나라 「근로기준법」 제6조에도 "국적을 이유로 근로조건에 대한 차별적 처우를 하지 못한다"라는 조항이 있다. 그러나 우리의 삶 속에서 실제로 외국인 노동자는 내국인에 비해 적은 임금을 받고 있다. 정주가 허가되지 않는 외국인 노동자가 시민권(citizenship)상 불완전한 존재로 취급되는 부분은 이들에게 적은 임금을 지불하는 일을 당연한 것으로 여기게 한다. 국적을 취득하지 않은 외국인 주민에게는 참정권을 비롯한 대부분의 사회권(social rights)이 국민에 비해 일정 정도 제한된다는 점에서 이는 일견 타당한 것 같아 보이기도 한다. 외국인 노동자의 권리는 이처럼 국민국가의 주권과 인권을 중시하는 국제적인 규약 사이에서 모호하고, 비시민(non-citizen)으로서 제한된 사회권은 유입국에서 총체적인 권리행사를 어렵게 만들고 있는 것이 현실이다(김희강 외, 2016).

그러나 이에 대해서도 반론이 존재한다. 예를 들어 한나 아렌트(Hannah Arendt)는 《전체주의의 기원》에서 '권리(들)을 가질 권리(right to have rights)'에 대해 언급했다. 양차 세계대전 사이 유대인으로서 무국적자이자 난민이 된 아렌트는 자신이 속한 공동체를 상실한 사람들이 거의 아무 권리도 행사할 수 없는 '무(無)권리자'가 되는 현실을 직접 겪으면서, 이런 상황이 인권의 보편성을 천명한 세계인권선언과 심각한 괴리를 보인다는 점을 주장했다. 즉, '국가'라는 정치 공동체의 구성원 자격을 박탈당한 자신 같은 이주민은 사실상 인권이 표방한 대부분의 권리를 행사할 수 없는 상태에 놓이게 되므로, 이들을 포함한 인간 모두가 가졌다는 '인권'이라는 것이 실질적으로 행사되도록 해주는 조건, 즉 '권리(들)을 가질 권리'를 가져야 한다고 주장한 것이다(De Gooyer et al., 2018). 이는 국적이 시민권을 향유하기 위한 전제 조건으로 작용하는 현실 속에서 인권이 피상적인 '선언'에 불과한 것이 되는 딜레마를 정면으로 지적한다.

한 국가에 유입된 이주자는 하나 이상의 시민권을 갖고 있거나 아예 아렌트처럼 무국적자일 수도 있고, 다중 정체성을 갖고 있을 수 있으며, 국적과 거주지가 불일치할 수도 있다. 이처럼 이주자는 시민권이 정한 권리와 의무의 경계가 불확실하고 복잡하며 모호한 가운데서 권리와 의무 역시 불확실한 경계 속에서 살면서 크고 작은 어려움을 겪는다(Ong, 1993). 개인적으로 이런저런 자원을 동원하여 전략적으로 대처하는 사람도 있지만, 세상에는 그런 형편이 안 되는 이주민이 훨씬 많으며, 이들은 삶을 위태롭게 만드는 구조적인 장벽을 경험한다(김진희, 이로미, 2019). 이런 상황에서 모두에게 요청되는 시민성은 '단일문화사회'의 시민성이 아니라 '다문화사회'의 시민성이 되어야 할 필요가 있다. 다문화사회의 시민성은 무페(Muffe)의 말처럼 가치, 언어, 문화, 이해가 서로 다른 소속을 가진 사람들을 어떻게 단일한 정치공동체의 구성원 자격과 양립시킬 것인가의 문제를 논의하는 데서 시작되고 축적될 것이다(이병천, 2003; 현남숙, 2015).

2) '낯선 이'를 알고자 하는 학습

점증하는 다양성에 가해지는 인권침해를 예방하거나 대응하는 사회적 기제가 확보되면, 그다음에는 다문화사회를 살아가는 '함께 살기'의 해법이 필요하다. 현재 한국사회는 다양한 문화를 지닌 이주민을 통합하는 것이 과제로 제기되기 시작했다. 따라서 국민·민족·인종의 복합적 상호작용에 의해 각각의 정체성이 만들어지는 과정을 이해하는 것이 필요하고(설동훈, 2014), 이주민이 혼성적인 정체성을 갖는다는 점도 이해가 필요하다(서태열, 2004). 즉, 단일문화사회가 아닌 다문화사회에서는 지역정체성, 민족정체성, 국가정체성이 완전히 겹치거나 조화를 이루면서 존재하기 어렵다. 따라서 학자들은 이러한 복합성과 혼성성을 배제하기보다는 오히려 이를 바탕으로 다중적 시민교육(multiple citizenship education)을 할 필요가 있다고 주장한다. 즉, 각자 삶의 현실에 뿌리내린 정체성을 기반으로 필요한 시민성을 함양하고 공존의 원리를 모색해야 한다는 것이다(서태열, 2004). 무엇보다도 '다원성'이라는 시민적 가치와 신념의 공유, 공동체를 위한 것이 무엇인가를 생각하는 공공성과 공익성, 동료 시민의 입장에서 사고하는 감정이입, 평등한 시민으로서 상대방에 대한 배려를 적극적으로 추구할 필요가 있을 것이다(조형, 2007, pp.43-45).

유네스코 21세기 국제 교육위원회는 모든 학습자가 능력을 얻어 행복하게 살아가며 그들의 지역사회에 공헌하기 위해서 앞으로의 교육은 네 가지의 학습 형태를 중심으로 조직되어야 한다고 제언했다. '학습을 위한 네 가지 기둥(four pillars of education)'으로 명명된 네 가지는 알기 위한 학습(learning to know), 행동하기 위한 학습(learning to do), 존재를 위한 학습(learning to be), 더불어 살아가기 위한 학습(learning to

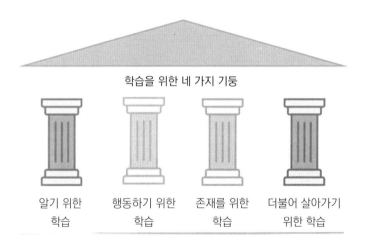

[그림 4-3] 학습을 위한 네 가지 기둥

출처: https://iiit.org/blog/four-pillars-of-education/

live together)으로 구성된다.

'함께 살기'를 중점적으로 고민해 온 국가라면 '함께 살아가기 위해 학습하기'를 중심으로 다른 세 기둥도 그 나름의 역할을 부여받는다고 해석할 수 있다. 그러면 유입된 사람들의 새로운 언어, 문화, 아이디어와 다양한 사고에 대해 개방적인 태도를 형성하며(알기 위해 학습하기), 나와 많이 다른 타인과 바뀐 환경에 대해 책임감 있게 행동하기를 배우고(행동하기 위해 학습하기), 자신의 정체성을 형성하는 다양한 사회적 조건에 대한 반성적이고 성찰적인 인식을 얻으며(존재하기 위해 학습하기), 함께 살아가는 공동체에서 나와 많이 다른 타인과 평화롭게 살며 성장하는 것을 삶을 유지하는 핵심적인 역량으로 여기는 시민(citizen)이 탄생하게 된다.

문화적으로 상대적인 존재로서 자신을 이해하면, 또 다른 문화적 존재인 타인을 이해하고 도우려는 마음을 가질 수 있고, 자신과 타인이 함께 살아가는 공동체로서 도시를 더 살기 좋은 곳으로 만들기 위한 각종 경험을 기획하는 노력으로 이어질 수 있으며(송윤미, 이로미, 2022; Patel, 2020; UNESCO, 2014), 이로써 '다문화시민교육'의 의의가 발현될 수 있을 것이다.

4. 맺는말: '함께 사는 사회'를 향한 시민의 과제

우리 사회에서 과거보다 훨씬 다양한 사람들이 함께 살게 된 현상은 낯선 상황임이 틀림없으며 새로운 해결책이 필요한 '난제(wiked problem)'임이 분명하다. 그럼에도 불구하고 유입된 다양성은 장점이 될 수 있다. 특히 최근 인구소멸에 대한 우려는 더 많은 이주민의 유입이 현실화될 가능성을 열어 놓고 있다. 2050년에 이르면 매년 57만 명이라는 인구가 한국에서 사라질 것이라는 예상은 '대한민국'이라는 나라가 없어질 수도 있다는 최악의 상황까지도 예측하게 한다. 이미 2020년에는 처음으로 출생자가 사망자보다 적은 현상이 일어났다. 이런 예측을 내놓은 연구자는 "인구 감소가 정해진 미래라면 이제 중요한 것은 '공존'을 위한 사회적 타협"이라며 "앞으로 10년간의 변화가 결정적"이라는 점을 강조한 바 있다(배태웅, 2021).

이 장에서는 한국사회의 이주민 집단을 외국인 노동자, 결혼이주민, 이주배경 아동청소년, 난민, 북한이탈주민, 재외동포, 이주민의 가족, 유학생 등 여덟 집단으로 정리했는데, 이들은 우리 사회의 '새로운 소수자'이다. 그런데 '오래된 소수자'도 있다. 예를 들면 장애인도 우리 사회의 오랜 소수자이며 이주로 인해 유입된 '새로운 소수자'와 교차·중첩하며 더 많고 다양한 소수자 집단을 만들어 낸다. '새로운 소수자'도 시간이 가면서 주류사회와 교류로 인해 차후 더 큰 다양성이 생기게 된다. 이는 이주민의 유입이 더 오래전에 시작되었고 더 큰 규모로 일어나고 있는 영국 등 유럽 국가에서는 이미 일상이 되어버린 개념, 즉 '초다양성(super-diversity)'이다(NIACE, 2009). 외모나 구사하는 언어와 같이 눈에 띄는 다양성만이 아니라 눈에 잘 보이지 않는 다양성도 있다는 것이다. 시민들의 여러 다양성이 무수히 교차하고 중첩하여 분류가 가능하지도 않은 상태에 들어선 나라에서는 타인이 가진 다양성에 대해 선입견을 갖기보다는 직접 교류를 통해 묻고, 알고, 이해하는 태도를 갖는 것이 중요하다는 점을 강조한다(Council of Europe, 2021).

우리 사회도 정도의 차이는 있겠지만 곧 이런 삶의 태도가 아주 중요해지는 날이 올 것임을 예측할 수 있다. '함께 사는 사회'를 향한 모두의 학습이 모두가 행복한 사회를 가능하게 할 것이다.

참고문헌

강미옥(2014). 보수는 왜 다문화를 선택했는가: 다문화 정책을 통해서 본 보수의 대한민국 기획. 서울: 상상넘어.

김진희, 이로미(2019). 세계시민성 관점에서 본 제주도 예멘 난민 사태와 한국 다문화교육의 과제. 다문화교육연구, 12(3), 37-64.

김진희, 김경애, 한효정, 김태준, 공석기, 권진희, 김자영, 이로미(2020). 다문화배경 청년의 평생교육 실태 및 지원방안. 충북 진천군: 한국교육개발원.

김혜순(2006). 한국의 '다문화사회' 담론과 결혼이주여성: 적응과 통합의 정책 마련을 위한 기본 전제들. 동북아 "다문화" 시대 한국사회의 변화와 통합. 서울: 동북아시대위원회.

김희강, 이용승, 김현미, 윤석민, 구본규, 이화숙(2016). 한국다문화주의 비판. 서울: 앨피.

류찬열(2018). 혐오와 공포의 재현을 넘어 공감과 연대의 재현으로: 영화《청년경찰》과《범죄도시》를 중심으로. 다문화콘텐츠연구, 27, 127-147.

민숙원, 송창용, 윤혜준, 김혜정(2021). 대학원 학위과정 외국인 유학생의 진로 선호 탐색과 인적자원 활용 방안 연구. 세종: 한국직업능력연구원.

박성재(2012). 북한이탈주민의 한국사회 통합제고를 위한 취업지원제도 개선 방안. 노동리뷰, 91-109.

서태열(2004). 세계화, 국가정체성 그리고 지역정체성과 사회과교육. 사회과교육, 43(4), 5-29.

설동훈(2014). 국제결혼이민과 국민·민족 정체성: 결혼이민자와 그 자녀의 자아 정체성을 중심으로. 경제와사회, 103, 278-312.

송융미, 이로미(2022). 일본 가와사키시 '다문화공생' 사례로 본 도시수준 '다문화평생습'의 가능성. 다문화사회연구, 15(3), 155-193.

신예원, 마동훈(2019). 국내 미디어에 재현된 '예멘 난민'의 양면: 〈조선일보〉와 〈한겨레신문〉 보도에 대한 비판적 담론분석. 미디어 경제와 문화, 17(2), 31-80.

오정근(2015). 근로자파독 52년 한독관계의 모습과 교훈. KERI 칼럼, 2015(8), 1-3.

원숙연(2008). 다문화주의시대 소수자 정책의 차별적 포섭과 배제: 외국인 대상 정책을 중심으로 한 탐색적 접근. 한국행정학보, 42(3), 29-49.

이병천(2003). 샹탈 무페, 시티즌십이란 무엇인가. 시민과 세계, 3, 374-378.

이선영, 나윤주(2018). 외국인 유학생의 학업적응 실태조사: 교양교과목 개발을 위한 기초 연구. 교양교육연구, 12(6), 167-193.

이진석(2020). 북한이탈주민의 취업지원제도 개선에 관한 연구. 통일전략, 20(3), 117-156.

정성호(2008). 코리안 디아스포라: 공동체에서 네트워크로. 한국인구학, 31(3), 107-130.

조민희, 유호열(2019). 북한이탈주민의 취업지원제도 개선방안 연구. 한국동북아논총, 24(1), 105-126.

조형(2007). 여성주의 시민화 시대의 시티즌십과 시민사회. 조형 외, 여성주의 시티즌십의 모색(pp.43-45). 서울: 이화여자대학교출판부.

차동엽(2007). 무지개원리. 서울: 위즈앤비즈.

차윤경 외(2021). 이주배경청소년 실태조사와 정책 과제 모색. 이슈브리프 이주배경924 3호. 서울: 이주배경청소년지원재단.

통일부(2022). 2022 북한이탈주민 정착실태조사. 남북하나재단.

한국청소년정책연구원(2022). 후기청소년기 다문화청소년 정책의 방향과 과제. 제1회 이주배경청소년 정책포럼 자료집.

한준성(2015). 1995년 이주노동자 명동성당 농성과 이주노동정치 지형의 변화. 역사비평, 제111호, 328-357.

현남숙(2015). 다문화 시민성 함양을 위한 발표-토론 수업 사례 연구. 교양교육연구, 9(3), 343-368.

홍준현(2020). 외국인 유학생 14만 명 시대, 고등교육 국제화 방향. 행복한 교육, 1월호. https://happyedu.moe.go.kr/happy/bbs/selectHappy Article.do?bbsId=BBSMSTR_000000005103&nttId=9760

Council of Europe(2021). *The intercultural city step by step: A practical guide for applying the urban model of intercultural inclusion.*

De Gooyer, S. et al.(2018). 권리를 가질 권리(김승진 역). 서울: 위즈덤하우스.

NIACE(2009). Migration, Communities, and Lifelong Learning. IFLL Thematic Paper 3. National Institute of Adult Continuing Education. England.

Ong, A.(1993). On the edge of empire: Flexible citizenship among Chinese in diaspora. *Positions: East Asia Cultures Critique, 1*(3), 745-778.

Patel, J.(2022). Learning to live together harmoniously: A conceptual framework. *Cambridge Journal of Education, 52*(3), 327-347.

Sue, D. W., Arredondo, P., & McDavis, R. J.(1992). Multicultural counseling competencies and standards: A call to the profession. *Journal of Counseling & Development, 70*(4), 477-486.

UNESCO(2014). *Learning to live together: Education policies and realities in the Asia Pacific.* Bangkok: UNESCO.

<참고 사이트>

법무부. 출입국통계, 체류외국인. https://www.moj.go.kr/moj/2412/subview.do

별다리 연구소(2022). 한국인도 못 맞히는 귀화시험!? 한국인이 되기 위한 외국인들의 산전수전 스토리. 별다리 유니버스. (3월 24일). 동영상, 24:17.
https://www.youtube.com/watch?v=9wUzTTJJJd0&t=123s

외교부. https://www.mofa.go.kr/www/wpge/m_21509/contents.do

통일부 북한이탈주민포털. 하나포털. https://hanaportal.unikorea.go.kr/
hanaportal/Institution/Archive/?boardId=bbs_0000000000000008&mode
=view&cntId=41&category=&pageIdx=

<신문기사>

김동원(2018). "박정희 前 대통령의 눈물" 큰 반향. 사회공헌저널. (12월 26일).
http://www.scjournal.kr/mobile/article.html?no=19073

모은희(2006). 하인스 워드의 방한이 남긴 것. KBS뉴스. (4월 11일). https://
mobile.kbs.co.kr/news/view.do?ncd=1136931

배태웅(2021). 조영태 교수 '인구절벽 닥친 한국, 향후 10년이 골든타임'.
한국경제. (6월 20일). https://www.hankyung.com/society/article/2021
062070291

우영주(2019). '같이 공부 못하겠어요'…유학생 기피하는 대학생들. KBS 뉴
스. (12월 5일). https://news.kbs.co.kr/news/view.do?ncd=4337619

유해정(2009). 나만 힘든 게 아니라는 말에 흔들렸어요. 프레시안. (12월 18
일). https://www.pressian.com/pages/articles/98545?no=98545

이병종(2018). 예멘 난민과 다문화 정책. 아주경제. (6월 28일). https://www.
ajunews.com/view/20180628104050872

이소정(2022). 40대 탈북여성 고독사…숨진지 1년 만에 발견. 동아일보. (10월
26일). https://www.donga.com/news/article/all/20221026/ 116154621/1

정희상(1996). 쇠사슬에 묶인 외국인 노동자 인권. 시사저널. (6월 27일).
https://www.sisajournal.com/news/articleView.html?idxno=82377

최규진(2018). 이주여성들, '아이들 키우려면 친정엄마 도움 절실한데…. 중앙
일보. (2월 13일). https://www.joongang.co.kr/article/22367695#home

5장

다문화사회의 주요 특징과
시민교육: 미국과 캐나다

1. 서론: 전통 이민국가 미국과 캐나다의 '함께 살기'

현재 지구상의 많은 나라에서 다문화사회가 형성되고 있지만 나라마다 다문화사회를 이룬 역사적 배경이 다르며 관련 정책 또한 각각의 상황에 따라 다르다. 원래부터 국가 내부에 소수민족이 존재하는 경우도 있고, 이주민을 받아들이는 정책의 결과로 다문화사회가 되기도 한다. 또한 국가의 형성 초기부터 이주민이 있었던 역사를 가진 국가도 있고 최근에야 이주민을 제한적으로 받아들이는 나라도 있다.

미국과 캐나다는 '전통 이민국가'로 분류된다. '이민자의 나라'로서 나타날 수 있는 특징을 모두 가지고 있는 국가의 사례를 보여 준다(이창원, 2017). 두 국가 모두 북아메리카 대륙에 위치하면서 유럽에서 건너온 이주민들이 세운 국가이다. 그리고 모두 건국 이전부터 그 땅에 뿌리를 내리고 살아온 원주민 집단이 있다. 또한 지금까지도 꾸준히 세계 곳곳에서 이민자를 받아들이며 명실상부한 '이민자의 국가'로 오랜 시간 자리매김해 왔다. 다음 장에서 다룰 '선발 이민국가'로 분류되는 유럽 대륙의 영국과 프랑스와도 차이가 크고, 이어질 '후발 이민국가'로 분류되는 일본과 대만의 사례와도 많이 다르다. 이렇게 세 개의 장에 걸쳐 다룰 여섯 국가가 크게는 세 종류로 나뉘고 각각의 특징도 다르지만 여기서 중요한 점은 이들 국가가 '함께 살기'를 모색하는 과정에서 각자 최선의 노력을 경주하고 있다는 점이며, 여기에 개입하는 시민교육인 이주민과 선주민의 교육과 학습의 중요성을 인식하고 있다는 점이다.

이 장에서는 전 세계에서 대표적인 다문화사회를 이루고 있는 국가 중 하나로 미국과 캐나다의 사례를 분석한다. 닮은 듯 다른 두 국가의 사회통합의 역사와 현재, 그리고 작금의 다문화사회에서 모두 함께 살아가기 위해 강조해 온 교육과 학습 사례를 통해 다문화사회로 변모하고 있는 우리나라에 필요한 시사점을 다루어 본다.

2. 다문화사회로서의 미국사회

1) 역사로 보는 '미국 시민의 자격'

미국은 건국의 주체가 이민자였던 만큼 건국 초기는 물론이고 19세기 중반까지도 이민에 대한 특별한 규제가 없었다. 조선인을 태운 배가 18세기에 미국령 하와이의 사탕수수 농장에 이들을 내려 주면서 '코리안 디아스포라'의 시작을 열었던 역사도 미국 역사의 일부분이다. 그런데 미국에 정착하여 일하며 살아가는 것과 '미국 시민'이 되는 것은 전혀 다른 문제였다. 1790년에 법률로 '자유로운 백인 외국인'만 미국 시민이 될 수 있음을 선포했기 때문이다. 그러다가 한참 뒤인 남북전쟁 이후 1870년에 이르러 노예해방과 함께 아프리카계 흑인에게도 미국 시민권이 허용되기에 이른다.

그러나 아시아 국가에서 온 수많은 이민자들은 무려 1952년 이민국적법의 제정까지 기다려야 했다. 국가의 확장으로 많은 노동력이 필요했기에 주로 중국에서 노동자를 불러왔지만 미국 땅에 중국인이 늘어나는 것에 대해서는 위협을 느꼈다. 이에 미국은 「1882년 중국인축출법(Chinese Exclusion Act 1882)」이라는 법률로 중국인의 이민을 금지하는 한편, 이미 미국에 거주하고 있는 중국인에 대한 차별을 제도화하기에 이른다. 1882년, 같은 해 미국은 또 다른 이민법령으로 타국에서 장애인, 범법자, 빈곤계층 등 소위 '사회적 약자'가 미국에 들어오는 것을 금지하기도 했다. 또한 1921년부터는 「1921년 할당이민법(Quota Act 1921)」으로 미국으로 오는 이민자의 수를 국가별로 규제하는데, 이 법률 역시 백인 중심의 이민을 받아들이는 것이 목적이었다.

이러한 법령은 1943년에, 할당제는 1952년에 폐지되었다. 그리고 1960년대에 미국사회에서 대대적으로 일어난 시민권 운동(civil rights movement)과 맞물려 드디어 「1965년 이민국적법(Immigration and Nationality Act of 1965)」에서 모든 인종차별적 요소를 제거하게 된다. 그리고 미국이 원하는 노동력을 제공하는 이민자를 받아들이고 이들이 가족과 헤어지지 않고 함께 미국에서 살아갈 수 있도록 하는 '가족재결합(family reunification)'이라는 개념에 따른 이민정책이 수립되기에 이르는데, 이를 미국의 진정한 첫 번째 이민정책으로 본다(권채리 외, 2021).

그 당시 미국은 전 세계인에게 '기회의 땅'으로 인식되었다. 지금까지도 '아메리칸 드림(American dream)'이라는 용어가 많은 이들에게 익숙하다. 1986년은 불법체류자에 대한 포용의 의지를 보인 해로서, 이때 미국 이민정책의 일대 전환을 이룬 정책이 발표된다. 1982년 이전에 입국한 모든 불법체류자에게 합법적인 체류 자격을 부여한다는 내용이었다. 이후로도 현재까지 미국은 다양한 법률과 시행령을 통해 미국에서 일하며 장·단기 거주하거나 미국인이 되고자 하는 사람들에게 해당 자격을 허용하는 여부에 대한 결정을 내리고 있고, 정책의 성공과 실패의 역사를 이어 왔다. 예를 들어 1990년에는 중남미 국가에서 오는 이민을 배제하려고 했으나 오히려 중남미권 이민자인 히스패닉(Hispanic) 인구가 크게 늘어났다. 2000년대 초반부터는 히스패닉 주민이 아프리카계 주민을 추월하여 백인 다음으로 가장 많은 인종집단이 되었다. 또한 2001년 9.11 사태 이후 모든 입국자에게 사진과 지문을 요구하고 이슬람권 국가 출신에 대해 엄격한 입국 통제를 하는 등 미국 입국 자체에도 엄격한 기준을 적용하게 되었다.

그러나 미국은 오바마 집권 이후 이전보다 혁신적으로 포용적인 이민정책을 내놓았다. 이것이 바로 2014년의 '이민개혁 행정명령'이다. 이는 약 400만 명에 이르는 불법체류자에게 합법적인 지위를 부여하고자 했던 시도로, 법률이 아니라 대통령의 직권에 의한 행정명령(executive order)이었다. 행정명령으로 진행한 이유는 당시 상하원을 장악하고 있었던 공화당의 반대 때문이었다. 결국 연방대법원에서 최종적으로 기각되어 실행에 이르지는 못했지만 현재 바이든 정부에서 이 정책을 계승하고 있어 실현될 전망이 커졌다. 이 정책의 골자는 불법체류자라고 하더라도 세금을 납부하는 등 일정 요건을 충족했을 때는 거주 5년 뒤 영주권을 신청할 수 있고, 이후 3년이 지나면 시민권 신청도 가능하도록 하는 것이다. '드리머(dreamers)', 즉 부모의 불법체류로 인해 자신도 뜻하지 않게 불법체류자가 된 아동청소년은 이런 절차도 필요 없이 바로 영주권 획득이 가능하다. 미국의 이런 이민정책의 변화가 우리의 삶에도 적지 않은 영향을 준다는 점 역시 생각해 볼 필요가 있다. 미국 내 한국인 불법체류자가 16만여 명에 이르는데, 이들에게도 불안한 삶에서 벗어나 미국 시민권을 취득할 수 있는 길이 열리게 될 것이기 때문이다.

바이든 정부에서 추진하고 있는 이런 이민정책은 직전 정부인 공화당 트럼프 정부의 이민정책을 뒤집는다는 의미를 가진다. 트럼프는 '서류 불충분 체류청년 추방유예제도(Deferred Action for Childhood

Arrivals, DACA)'를 폐지하여 '드리머'들을 쫓아내고자 했다가 대법원의 반대로 실패한 바 있다. DACA는 불법체류자인 부모를 따라 미국에 입국한 아동청소년이 적어도 31세까지는 추방의 두려움 없이 학교와 직장에 다닐 수 있도록 한 행정명령으로서, 만일 트럼프가 재집권했다면 이들은 모두 미국에서 추방되었을 것이다. 이렇게 트럼프 전 대통령은 뚜렷한 반(反)이민정책 기조를 갖고 있었으며 여전히 많은 미국인이 그를 지지하고 있는 것은 앞으로 미국 이민정책의 향방을 알 수 없다는 점을 보여 준다. 미국사회의 일원으로 열심히 살아가고 있는 이민자가 대다수이지만 이들에 대해 불편한 심기를 가진 미국인들이 여전히 트럼프와 그의 반이민정책을 지지하기 때문이다.

원래 미국 땅에서 오래전부터 살고 있었던 원주민인 '아메리칸 인디언'이라고 불리는 이들에 대한 차별도 함께 논의할 필요가 있다. 과거 원주민들은 오랫동안 자신들의 독특한 문화를 발전시키며 살아왔지만 정복자인 백인들은 그들을 자신들과 동등한 '시민'으로 인정하지 않았다. 그러면서 원주민의 땅을 차지하기 위한 논리적 근거를 만들기 위해 애썼는데, 그런 논리 중 하나가 '명백한 운명론(manifest destiny)'이다. 백인의 자유로운 발전을 위해 이 땅을 차지하는 것은 하느님이 주신 운명이라는 것이다(Isenberg & Richards, 2017). 원주민 관련법이 1819년부터 시행되었고 이를 계기로 미국 전역에 세워진 원주민 기숙학교에서 원주민 아동청소년은 '교육'의 명목으로 자신들의 언어와 문화를 잃고 영어와 기독교 문화를 강요받았으며, 지금도 원주민은 미국 곳곳의 '인디언 보호구역'에서 '보호'라는 명목으로 고립되어 살아가고 있다.

유럽인이 원주민과 조우했던 15세기 당시 미국의 원주민 인구는 약

500만 명이었으나 현재 이들의 수는 그 절반에 불과하다. 2021년에 바이든 대통령은 미국 내 원주민 지도자들과 만나는 회의를 개최했는데, 이는 전임 트럼프 행정부 시절에는 열리지 않아 약 5년 만의 회의였다고 한다. 또한 바이든 내각에서는 역사상 처음으로 원주민 여성을 내무부 장관에 임명했다. 소수민족이자 여성으로서 최초로 미국 중앙정부의 장관이 된 데브라 할란드(Debra Haaland)는 임명 당시 미국 연방정부와 원주민 부족의 관계를 복구하기 위해 노력하겠다고 밝힌 바 있다. 기숙학교 내 사망 규명, 희생자 묘지 보전, 원주민 공동체 지원 등을 추진한다는 것이 골자였다(김정화, 2021). 이렇게 과거의 잘못을 돌아보는 일은 미국이 민주적인 공동체로서의 사회를 이끌어 나가는 데 중요한 의미를 지닌다. 공동체 구성원에게 해악을 끼친 사건과 그 속에 희생된 사람들의 트라우마를 돌아보고 기억한다면 같은 실수를 되풀이하지 않을 수 있기 때문이다.

2) 미국의 사회통합 방식인 용광로 모형

현재 미국의 이민정책은 취업이민과 가족초청을 대표적인 형태로 하는 '우선순위제(preference system)'라고 할 수 있다. 미국이 세계로부터 유입되고 있는 많은 수의 이민자를 어떤 식으로 통합해 왔는가에 대한 대답을 한마디로 정리하기는 어렵다. 하지만 서로 다른 사람들을 '미국인'이라는 것 하나로 재탄생시키는 '용광로(melting pot) 모형'이 가장 대중적으로 알려진 미국의 이민자 통합 방식의 이미지일 것이다. 용광로 모형은 캐슬스와 밀러(Castles & Miller, 2003)의 통합 방식 구분으로는 '동화 모형'에 해당하지만(문병기 외, 2015), 미국이 보여 주는 사회통합 방식에는 차별적 배제 모형, 동화 모형, 다문화 모형이 모두 나타나고 있다고 볼 수 있다.

첫째, 차별적 배제 모형(differential exclusionary model)은 3D 업종 노동시장 등 국가에 필요한 부분에만 외국인을 수용하며 엄격한 규제를 통해 이들을 관리하고 일정 기간이 지나면 거주의 권한을 박탈한다. 이런 사회통합 모형은 혈통주의 또는 문화적 단일성을 중요시한다. 거주국의 주류문화를 강조하므로 자연스럽게 이주민의 하위문화는 이질적인 것으로 간주하고 이에 대한 차별적 태도를 취하는 것에 별문제가 없음을 강조한다(문병기 외, 2015).

실제로 미국의 정책에는 이민자를 차별적으로 배제하는 측면이 상당하다. 의료보험을 비롯한 대부분의 정부 공공 서비스가 시민권자나 영주권을 받고 5년 이상 거주한 자에 한하는 조건이어서 이민자에게 제한적이다. '오바마케어'로 잘 알려진 「건강보호개혁법(Affordable Care Act, ACA)」은 영주권자들이 정부 의료보험의 혜택을 받을 수 있게 했지만 다시 트럼프 행정부에서 극도로 축소되었다. 트럼프 행정부는 심지어 정부의 복지혜택을 받은 사람들이 영주권이나 시민권을 취득하지 못하도록 하고, 이민국 기존 강령에서 '이민자의 국가'임을 삭제하고 대신 '미국인의 보호'를 강조하는 등 이민자가 국가의 진정한 구성원이 아니라 마치 국가에 대한 '부담'처럼 느끼게 한 바 있다. 이후 바이든이 당선되어 복지제도의 수혜를 받더라도 영주권을 받는 데 영향이 없도록 제도를 수정하는 등(김현숙, 오택성, 2022) 이민자의 적극적인 사회통합을 지향함을 보여 주고 있지만 앞날은 불투명하다(장주영, 2021). 특히 코로나19 사태로 더욱 여실히 드러난 미국의 복지와 공공서비스의 부족 또는 부재 문제는 이민자를 비롯한 모든 이들의 의무와 권리를 강조하는 각종 법과 정책을 어떻게 펼쳐야 할지에 대한 고민이 여전히 필요하다는 점을 보여 준다(김태근, 2017).

둘째, 동화 모형(assimilationist model)은 이민자를 받아들이되 이들이 하루빨리 주류사회의 구성원과 차이가 덜 나도록 하는 일에 노력을 기울인다. 1960년대 미국의 사회통합 모형을 '용광로 모형'이라고 정의하면 이는 바로 '동화 모형'에 해당한다고 할 수 있다. 한편 동화의 구체적인 형태를 '흡수 동화'와 '용광로 동화'로 구분할 필요도 있다는 주장도 있다. 유입국이 처음부터 동화를 강요하는가, 자연스럽게 이민자가 주류문화에 동참하는 것을 목표로 하는가에 따라서 나뉘는데 미국은 후자에 속할 것이다(문병기 외, 2015).

그러나 1960년대 용광로 모형은 자연스러움과는 거리가 있었다. 예를 들어 당시 미국 학교에서는 '영어만 사용하기(English Only)' 정책이 있었는데, 이민자와 그들의 자녀에게 영어를 쓰고 백인 중심의 문화를 흡수하도록 종용했던 이러한 움직임은 아직도 그 영향력이 크다는 점은 부인하기 어렵다. 즉, 서로 다른 이주민의 문화를 녹여서 사실상 주류 백인의 문화로 사회통합을 이루어 내려고 하는 모습을 볼 수 있다(이기범, 2009). 또한 이민자 대상의 사회통합 프로그램을 관리하고 운영하는 기관이 따로 분리되어 있지 않은 것 역시 자유방임주의에 근거한 '용광로'를 나타낸다(문병기 외, 2015).

셋째, 다문화 모형(multicultural model)은 이민자가 그들의 언어와 문화를 지켜 가면서도 주류사회에서 문제없이 살아가는 것을 목적으로 하는 사회통합 모형이다. 따라서 '동화'가 아닌 '공존'이 부각되며 국가 내의 존재하는 인종과 문화 등의 다양성을 적극적으로 인정한다. 이런 다문화 모형은 세부적으로 문화다원주의와 다문화주의로 나뉜다. 문화다원주의는 유입국 내 문화적 다양성을 인정하고 주류사회가

[그림 5-1] 미국 뉴욕의 차이나타운

출처: Gpsmycity, https://www.gpsmycity.com/tours/nycs-chinatown-and-little-
italy-walking-tour-1633.html

존재함에도 한 사회 내 존재하는 문화 사이의 위계를 인정하지 않고
문화적 평등을 모색한다.

이는 미국의 1960년대 용광로 모형 이후 사회통합 기조로 등장하
는 모형으로서, 문화에 대한 국가의 개입을 최소화하는 접근을 취한
다. 미국에도 다문화 모형, 특히 문화다원주의를 실감할 수 있는 사례
가 여럿 있다. 미국 제1의 대도시 뉴욕에는 '차이나타운(Chinatown)'과
'리틀이탤리(Little Italy)'가 나란히 공존한다. 로스앤젤레스를 비롯한
많은 도시에 '코리아타운(Koreatown)'이 있는 것도 마찬가지이다. 이처
럼 미국사회는 민족적 뿌리를 공유하는 이민자들끼리 어울려 살면서
문화를 보존하는 방식에 대해 용인하고 있다.

미국은 1960년대 들어서면서부터는 소수자에 대한 차별을 상쇄하
는 의미의 적극적 우대조치(affirmative actions)를 실시해 오기도 했다.

반면 이민자에 대한 출신국의 언어와 문화의 보존을 강조하는 다문화주의적 접근방식은 찾아보기 어렵다. 오히려 다문화주의 접근방식이 이민자의 귀화율을 낮추고 정치참여 등을 제한하여 사회통합을 방해한다는 관점도 강력한 주장으로 존재한다(Bloemraad, 2006).

3) 다문화사회로서 미국의 현재 상황

미국은 지금도 세계적으로 가장 많은 이민자를 받아들이는 국가이다. 전체 인구는 3억 3,000명이 넘고 그중 2023년 기준으로 13.6%에 해당하는 4,500만 명이 넘는 사람들이 외국 태생(foreign-born)이다(United States Census Bureau, 2023). 이민자가 세운 국가인 미국에는 당연하게도 이민자 정체성이 짙게 배어 있다. 한 예로 오바마 전 대통령은 한 연설에서, 200년이 넘는 이민의 역사가 미국을 강대하게 만드는 데 결정적인 역할을 했다고 강조한 바 있다(Pew Research Center, 2019).

또한 많은 미국 시민이 이민에 대해 호의적인 생각을 가지고 있음도 확인할 수 있다. 2019년에 실시된 한 설문조사 결과에 따르면, 절반이 넘는 미국인(62%)이 이민자의 노동과 능력이 미국을 더 강하게 만든다는 것에 동의한다고 응답했다. 이는 이민자들이 일자리와 집, 의료 서비스에 부담을 준다고 대답한 비율(28%)을 훌쩍 넘어선다. 물론 이민 유입을 늘려야 할지에 대한 의견에서는 둘로 갈라지지만 전반적으로 미국사회에서 이민 혹은 이민자의 역할이 긍정적으로 받아들여진다는 것을 알 수 있다(권채리 외, 2021; Pew Research Center, 2019). 이는 '미국'이라는 나라가 세워진 때 약 400만 명에 불과하던 인구가 현재 3억 명이 넘는 숫자로 증가한 것 역시 인구의 자체 증가에 기인한다기보다는 지금도 전 세계에서 끊임없이 유입되고 있는 이민자 덕분이라는 것을 미국인들은 잘 알고 있으며, 이것이 국가의 정체성을 형성한다는 것에 대해 사회적 합의가 어느 정도 형성되어 있음을 의미한다.

그러나 불법체류자의 존재는 계속 논란이 될 수밖에 없다. 어떻게든 미국에 정착하고자 하는 불법체류자의 규모가 아주 크다. 세계적으로 이주노동자의 10~15%에 해당하는 3,000만~4,000만여 명이 불법체류 상태에 있다고 하는데(이규용, 2007) 그중 미국에 1,000만~1,100만 명의 불법체류 외국인이 있는 것으로 추정된다. 무려 전 세계 수치의 1/4을 상회하는 숫자이다(Pew Research Center, 2021). 이들은 절반 정도가 국경을 마주하고 있는 멕시코 출신이지만 점점 다른 중미나 남미 국가 출신으로 다양화하고 있다. 미국 내 공공장소에서 스페인어 사용은 이미 일반화되어 있고 스페인어를 사용하는 사람들 중에 불법체류자가 많은 편이다. 이런 사회 상황은 향후 인구 구성에도 큰 변화를 예고한다. 아직은 백인이 절반을 넘지만 곧 소위 '히스패닉의 미국'이 될 것이라는 예측이 나오고 있다. 또한 소수인종의 비율이 점점 높아지고 이에 따라 이들의 중요성도 늘고 있다고 보아야 할 것이다.

현실로 다가오는 '히스패닉 미국'에 대해 미국인들은 우려와 기대를 동시에 보내고 있다. 우선 '앵글로 색슨' 인종과 '프로테스탄트' 문화로 대변되는 미국의 정체성이 사라질지도 모른다고 걱정한다. 그러나 히스패닉을 비롯한 흑인, 아시안이 백인과 함께 자유, 평등과 같은 미국의 정신을 잘 계승하고 각자 고유의 가치를 더해 더 나은 미국을 만들 수 있다는 기대도 상존한다.

4) 미국의 다문화시민교육

미국사회가 가진 다양성은 미국의 눈부신 발전에 밑거름이 되었지만 다른 한편으로 사회적 갈등의 이유가 되기도 했다. 그렇기 때문에 미국에서는 배경이 서로 다른 사람들에 대한 존중과 배려를 강조하는 시민교육이 발달해 왔다. 그러나 퀴글리(Quigley)는 미국에서 근대적이고 체계적인 시민교육이 이루어지기 시작한 것은 불과 1세기 전부터였음을 지적하고, 초기의 시민교육은 외국으로부터 밀려드는 이주민을 미국화하기 위한 목적이 강했으며 따라서 무조건적인 애국심을 고취시키는 것에 치중되어 있었다고 지적한다(Quigley, 2008).

이후 미국의 시민교육은 지속적인 진화를 거친다. 다문화교육학자로 유명한 뱅크스(Banks)는 국가는 새로이 공동체에 들어오는 사람들을 포함하는 시민권과 시민교육에 대해 보다 공고한 입장을 정할 필요가 있고, 그뿐만이 아니라 국가적 통일성를 추구할 필요가 있다고 주장한다. 따라서 다문화적인 국가는 '하나 됨'과 다양성 사이에 조화를 이루어야 하고 다양성에 의해 제기되는 갈등은 학생들에게 보다 성찰적이고 문화적, 국가적, 세계적인 정체성을 개발하고 그들의 마을, 도시, 국가를 더욱 민주적이고 세계적으로 만드는 시민 행동을 할 수 있도록 돕는 기제임을 주장한 바 있다(Banks, 2004). 미국의 학교에서는 사회과의 시민교육을 중심으로 학생들이 시민으로서 가져야 하는 소양과 덕목을 가르치고 있다. 특히 최근에는 세계시민교육 안에서 다문화교육에 많은 집중을 하는 편으로 학생들은 미국사회 속 다양성을 이해하고 이에 맞게 행동하도록 안내되며(교육정책네트워크정보센터, 2015), 이는 21세기를 살아가는 기술이자 역량으로 간주된다. 한 사회과 과목 중 12학년 교육과정의 예를 들면, 학생들이 그들의 지역사회 안에 문화적으로 구별되는 집단들을 구분하고 문화제를 계획하고 지역사회 주민들과 협력하여 개최하는 활동이 들어 있다(조지민 외, 2015).

또한 최근 미국 교육계는 '미국 민주주의를 위한 교육'의 활성화를 위한 정책을 추진하고 캠페인을 대대적으로 벌이고 있다. 최근 투표율이 계속 낮아지고 많은 시민이 '가짜뉴스'와 서로에 대한 폭력적 증오 상태에 빠져 있다는 우려가 점증하는 가운데 다시 시민교육으로 돌파구를 찾고자 하는 움직임이 나타나고 있다(장은주, 2022). 그간 시민교육의 축소로 인해 소수자와 취약계층의 학생들이 고통을 더 많이 겪고 있다는 진단이 있었다(Kahne & Middaugh, 2010; Parker, 2014). 나와 다르게 생긴 사람들, 나와 다른 의견을 가진 사람들을 배척하는 것이 아니라 함께 공동체의 문제를 해결해 가야 할 '동료 시민'으로 받아들이는 것이 중요하다는 내용이 강조되고 있다. 많은 학자들은 현재 미국의 시민정신이 부족해진 이유에 대해 그간 STEM 교육, 즉 과학, 기술, 공학, 수학 교육(Science, Technology, Engineering, Math education)에 치중하느라 시민교육이 부재했던 것을 꼽았다(Winthrop, 2020).

또한 소수자 학생의 시민적 정체성의 형성을 지원하는 문화적 시민교육의 다양한 시도도 감지되고 있다. 예를 들어 로드리게스(Rodrígez, 2018)의 연구는 유치원부터 12학년까지 사회과 교육과정에 아시아계 미국인의 사례를 포함시키는 일의 필요성 등 변혁적 교수법의 중요성을 환기시킨다. 이 문제는 미국에서 아시아계 미국인으로 살아가는 한국계 이민자의 삶과도 긴밀하게 연결되어 있다. 한 조사에 따르면 미국에 사는 한인들 가운데 자신을 미국인(Americans)으로 보는 사람은 11%에 불과한 것으로 나타났다고 한다(Pew Research Center, 2013). 한국계, 중국계, 베트남계 등 6대 아시안계 미국인 3,511명을 대상으로한 이 조사에서 연구자들은 한국계를 비롯한 아시안계 미국인들 대다수가 이른바 '하이픈 미국인(hypernated Americans)'으로 자신을 인식하고 있다고 분석한다. 많은 학자들은 '미국인'이라는 국가 정체성의 계승과 유지를 관건으로 보며, 이렇게 '하이픈 미국인'이라고 불리는 이들이 영어를 배우고 미국 역사와 풍습을 익히며 자기 출신국이 아닌 정착국인 미국을 자국으로 삼는 것이 중요하다고 강조하고 있다. 이민자 스스로 자신이 미국사회의 일원이라는 주인의식과 함께 자원봉사, 영어공부, 투표 참여, 지역행사 참여, 타 인종과 어울리기 등에 활발하게 참여해야 할 필요가 있다고 주장한다. 그러나 보고서의 저자들은 또한 소위 '전형적인 미국인(typical Americans)'이 아시안계 미국인을 여전히 이방인으로 보고 있다는 점이 문제이며 이런 인식을 해소하기 위해 아시안계 미국인이 지역사회의 각종 활동에 적극 참여하고 미국에 기여하고 있다는 사실을 보다 적극적으로 미국사회 전반에 알리는 것이 필요하다고 분석하고 있다. 이런 견지에서 미국의 전통적인 교육과정에 내재한 백인 중심의 배타적 서사를 비판적으로 인식하고 인종적, 문화적 타자였던 아시안계 시민의 삶에 대해 정규 교육과정에서 보다 많은 관심을 보여야 할 필요성과 함께, 더 많은 교사들이 학생들의 시민성을 형성하는 데 필요한 다문화시민교육에 관심을 갖는 일의 중요성을 짐작할 수 있다.

3. 다문화사회로서의 캐나다사회

1) 역사로 보는 '캐나다 시민의 자격'

캐나다 역시 다문화주의를 선언하고 서로 다른 언어와 문화를 가진 사람들 사이에서 '모자이크(mosaic)'를 만들어 가는 노력을 하기까지

험난한 역사가 있었다. 유럽에서 건너온 정복자 이주민의 건국과 원주민 차별, 이주민의 유입과 인종차별, 잘못을 바로잡으려는 노력의 역사가 미국과 닮아 있다.

17세기 이후 영국과 프랑스의 북미 진출과 식민지 건설 상황에서의 대결은 결국 영국의 승리로 돌아갔다. 따라서 지금의 캐나다 영토는 영국의 식민지로서 오랫동안 백인 정착민 식민지(White settler colony)로서 정체성을 유지해 왔다(Stasiulis & Jhappan, 1995). 넓은 영토를 효과적으로 통치하고 당시 서부로 확장하던 미국의 북방 진출을 막기 위해 필요한 것은 거주할 사람, 즉 캐나다에서 삶의 터전을 짓고 살아갈 국민이었다. 따라서 당시부터 영국뿐만 아니라 스코틀랜드와 아일랜드에서 이민자가 건너왔고, 미국 독립혁명 당시 미국의 독립에 반대했던 영국 왕당파도 캐나다로 이주했다. 이때 캐나다는 개척정신을 지닌 건강한 사람들을 환영했고 1867년에 국가를 수립하기에 이른다.

그러나 국가가 수립되면서 원래 이 땅에 거주하고 있었던 원주민에 대한 대응은 바로 정체성 말살이었다. 유럽인들은 1876년부터 기숙학교를 지어 원주민의 자녀들을 수용했다. 약 15만 명이 139개 원주민 기숙학교에 다녔다는 기록이 있는데, 여기에서 성추행과 폭행 등 다양하고 광범위한 학대가 이루어졌으며 학교에서 사망한 아동도 많았다. 원주민은 1970년대부터 캐나다에 존중을 요구하는 목소리를 내기 시작했다. 애초 캐나다 건국 시 이들을 '국가(nation)'로 보지 않고 그저 '부족(tribe)'으로 본 것에 대한 항의의 목소리를 낸 것이 시작이었다. 원주민과 캐나다 정부가 토지 사용권 협상을 거치면서 이들이 '최초의 국가'였다는 뜻으로 '퍼스트 네이션스(First Nations)'라는 명칭에 합의하게 된다. 또한 국가 차원의 진실과 화해위원회(Truth and Reconciliation

Commission)의 다양한 조사는 원주민을 대상으로 한 인종주의적 범죄를 뚜렷하게 공표하고 있다. 원주민 기숙학교의 만행에 대한 대대적인 조사를 진행해 왔고 총리의 사과에 이어 2022년에는 기독교계의 수장인 교황의 사과를 끌어냈다. 그러나 원주민 고유문화의 상실로 인한 원주민 전체의 무기력감과 상실감은 알코올이나 약물 중독, 성폭력을 포함한 폭력, 정신병, 자살로 이어졌다. 여전히 상당수가 도심지역 극빈자로 살아가거나 '원주민 보호구역'에 머무르며 무기력자로 생활하고 있다(권채리 외, 2021).

1867년 국가 수립 이후 캐나다의 역사는 끊임없는 이민 유입의 역사로 보아도 과언이 아니다. 1895년까지는 비교적 이민이 자유로웠지만 백인 중심의 이민이었고, 이후 1896년에 시행된 이민정책에 따라 1911년까지 무려 100만 명 이상의 인구가 캐나다로 유입되었다. 그러나 당시 캐나다도 미국과 마찬가지로 소위 '유색인종'에 대한 편견이 크고 이들을 열등한 존재로 취급했다. 실제로 캐나다에는 20세기 초반까지 인종차별적 이민정책을 실시하였던 역사가 존재한다. 1885년에 실시한 50달러의 인두세(head tax)가 대표적인 제도이다. 국가의 기반인 철도 등을 건설하기 위해 중국인 노동자를 받아들인 캐나다는 최근 가치로 환산하면 약 1,000달러가 넘는 금액을 부과하는 방식으로 이들의 이민을 사실상 막는 정책을 취했는데 이는 전무후무한 일이었다.

그나마 인두세를 내고서라도 중국인이 캐나다에 입국할 수 있었던 시기가 지나 1923년에는 모든 중국인의 이민을 금지하기에 이르렀다. 이런 차별은 1947년에 이르러서야 철폐되었고, 그 당시 가족의 생이별 등 피해를 본 중국계 이민자들은 현재까지도 연방정부를 상대로 집단소송을 제기하고 있다(신지원 외, 2013).

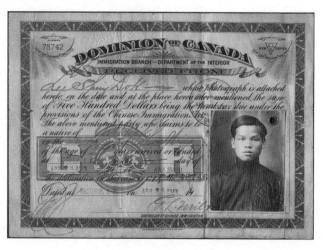

[그림 5-2] 인두세가 징수된 중국인의 캐나다 이민 증명서
(Chinese immigration certificates)

출처: Government of Canada/Library and Archives Canada/R1206-178-X-E.

이후 캐나다는 양차 세계대전을 겪으면서 저숙련 노동자의 필요와 함께 인구 성장을 촉진하기 위해 세계 전역에서 이민자를 대거 받아들이는 정책을 시행하기 시작했다(Ferrer, Picot, & Riddell, 2012). 1962년에 이르러 '이민선호 대상국' 정책을 철폐하고 국가나 인종이 아닌, 오로지 이민자 개인의 특성과 역량이 캐나다에 필요한지 아닌지에 근거하여 받아들이기 시작한 것이다. 이것이 1967년 점수제(point system)의 시작이다. 이는 캐나다가 과거의 인종차별적 이민 규제에서 탈피하여 현재의 이민법 체계를 갖추기 시작하는 중요한 변곡점이 되었다. 이렇게 이민자를 인적자본으로 평가하여 받아들이는 이민정책의 방향은 현재까지 이어지고 있다. 캐나다의 점수제는 이후 호주에서 1980년대에, 영국에서 2002년에 도입·참조되었다. 점수가 할당되는 분야는 대략적으로 교육 정도, 언어능력, 취업경력, 연령 등이며 현재 캐나다에서 외국인 노동자로서 고용계약 체결 여부, 배우자의 학력, 캐나다 내 친척 존재 여부 등도 적응력의 일부로 고려하고 있다.

캐나다의 점수제는 오직 '경제적 이민' 분야에만 적용되며, 이 외에 가족 재결합, 난민 등 다른 이민 분야가 존재한다. 2002년에 제정된 「이민·난민보호법(Immigration and Refugee Protection Act, IRPA)」은 캐나다 이민정책상 상당한 의미를 차지하고 있다. 법률 명칭에도 '난민'이 들어 있듯이 전 세계적으로 발생하고 있는 난민의 수용을 통해 박해로 인해 고향을 떠난 이들의 인권존중과 생명보호에 중점을 둔다는 점을 명시하고 있다. 특히 난민 수용 시 이들의 경제적 능력보다는 보호의 필요성에 더욱 중점을 두고 선발할 것을 강조했다. 실제로 캐나다의 난민 수용의 역사는 길고 그 인종과 국적이 다양하며, 유입 난민의 수도 많다. 한 예로 2015년부터 2017년 1월까지 시리아 내전으로 생긴 4만 명 이상의 시리아 난민을 수용한 사례를 들 수 있다. 시리아 난민 수용의 사례를 보아도 이들의 상당수가 학력이 낮고 교육경험이 전혀 없는 경우도 많아, 영어를 습득하여 경제활동을 할 수 있기까지 오랜 시간이 소요될 것으로 파악하고 있다(IRCC, 2019). 따라서 캐나다에서는 인적자본을 판별하여 이민자를 받아들이는 경제적 이민 프로그램과, 세계대전이나 내전 등 국제사회에 중대한 인도적 위기가 발생할 때마다 대량의 난민을 수용하는 난민 프로그램이 이민의 두 중심축이 된다고 볼 수 있다.

2) 캐나다의 사회통합 방식인 다문화주의

다문화주의는 한 사회구성원의 문화석 다양성을 인정하는 수준을 넘어 문화적 다양성을 지키기 위한 적극적 정책을 염두에 두고 있어

'국가 차원의 개입주의적 접근'이라고 부를 만하다. 예를 들어 캐나다는 퀘벡주에서 프랑스어를 교육하고 널리 사용하도록 장려하며, 원주민이 고유문화와 언어를 유지하고 발전시킬 수 있도록 개입하고 있다.

1967년 점수제 도입과 더불어 캐나다의 다문화주의는 이민자를 비롯한 캐나다인의 삶에 중요한 사회적 바탕을 만들어 왔다. 1971년 당시 피에르 트뤼도(Pierre Trudeau) 수상은 "비록 두 개의 공식 언어가 있다 해도 공식문화는 존재하지 않으며, 따라서 어떤 인종도 다른 인종보다 우월하지 않다"라고 선언하며 다문화주의 정책을 표방했는데, 이는 전 세계에서 이민을 받아들일 준비가 되었음을 세계에 선포한 것으로 해석할 수 있다(문영석, 2005).

캐나다에서는 특히 이민자의 문화권 보장에 역점을 둔다. 캐나다 헌법에 명시된 "모든 개인은 인종, 국적, 종족, 피부색, 종교, 성별, 연령, 장애 등으로 인한 차별 없이 법의 동등한 보호와 혜택의 권리를 갖고 있다"와 "이들에 대한 불이익을 개선하기 위한 적극적 조치가 방해받아서는 안 된다"라는 문구에서 다문화주의가 제도적 보장까지 포괄하고 있음을 명시하고 있다(박진경, 2012). 1977년 「인권법」, 1986년 「고용평등법」을 제정하여 인종, 출신국, 성별, 성적 지향, 혼인 여부, 가족 상황, 사면된 전과 등을 이유로 한 고용, 상품 및 서비스 제공, 편의 도모, 주거 및 용역 상업요지 등의 시설 이용 거부나 고용 등에서 차별을 금지한다. 1988년 「다문화주의 법(Multiculturalism Act)」을 제정하고 2005년부터 5년간 반인종차별을 위한 캐나다 국가적 차원의 행동계획(Canada's Action Plan Against Racism, CAPAR)을 시행했으며(신지원 외, 2013), 2018년에는 극우 인종차별주의가 우려되자 문화다양성 예산을 편성하고 다문화 프로그램에 투입하기도 하는 등(권채리 외, 2021) 캐나다에서는 보다 적극적으로 인종차별에 대항하고 있다.

그러나 이런 다문화주의 접근의 약점이라면 이주민의 사회통합에 대한 유화적인 접근이 오히려 사회 내 소수집단과 주류사회 간의 이질화를 방치 또는 조장함으로써 문화적 게토를 형성한다는 비판에 대해 반박이 어려운 점이다. 이렇게 되면 캐나다 사회 전반에 대한 이주민의 관심과 정치적 참여도 낮게 나타날 수 있어 이 역시 시민교육의 이슈가 된다.

3) 다문화사회로서 캐나다의 현재 상황

캐나다와 미국 사이의 큰 차이 중 하나는 캐나다의 적은 인구이다. 러시아에 이어 세계 2위를 자랑하는 넓은 영토에 인구는 4,000만 명이 안 되며, 이민자가 약 700만 명에 이르러 전체 인구의 22%를 넘는다. 넓은 영토에 적은 인구, 그리고 최근 시작된 고령화로 인해 국가에 필요한 이주민의 유입을 적극 환영한다는 면에서 캐나다는 대표적인 이민자의 나라이다(권채리 외, 2021). 프랑스어를 사용하는 퀘벡의 존재로 인해 '한 국가 두 체제', 그리고 국가 차원에서 1971년에 다문화주의를 최초로 시작한 나라라는 점에서 특징적이다. 그리고 국가와 지역 수준에서 모두 이민자의 사회통합정책을 열심히 편다는 면에서, 정부 차원의 이민자 대상의 사회통합 프로그램이 존재하지 않고 전적으로 시민사회에 맡겨져 있는 미국과 차이도 크다고 볼 수 있다.

과거 존재했던 인종과 국가에 대한 선호정책이 폐기된 이후 캐나다의 이민자들은 그야말로 전 세계에서 유입된 다양한 사람들로 구성되었다. 그런데 특히 경제적 이민의 고숙련·고학력 이민자들은 아시아 출신이 독보적인 상황이다. 토론토, 몬트리올, 밴쿠버 등의 대도시에 중국계 이민자 커뮤니티가 성장했고, 이 외에도 한국, 인도 등 다수의 아시아인 커뮤니티의 성장이 눈에 띈다. 그러나 아시아 출신의 고숙련·고학력 이민자가 캐나다에 잘 정착했다고 보기 힘든 지표가 나타나고 있는데, 이는 유입된 이민자들의 실망은 물론이고 캐나다 정부에서 기존 정책을 재고하는 결과도 불러왔다. 이 문제는 우리나라에서 '기러기 가족'으로 통칭되는 위성가족(satellite families)의 존재와도 연관되어 있다. 캐나다에는 가장이 본국으로 돌아가 경제활동을 하고 주로 무직의 배우자와 자녀들만 캐나다에 거주하는 아시아계(특히 중국과 한국) 이민자 가족이 상당수 있다. 그들의 중산층 생활은 캐나다에서의 경제활동이 아니라 가장의 본국 수입으로 유지하고 있으며 이런 상황에서 세금 회피 또는 잘 발달된 캐나다 복지제도에의 무임승차 등의 문제가 일부 나타나고 있다. 이는 최근 캐나다 이민정책의 조용하지만 강력한 변화와도 무관하지 않다. 최근 경제적 이민 프로그램의 변화 중 가장 대표적인 '익스프레스 엔트리(Express Entry, EE)'의 기준을 보면 정부의 방향 전환이 느껴진다. 무조건 고학력자나 경력자를 선호하기보다는 그간 지속적으로 추구해 온 '캐나다 내 경험(Canadian experiences) 선호'와 함께 젊고 영어를 능숙하게 구사하며 활용 가능한 기술 중심의 역량을 지닌 사람으로서, 현재 미혼으로 앞으로 캐나다에서 가정을 꾸릴 계획을 성실하게 이행해 갈 사람을 선호하는 경향이 뚜렷하다. 캐나다에서 2년제 전문대학 정도를 졸업하여 통용 가능한 수준의 영어 구사력과 함께 바로 써먹을 수 있는 기술을 가지고 현실적인 눈높이의 구직에 중점을 둔 사람들, 게다가 대도시가 아닌 소도시에서 살 수 있는 사람이면 영주권을 획득하기 용이하도록 바뀌고 있다(권채리 외, 2021).

기본 사회보장제도가 잘 갖추어져 있고 이민자에게도 높은 수준으로 열려 있는 점은 미국과의 차이점이다. 캐나다에서는 기본 사회서비스 접근이 높은 수준으로 보장된다. 시민권과 영주권자는 물론이고 고용이 허가된 임시 노동자나 학생비자를 가진 학생도 국민과 동일한 사회서비스를 받을 수 있다. 즉, 캐나다에서 사회보장이나 안전망(social security)에 접근성은 법적 지위별로 차이가 거의 없는 것이 특징이다. 예를 들어 캐나다 아동수당(Canada Child Benefit)은 가구당 아동의 수에 따라 지급되는데, 시민권자와 영주권자뿐 아니라 임시 노동자도 자녀가 있으면 신청할 수 있으며, 소득에 따라 차등 지급된다. 또한 코로나19로 인한 재난지원금이 국민과 비국민을 포함하여 광범위하게 생활비 수준으로 지급된 바 있다.

4) 캐나다의 다문화시민교육

앞서 살펴본 바와 같이 이민자의 언어와 문화를 존중하는 캐나다의 다문화주의는 서로 다른 사람들 사이의 사회통합을 진작시키는 데 도움이 되겠지만 어쩌면 사회통합을 방해할 수도 있다. 이런 측면에서 캐나다의 다문화주의는 쉽지 않은 시민교육 과제를 가진다. 그러나 작은 조각들이 각각의 색과 형태를 유지하면서도 커다란 '모자이크' 안에서 그 존재의 의의를 가지는 것처럼, 캐나다는 다양한 인종과 문화가 그대로 모여 '캐나다'라는 한 새로운 국가의 정체성을 만들어 가는 사회라고 할 수 있다.

이와 관련하여 가장 최근의 시민사회 노력 중 하나는 시민권 선서문의 개정이다. 2019년 캐나다 이민부는 캐나다 사회적 가치를 담는 시민권 선서문을 14년 만에 개정했는데, 이는 그간 원주민 탄압에 대해

진실과 화해 위원회의 조사가 거둔 성과를 반영하는 목적을 지닌다. 이후 엘리자베스 2세의 타계로 인해 바뀐 부분을 더해 신구 조문을 비교해 보면 〈표 5-1〉과 같다.

〈표 5-1〉 캐나다 시민권 선서문 신-구 조문 비교

구 조문	신 조문
"I swear (or affirm) that I will be faithful and bear true allegiance to Her Majesty Queen Elizabeth the Second, Queen of Canada, Her Heirs and Successors, and that I will faithfully observe the laws of Canada, and fulfil my duties as a Canadian citizen."	"I swear (or affirm) that I will be faithful and bear true allegiance to His Majesty King Charles the Third King of Canada, His Heirs and Successors and that I will faithfully observe the laws of Canada, including the Constitution, which recognizes and affirms the Aboriginal and treaty rights of First Nations, Inuit and Métis peoples, and fulfil my duties as a Canadian citizen."
"나는 엘리자베스 2세, 캐나다의 여왕과 폐하의 후계자 및 계승자에게 신실하고 진심으로 충성을 맹세하며, 나는 캐나다의 법을 신실하게 지키고, 캐나다 시민의 의무를 다하리라 맹세합니다."	"나는 찰스 3세, 캐나다의 왕과 폐하의 후계자 및 계승자에게 신실하고 진심 어린 충성을 맹세하며, 나는 원주민과 이누이트, 메티스와 원주민 국가의 계약을 인정하고 승인하는 캐나다의 헌법을 포함해 캐나다의 법을 신실하게 지키고, 캐나다 시민의 의무를 다하리라 맹세합니다."

출처: 캐나다 정부 홈페이지.

또한 진실과 화해 위원회의 권고안에는 캐나다의 시민들에게 원주민에 대한 정보 또는 진실에 무지할 때 생기는 많은 고정관념과 문제를 바로잡는 방법에 대해 적극적으로 제시하고 홍보하고 있는데, 여기에서도 시민교육적 의의를 찾을 수 있다. 구체적으로는 원주민 문화센터 방문하기, 원주민 작가가 쓴 책 읽기, 원주민 예술가가 만든 예술품 탐구하기, 원주민에 관한 수업 듣기, 직장 내 그룹을 구성하여 원주민 인권 문제에 관해 함께 이야기하기, 화해를 위한 걷기(Walk for Reconciliation) 또는 전국 원주민의 날(National Indigenous Day) 같은 캐나다 전역에서 열리는 행사에 참여하기 등이 시민의 추천활동으로 제시되어 있다.

이렇게 '원주민'이라는 가장 불평등한 위치에 처해 있는 시민들의 권리를 적극적으로 회복하는 일은 그간 캐나다가 모든 이의 인권을 수호하기 위해 시행해 온 다양한 정책과 연결되어 있다. 한 사례로 인종차별에 대항하는 국가적 행동계획의 필요성에 따라 2005년부터 5년간 '반인종차별을 위한 캐나다 국가적 차원의 행동계획(Canada's Action Plan Against Racism, CAPAR)'을 시행한 것을 들 수 있다. 이 계획에서는 다양한 인종의 '단순한 사회통합'이 아닌 '인종주의와의 전쟁'을 선포하고 있으며, 인종차별을 뿌리 뽑아 모든 인종 집단에게 기회의 평등뿐만 아니라 결과의 평등, 즉 모든 캐나다 국민들이 인종 또는 민족적 배경에 관계없이 사회에 잘 통합되어 사회와 경제에서 자신의 역할을 충실히 수행할 수 있도록 지원하는 내용이 포함되었다(신지원 외, 2013).

CAPAR에서는 다양한 시민집단을 대상으로 한 다양한 교육이 중요한 역할을 했다. 몇 가지 예를 들면 다음과 같다. 이민자 자녀 등을 대상으로 하는 영어교육을 강화하고, 각 인종집단의 모국어 교육이나 흑인문화교육을 실시했으며, 유색인종 교원의 양성과 채용 장려와 모니터링 등도 강조되었다. 특히 어린이와 청소년을 대상으로 다양성과 반인종차별 교육이 활발하게 실시되었다. 유소년과 청년 인구가 그 어느 때보다도 인종적으로 다양해졌다는 현실에 바탕을 두고 청년층에 대한 다양성 함양과 반인종차별 교육을 시급한 목표로 잡은 것이다. 또한 증오와 편견에 대처할 수 있도록 미디어 등을 통한 지역사회의 역량강화를 지원하고, 주류 미디어에 다양한 인종집단이 더 자주 등장하고 제작에 참여할 수 있도록 지원하여 미디어를 반인종차별과 관련하여 효율적인 도구로 이용하려는 의지를 보였다. 이 행동계획은 캐나다 다문화주의에 의거한 기존의 이민자 지원과 융합하여 유색인종이 대부분인 이민자의 삶의 질 향상에 노력함으로써 간접적으로 캐나다의 인종차별 문제를 감소시키는 데 공헌한 측면이 있다.

국가 차원뿐 아니라 각 주에서도 다문화사회의 함께 살기에 대한 움직임이 활발하다. 특히 학교교육 부분에서 잘 드러난다. 예를 들어 마니토바(Manitoba)주 교육부가 제시하는 두 가지 교육 사례를 들면 다음과 같다.

첫째, 이주민의 자녀가 자신의 인종적, 문화적 배경을 자랑스럽게 여기도록 교육하면서 계승어 교육(heritage language)을 장려한다. 교육부가 제시하는 계승어 교육의 목적은 이렇다. 이민자와 소수민족 자녀의 자존감을 높이고, 개인적이고 문화적인 정체성 형성을 돕고, 새로운 환경에 적응하는 능력을 제고하며 사고와 행동을 진작시키고, 문화적·경제적·교육적·전문적 기회를 확장하며, 그리고 마지막으로 캐나다의 다문화적인 환경에서 일하며 살아가는 준비를 시키는 데 있다. 나아가서 이런 다양한 언어교육이 소수민족이나 이민자의 자녀에게만 국한되기보다 모든 학생이 그들의 인종문화적인 배경에 상관없이 영어와 프랑스어 외에 하나 이상의 언어를 익히도록 장려하고 있다.[1]

---

1   마니토바주 교육청 홈페이지, http://www.edu.gov.mb.ca/k12/docs/policy/heritage/ 참조.

둘째, 지속가능성 교육(Education for Sustainable Development, ESD) 등 다원화된 사회에서 필요한 기능, 태도, 가치 등을 기르기 위한 교육을 명시하고 있다. 예를 들어 1~4학년에서는 전통적인 원주민의 지식이 어떻게 식물과 동물 집단에 대한 이해에 기여하는지 인식하기, 다른 사람의 문화를 존중하고 자연 시스템과 인간 사회의 상호 의존성을 인식하기, 다문화사회인 캐나다와 세계에서 인간의 다양성을 존중하고 가치 부여하기, 상호 존중과 친절을 베푸는 것에 가치 부여하기 등이 교육목표로 포함되어 있다. 5~8학년에서는 전통적인 원주민의 지식이 어떻게 자연환경과 대지와 관련된 우리 삶에 기여하고 있는지 이해하기, 캐나다의 역사·권리와 자유 조약·원주민 권리 헌장·세계 인권헌장 속에서 시민 권리의 기원을 탐구하기, 빈곤·인종차별·성차별·편견에 기여하는 요인을 이해하고 해결점을 제안하며 행동으로 옮기기, 캐나다의 새로운 이민자들이 직면한 과제를 이해하고 이들을 지원하기 등이 제시된다. 끝으로 9~12학년 교육과정에는 캐나다 민주시민으로서 원주민의 천연자원에 관한 권리와 책임을 탐구하기, 마니토바·캐나다 그리고 세계 속에 살고 있는 사람들의 삶의 질이 공평하지 않음을 이해하기, 토지에 대한 전통적인 원주민의 지식과 관계성을 존중하기, 다문화사회인 캐나다와 세계에서 인간의 다양성을 존중하고 가치 부여하기 등이 교육목표로 제시되고 있다.[2]

---

2 마니토바주 교육청 홈페이지, http://www.edu.gov.mb.ca/k12/esd/ 참조.

4. 맺는말: 모두가 동등한 권리를 누리는 사회를 향한 과제

북아메리카 대륙에 위치한 전통 이민국가인 미국과 캐나다는 높은 수준의 다양성을 가진 시민사회를 유지해 나가는 데 공통점과 차이점을 보인다. 이를 몇 가지로 나누어서 정리할 수 있다.

첫째, 현재 이들 사회에서 추구하는 '함께 살기'의 역동에 이르기까지 유럽에서 건너온 이주민이 건국한 이후 지금까지 오랜 시간을 통해 원주민과 이주민에 대한 인종차별이 있었던 점, 이를 사회적으로 성찰하고 법률과 정책, 제도를 통해 개선해 온 점은 공통점으로 볼 수 있다.

둘째, 국가의 이민정책에 대해서 온도 차가 있는 것은 큰 차이점이다. 우선 미국은 국경을 마주하고 있는 멕시코로부터 이주민 유입 등으로 인한 문제, 인종 구성의 변화로 인해 과거 백인 중심의 정체성을 지속하기 어려운 문제 등이 자리하고 있어 시민사회의 의견이 둘로 나뉘는 모습을 보인다. 이에 비해 캐나다는 점수제에 기반을 두고 캐나다에 신속하게 정착할 수 있는 사람들을 우선 선발하는 경제적 이민과 함께 난민도 많이 받아들이고 있는 등 이민에 대한 사회적 갈등이 상대적으로 적은 편이다.

셋째, '용광로'와 '모자이크'로 대별되는 사회통합 역시 적지 않은 차이가 있다. 그리고 이민자의 사회통합이 전적으로 시민사회에 맡겨져 있는 미국과는 다르게 캐나다에서는 국가와 지역 수준 모두에서 적극적인 사회통합 프로그램이 제공되고 있는 점도 다르다. 시민교육에서도 미국에서는 '미국인'이라는 기존의 국가 정체성에 대한 보다 확고한 의견이 존재하는 가운데 시민의 다양성이 인정되는 방식인 반면, 캐나다에서는 다양한 문화에 대한 이해와 조화가 여러 교육과정과 시민사회의 활동으로 강조되고 있다.

전통 이민국가인 이 두 국가와 우리나라의 상황은 다르다는 점을 염두에 두되 여기에서 얻을 수 있는 시사점은 다양하다. 우선 인구감소와 지방소멸 등 성장 동력이 주춤한 우리 사회에서 지금 우리와 함께 살아가고 있는 이주민의 존재나 향후 추가적인 유입으로 얻을 수 있는 사회적 이익과 예상할 수 있는 갈등 등에 대해 보다 많은 시민이 이해하고 생각해 볼 수 있는 교육적 접근이 필요하다. 또한 사회구성원의 인권이 모두 소중하다는 원칙에 어긋난 정책과 제도, 그리고 그로 인한 사회문제를 짚어 가면서 사회적 정의를 회복해 가는 다양한 움직임도 충분히 참조한다면, 다양성의 증가로 발생하는 우리 사회의 갈등을 극복하는 데 도움이 될 것이다.

참고문헌

권채리, 최서리, 유민이, 강현철, 최환용, 차현숙, 김지훈, 김명아, 최유, 백옥선, 김동균, 이창원, 장주영, 김웅기, 류소진, 이로미, 허준영(2021). 체류 외국인 250만 명(동포 포함) 시대의 외국인·이민 법제 선진화 방안 연구. 과천: 법무부.

김태근(2017). 미국 이민 정책의 역사와 전망. 국제사회보장리뷰, 2017(여름), 93-97.

문병기, 라휘문, 한승준(2015). 이민자 사회통합정책 종합진단 및 개선방안. 과천: 법무부.

문영석(2005). 캐나다 이민정책에 대한 분석과 전망. 국제지역연구, 14(1), 79-108.

박진경(2012). 다문화주의와 거버넌스 사회통합 전략: 캐나다 경험과 한국적

모형 모색. 한국정책과학학회보, 16(1), 23-48.

신지원 최서리, 이로미, 이창원, 류소진 (2013). 반인종차별 정책에 관한 연구: 미국, 캐나다, 호주 사례연구. 서울: 이민정책연구원.

이규용(2007). 외국인력정책 변화와 과제. 노동리뷰, 19-30.

이기범(2009). 미국의 이민정책과 사회통합. 다문화사회연구, 2(1), 67-92.

이창원(2017). 이민정책의 세계적 흐름과 과제. 국제사회보장리뷰, 2017(여름 창간호), 67-81.

장주영(2021). 바이든 정부의 이민정책 방향. 이슈브리프. 이민정책연구원.

조지민 외(2015). 각국의 세계 시민 교육 관련 현황. 충북 진천군: 교육과정평가원.

Banks, J.(2004). Introduction: Democratic citizenship education in multicultural societies. In J. A. Banks (Ed.), *Diversity and citizenship education: Global perspectives* (pp.3–15). San Francisco: Jossey-Bass.

Bloemraad, I.(2006). *Becoming a citizen: Incorporating immigrants and refugees in the United States and Canada.* University of California Press.

Castles, S., & Miller, M. J.(2003). *The age of migration: International population movements in the modern world.* New York: Guilford Press.

Ferrer, A. M., Picot, G., & Riddell, W. C.(2012). *New directions in immigration policy: Canada's evolving approach to immigration selection* (Vol. 107). Canadian Labour Market and Skills Researcher Network.

Immigration, Refugees and Citizenship Canada(2019). *Syrian Outcomes Report: Research and Evaluation.*

Isenberg, A. C., & Richards Jr, T.(2017). Alternative wests: Rethinking manifest destiny. *Pacific Historical Review, 86*(1), 4-17.

Kahne, J., & Middaugh, E.(2010). High quality civic education: What is it and who gets it?. In W.C. Parker (Ed.), *Social studies today: Research and practice* (pp.141-150). New York: Routledge.

Parker, W. C.(2014). Citizenship education in the United States: Regime type, foundational issues, and classroom practice. In L. Nucci, D. Narraez, & T. Krettenauer (Eds.), *The handbook of moral and character education*(2nd ed., (pp.347-367). New York: Routledge.

Pew Research Center(2013). The rise of Asian Americans.Washington, DC.

Pew Research Center(2021). Key facts about the changing U.S. unauthorized immigrant population. Washington, DC.

Quigley, C. N.(2008). 미국 시민교육의 성과와 과제: 미국과 신생 민주주의 국가에서의 경험을 바탕으로. 시민교육국제대회 국회의원 간담회 자료집.

Rodríguez, N. N.(2018). From margins to center: Developing cultural citizenship education through the teaching of Asian American history. *Theory & Research in Social Education, 46*(4), 528-573.

Stasiulis, D., & Jhappan, R.(1995). The fractious politics of a settler society: Canada. *Unsettling Settler Societies: Articulations of Gender, Race, Ethnicity and Class, 11*, 95-131.

Winthrop, R.(2020). *The need for civic education in 21st-century schools.* Washington, DC: Brookings Institute.

<신문기사>

김정화(2021). 덮어둔 식민지 시절 상처...아메리카 대륙, 치유의 첫발 떼다. 서울신문. (7월 12일). https://www.seoul.co.kr/news/newsView. php?id=20210713019001

김현숙, 오택성(2022). 미 중간선거 앞두고 지출안·동성결혼 법안 등 추진...백악관, 오바마 초상화 공개. VOA Korea. (9월 8일). https://www. voakorea.com/a/us-lawmakers-set-to-tackle-tough-funding-questions-ahead-of-midterms/6736483.html

장은주(2022). 좌우파 모두를 위한 민주시민교육. 시사인. (6월 12일). https://www.sisain.co.kr/news/articleView.html?idxno=47621

<참고사이트>

교육정책네트워크정보센터(2015). https://edpolicy.kedi.re.kr/frt/board View.do?strCurMenuId=54&pageIndex=1&pageCondition=10&nTbBoar dArticleSeq=150161

캐나다 이민국. https://www.canada.ca/en/immigration-refugees-citizen ship/services/application/account.html

캐나다 정부 홈페이지. https://www.canada.ca/en/immigration-refugees-citizeenship/corporate/publications-manuals/discover-canada/read-online/oath-citizenship.html

Pew Research Center. https://www.pewresearch.org/fact-tank/2019/06/17/key-findings-about-u-s-immigrants

웰컴 투 캐나다 비디오(Welcome to Canada Video). https://issbc.org/wp-content/uploads/2021/11/Welcome-To-Our-Homelands_final_Korean.pdf

마니토바주 교육청 홈페이지. https://www.edu.gov.mb.ca/k12/esd/; https://www.edu.gov.mb.ca/k12/docs/policy/heritage/

United States Census Bureau(2023). https://data.census.gov/profile/United_States?g=010XX00US

다문화사회의 주요 특징과
시민교육: 영국과 프랑스

1. 서론: 선발 이민국가 영국과 프랑스의 '함께 살기'

5장에서 미국과 캐나다로 대표되는 전통 이민국가의 사례를 다루었다면 이 장에서는 선발 이민국가의 사례로 같은 듯 다른 유럽의 두 국가, 영국과 프랑스를 다룬다. 영국과 프랑스는 '선발 이민국가', 즉 비교적 일찍부터 이민자를 받아들인 국가이다. 영국과 프랑스는 1970년대 초까지 과거 식민지 등에서 많은 이민자를 받아들여 노동시장의 수요를 충족하고 다민족·다인종 국가로서 정체성을 갖게 되었다. 그 이후 늘어난 다양성으로 생긴 사회갈등의 해소와 사회통합에 주력하고 있는 국가로 분류된다.

이런 공통점이 있음에도 영국과 프랑스는 이민자의 통합 방식에서 다른 점도 많다. 영국은 일찍부터 식민지 주민들과 교류를 통해 유입된 다양한 문화의 공존으로 풍부한 문화다양성을 확보하고 있는 사회이다. 이런 이해에 기반하여 비교적 이른 시기부터 다문화주의적인 정책을 펼쳤다. 하지만 이민자들과의 갈등, 의료와 교육 등 공공 서비스 부담이 가중되는 한편, 이민자들 역시 부족한 복지로 인해 생계 위협에 처하는 등의 문제가 상존한다. 그러다가 2011년에 '다문화주의'의 포기를 선언한 후에도 큰 변화 없이 선주민과 이주민의 상호이해를 기반으로 한 공동체의 구축에 힘써 온 측면은 높이 평가할 수 있다. 반면 프랑스는 1789년 대혁명을 통해 자유, 평등, 박애의 원칙을 확립하고 공화주의 국가이념을 수립하고 지켜 온 나라로서 '프랑스'라는 하나의 큰 공동체에 자발적으로 참여하는 시민의 덕목을 요구해 왔다. 그런데 개인적인 정체성은 그것이 종교이든 문화이든 부각시키지 않을 것을 요구하면서 언어와 문화가 서로 다른 이들을 '프랑스인'으로 모아 내는 과정에서 끊임없는 갈등의 사례가 나타나고 있다는 것은 우려할 만한 지점이다.

사회통합의 측면에서 최근 이 두 국가는 특히 이슬람 문화권과 충돌을 겪고 있다는 점에서 다시 공통적인 문제를 마주한다. 이는 인종, 문화, 언어라는 다양성이 종교와 연결되는 지점을 보여 주면서 이 두 국가는 물론이고 세계 전반에 공히 크고 작은 사회적 과제를 던지고 있다. 이 장에서는 영국과 프랑스의 사회통합의 역사와 현재, 그리고 시민교육의 사례를 분석하고 우리나라가 다문화사회로 나아가는 방향에 필요한 시사점을 제시한다.

2. 다문화사회로서의 영국사회

1) 역사로 보는 '영국 시민의 자격'

영국은 과거 '해가 지지 않는 나라'로 불렸는데, 이는 영국이 거느렸던 수많은 식민지 때문이었다. 어느 한 식민지에서 해가 지면 다른 식민지에서는 반대로 해가 뜨는 시간에 해당하므로 사실상 하루 종일 해가 지지 않는 셈이었다. 영국은 1840년부터 1910년까지 전 세계 인구의 1/3을 지배할 정도로 그 위세가 대단했다. 이렇게 일찍부터 많은 식민지와의 교류와 식민지 주민들의 유입을 통해 영국은 다양한 언어와 문화를 접하게 되었다. 따라서 문화다양성에 관한 폭넓은 이해가 자연스럽게 사회의 저변에 확보되어 있다는 점이 영국사회의 특징이다.

구 식민지 국민의 입국을 거의 아무런 제한 없이 받아들였던 시절도 있었다. 「1948년 영국 국적법(British Nationality Act 1948)」을 보면 이를 잘 알 수 있다. 이 법은 영국 신민을 영국 시민, 식민지 시민, 독립 영연방국가 시민으로 구분하고 이들의 영국 내 권리를 동등하게 보장하는 법률로서 대영제국(大英帝國)에 대한 향수를 지니고 있던 영국인들은 이들 국가에서 들어오는 사람들을 거의 규제하지 않았다. 「1949년 아일랜드법(Ireland Act 1949)」도 마찬가지여서 아일랜드인도 아무런 제한 없이 영국에 체류할 수 있도록 허용했다. 또한 영국은 제2차 세계대전 이전에는 독일 나치하에서 핍박을 당하던 유대인을 약 5만 명까지 수용했으며, 전쟁 이후에는 소비에트 공화국의 통치 지역, 특히 폴란드, 우크라이나 등의 전쟁 난민도 받아들여 영국의 전후 경제회복을 위해 일할 수 있도록 했다. 1950년대부터 인도와 파키스탄에서 이민자가 몰려들어 기존 아일랜드 출신 노동력에 더해졌다. 영국이 외국인 노동자를 초청하는 제도가 별도로 없었던 원인 중 하나는 인도, 파키스탄, 서인도제도 국민이 대거 이주하면서 노동시장 수요의 상당 부분을 채워 주었기 때문이다(문병기 외, 2015).

그러나 이렇게 유입된 많은 이민자는 영국사회의 변화를 불러왔다. 「1962년 영연방 이민법(Commonwealth Immigration Act 1962)」은 이민정책을 본격화하고 이후 여러 차례 이민법과 국적법을 개정하는 시작점이 된다. 과거와는 달리 영연방국가 국민도 다른 외국인과 마찬가지로 이민법상 통제를 받도록 하고, 「1971년 이민법(Immigration Act 1971)」이 제정되면서 백인이 아닌 이민자들은 단기계약 노동자로만 영국에 머물 수 있게 되었으며, 1972년부터는 근로허가증(work permit) 소지자 또는 부모나 조부모가 영국에서 태어난 자에 한해 입국을 허가하도록 제한했다. 또한 1979년부터 집권한 마거릿 대처 총리가 이민에 부정적인 입장을 취함으로써 영국은 1990년대까지 아일랜드인을 제외한 외국인의 취업, 가족 재결합 등을 엄격히 제한했다(강동관 외, 2017). 그러나 이 시기에 노팅힐, 브릭스턴 등을 비롯한 도시에서 흑백 인종갈등을 계기로 한 소요가 생긴 이후 영국은 다문화주의로 선회했다. 출산율의 감소와 1990년대 경제성장으로 인해 경제 핵심 분야의 노동력 부족을 해소하기 위해서 비식민지 국가들로부터 이주 노동력의 유입이 또다시 증가했다. 또한 발칸과 세계 각 지역으로부터 망명 신청자도 급증했는데, 이때 다시 반(反)이민정서가 급증하여 또다시 1990년대 후반부터 10년간 전반적인 강경책으로 회귀하게 된다(문병기 외, 2015).

2000년대 들어서면서 영국이 유럽연합(EU)에 참여하게 된 것은 영국사회의 다문화 지형에 또 다른 변화를 불러왔다. 2004년 유럽연합에 동유럽이 포함되면서 유럽 내 자유왕래 원칙에 따라 동유럽 출신 노동인력 수십만 명이 일시에 영국으로 유입된 것이다. 이는 영국 이민 사상 전례를 찾아볼 수 없을 정도로 높은 수치로, 영국 정부의 예상치를 몇 배 이상 웃도는 수치였다. 동구권의 값싼 노동력이 대거 유입된 것은 노동력 공급에는 긍정적인 측면도 있었지만 이로 인한 자국민의 실업률 상승과 사회보장제도의 부담 가중은 부정적인 측면이었다(최동주, 2009).

이후 '영국의 발전에 기여하는 이민은 수용하되 부정적인 영향을 끼칠 우려가 있는 이민은 제한한다'라는 입장을 분명히 하고, 2008년부터 캐나다와 호주가 이미 시행 중인 점수제(points system)를 전면적으로 도입했다. 일정 점수 이상을 취득한 사람에게만 이민을 허용하는 방식으로 전환하여 고급기술 인력에 대한 선호를 나타내고 있다. 망명 신청자에 대해서도 기준이 보다 엄격해졌다. 이후 2016년 영국의 유럽연합 탈퇴, 즉 브렉시트(Brexit)를 국민투표를 통해 통과시키고 2020년 결국 유럽연합 탈퇴를 감행하는 등 '함께 살기'보다는 '혼자 살기'를 향한 움직임을 내보였다고 볼 수 있다.

2) 영국의 사회통합 방식인 평등법과 통합 프레임워크

과거 영국의 대처 총리는 이민과 소수인종 공동체 문제가 부각되자 '인종'이 아닌 '문화'를 문제로 삼았다. 1978년에 있었던 한 인터뷰에서 그는 "영국인은 이 나라가 다른 문화권 사람들로 넘쳐날지도 모른다고 두려워한다"라고 주장했다(Jenkins, 2011). 그러나 영국은 인종을 비롯한 다양한 사회적 조건을 이유로 하는 그 어떤 차별도 금지하고 있어 다문화사회로 인한 갈등은 줄이고 장점은 살리려는 노력을 지속적으로 해 왔다. 전 세계의 가장 대표적인 다문화사회 중 하나로서, 이민 관련 규정과 법규를 강화하면서도 이민자의 사회통합이 영국 사회의 발전과도 직결된다는 생각으로 다양한 정책을 수립하고 집행하고 있다고 볼 수 있다(최동주, 2009).

그 핵심에는 「2010년 평등법(Equality Act 2010)」이 있다. 평등법은 복합적인 정체성을 지닌 개인에게 행하는 어떠한 차별도 금지하고 동등한 기회를 보장하기 위한 제도를 정비하기 위한 법률이다. 현재 이 법은 우리나라에서 논란의 중심에 있는 '포괄적 차별금지법'과 거의 동일한 법으로서, '차별의 금지'는 곧 '평등의 실현'이라는 도식을 보여 준다. 다양한 차별에 대응하고자 만들어진 「1975년 성차별법(Sex Discrimination Act 1975)」, 「1976년 인종관계법(Race Realtions Act 1976)」, 「1995년 장애인차별법(Disability Discrimination Act 1995)」 등 개별적인 차별방지 관련 법들을 하나로 통합하여 영국에서 살아가는 모

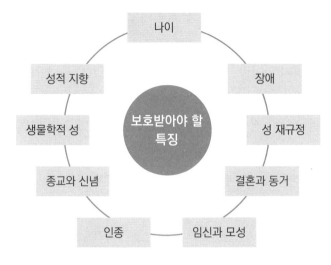

나이

성적 지향

장애

생물학적 성

보호받아야 할
특징

성 재규정

종교와 신념

결혼과 동거

인종

임신과 모성

[그림 6-1] 영국 평등법의 '보호받아야 할 특징'

든 이들이 겪을 수 있는 직간접적 차별방지를 목적으로 한다(Mason & Minerva, 2022).

이 법의 특징은 '보호받아야 할 특징'을 규정하고 있다는 점이다. 나이, 장애, 성 재규정(gender reassignment), 결혼과 동거, 임신과 모성, 인종, 종교와 신념, 생물학적 성(sex), 성적 지향 이렇게 아홉 가지이다.

이는 한 사회의 어떤 집단을 '소수자'로 섣불리 규정짓기보다는 한 개인이 가진 어떤 특징을 보호해야 할지를 정의함으로써 다층적 특징을 지닌 한 개인을 제대로 보호할 수 있도록 한다는 점이 눈에 띈다. 예를 들어 흑인이고 여성이며 미혼모인 사람이 있다면 그는 복합적인 차별의 사유, 즉 보호받아야 할 특성을 여러 개 가진 사람이 된다. 그런데 평등법 발효 이후에는 이런 각각의 특성이 개별적으로 다루어지지 않고 종합적으로 대응이 가능하며, 보다 강화된 보호를 받을 수 있게 되었다. 그러므로 이 사례에서는 각각의 속성을 이유로 한 직접 차별을 입증할 필요가 없고, 여성이면서 흑인이고 동시에 미혼모라서 차별을 받고 있다고 주장할 수 있다. 또한 과거에는 어떤 사람이 장애인이어서 차별한 것이 아니라 '일을 느리게 해서' 불이익을 준 것이라고 고용주가 주장할 수 있었지만 이제는 장애에서 비롯될 수 있는 특징, 예를 들어 느린 업무나 장기 병가 사용 등을 이유로 차별할 수 없다(구미영, 2011). 영국 다문화사회의 일원이자 소수자인 이민자가 사회경제적 약자로서 이 법의 혜택을 받을 수 있는 점은 분명하다. 따라서 영국사회의 '함께 살기'를 위한 정책은 이 평등법을 근간으로 삼고 있다고 볼 수 있다.

사회통합에 대한 영국의 또 다른 성과 하나는 영국 내무부가 2019년에 발표한 '통합 프레임워크 지표(Home Office Indicators of Integration Framework 2019)'이다. 이는 이후 중앙정부의 각 부처 또는 지방정부에서 시행하는 다양한 전략과 프로젝트에 활용되고 있다(Home Office, 2019). 이 프레임워크는 다양한 자원과 기회에 대한 접근성으로 통합 정도를 측정하는 다양한 측정지표를 포함하고 있어 다층적이며, 다양한 집단이 참여하여 다방향적이고, 모두가 책임을 지니며, 구체적 맥락에서 시행되어야 한다고 규정한다.

통합 프레임워크 지표를 간단히 설명하면 다음과 같다. 먼저 사회통합이 일어나야 할 다섯 가지 주요 영역으로 일, 주거, 교육, 건강과 사회적 돌봄, 여가를 들고 있다. 이들 영역에서 우선적으로 통합노력을 하고 가시적인 성과가 보여야 함을 강조하고 있다. 다음으로 통합에는 관계를 가꾸어 나가는 것이 중요하다는 점에서 필요한 '사회적 연결'에 대해서 세 가지를 들었다. 우선 '유대'는 정체성에 대해 공유된 부분을 가지는 이들끼리의 관계를 돈독히 하는 것이다. 한편 '가교'는 유대

[그림 6-2] 영국의 통합 프레임워크 지표

와는 달리 서로 다른 배경을 갖는 사람들끼리의 교류를 의미하며, 마지막으로 '연결'은 지방정부 또는 중앙정부에서 서비스를 제공하는 다양한 기관끼리의 연계를 뜻한다. 이런 관계 맺음을 통해 추구할 핵심 분야는 다섯 가지로 정의된다. 언어와 의사소통, 문화, 디지털기술, 안전, 안정이다. 그리고 최종적으로 이 모든 일은 시민 각자가 이 모든 일에 대한 '권리와 의무'를 가진다는 공통의 근간 위에서 이루어진다(이로미 외, 2022; Home Office, 2019).

국가사회 구성원의 다양성을 인정하고 나와 다른 사람의 존엄성을 서로 존중하는 법과 제도를 마련할 때 갈등 상황이 줄어들고 사회통합이 이루어질 수 있다. 영국은 이렇게 기존의 관습이나 관념 또는 신념으로 인하여 차별받는 특징에 대해서 명확히 규명하고 국가 영역에서 선도적으로 적극적인 차별금지와 평등실현 조치를 하고, 서로 다른 개인과 집단 간 국가 차원의 통합을 모색해 왔다는 점을 볼 수 있다(김선화, 2020).

3) 다문화사회로서 영국의 현재 상황

영국은 2021년 기준 해외 태생 이민자가 약 14.4%, 외국인이 약 9.2%인 다문화사회이다. 역사적 전개 과정을 통해 서로 다른 언어와 문화를 지닌 사람들이 한 사회에서 함께 살아가는 상황에 대한 기본적인 이해의 틀은 갖추고 있었지만, 과거 영국은 이민자가 영국의 주류 문화로 동화하는 것을 당연하게 생각했다. 그러나 이런 정책은 그다지 효과를 거두지 못했고, 여러 지역에서 발생한 폭동 이후 영국은 다문화주의로 선회하게 된다. 특히 1976년 노팅힐(Notting Hill) 사건, 1981년 브릭스턴(Brixton) 사건이 다문화주의로의 선회를 촉발한 계기로 꼽힌다. 노팅힐 사건은 매년 런던에서 서인도제도 출신 이민자들이 벌이는 노팅힐 축제에서 1976년 한 흑인을 소매치기 혐의로 체포하면서 이에 항의하는 흑인 청년들의 시위로 촉발된 폭동이었다. 20세기 영국에서 가장 심각한 소요로 꼽히는 1981년 브릭스턴 사건도 비슷하다. 낙후된 지역이었던 브릭스턴에서는 단순 의심만으로도 경찰이 시민을 검문할 수 있었는데, 이런 제도가 주로 흑인 청년들에게 그 피해가 집중된다는 점이 시위를 촉발한 것이다.

그러던 와중에 2005년 7월 7일 런던 테러, 즉 영국 내 최초의 자살폭탄 테러가 발생하면서 영국 다문화주의가 제대로 작동되고 있는지에 세계적 관심이 집중되었다. 이 테러는 자메이카와 파키스탄 이민자의 자녀인 청년들이 일으켰는데, 영국이 이라크전에 개입한 데 대한 이슬람 무장단체의 보복 성격을 띠었다. 영국에서 나고 자란 이민자 2세대가 이슬람 무장조직에 투신하고 동료 국민을 향한 테러에 가담했다는 사실에 영국사회는 경악했다. 이후 2011년, 당시 데이비드 캐머런(David Cameron) 총리가 사실상 '다문화주의 실패'를 선언하면서 전 세계는 다시 한번 동요했다. 총리의 눈으로 본 그간 영국의 다문화주의는 영국식 포용과 관용의 최고치였으며, 이제 더는 그렇게 하지 않겠다는 것이다. 무엇을 더는 할 수 없다는 선언이었을까? 우선 다국어 번역을 통한 정보의 제공이다. 그는 수많은 정부기관에서 많은 정보를 일일이 번역해서 제공해 온 노력이 오히려 이민자가 영어를 배우지 않고도 살아갈 수 있게 한 것은 아닌지 물었다. 또한 이민자 사회의 전통 축제 등에 대한 지원, 이민자 자녀를 가르치는 학교에 대한 교육보조금 지원 등도 문제였다는 것이다. 영국의 학제를 따르지 않더라도 지원해 왔는데 이런 학교가 오히려 영어나 영국 문화를 제대로 가르치지 않아 이민자가 영국인으로서 삶을 영위하는 데 걸림돌로 작용했다는 것이었다. 그러나 다문화주의의 포기는 또 다른 문제를 불러왔다. 세계 금융위기를 비롯한 국가경제의 어려움으로 실시한 긴축재정과 복지축소의 피해는 고스란히 빈민층, 특히 저소득 소수인종과 이민자에게 전가되었다. 예를 들어 브릭스턴 폭동 이후 30년이 흐른 2011년에 런던 북부 토트넘(Tottenham)에서 일어난 폭동은 과거의 갈등을 그대로 재현했다.

그렇다고 영국이 사회문제를 전혀 해결하지 못하고 있는 것은 아니다. 또한 다문화주의의 실패 선언 이후에도 영국이 다문화사회를 부정하거나 동화주의 일변도의 사회통합 정책으로 회귀한 것도 아니다. 이민자에게 제공해 온 특별한 지원을 줄이면서도 인종, 문화, 언어 등을 이유로 하는 그 어떤 차별도 금지하는 「2010년 평등법(Equality Act 2010)」을 내놓은 것은 다문화사회의 '함께 살기'의 해법을 여전히 고민하고 실천하고 있다는 증거 중 하나이다. 현재 영국사회는 이민법을 강화하여 이민자의 유입을 통제하면서 동시에 국내에 거주하는 이민자의 문화적 다양성을 인정하며 사회통합을 이루고자 하는 과정에 있다고 설명할 수 있다. 이민자를 제한하거나 반대로 유화적인 조치를 취하는 등 서로 다른 정책이 번갈아 있었던 복잡한 지형에서도 이민자의 사회통합 정책이 전반적으로 작동해 온 나라로 볼 수 있다. 예를 들면 영국은 사회보장 혜택에서 영주권자와 시민권자 사이에 차등이 없다. 그런 이유로 영주권이나 시민권이나 참정권 외에는 법적 지위가 같다. 영주권자는 모든 사회복지의 대상이 되고 선거권과 공무담임권을 제외하고는 내국인과 동일한 대우를 받을 수 있다. 근래에는 다민족 사회를 추구하는 국가정책의 일환으로 경찰 등 일부 공임 담임권을 시민권자에서 영주권자로 확대하고 있다.

이러한 영국의 사회통합정책에 대한 국제사회의 평가 역시 나쁘지 않다. 이민자통합정책지수(Migrant Integration Policy Index, MIPEX)는 이주민 통합정책 자료를 수집하고 평가하며 비교분석하는, 세계적으로 가장 많이 사용하는 이주민 사회통합 정책지수이다. 영국은 2020년 MIPEX 지표에 따르면 총 52개국 10개 그룹 중 위에서 세 번째 그룹에 속한다. 제1그룹에는 상위 10개국으로 스웨덴을 필두로 캐나다, 핀란드, 뉴질랜드, 호주, 벨기에, 브라질, 아일랜드, 포르투갈, 미국이 포함된다. 제2그룹에는 노르웨이, 아이슬란드, 이스라엘, 룩셈부르크, 스페인이 속한다. 영국은 프랑스, 독일, 이탈리아, 네덜란드와 함께 제3그룹에 속한다. 즉, 이민자에게 기본권과 동등한 기회는 제공하지만 그 이상의 사회통합을 보장하는 특별한 조치는 많지 않은 것으로 해석할 수 있다.[1]

---

1 Migrant Integration Policy Index 2020, https://www.mipex.eu/united-kingdom 참조.

4) 영국의 다문화시민교육

영국의 다문화사회 해법에서는 지역사회 중심의 대응이 눈에 띈다. 실제로 이주에 따르는 각종 삶의 문제는 지역사회에서 일어나므로 이민자와 그들의 이웃인 선주민의 삶에 밀착한 해법이 필요하다. 따라서 영국에서는 과거 중앙정부에 치우쳤던 제반 제도와 정책이 상당 부분 지방정부에 이전되어 온 것을 볼 수 있다(Ajegbo, 2007). 여기서는 피터보로(Peterborough)시와 런던 루이섬(London Lewisham)구의 사례를 들어 이주민의 정착과 통합, 선주민과 이주민의 '함께 살기'를 위한 교육의 역할을 알아본다.

(1) 이주민의 본국 경력을 반영한 지원 사례

피터보로는 난민이 많이 사는 도시이다. 2001년에 시행된 정부의 난민정책에 따라 많은 난민이 거주하기 시작했고 여기에 더해 2004년 동유럽 국가들의 유럽연합 가입과 함께 동유럽 이주자가 크게 늘어나고 유럽연합의 이동의 자유권(EU Free Movement Rights)에 따라 포르투갈인이 대거 유입되면서 갑작스레 다문화도시가 되었다. 피터보로에서는 이에 따라 지역사회 중심의 공동체 해법을 모색하기 시작한다. 시청, 의회, 보건 당국이 협력하여 신규 이민자의 통합을 위한 9개 프로젝트를 3년간 실행하기 위해 내무부에 예산 지원을 신청했고, 이들 프로젝트가 성공을 거둠에 따라 '함께 살기'의 좋은 사례로 제시되었다.

그중 한 사례가 이주민 원스톱 센터인 '뉴 링크(New Link)'의 설립이다. 뉴 링크는 이주자들이 개별 정보나 도움을 구할 수 있는 정보센터로 신규 이주자를 대상으로 모국에서의 종사 직업, 기술 등을 조사하여 시의 경제가 원하는 기술 영역, 언어능력 관련 영역에 대응시켰다.

단순기술인 물리적 노동력보다는 각자의 기술이나 역량을 더 잘 발휘할 수 있는 일을 찾도록 하는 직업 및 교육훈련 정보검색 시스템을 만들어 수행한 것이다. 이뿐 아니라 생활에 필요한 다양한 정보, 즉 자녀 취학, 세무정보, 보건, 응급상황 대처 등을 위한 세부적인 정보제공 기능을 이주 초기에 숙지하도록 했다.

특히 이주자가 센터를 처음 방문할 때 수집하는 20여 개 항목에 대한 응답 정보는 이민자가 보유하고 있는 기술 등 역량에 관한 통계작성에 도움을 주었을 뿐 아니라, 이를 통해 이주자에 대한 오해와 잘못된 인식을 불식시킬 수 있었다고 한다(최동주, 2009). 이는 이주민의 선행학습에 대한 평가와 인정(Prior Learning Assessment and Recognition, PLAR), 즉 이주민이 본국에서 쌓았던 역량을 고려하여 이들의 정착에 활용하는 방안이 되어 이민자의 순조로운 사회통합을 위해 중요한 기능을 담당할 수 있다. 앤더슨(Andersson, 2020)에 따르면 이 과정은 "학습 과정으로서 기존 역량이 인정된 연장선상에서 유입국에서 해당 역량을 살릴 수 있는 교육과 훈련을 더해 이주민의 정착이라는 목적에도 유용성을 제시할 수 있다"라고 평가된다.

(2) 소수인종 대표성을 높인 청소년 시장 프로젝트 사례

런던 루이섬구는 영국 최초로 유럽평의회 상호문화도시 프로그램(InterCultural Cities Programme, ICC)에 가입한 지역이다. 루이섬구 역시 이주민의 한 정착지로 지정되어 이주민으로 인한 도시 게토화의 위험을 충분히 안고 있었다. 그러나 슬럼화는커녕 다양한 이주민 커뮤니티가 순조롭게 형성되는 등의 성과를 거두어 런던 자치구 중 독특한 위치를 갖게 되었다(Lewisham Council, 2020).

런던 루이섬구는 이주배경 청소년에게 다양한 학습의 기회를 부여했는데 이것이 시민교육의 성격을 띤다. 그중 한 사례가 청소년의 지역사회 참여를 끌어내기 위해 조직된 루이섬 청소년 시장 프로젝트(Lewisham Young Mayor Project)이다. 청소년이 자신의 대표를 선출하여 지역정치에 참여할 기회를 제공하는 프로그램이다. 청소년 중 50명 이상의 동료에게 지지를 받은 학생들이 후보로 등록할 수 있으며, 하루 동안 사전교육을 이수해야 한다. 선거일에는 학교에서 투표를 실시하는데 학교를 다니지 않는 지역의 청소년도 투표 참여가 가능하다. 선출된 청소년 시장은 청소년 고문들, 청소년 시민패널과 함께 주로 자신들을 대상으로 하는 정책에 관련된 의사결정을 하고 이를 공표한다(Fée & Kober-Smith, 2019).

이런 청소년의 시정 참여에는 지역사회의 다양한 구성원이 참여하고 있다. 지역의회를 비롯하여 캠페인 기관, 성인 자문역(adult advisors), 교사, 부모, 종교기관 등이 참여하여 청소년을 지원하는 다양한 프로젝트를 시행한다. 이 프로그램은 다른 도시에서도 운영되고 있지만, 루이섬구에서는 이주배경(Black, Asian, and Minority Ethnic, BAME)을 가진 주민들이 정치적으로 충분히 대표되지 못하는 상황에서 이들 집단 청소년들의 정치참여를 효과적으로 끌어내고 있다는 평가를 받고 있다(Christoffersen, 2019). 예를 들어 2012년에서 2017년까지 청소년 시장 지원자들 가운데 71%가 자신을 '흑인(black)'으로 묘사하고 있는 점과 여학생 지원자가 57%에 달하는 점은 정치적 대표성이 낮은 소수인종과 성별의 대표성을 보장하는 것으로 파악할 수 있다(Lewisham Council, 2018). 따라서 이는 이주민만을 위한 프로젝트라기보다는 해당 지역주민의 보호가 필요한 다양한 성격을 반영하면서 시민교육을 목적으로 하는 청소년의 정치적 학습을 제고하는 사례로 볼 수 있다(이로미 외, 2022).

3. 다문화사회로서의 프랑스사회

1) 역사로 보는 '프랑스 시민의 자격'

프랑스는 세계 최초로 1789년 대혁명을 통해 인권을 선언하고 자유, 평등, 박애의 원칙에 의거한 공화주의 국가이념을 수립했다. 「제5공화국 헌법」 전문 제1조에 이런 프랑스의 공화주의의 정체성이 가장 잘 나타나 있다. 여기에는 '프랑스는 단일하고 분리될 수 없는 비종교적인 공화국'이라는 것과 '출신, 인종, 종교의 구분 없이 모든 시민이 법 앞에 평등함을 보장'한다고 나와 있다. 이 내용만 본다면 대혁명을 실현해 낸 나라답게 모두의 인권이 잘 지켜지고 있고, 외국에서 유입된 이민자도 모두 그런 프랑스의 전통과 역사의 결과를 향유하고 있다고 느껴질 수도 있다. 그러나 내부를 들여다보면 공화주의, 뒤에서 다룰 관용의 정신인 톨레랑스(tolérance), '비종교 중심주의' 선언인 라이시테(laïcité)를 실천하는 과정에서 무슬림 이민자들과의 갈등이 표출되는 등 다문화사회를 가꾸어 가는 데 상당한 난도의 사회문제가 존재한다.

영국과 마찬가지로 프랑스 역시 이민자의 유입을 통해 노동력의 부족을 해소해 왔다. 특히 제2차 세계대전 이후 인력부족 문제를 해소하기 위해 남부 유럽과 동부 유럽 출신 이민자와 함께 알제리, 모로코 등 과거 식민지였던 북아프리카 국가들에서 무슬림 노동자를 대거 불러들였다. 1950년대부터 '초청노동자 제도'를 통해 노동이민에 문호를 개방했으며, 이 시기 이민자가 급증했음에도 비교적 이민을 통제하지 않았다. 또한 21세기에는 2011년 '아랍의 봄' 혁명, 2015년 '시리아 내전'을 거치면서 무슬림 이민자가 급격히 늘었다. 1974년 이후 보다 선별적인 이민정책을 추구하면서 저숙련 노동자가 아닌 전문 인력 중심의 이민정책을 추진했다(강동관 외, 2017).

이렇게 이민자를 적극 수용했고 헌법의 정신대로 이들의 자유와 시민권을 보장하는 정책을 실시했다. 하지만 1980년대부터 실업자의 증가와 경제적 악화로 극우정파가 힘을 얻기 시작하면서 반(反)이민자 정책이 힘을 얻기 시작했고 불법 이민자 강제 추방과 노동자 입국 규제가 강화되었다. 게다가 1986년에 「파스쿠아(Pasqua)법」이라는 국적법이 통과되면서 프랑스에서 태어나면 누구라도 프랑스 시민권을 받아오던 속지주의(屬地主義)가 폐지되었다. 이는 당시 내무장관이었던 샤를 파스쿠아(Charles Pasqua)의 이름을 딴 법이었다. 1993년 국적법을 개정하고 '2차 파스쿠아 법'이 통과되면서 이민제로(Zero, 0)를 표방한 정책이 실시되었다. 1990년대에 들어서는 미등록 외국인의 체류자격을 까다롭게, 2000년대 들어서는 노동이민의 조건을 더욱 까다롭게 제시하고 있다. 반면 난민의 심사기간을 단축하는 등 이민 관련 규제가 완화된 측면도 보인다.

프랑스는 외국인이 국적을 취득할 때 프랑스 공화국 시민의 권리와 의무헌장에 서명하도록 의무화하고 있다. 공화주의 철학에 기반하여 체류를 인정받은 외국인과 프랑스 시민이 되고자 하는 이는 보호하고, 체류를 인정받지 못한 외국인은 배제하여 '통제'와 '통합'을 확실히 구분하고 있다는 점이 드러난다(문경희, 2013). 그러나 이런 상황에서 2005년 프랑스 파리에서 일어난 '방리유(Banlieu) 사태'는 세계를 뒤

흔들었다. 이 사태를 기억하는 사람이라면 우리나라의 다문화가정의 2세대가 차별 속에 자라 사회의 갈등을 유발할 세력이 될 것을 우려하는 목소리가 줄을 이었던 것 역시 기억할 것이다. 경찰의 의심을 받아 도망치다 사망한 청년도, 이에 분개해서 폭동을 일으킨 청년도 대부분 프랑스에서 태어나 거대한 도시 파리 외곽의 방리유에서 살던 무슬림 청년이었다. 2023년에도 비슷한 일이 발생했다. 17세 알제리계 프랑스인 소년이 경찰의 교통 검문에 불응하고 도주하다 총에 맞아 사망한 사건으로 인해 프랑스는 다시 한번 톨레랑스의 위기에 처해 있다.

2) 프랑스의 사회통합 방식인 '톨레랑스'와 '라이시테'

우선 다문화사회로서의 프랑스를 지탱해 가는 철학으로서의 공화주의와 함께 다문화사회 유지의 원칙인 톨레랑스(tolérance, 관용)와 라이시테(laïcité, 세속주의 또는 비종교 중심주의)를 이해할 필요가 있다. 앞서 살펴본 바와 같이 프랑스의 사회통합정책은 공화주의에 입각해서 개별 인종집단보다는 자유와 평등과 같은 개인의 보편적 권리를 보다 중시한다는 대전제를 가지고 있다. 실제로 '프랑스에 있는 모든 이들을 프랑스인으로 만들어라'라는 표현이 있을 정도로 프랑스 공화국의 가치를 받아들이는 사람들의 상당수가 프랑스사회에 받아들여진다고 보아도 무방하다. 공화국의 이념하에 모두 각자의 다름을 넘어선 '프랑스 시민'이라는 것이다. 여기에 필요한 것이 톨레랑스, 즉 관용의 정신이라고 할 수 있다. 개개인에게 관용을 통해 서로 다름을 인정하도록 장려하면서도 프랑스의 가치를 지닌 이민자를 주류사회로 통합하는 것을 기본 골자로 하는 정책을 실시해 왔다(이민경, 2018). 아동과 청소년의 교육에서는 더한 관용을 보여 준다. 초등, 중등, 고등학교가 모두 의무이자 무료교육이고 프랑스에 살고 있는 한 모든 아동과 청소년이 학교에 다니도록 지원하고 있다. 부모가 불법체류자여도 예외로 두지 않고 오히려 외국인 노동자나 불법체류자 자녀가 학교에 많으면 예산을 더 많이 지원하고 있다.

그런데 바로 이 동일한 원칙에 따라 프랑스는 헌법에 명시된 평등에 위배된다는 이유로 소수집단우대 정책에 반대한다(김복래, 2019). 다문화주의의 핵심인 '소수에 대한 인정'이 각박한 것이 프랑스의 공화주의이다. '다문화주의'라는 말이 잘 쓰이지 않는 것도 이 때문이다. 따라서 문화는 다양할 수 있지만 소수집단들이 자신의 문화를 지나치게 강조해서는 안 된다. 즉, 프랑스의 관용은 '종교'로 상징되는 문화적 표현 앞에서 멈춘다. 이는 프랑스 헌법이 표명하는 비종교 중심주의 또는 정교(政敎)분리, 즉 '라이시테'와 연관이 있다. 사적 영역에서는 종교의 자유를 누릴 수 있지만 반대로 공적 영역에서는 종교적 색채를 띠는 일을 일체 금한다는 의미이다.

이렇게 공적 영역에서 종교적 표현을 금지하는 것은 1894년 '독일 스파이'라는 억울한 누명을 쓴 유대계 장교였던 드레퓌스 사건과 관련이 있다. 당시 기독교 대 유대교 사이의 갈등이 극심하여 사회문제로 불거지자 프랑스 정부는 타인의 종교 자유를 보장하려면 나의 종교적 표현부터 자제해야 한다는 취지로 1905년 '라이시테'를 법으로 못박았고, 이후 프랑스 헌법에도 삽입되어 종교 사이의 갈등을 예방하고 사회통합에 다가가는 원리로 작용하고 있다. 당연히 이 원칙은 모든 종교에 동일하게 적용된다. 예를 들어 매년 크리스마스에는 예수 탄생 연극이나 캐럴 합창도 할 수 없어 곳곳에서 적지 않은 분란이 일어난다. 그러나 라이시테 원칙에 따라 도입된 각종 법제를 가장 문제적으로 받아들이는 것은 이슬람교와 그 신자들, 즉 무슬림이다. 2004년 학교의 히잡 금지 시행, 2010년 공공장소의 부르카 금지 시행, 2017년 프랑스 일부 지역의 부르카 금지 등은 '무슬림 차별'이라는 주장과 함께 찬반 논쟁을 불러일으켰다.

많은 무슬림들은 '라이시테'를 자신의 문화와 종교에 대한 과도한 억압으로 받아들인다. 프랑스에는 오랜 이민역사와 함께 아르메니아인, 유대인, 무슬림이라는 유럽의 3대 디아스포라가 형성되어 있다. 그중 무슬림 디아스포라는 프랑스 총인구 6,600만 명의 약 10%인 650만 명으로, 인구 대비 무슬림이 차지하는 비율이 유럽에서 가장 높다. 이들 대부분은 알제리와 모로코 등 마그레브(Maghreb)라고 부르는 지역 출신으로, 특히 탈식민화 과정에서 프랑스와 폭력적인 전쟁을 경험했던 알제리와 강한 유대관계를 가지고 있다. 프랑스 최대 이주민 그룹인 이들의 대다수는 파리를 포함해 마르세유(Marseille), 릴(Lille), 리옹(Lyon) 등 도시 주변에 집중적으로 거주하고 있으며, 특히 파리 주변은 프랑스 무슬림 전체 인구의 약 40%가 모여 있다. 유럽계 이민자들과는 달리 이들은 자신의 공공 영역에서 종교적 표현을 하지 못하는 데 큰 불만을 갖고 있다. 또한 이들은 가족관계나 여성의 권리 등에서도 대부분의 프랑스인과 전혀 다른 생각을 갖는다. 예를 들어 무슬림이 많이 사는 지역에 있는 '여성 출입금지' 카페에 대해 무슬림은 당연하게 여기지만 무슬림이 아닌 프랑스인은 눈살을 찌푸리는 것이다. 물론 무슬림 가운데는 프랑스 문화에 상당히 동화된 사람도 많지만, 전체적으로 볼 때 '무슬림은 그저 자신의 문화만을 고집한다'라고 인식될 수 있다.

그러나 무슬림 입장에서 보면 '라이시테'는 자신의 고유한 생활방식에 대한 제재와 위협일 수 있다. 특히 프랑스에서 태어나 프랑스어를 모국어로 쓰지만 프랑스인과 외모가 다르고 경제 격차도 큰 무슬림 이민자 2, 3세대 중 일부는 정부가 엄격히 금하는 공공장소에서 히잡, 니캅, 부르카 등 이슬람 전통 복장을 착용하는 행위를 '분노와 저항의 상징'으로 여기기까지 한다. 이들은 프랑스 정부가 라이시테를 내세워 자신들을 교묘하게 탄압한다고 생각하기 때문이다. 이들이 '무슬림'이라는 이유로 차별받고 취업에도 어려움을 겪으면서 자신을 프랑스의 일부분이라고 인식하지 않는 것은 그리 놀라운 일이 아니다. IS(Islam State) 등 이슬람 극단주의 테러단체는 소외된 젊은이들의 이런 심리를 악용해 끌어들인다. 이처럼 일부 극단주의 무슬림의 잇따른 범죄가 프랑스 정부가 라이시테를 더 강화하는 명분으로 작용하고, 이런 충돌이 상승작용을 일으키면서 더한 분노와 저항으로 대응하는 것이다.

3) 다문화사회로서 프랑스의 현재 상황

프랑스는 이미 1880년대 전체 인구의 3%가 이민자였으며, 1930년대에는 6.8%를 넘어섰고 현재는 대략 9% 수준으로 추정된다(김복래, 2019). 여기에 이민배경을 가진 사람까지 합치면 전체 인구의 약 1/4에 해당하는 많은 사람들이 프랑스에서 살아가고 있다(강동관 외, 2017). 프랑스는 앞서 살펴본 영국과 마찬가지로 이민자통합정책지수 MIPEX에 따르면 세 번째 그룹에 속한다.[2] 즉, 프랑스는 이민자에게 기본권과 동등한 기회는 제공하지만 국가가 나서서 특별한 지원을 제

---

2   Migrant Integration Policy Index 2020, https://www.mipex.eu/france

공하지 않는 나라이다. 그러나 다문화사회로서 프랑스의 미래는 앞서 다룬 '라이시테'와 관련한 무슬림 이민자 집단과 갈등을 어떻게 풀어 가는가에 달려 있다고 해도 과언이 아니다. 한 보고서에 따르면 30년 후 프랑스 전체 인구의 약 20%가 무슬림이 될 것이라고 한다. 이는 역 설적으로 무슬림이 아닌 대다수 프랑스인에게 불안감과 두려움을 야 기하고 있다. 이와 함께 무슬림이 느껴 온 뿌리 깊은 차별에 대해 좀 더 주목할 필요가 있다.

코스로하바르(Khosrokhavar)는 무슬림 프랑스인의 급진화 과정을 4단계로 설명한다(김숙경, 2019). 1단계는 지배적 문화로부터의 소외와 소외지역의 실업과 차별이며, 2단계는 교도소로 이어지는 사소한 범 죄와 이로 인한 더 잦은 범죄와 투옥이다. 3단계는 종교적 각성과 급진 화이며, 마지막 4단계는 지하드(jihad, 성전)를 위한 시리아, 아프가니 스탄, 예멘과 같은 무슬림 국가로의 첫 여정이다. 현재 프랑스 인구의 10% 정도를 차지하는 무슬림이 프랑스 교도소 수감자의 절반가량을 차지한다는 사실은 프랑스라는 사회에서 사회정의가 심각하게 훼손 되고 있을 가능성을 높인다. 또한 한 조사에서 무슬림의 54%는 자신이 '사회에서 겉돌고 있다'라고 응답했다. 무슬림식 이름으로는 취직도 어렵다고 하는데, 이에 대해서는 한 실험이 확인해 준다. 258개의 구 직 자리에 서로 다른 이력서를 보내 반응을 조사한 결과, 백인이며 파 리에 사는 남자는 75개 기업에서 면접 통지를 받았던 반면 파리 근교 지역인 망트-라-졸리(Mantes-la-Jolie), 즉 방리유에 사는 같은 이력의 남자는 45개 기업에서, 그리고 이름이 무슬림으로 보인 경우에는 14개 기업에서만 연락을 받았다고 한다(박단, 2009). 많은 무슬림 청년이 프 랑스에서 태어나고 프랑스어를 아무리 잘 구사한다 하더라도 결국 사

[그림 6-3] 풍자 주간지 샤를리 엡도의 표지

출처: 한미희(2015).

회적, 경제적 기회의 부족과 차별에 시달리고 반감을 갖게 된다는 점은 프랑스가 풀어야 할 사회적 숙제로 보인다.

방리유 사태로부터 10년이 지난 2015년, 프랑스의 사회통합이 여전히 기로에 있다는 사실이 다시 한번 확인되었다. 풍자 주간지《샤를리 엡도(Charlie Hebdo)》의 기자 12명이 살해된 사건은 프랑스사회에 큰 충격을 던졌다. 이슬람교의 예언자 무함마드를 우스꽝스러운 만평으로 모욕했다는 것이 테러의 이유였다(한미희, 2015).

범인은 알제리계 이민자 2세인 쿠아시(Kouachi) 형제였다. 같은 해, 바탕클랑(Batanclan) 극장을 비롯한 파리 시내 7곳에서 일어난 인질극과 자살테러로 무려 130명이 사망했다. 이 테러는 IS의 소행으로 여기에도 이슬람 근본주의에 경도된 이민자 청년들이 가담했다. 2020년에 이르러서는 경악스러운 '사무엘 파티(Samuel Paty) 참수 사건'이 터졌다. 중학교 교사인 파티가 시민교육 수업에서 무함마드를 풍자한 만화를 보여 주고 토론을 진행한 것이 그가 길거리에서 무참히 살해당한 유일한 이유였고, 범인 역시 18세의 무슬림 난민이었다. 파티 사건은 프랑스 시민교육에도 큰 혼란을 가져왔다. 그는 이 수업에 앞서 무슬림 학생에게 불편하면 수업 중 눈을 감고 있어도 된다고 했는데, 이 조치는 서구 다문화사회의 시민교육 상식에 맞는 것이었음에도 살해되었다. 이후 많은 교사들이 문화다양성에 관한 시민교육을 실시하는 데 따르는 큰 공포와 어려움을 호소하는 상황은 프랑스 시민교육의 큰 과제가 아닐 수 없다.

프랑스에서 사무엘 파티 사건에 대처한 과정을 보면 프랑스 다문화사회의 기반 철학인 공화주의가 영국의 다문화주의 또는 상호문화주의와 어떻게 다른지 좀 더 잘 이해할 수 있다. 파티 사건과 유사한 사건이 영국에서도 일어났으나 영국에서는 제도적으로 별다른 조치가 없었던 데 비해 프랑스에서는 마크롱 대통령이 직접 이슬람 세계에 경고를 보냈던 것이다. 마크롱 대통령은 파티에게 최고 훈장을 수여하고 프랑스의 공화주의를 다시 한번 강조하면서 '이슬람의 테러'라는 표현을 사용했고 정부가 보기에 '적절한 이슬람'을 따르지 않는 단체들을 해산할 수 있음을 강조했다. 이에 프랑스 내 무슬림 사회에서는 마크롱 대통령을 악마로 묘사한 사진이 빠르게 퍼졌다. 이들은 이번 비극의 진정한 원인은 프랑스 정부의 오랜 이슬람 혐오 정책에 있으며, 프랑스의 가치를 운운하면서 이번 사건을 규탄하는 것은 지독한 위선이자 공화국의 이름으로 자행하는 인종차별이라고 주장했다. 그리고 극단적인 이들은 무함마드를 모욕하는 자의 목을 칠 자유가 있다고 맞서면서 양측의 대립이 첨예함을 보여 주었다(김윤종, 2020). 또한 비교적 온건한 이슬람 측은 이번 사건의 범인이 이슬람의 정신을 제대로 몰랐던 사람이라고 진단하고 프랑스에 사는 무슬림 아동청소년이 종교의 무지에서 벗어나려면 아랍어 학습을 확대해 가야 한다고 주장했다. 그러나 사실 이슬람 국가들에서는 타 종교에 대해 학교에서 배우지 않고 있으므로 이런 주장은 설득력이 떨어진다. 상호문화주의에 입각하면 이슬람 사회도 타 종교를 이해하기 위해 객관적인 시각에서 타 종교를 학습해야 할 이유 역시 존재하는 것이다(공일주, 2020). 현재 프랑스에서 이런 갈등이 단기간에 해소되긴 어려워 보인다. 조금씩 양보하며 서로를 더 이해하고 공감대를 쌓기 위해서는 장기간의 노력이 필요할 것이다.

4) 프랑스의 다문화시민교육

계속되는 사회적 갈등 문제를 해소하기 위해 프랑스는 2000년대 들어서 모든 학생을 대상으로 하는 학교 교육에서 프랑스 공화국 시민정신을 강조하는 시민교육을 강화했다(오정은, 2015). 2015년에 들어서는 그간 이민 2세의 문제를 해결하고자 복지지원을 늘리던 방식을 줄이는 대신 모두의 시민정신을 강조하고 나섰다. 이런 움직임과 함께 다른 한편으로는 문화적 다양성을 드러내 놓고 인정하는 마을공동체의 실험도 이루어지고 있어 조화를 통한 공존 역시 조심스럽게 시도되고 있음을 알 수 있다.

여기에서는 프랑스의 학교 시민교육인 도덕과 시민교육(Enseigne-ment Moral et Civique, EMC) 과목에 대한 이해와 함께, 그동안 프랑스에서 지역 단위에서 이루어지고 있는 문화다양성 인정과 조화로운 지역사회 건설을 도모하고 있는 마르세이유(Marseille)시의 사례를 알아본다. 그간 이민자를 취약계층으로 인식하고 선별적 복지와 교육정책을 실시해 왔던 과거와는 다른 시도인 마르세이유시의 사례를 조망해 보고 그 의의를 살펴보고자 한다.

가. 프랑스 학교 시민교육의 사례

프랑스는 오래전부터 시민교육을 실시했으며, 최근의 이러한 문화적 충돌의 문제 역시 시민교육 강화로 해결하고자 한다는 점에서 눈여겨볼 사례이다. 프랑스는 18세기 후반부터 시민교육(éducation civique)을 실시했다고 한다. 당시에는 왕정으로의 복귀를 막기 위해 공화국의 시민을 양성하는 데 목적을 두었다. 사회 변화에 맞추어 시민교육의 목표도 변모해 왔다. 2000년대 들어 프랑스가 학교에서 시민교육을 더욱 강조하게 된 데는 전술한 테러, 이민자 차별, 사회·경제적 격차 등 사회문제의 해결 방안 중 하나로 시민교육을 바라보고 있기 때문이다.

프랑스의 학교 시민교육은 도덕과 시민교육(enseignement moral et civique, EMC)으로 불리며 초·중·고등학교 교육과정 내내 하나의 과목으로 배정되어 제공된다. 유럽 국가로서는 보기 드물게 초·중·고등학교 전 교육과정에서 시민교육이 단독 의무 교과목으로 편성되어 있고, 12년 동안 300시간이나 진행된다는 점은 프랑스만의 특징으로 볼 수 있다. 즉, 프랑스는 유럽 국가 중 가장 국가 중심적인 시민교육을 실시하고 있으며 수차례 개혁을 통해 이를 강화하고 있다. 수업 방식도 일방적인 것이 아니라 토론 등을 통해 학생들의 적극적인 참여와 자유로운 사고가 가능하도록 구성되어 있다. 우리나라의 민주시민교육, 논쟁형 토론 수업 등으로 불리는 수업과 흡사한 측면이 있다.

그러나 사무엘 파티 참수 사건은 바로 이 시민교육 수업으로 인해 촉발된 사건이라는 것이 쟁점이 된다. 그는 매년 샤를리 엡도에 실린

만평을 학생들에게 보여 주는 수업을 진행했으며, 이는 많은 프랑스 교사들이 주로 수업하는 방식과 별반 다르지 않은 일반적인 EMC 수업 형태였다. 따라서 시민교육 수업을 진행하는 프랑스 교사들 사이에서는 '언제고 일어날 일이 터졌다'라는 반응이 나왔고, 이슬람교와 문화를 수업에서 다루는 것이 매우 어렵다고 호소하고 있다. 이슬람 같은 종교적 주제뿐만이 아니라 낙태, 동성애 등도 학부모의 항의가 잦은 민감한 이슈로 이런 주제를 가르칠 때 교사들이 자기 검열을 하게 된다는 것이다. 따라서 시민교육 수업시간에 민감한 주제를 교육하는 것을 포기하는 교사도 늘어나고 있어 프랑스 시민교육의 미래를 어둡게 하고 있다(황대운, 2020).

나. 프랑스 지역사회의 분리와 통합 및 관련 교육정책 사례

이렇게 프랑스가 공화주의에 기초한 프랑스 문화에 동화를 강조하는 가운데 일부 지역사회에서 조심스럽게 인종과 문화의 다양성을 인정하자는 움직임도 있다. 1990년에 시작된 '마르세유 에스페랑스(Marseille Espérance)'가 그 하나의 사례이다. 서로 다른 사람들이 함께 살아가는 도시에서 인종, 문화, 종교에 상관없이 도시의 종교 지도자들이 함께 모여 협의회를 만들고 무슬림 주민인 마그레브 공동체가 도시 정책의 이해관계자로 참여하도록 만든 것이다(김숙경, 2019).

이를 이해하려면 먼저 프랑스 사회 전반에서 이루어지는 구역과 지역사회를 중심으로 하는 자원 배분의 특징, 성과와 한계를 이해할 필요가 있다. 프랑스사회에서 무슬림 이주민의 삶을 개선하기 위한 일련의 정책은 지역적 게토화 방지와 긴밀하게 연관된다. 앞서 언급한 방리유 사태를 보면 무슬림 이주민이 모여 사는 지역을 중심으로 차별이 발생하는 것을 짐작할 수 있다. 이와 연관되어 프랑스의 사회복지 또는 교육복지 정책 역시 지역사회를 중심으로 이루어져 온 것을 볼 수 있다. 우선 사회복지 차원의 지역 구분은 민감도시지역(les zones urbaines sensibles, ZUS) 정책으로 대표된다. 프랑스 정부는 1996년에 전국을 751개의 민감도시지역, 즉 ZUS로 분류하여 특별 지원을 제공해 왔다. 선정된 지역은 명목상으로는 경제적으로 낙후된 지역이지만 사실상은 무슬림, 즉 마그레브 이주민의 거주지와 일치한다. 한편 교육복지 차원의 정책은 소외계층을 위한 교육 프로그램인 '교육우선지역(Les zones d'éducation prioritaires, ZEP)' 사업이 대표적이다. 이 정책도 ZUS와 마찬가지로 선정된 지역 대부분은 이민자가 모여 살고 있는 지역이었다. 따라서 정부는 교육우선지역 대상 학교를 중심으로 이민자 자녀의 언어숙달과 사회 불평등을 시정하기 위한 선별적 교육활동을 강화하고 학생들의 높은 학업 실패율이 사회 불평등으로 이어지지 않도록 노력해 왔다. 이 사업은 우리나라에서 적극적으로 참조하여 '교육복지우선지역사업'으로 실시해 온 바 있다.

이렇게 이민자의 집중거주 지역을 중심으로 복지와 교육의 시혜적 정책을 펴 온 것과는 달리 '마르세이유 에스페랑스'로 나타나는 지역사회의 사회통합 움직임은 '사회적 어울림(social mix)'의 성공을 나타낸다. 마르세유시에는 이주민 게토가 거의 없다는 것이 특징이다. 마르세유에 사는 이주민은 지리적 분리 정도가 타 도시에 비해 상당히 낮았는데, 이는 시 정부가 처음부터 저소득층 주택을 도시 전역에 분산하여 건설했기 때문이었다. 이런 상황에서 마르세유는 프랑스의 '공화주의' 접근방식과 달리 마그레브 이주민을 대표하는 지도자와 대화의 장을 마련하기 위해 '마르세유 에스페랑스'라는 독특한 양식의 협의회를 만들어 냈다. '마르세유 에스페랑스'는 주민들의 평화적인 공존의 잠재적인 위험에 중재자 역할을 하며, 국가적으로 인종갈등이 발생할 때 이들의 관용적인 발언이 단합의 힘으로 작용했다. 이렇듯 시차원에서 이주민 공동체를 존중하고 인정함으로써 파리와 다른 도시에 존재하는 인종차별에 따른 소요사태가 미연에 방지되고 있는 것이다. 그리고 이러한 정책들이 상호 시너지 효과를 내고 이주민들이 자신들을 마르세유시의 구성원으로 여기는 것이 마르세유시 응집력의 비결로 작용하고 있다. 이는 아직도 프랑스사회의 주류를 차지하는 이주민 집중지역에 대한 교육과 복지의 시혜적 지원에 대한 재고와 성찰, 개선을 예고하고 있다.

4. 맺는말: '다름'으로 인한 갈등 극복의 과제

유럽 대륙에 위치한 선발 이민국가인 영국과 프랑스 역시 다문화사회로 변화하게 된 원인과 이민정책 등에 대해 다수의 공통점과 차이점을 갖고 있다. 이를 몇 가지로 나누어서 정리하면 다음과 같다.

첫째, 양국 모두 주류사회가 단일한 민족으로 존재하는 상황에서 노동시장의 필요에 의해 이주민을 적극적으로 받아들였다는 것, 현재 고숙련 이주민을 선별적으로 받아들이고 있다는 것이 공통점이다. 그리고 유입된 이주민의 정착을 위해 인종과 민족 등 다양성에 근거한 그 어떤 차별도 법과 제도를 통해 배격한다는 점에서도 비슷한 모습을 보인다.

둘째, 이런 공통점에도 불구하고 영국과 프랑스는 각각 '다문화주의'와 '공화주의'에 기반하여 사회를 운영해 왔다는 점에서 차이가 있다. 우선 영국의 사례는 서로 다른 언어와 문화를 지닌 사람들이 어울려 살아가는 '함께 살기'의 사례로서 참조할 가치가 있다. 무엇보다도 인종, 문화 등에 따른 차별을 방지하고자 노력해 온 법과 제도의 제정과 시행 등이 돋보인다. 한편 프랑스는 이주민의 인종적, 문화적 다양성을 프랑스의 공화주의에 용해시키기 위한 정책을 실시해 온 측면이 있다. 프랑스인이 되고자 하는 사람은 누구나 시민이 될 수 있다. 단, 프랑스의 언어와 문화를 수용하는 이들은 시민으로 받아들이지만 그렇지 않은 사람이나 불법체류자는 용인하지 않는다는 것이 특징이다. 이런 프랑스의 동화 모형은 이민자의 문화적 동화를 조건으로 '국민'으로 합류하는 것을 허용하는 점에서 앞서 '용광로' 동화 모형을 논했던 미국과 비슷하면서도 또 다른 프랑스만의 특징을 갖는다. 특히 모두가 프랑스의 시민으로 차이가 없는 상태를 이상적으로 보며, '라이시테'라는 이름으로 종교적 표현을 제한하는 상황은 무슬림 이민자들과 갈등을 야기하고 있다.

　선발 이민국가인 두 국가의 상황과 우리나라의 상황은 다르다는 점을 염두에 두면서 얻을 수 있는 시사점은 다양하다. 우선 특히 영국 평등법은 포괄적 차별금지법을 제정하려는 입법안이 발의되어 있으나 오랫동안 사회적 합의에 이르지 못하고 있는 우리나라의 현실에서 많이 검토되어 왔고 앞으로도 그럴 것이다. 프랑스사회의 정책 역시 그 목적은 사회구성원의 균등한 기회와 사회통합을 촉진하기 위한 것이다. 이주민이 프랑스사회에 제대로 통합될 때 비로소 소수민족의 지위에서 자유로워질 것이며, 그들의 후손도 주류사회에서 구별되지 않을 것이라는 주장(김숙경, 2019)의 타당성에도 귀 기울일 필요가 있다. 그

러나 이주민 거주지역을 중심으로 복지와 교육을 시혜적으로 제공해
온 방식에 대해서는 보다 풍성한 토론과 숙의를 거쳐 신중하게 도입할
필요가 있다.

프랑스에서 혐오의 증가와 사회적 갈등 속에서 사회통합을 위한 시
민교육의 필요성이 강하게 제기되어 온 점 역시 다문화사회로 이행하
고 있는 우리 상황에 시사하는 점이 있다. 한편, 프랑스식 국가주도형
시민교육이 기존 질서 유지와 체제 안정화 도구로 활용될 것에 대한 우
려의 목소리도 적지 않으므로 이에 대한 적극적인 논의 역시 요청된다.

참고문헌

강동관, 김원숙, 민지원, 박성일, 양윤희, 이상지, 현채민(2017). 주요국가의
　　이민정책 추진체계 및 이민법. 서울: 이민정책연구원.

구미영(2011). [영국] 영국 평등법 개정의 주요 내용. 국제노동브리프, 9(3),
　　80-92.

김복래(2019). 프랑스의 이민자 동화정책: 신화인가 실재인가?: 네덜란드 다
　　문화주의의 사례와 비교고찰. 유라시아연구, 16(1), 1-24.

김선화(2020). 영국 평등법(Equality Act 2010)의 주요 내용과 시사점. 외국입
　　법 동향과 분석 63호. 국회입법조사처.

김숙경(2019). 소외의 공간, 방리유와 무슬림이주민의 통합. 로컬리티 인문학,
　　제22호, 119-150.

문경희(2013). 다문화주의와 여성: 유럽의 최근 이민·사회통합 담론 및 정책
　　의 변화와 여성과 문화에 대한 논의. 젠더와 세계정치, 19, 187-231.

문병기, 라휘문, 한승준(2015). 이민자 사회통합정책 종합진단 및 개선방안. 법
　　무부 출입국·외국인 정책본부.

박단(2009). 프랑스 공화국과 이민: "새로운 공화국"을 향하여. 프랑스사 연구, 제21호, 151-172.

오정은(2015). 프랑스의 미성년 이민자 정책 현황과 전망. 통합유럽연구, 6, 29-58.

이로미, 송융미, 하란(2022). 상호문화도시 런던, 바르셀로나, 하마마츠의 평생학습 실천사례 분석. 교육공동체 연구와 실천, 4(3), 131-161.

이민경(2018). 다문화사회통합을 위한 프랑스의 언어·문화교육 정책: 한국사회에의 시사점을 중심으로. 현대사회와 다문화, 8(1), 88-116.

최동주(2009). 영국의 이민 관련 제도와 다문화 사회통합을 위한 정책. 다문화사회연구, 2(1), 93-133.

Ajegbo, K.(2007). *Diversity and citizenship: Curriculum review*. London: Department for Education and Skills.

Andersson, P.(2021). Recognition of prior learning for highly skilled refugees' labour market integration. *International Migration, 59*(4), 13-25.

Christoffersen, A.(2019). Inequalities in the UK: New discourses, evolutions and actions Edited by David Fée and Anémone Kober–Smith Bingley: Emerald Publishing. *Social Policy Administration, 53*(7), 1164-1165.

Fée, D., & Kober-Smith, A.(Eds.). (2019). *Inequalities in the UK: New discourses, evolutions and actions*. Bingley: Emerald.

Home Office(2019). *Home Office Indicators of Integration framework 2019*. London: U.K.

Jenkins, G.(2011). 문화와 다문화주의(이상우 역, 이수현, 최일봉 감수). 마르크스 21, 11호, 227-274.

Lewisham Council(2018). *Lewisham young mayor overveiw: What we do and why we do it*. Lewisham: Lewisham Council.

Lewisham Council(2020). *Single equality framework 2020-24*. Lewisham:

Lewisham Council.

Mason, A., & Minerva, F.(2022). Should the Equality Act 2010 be extended to prohibit appearance discrimination?. *Political Studies, 70*(2), 425-442.

<신문기사>

공일주(2020). 프랑스의 역사 교사 참수 원인은 무엇인가?. 재외동포 신문. (10월 27일). https://www.dongponews.net/news/articleView.html? idx no=43025

김윤종(2020). 이슬람권 '악마 마크롱' 사진 확산… 佛언론은 에르도안 조롱 만평. 동아일보. (10월 29일). https://www.donga.com/news/Inter/article/all/20201029/103687679/1

한미희(2015). 논란 빚은 '샤를리 에브도'의 만평들. 연합뉴스. (1월 8일). https://m.yna.co.kr/view/AKR20150108154000009

황대운(2020). '민주시민교육' 흔드는 '교사 참수' 비극. EBS뉴스. (10월 22일). https://www.youtube.com/watch?v=RlfUkXsXxfY

다문화사회의 주요 특징과
시민교육: 일본과 대만

1. 서론: 후발 이민국가 일본과 대만의 '함께 살기'

전통 이민국가, 선발 이민국가에 이어 마지막 유형인 후발 이민국가로 일본과 대만의 사례를 검토한다. 후발 이민국가는 1980년대 이후에 이민으로 인한 변화를 경험한 국가로서, 그전에는 이민정책이나 이민자와 큰 상관이 없었던 국가이다. 주로 남유럽 국가와 동아시아 국가가 해당된다. 이들 국가에서는 대개 공식적으로 이민을 받고 있지 않으며 대신 이주노동과 결혼이민이 다문화사회를 만든 대표적인 요인으로 꼽힌다. 우리나라도 일본, 대만 등과 함께 후발 이민국가에 해당한다.

우선 일본은 우리나라처럼 단일민족주의적 색채가 강한 국가이다. 이주민의 유입이나 이민정책에서 이민국가로서 정체성을 강조하지 않고 이민정책도 따로 없는 점도 같다. 그럼에도 불구하고 노동과 결혼으로 인한 외국인의 유입으로 인해 다문화사회로 변모한 점도 우리와 비슷하다. 일본 외국인 주민의 상당수가 재일한인, 즉 우리나라 재외동포라는 점에서 우리와 얽힌 아픈 역사도 있다. 이들을 올드커머(old comer), 이후 결혼과 노동 등으로 일본으로 이주한 외국인을 뉴커머(new comer)라고 부르는데 이들이 일본의 외국인 주민이다. 한편, 대만은 '신주민(新住民)'으로 불리는 결혼이민자와 그 자녀가 각종 다문화정책의 주요 대상이 된다는 점에서 우리나라의 상황과 비슷하다. 원주민 등 사회의 기존 소수민족과 함께 만들어 가는 다원문화사회를 정책적으로 제시하고 있으며 다양한 언어와 문화를 적극적으로 보존해 나가는 모습은 대만의 고유한 특징으로 볼 수 있다.

이 장에서는 지역사회 중심의 다문화공생 정책을 실천하고 있는 일본, 그리고 정부와 민간의 협력으로 다원문화사회를 만들어 가고 있는 대만의 사례를 알아본다. 일본 사례에서는 주로 도시와 마을 중심의 지역사회에서 선주민과 이주민의 상호작용을 통해 '함께 살기(共生)'가 시민사회 속에 자리 잡은 모습을 중심으로 분석한다. 대만 사례에서는 특히 결혼이민자 정착지원에 대해 우리나라와 비교해 보며 다문화시민교육의 미래를 생각해 본다.

2. 다문화사회로서의 일본사회

1) 역사로 보는 '일본 시민의 자격'

일본은 우리나라처럼 단일민족주의의 색채가 강한 국가이다. 1970년대 이전까지 일본에 거주하는 외국인의 90% 이상이 식민지에서 유입된 이민자인 재일한인, 중국인, 대만인이었다. 후일 '올드커머'로 불리게 되는 이들은 제2차 세계대전 이후 일본 국적을 박탈당하여 무국적자가 되었다가 1947년에 외국인 등록령이 내려지면서 결국 외국인 주민으로 일본에서 뿌리를 내렸다.

이후 1980년대에 들어서면서 일본사회에는 다양한 형태의 외국인이 증가하기 시작했다. 우선 당시 한동안 지속된 일본의 엔고 현상은 세계 각국으로부터 노동자를 끌어들였다. 또한 1980년대를 전후로 일본 정부는 국제사회의 요청으로 베트남 전쟁 결과에 따른 인도차이나 난민을 받아들이면서 1981년 난민조약에 가입했고, 「출입국관리법」을 「출입국관리 및 난민인정법(出入國管理及び難民認定法, 이하 입관법)」으로 이름을 바꾸고 기술연수생 체류자격을 신설하는 등 단기 체류 노동자들을 받아들였다. 여기에 유학생 대규모 유치 계획을 내놓는 등 과거에 없던 수준으로 외국인들을 받아들이게 된다. 그러나 일본 정부는 노동력의 유입에는 전반적으로 신중을 기했다. 전문인력은 우선적으로 유치하는 한편, 단순인력은 신중히 받아들인다는 방침을 표명해 오고 있다. 1989년에 개정된 입관법에도 고도인재 체류자격을 대폭 확대할 것을 선언한 바 있다. 이후 저출산이 가속화되고 인력난이 심화되면서 현재는 저숙련 분야에서도 외국인 노동자를 많이 받아들이는 쪽으로 점차 선회해 가고 있으며, 앞으로도 외국인 노동자 수는 지속적으로 증가할 것으로 보인다. 또한 이 시기에는 일본계 이민자(닛케이진, 日系人) 유입을 위한 체류자격을 신설하기도 하여 일본인의 뿌리를 가진 사람들의 유입과 정착을 유도한 측면이 있다.

1990년대에 이르러서는 국제결혼으로 인한 '일본인의 배우자'에 정책적 관심이 모아졌다. 일본은 이미 1970년대부터 농촌 남성의 결혼 문제가 본격적인 사회 문제로 등장했고 국제결혼 비율이 높아지기 시작했다. 결혼이민자들은 대개 아시아 국가에서 온 여성으로서 특히 농촌 지역에 일본인의 배우자인 외국인 여성이 많아 일본의 다문화화를 촉진하는 중요한 요인이 되어 왔다. 이런 현상은 이후 우리나라에서도 비슷하게 나타났지만 전반적으로 이민에 보수적인 일본 정부의 정책에 따라서 국제결혼 비율이 4% 안팎으로 한국의 절반 수준에 머물러 있는 것도 일본의 특색이라고 할 수 있다(김태훈, 2018).

이후 외국인 주민의 순조로운 정착을 도모하기 위한 지역사회의 노력이 가시화되고, 2006년부터는 중앙정부에서도 이를 이어받아 '다문화공생의 시대'를 선언했다. 외국인이 많이 유입된 지방자치단체는 이에 의사소통 지원, 생활 지원, 다문화공생지역 만들기, 다문화공생시책의 추진체제 정비 등 외국인 주민 시책 가이드라인을 제시하고 다양한 지원 대책을 마련했다. 일본 정부도 이대로 낮은 출산율이 지속된다면 현재 일본의 1억 명의 인구가 절반인 4,200만 명으로 감소한다는 위기의식으로, 매년 '20만 이민자 수용'이라는 계획 등을 내놓으며 간호사 등을 비롯한 기술자 중심의 이민을 장려하겠다고 밝힌 바 있다.

그러나 여전히 일본에는 별도의 이민 담당 부서가 존재하지 않고 국가 단위의 이주민 통합정책도 여간해서 찾아보기 어렵다. 2000년대에 들어와 도입된 '다문화공생(多文化共生)' 개념은 외국인의 정주화가 늘어남에 따라 '외국인 주민' 지원의 강조점이 '외국인'에서 '주민'으로 바뀌고 있음을 보여 준다. 지역사회에서 외국인과 이주민, 선주민이 함께 공동체를 만들고 함께 가꾸며 살아가는 '주민'으로 살아가는 데 필요한 시도가 늘어났고, 한 지역의 좋은 사례는 다른 도시의 정책과 제도를 도입하는 데 활용되어 확산되고 있다.

2) 일본의 사회통합 방식인 다문화공생

전술한 바와 같이 일본의 '다문화공생'은 지역에서 시작되어 중앙정부의 정책을 이끌어 냈으며, 지금도 여전히 각 지역에서 꽃피우고 있다. 1970년대부터 농촌 지역을 중심으로 외국인 여성과의 맞선이나 교류회 등을 실시하면서 생긴 다문화가정을 지원한 것부터가 지방정부에 의해 이루어졌다(변수정 외, 2014). 1990년대에 이르러 '내향적 국제화'라는 기치로 시민단체와 지방정부를 중심으로 민간 교류를 활성화하고 다양한 경로로 이주민과 선주민의 교류를 강조하기도 했다. 2000년대에는 이런 움직임이 '다문화공생'이라는 개념으로 본격적으로 등장하는 시기였다. 다문화공생정책은 외국어 지원, 생활 지원 등을 통해 지역사회에서 다문화가 공생할 수 있도록 만드는 것을 목표로 한다. 따라서 일본의 다문화사회는 '다문화공생 사회(multicultural symbiotic society)'로 표현된다. 여기에 사용된 표현인 '공생(共生)'에 관한 정의는 '서로 다른 문화집단에 속하는 사람들이 서로의 차이를 인정하고 대등한 관계를 구축하면서 살아가는 것'으로서, 사회 내 존재하는 각 문화의 정체성을 인정하고 모두의 사회참여를 통해 풍부하고 활력 있는 사회를 만들어 가고자 하는 의지가 담겨 있다(박봉수, 이영선, 2014). 따라서 일본의 다문화사회 대응 방안의 특징은 외국인 주민이 증가한 지방자치단체에서 마련되어 점차 유사한 고민을 안고 있는 지방자치단체들이 모여 서로 협력하며 중앙정부가 다문화 수용 정책을 수립하게 만들었다는 점이라고 할 수 있다.

다문화정책이 지방정부를 중심으로 추진된다는 것은 국가 전체가 추진하는 정책의 측면에서 일관성이 떨어질 수 있으나 지역적 특성을 살린 맞춤형 정책을 실시할 수 있다는 장점도 있다. 반면, 지역사회에서 다문화공생정책은 주로 유입된 외국인의 일본어와 일본 문화에 대한 학습에 방점을 두고 추진될 뿐 여전히 시민권의 층위에서 논의되는 개념을 담지 못하고 있다는 비판도 있다(최병두, 2011). 이주민에 대해 개방적인 태도를 취하려고 하지만 동화주의적 기조 아래 일본사회로의 통합에 방점을 두고 있다는 분석이다. 외국인 주민의 공무 담임권과 지방선거 참정권 등 지역사회의 동등한 시민으로서 권리 신장에 관한 논의도 오랜 시간 이끌어 왔지만 여전히 결론을 내지 못하고 있다는 점 역시 외국인 주민의 권리에 대한 논의보다는 빠른 통합에 더 큰 관심이 있음을 드러내는 사례로 볼 수 있다.

3) 다문화사회로서 일본의 현재 상황

2019년 일본에 거주하는 외국인 수는 약 266만 명으로 전체 인구의 2.09%를 차지하고 있다. 현재 출생자 수는 물론이고 전체 인구도 감소하고 있는 데 비해 외국인 등록자 수는 이와 반대로 점점 늘어나고 있다. 본격적인 다문화사회로서 일본 미래를 충분히 예상할 수 있는 상황이다.

전술한 바와 같이 일본사회의 이주민은 1980년대를 기점으로 크게 올드커머와 뉴커머로 나뉜다. 19세기에 세계를 상대로 전쟁을 치르며 곳곳에 점령지와 식민지를 두었던 일본은 패전 이후 이들 식민지 출신의 주민들을 국가의 구성원으로 인정하지 않으려 했다. 이들은 무국적 시기를 거쳐 결국 '외국인 주민'으로 일본사회에 수용되었는데, 이들이 올드커머이다. 일본의 올드커머를 이야기할 때 K-디아스포라를 형성하는 한 축인 재일한인을 빼놓을 수 없다. 이들은 외관상 일본인과 다른 점을 찾기 힘들고 일본어 구사능력 또한 일본인과 동일하다는 특징을 지닌다. 1980년대 이후 포르투갈, 중국, 필리핀, 스페인, 베트남 등에서 일본으로 이주한 외국인은 '뉴커머'로 분류된다. 뉴커머는 올드커머와는 대조적으로 대부분이 일본어에 서툴고 외관상 외국인으로 파악할 수 있다는 특징을 지닌다(송용미, 2007). 난민조약 비준 이후 뉴커머의 유입이 증가했는데, 이들의 대부분은 외국인 노동자와 결혼이주자였다. 이들과 함께 남미를 비롯한 외국에서 온 일본계 외국인인 '닛케이진(日系人)'도 늘어났다. 뉴커머들 중 정주가 허락된 이들은 결혼이민자들과 닛케이진으로서, 이들은 직종에 제한 없이 취업할 수 있다. 이는 일본민족이라는 '혈통'에 근거를 두고 있다는 점에서 일본사회의 폐쇄성을 보여 주는 증거이기도 하다(고혜원, 김상호, 2010).

1980년대에 뉴커머의 일본 정주화 문제가 대두됨에 따라 일본 중앙정부의 다문화정책 태도 또한 하나의 전환점을 맞이했다. 1988년 7월 전국 지방자치체의 공동조직으로서 총무성 산하기관인 자치체국제화협회(自治体国際化協会, Council of Local Authorities for International Relations, CLAIR)가 설립되었다. 이 협회는 2004년에 이르러 각 지역에서 이미 시행해 온 다문화공생 실천 사례를 모은 《다문화공생사회를 향한 조사보고서》를 작성했다. 이를 바탕으로 일본 중앙정부의 총무성은 2006년 3월, '지역다문화공생 추진플랜'을 만들고 각 도시의 외국인 주민시책 담당에 통지함으로써 다문화공생의 지침과 계획은 각 지역에서 전국으로, 보텀업(buttom-up) 방식으로 그 규모가 확대되었다고 볼 수 있다(송용미, 이로미, 2022).

4) 일본의 다문화시민교육

앞에서 살펴본 바와 같이 일본 '다문화공생'의 출범이 국가 수준인 중앙정부에서부터 시작된 것이 아니라 지역사회와 지방자치체, 도시 중심으로 시작된 점은 일본 사례의 큰 특징이다. 도시 수준에서 '이주민-선주민 함께 살기'의 구체적인 사례의 축적이 선행되었고 이를 바탕으로 '다문화공생'에 대한 국가수준 정책이 비로소 형성된 점은 지역사회, 즉 도시 수준의 다문화정책과 실천의 중요성을 드러내 준다(山田貴夫, 1998, 元森絵里子, 坂口緑, 2020).

여기서는 지역사회의 다문화공생 사례 중 '올드커머'인 재일한인의 인권운동에서 촉발된 다문화공생을 보여 주는 가와사키시의 사례와, 아시아 최초로 유럽평의회 상호문화도시네트워크에 가입한 하마마쓰시의 상호문화적 교육과 학습의 사례를 제시하고 각 사례의 시민교육적 의의를 분석한다.

(1) '모두의 공생'을 위한 올드커머의 공헌 사례

가와사키시의 다문화공생 사례는 이주민과 선주민 교류의 핵심에 이주의 어려움을 먼저 경험한 재일한인들의 기여가 돋보이는 사례이다. 재일한인들은 종전 직후 대다수가 통일 후 본국 귀국을 전제로 하고 있었다. 따라서 그때만 해도 일본 거주는 '임시 거처'라는 인식이 지배적이었으므로 일본 정부에 대한 재일동포들의 생활여건 개선 요구 수위는 외국인등록 적용 반대를 비롯한 법적 지위의 안정, 생활권 옹호, 민족교육 추진 등에 그쳤고, '주민'으로서의 권리 획득에는 미치지 못했다. 당시 일본의 도시들도 도시 수준의 독자적인 정책 마련이 어려워 예산 등의 제약이 있었으며, 무엇보다도 '국민'도 아닌 재일한인을 '주민'으로 인식하지 못했다. 그러나 조국의 통일이 무산되고 재일한인은 점차 1세대에서 2세대로 세대교체가 이루어졌으며, 그 이후로 일본은 더 이상 '임시 거처'가 아닌 '정착국'이 되었다. 이에 재일한인은 일본 정주로 인해 발생하는 문제, 즉 일본사회 구성원으로서 권리를 획득할 필요가 생겼고 이에 따라 차별철폐 요구를 비롯한 '이주민'으로서 권리와 정체성을 확보하는 시기를 맞게 된다(송용미, 이로미, 2022).

가와사키시에 거주하는 재일한인들이 일본사회의 구성원이자 도시의 주민으로 일본인 주민과 함께 살기를 모색하게 된 것은, 재일 대한그리스도교 가와사키교회가 교회당을 개방하여 보육원을 개설한 것에서 시작한다. 이 보육원은 이웃을 사랑하라는 종교적 신념에 따라 일본인 자녀의 보육을 함께 담당했고 이에 따라 재일한인과 일본인 주민들이 비로소 접촉할 기회를 얻었다. 이후 재일한인의 권리 문제를 지지하는 일본인 주민들이 생겼고 이에 재일한인과 일본인이 함께하는 시민운동의 기회가 찾아온다. 1970년 히타치(日立)제작소 취업차별 소송을 제기한 재일한국인 청년 박종석 씨를 이 교회와 소속 청년들이 지원한 것이 한 사례이다. 이 재판에는 일본사회를 상대로 재일동포들이 고용기회 균등의 권리를 확보하는 것과 민족정체성을 확인한다는 것의 두 가지 측면이 존재했다. 그중 한국식 이름의 사용 문제는 재일동포와 일본인 모두에게 큰 현안이었다. 재일동포에게는 학교와 직장을 포함하는 일상의 공간에서 용기 있게 한국식 이름을 사용하는 문제가, 그리고 일본인에게는 재일동포들의 한국식 이름을 수용하는 문제가 각각 과제로 인식되었다.

1973년 종교법인에서 분리·독립하여 사회복지법인 세이큐샤(青丘社)는 보육원 운영을 넘어서는 다양한 활동을 시작했다. 그 당시 가와사키시 공립학교에서 외국인 학생에 대한 고려와 지원은 일부 열정적인 교사의 개별적인 노력을 제외하고는 찾아보기 어려운 실정이었다. 따라서 보육원에서 한국식 이름을 사용했던 아동들은 초등학교 입학과 동시에 고립되었고, 한국식 이름의 사용을 지지하는 일본인 학생도 소수에 불과하여 재일동포 학생들은 결국 일본식 이름을 사용할 수밖에 없는 악순환이 초래되었다. 세이큐샤에 모여든 청년들은 이런 학생들을 지원하기 위해 '방과후 교실' 형식으로 학생들을 모으고 다양한 활동을 지원했다. 이러한 세이큐샤의 실천은 가와사키시의 위탁사업이 되어, 이후 이주민과 선주민의 만남과 학습의 공간인 '후레아이칸(ふれあい館)'의 탄생으로 이어졌다. '후레아이'라는 명사의 사전적 의미는 '접촉, 맞닿음, (마음이) 서로 통함'으로, '후레아이'는 일본인 주

민과 외국인 주민 간에 서로 접촉함으로써 서로의 생각이나 마음이 통하게 되는 '어울림'을 의미했다(송용미, 이로미, 2022).

'후레아이칸'은 많은 것을 바꿔 놓았다. 1990년대 이후 뉴커머의 유입이 늘어나며 후레아이칸은 그간 재일동포 문제에 대처하며 얻은 경험을 바탕으로 새로운 이주민의 유입으로 동반된 새로운 과제를 해결했다. 구체적으로 외국인 주민의 일본어 교육, 인근 시설에서 입소를 거절당한 장애인의 수용, 외국인 고령자의 복지수당 지급, 외국인 고령자의 동아리 설립, 재일외국인 교육 관련 초·중·고등학교와의 연계, 학교 방문사업 등을 수행하며 일본인 주민과 외국인 주민이 함께 사는 지역사회의 거점시설이자 복합문화교육공간의 역할을 수행했다(川崎市ふれあい館·桜本文化センター, 2018). 2022년 기준 후레아이칸에서 진행 중인 다양한 문화교육과 상호문화활동 프로그램은 〈표 7-1〉과 같다.

〈표 7-1〉 후레아이칸의 프로그램명과 대상

프로그램명	대상
하로하로 클럽	일본인 아동과 이주민 아동
어린이 장구 클럽 및 어린이 무용 클럽	일본인 아동과 이주민 아동
식자학급	일본인 고령자과 이주민 고령자
한국어 및 문화 강좌	일본인 성인과 이주민 성인
인권존중학급	일본인 주민과 외국인 주민
재일 고령자 동아리 '도라지회'	재일동포 고령자
학교연계사업	가와사키 시내 일본인 학교

출처: 가와사키시 후레아이칸 홈페이지, http://www.seikyu-sha.com/에서 재구성.

(2) 상호문화도시의 학습사례

하마마쓰(浜松)시는 시즈오카현 서부 지역에 위치한 곳으로 현청 소재지를 제외한 나머지 시에서 4번째 규모이다. 혼다(Honda)와 스즈키(Suzuki) 본사가 소재하는 등 일본 전국에서도 유수한 자동차 공업도시이다. 또한 야마하(Yamaha), 가와이(Kawai), 로랜드(Roland)와 같은 악기제작업체가 소재한 악기 도시로도 알려져 있는 만큼 음악과 문화활동 역시 활발하여 유네스코 창조도시 네트워크에 음악 분야로 가입한 바 있다. 이런 산업도시로서 하마마쓰시는 일본에서 가장 큰 브라질인 커뮤니티(9,480명, 2022년 7월 기준)가 있고 필리핀인, 중국인, 베트남인, 페루인 등 거주 외국인 수는 일본 평균보다 높은 비율을 차지하고 있다.

2000년대에 접어들며 일본 각 지방자치체는 그간 각자 고민하고 마련해 온 다문화 대응책을 타 지방자치체와 함께 논의·대응하기 위한 움직임을 시작했다. 2001년 5월 하마마쓰시의 주도하에 이루어진 외국인집주도시회의(外国人集住都市会議) 발족과 '하마마쓰 선언'을 시작으로, 2004년 3월 다문화공생추진협의회(多文化共生推進協議会)를 설립하며 국가에 대해 체제정비를 촉구하는 제언을 내놓았다. 1996년부터는 유럽평의회 상호문화도시 프로그램에 옵서버 자격으로 참여했으며, 국제교류기금의 주도하에 2009년 상호문화도시 프로그램 가입도시들과 교류를 시작했다. 이러한 과정이 결실을 맺어 하마마쓰시는 2013년 3월 아시아 및 일본 최초로 문화다양성을 살린 도시 개발을 위해 '다문화공생 도시비전'을 내놓았고, 2017년에는 아시아 최초로 유럽평의회 상호문화도시 프로그램의 가입도시가 되었다(이로미 외, 2022).

'하마마쓰시 다문화공생 도시비전(1차, 2012~2017년)'에는 하마마쓰형(形) 다문화공생사회의 실현을 위한 다양한 시책이 있다. '다양성을 살린 도시조성'을 중점 시책으로 외국인 주민 지원뿐만 아니라 외국인 주민이 가져온 문화적 다양성을 도시의 활력으로 삼아 새로운 문화의 창조·발신, 지역 활성화를 지향해 왔다. 2차 계획(2018~2022년)에는 타 분야의 계획과도 정합성을 도모하며 다문화공생을 추진해 나갈 것을 명시했다. '하마마쓰 다문화공생 도시비전의 세 가지 핵심과제인 협동, 창조, 안심의 세부 내용은 다음과 같다.

① **협동**: 선주민과 이주민이 손을 잡고 더불어 만들어 가는 도시를 추구한다.
  – 자치회 등 지역사회 현안에 대한 외국인 주민의 참여 촉진
  – 도시의 다문화공생 시책추진 거점인 다문화공생센터와 외국인 학습지원센터를 중심으로 각종 행사를 마련하여 교류의 기회 창출
② **창조**: 외국인 주민의 존재로 인해 얻어진 다양성을 기회로 삼아 발전하는 도시를 꿈꾼다.
  – 외국인 아동은 선주민 아동과 함께 도시와 국가의 미래이므로 이들을 '외국에 뿌리를 갖는 차세대'로 명명하고 육성에 주력
  – 공생에 관한 이해를 높임과 동시에 교류의 기회를 제고하는 '다문화공생의 달(month)'을 마련하여 다양성을 살린 교류 촉진을 지원
③ **안심**: 모두가 행복한 도시를 만들기 위해 선주민과 이주민 간의 원활한 소통을 지원한다.

- 외국인 주민에게 생활·행정정보를 여섯 가지 언어로 번역하여 제공
- 다언어 지원센터 설치와 운영에 관한 협정서를 체결하여 재난 발생 시 외국인 지원체제 구축을 추진
- 생활일본어 교실과 봉사자 양성강좌를 실시함과 동시에 일본어 교육 지원단체와의 연계 강화

3. 다문화사회로서의 대만사회

1) 역사로 보는 '대만 시민의 자격'

대만과 우리나라는 아시아 국가로서 동질성이 있지만 여러 면에서 차이점도 상당하다. 일단 대만은 다민족국가로 언어와 문화가 다른 여러 집단이 살아가는 나라로, 단일민족임을 오랫동안 주장해 온 우리나라와 다르다. 또한 북미의 미국, 캐나다와 마찬가지로 원래부터 이 땅에 살고 있었던 소수민족인 원주민이 존재하는 것도 특징이다. 식민지로서 역사가 존재한다는 점, 그것도 근세기 일본의 식민지였다는 점은 우리와 공유하는 또 하나의 공통점이다. 오래전 중국 본토에서 한족이 건너가 살고 있었지만 16세기 이전 네덜란드의 식민지가 되었고, 이후 본국에서 건너온 한족이 다시 왕조를 세웠으나 다시 청나라의 지배를 받았으며, 연이어 일본의 식민지가 되었다. 일본이 패망해서 물러가자 곧이어 중국의 국공내전에서 패배한 한족, 즉 외성인이 건너와서 지배하게 되었다. 대만은 이렇게 지배층이 계속 바뀌며 혼란이 반복되는 고난의 역사를 갖고 있다.

우선 원래부터 대만 영토에 거주하던 한족을 뜻하는 '본성인(本省人)'과 후에 이주해 온 한족을 뜻하는 '외성인(外省人)'의 구분에 대한 설명이 필요하다. 본성인은 명나라 말기부터 청나라 시기에 대만으로 이주한 한족을 지칭한다. 반면 외성인은 1945년 대만이 일본의 지배로부터 독립한 이후 대만으로 이주한 중국 본토인을 가리키며, 특히 국민당 정부가 대만으로 철수하던 1949년을 전후로 대만으로 이주한 사람들을 지칭한다. 국민당 정부는 이주하자마자 대만 전역에 계엄령을 선포하고 본토 출신인 국민당원으로만 정부를 구성했으며, 이후 대만으로 이주한 외성인이 정치, 경제 등 모든 방면에서 주도권을 장악해 왔다.

굴곡진 대만 역사의 정점은 1948년 2월 28일 본성인과 외성인 간에 일어난 살육으로, 이는 대만 역사상 가장 비극적인 사건으로 기록된다. 국민당 정부가 정부 허가 없는 담배 판매를 금지하던 시기에 밀수 담배를 판매하던 한 여성을 단속하는 과정에서 구타가 일어났고, 이에 항의하던 본성인에게 총기를 발포해 사망에 이른 일이 사건의 발단이었다. 외성인의 횡포에 분노한 군중이 봉기하자 국민당 정부는 많은 본성인을 친일파로 몰아 살해했는데 그 수가 약 3만 명에 이른다고 한다.

대만이 낳은 세계적인 감독 허우 샤오시엔(Hou Xiao Xian, 侯孝賢)의 영화 〈비정성시(悲情城市, A City of Sadness)〉(1989)에서는 '슬픔의 도시'라는 뜻의 제목처럼 혼란, 변화, 불의가 가득한 세상에서 처절하게 무너지는 한 가족을 통해 대만이 겪은 비극을 투사하여 그려 내고 있다. 이런 본성인과 외성인 간의 뿌리 깊은 갈등은 이후 줄곧 대만사회의 화합을 저해하는 요인으로 작용해 왔다.

이후 대만에는 새로운 외국인이 들어왔다. 이들의 대부분은 외국인

[그림 7-1] 영화 〈비정성시〉의 포스터
출처: https://www.imdb.com/title/tt0096908/

노동자와 '신주민(新主民)'이라고 부르는 결혼이민자들이다. 신주민도 그들의 출신지에 따라 둘로 나뉜다. 한 집단은 중국 본토에서 온 여성들로서 '대륙 배우자', 다른 집단은 그 외 국가에서 온 '외국인 배우자'이다.

우선 외국인 노동자가 유입된 사정은 인력난이다. 1980년대 이후 대만은 급속한 경제성장과 함께 정부의 대규모 공공사업의 추진으로 인해 심각한 인력난에 부딪혔다. 일할 사람을 구하지 못하는 상황에서 제조업 분야의 임금이 빠른 속도로 상승하여 국제 경쟁력을 약화하는 결과를 가져왔다. 고등교육의 확대 역시 인력난을 가중시켰다. 대만의 전문대 이상 고등교육기관은 1986년에 28개소에서 2001년에 135개소로 급증했으며, 고등교육의 확대로 청년의 노동력이 급격하게 감소했다. 생활과 교육 수준의 향상으로도 사회 전반적으로 3D 업종을 기피하는 현상이 나타났고, 저출산·고령화에 따른 사회구조의 변화로 일할 젊은이가 줄어들었다. 심각한 인력난, 내국인의 3D 업종 기피 현상, 저출산·고령화에 따른 젊은층의 감소 등으로 인한 경제적, 사회적 원인 이외에 동남아시아 지역에서 우호세력을 확보하기 위한 대만 정부의 정책이 합쳐지면서 동남아시아의 노동력이 대거 유입되었다. 1980년대 이후 외국인 노동자 수가 지속적으로 증가하기 시작했으며, 특히 1990년대에는 20만 명을 넘어서며 증가 속도가 급격히 빨라졌다.

현재 대만에는 취업을 위해 입국한 외국인을 직업군에 따라서 외국인 전문직 종사자(화이트칼라)와 외국인 노동자(블루칼라)로 구별하여 관리하고 있다. 아시아 금융위기 이후에 대만의 실업률이 점차 높아지면서 늘어나는 외국인 노동자에 대한 사회적 불만이 고조되어 외국인 노동자 감소정책을 추진했으나, 이후 다시 증가세를 나타내고 있고 현재 44만 명 정도를 유지하고 있다. 우리나라는 중국인 또는 중국계 동포가 저숙련 노동자의 50% 이상을 차지하지만 대만에는 중국 본토와의 긴장으로 인해 중국인 남성의 대만 이주가 취업이든 결혼이든 배제되는 상황이므로 중국인 대신 베트남 노동자가 40%를 차지하고 있다.

1980년부터 신주민이 본격적으로 유입되었다. 이들 신주민의 수는 56만 명 정도로 우리나라의 16만 명에 비해 훨씬 더 많기 때문에 이들의 사회통합은 사회적으로도 꽤 중요하다. 신주민 중 중국대륙 출신이 62.5%에 이른다. 경제발전과 정치자유화라는 사회 분위기가 조성됨에 따라 1987년 10월 대만 정부는 대만에 거주하는 대륙 출신자들의 대륙 친척방문을 허용했고, 이에 따라 민간 차원의 교류 협력이 급속하게 활성화되기 시작했다. 대만 해협을 사이에 둔 중국대륙과 대만을 일러 양안(兩岸)이라고 하는데, 이 양안 간의 교류 증가로 중국 본토에서 배우자를 구해서 혼인하는 경우가 늘어나면서 소위 '대륙신부'의 수가 증가했다. 이후 대만 정부는 동남아 국가들과 대외관계를 개선하기 위해서 '남향정책'을 추진하여 동남아 국가에 대한 투자를 장려했고, 이런 상황에서 이들 국가를 대상으로 하는 혼인중개업이 활성화되어 외국인 배우자가 증가했다. 초기에는 태국, 필리핀, 인도네시아 출신의 외국인 배우자가 많았으나 1996년부터는 베트남 출신의 외국인 배우자가 가장 큰 비중을 차지하고 있다.

1999년 이후 대만 정부는 「입출국 및 이민법(入出國及移民法, 이하 '이민법')」을 제정하고, 외국인과 대륙 배우자를 체계적으로 관리하고 지원할 수 있는 제도적 근거를 마련했다. 이민법의 규정에 따라서 2007년에는 내정부 산하에 입출국과 이민업무를 전담하는 '입출국 및 이민서(入出國及移民署)'를 설치하여 입출국 업무와 이민 업무를 더욱 효율적으로 처리할 수 있도록 했다. 이에 따라 신주민의 통합은 정착기에 들어서고 있다는 평가를 받고 있다. 2009년에는 대륙 배우자에 대한 국적 취득과 취업상 차별적 규제를 대폭 완화하여 외국인 배우자와 차이를 두지 않게 되었다. 이렇듯 대만은 신주민의 대만사회에 대한 동화를 강조하던 입장에서 조금씩 이들을 포용하는 방향으로 전환되고 있다.

2) 대만의 사회통합 방식인 다원문화정책

대만은 여러 민족과 다양한 문화적 특성을 가진 다원화사회이며, 지속적인 외부의 이민으로 이루어진 이민국가이다. 2021년 기준 대만의 인구는 약 2,360만 명이며, 4대 주요 집단으로는 원주민(高山族, 약 2%), 본성인(本省人, 약 85%)인 민남인(閩南人, 약 73%)과 객가인(客家人, 약 12%), 그리고 외성인(外省人, 약 13%)이 있다(박종우, 2021).

우선 원주민은 오스트로네시아계의 말레이폴리네시아계의 민족으로 약 8,000년 전부터 거주해 왔다. 주로 '고산족(高山族)'으로 불리지만 공식적으로는 모두 16개의 부족이 있다고 한다. 그리고 민남인은 푸젠성 출신이고 중원에서 남하한 객가인이 있다. 민남인과 객가인을 합쳐 명나라 말기부터 청나라 시기에 대만으로 이주한 한족을 '본성인'이라고 한다. 이들 본성인에 대비되는 집단은 '외성인'으로 국민당 정부가 대만으로 철수하던 1949년을 전후로 대만으로 이주한 외성인의 수는 약 1,500만 명이었다고 한다. 이들은 전체 인구로는 소수에 해당하나 1970년대 본성인을 중심으로 민주진보당(민진당)이 결성되고 2000년에 집권하여 대만이 민주화될 때까지 지배권을 유지해 왔다. 대만의 민주화로 본성인과 외성인의 갈등은 점차 완화되었고 현재는 약 95%에 해당하는 국민이 '대만인'이라는 동질감을 갖고 있다(박종우, 2021).

역사적으로 볼 때 원주민을 제외하고는 모두 물 건너온 '이주민'이라고 할 수 있다. 또한 원주민을 제외한 본성인과 외성인 모두 민족적으로는 한족(漢族)에 속한다. 그러나 이들이 모두 한족이라고 해도 이들이 살던 중국 본토의 지역과 대만에 유입된 시기가 달라 이들의 언어와 문화는 서로 상이하여 소통이 어렵다. 이는 우리나라에서 전라도 사람과 경상도 사람이 쓰는 사투리가 서로 달라도 대화가 가능한 상황과는 전혀 다르다. 이에 대만은 단일민족 중심의 사회에서 갑작스럽게 다문화사회로 변모한 일본이나 우리나라와 다르게 오랫동안 다문화사회를 유지해 왔다고 볼 수 있다.

따라서 대만의 다문화사회 정책의 대상은 원주민, 민남인, 객가인, 외성인에 전체 인구의 2.4%를 차지하는 신주민을 더한 다섯 집단을 모두 포함한다. 대만의 「수정헌법」 제10조에는 "국가는 다원문화를 인정하며, 원주민의 언어와 문화를 적극적으로 보호하고 발전시킨다"라고 되어 있어 헌법상으로도 대만의 원주민에 대해 별도의 지원과 보호 정책을 명시하고 있다. 원주민과 본성인 소수자인 객가인 등에는 다문화모형을 적용하고, '신주민'이라고 부르는 결혼이민자에게는 대체적으로 동화 모형을 적용하며, 정주를 허용하지 않는 외국인 노동자에 대해서는 차별적 배제정책을 시행하고 있어 대만사회에는 세 가지 사회통합 유형이 고르게 나타난다고 볼 수 있다.

실제로 대만 정부의 다원문화정책은 원주민과 객가인, 신주민, 그 안에서도 외국인과 대륙 배우자를 명확하게 구분하여 추진되고 있다. 기존 대만사회를 구성하고 있는 원주민과 객가인 등의 문화를 보존하고 발전시키는 것은 사회통합정책이라는 측면에서 접근하고 있으며, 외국인과 대륙 배우자에 대해서는 이민정책 측면에서 접근한다. 외국인과 대륙 배우자를 대상으로 하는 이민정책은 정책대상의 특성에 근거하여 포괄적으로 '신이민정책'이라는 용어를 사용한다.

3) 다문화사회로서 대만의 현재 상황

신주민을 대상으로 하는 신이민정책에 대해 대만 정부는 매우 현실적인 태도를 취한다. 신이민사회의 주요 대상을 대륙 및 외국인 배우자로 국한하고 있으며, 이들의 국적 취득이나 취업 등에서도 상당히 엄격한 기준과 자격을 요구해 왔으나 점점 완화되는 추세이다. 외국인 배우자와 대륙 배우자 사이에도 차이와 차등을 두었으나 이제는 해소되었다. 이들의 '신주민' 호칭도 역사적 변천의 산물이다. 처음에 이들의 정체성은 국민의 여성 배우자, 즉 '신부'였고 출신지에 따라 '대륙

신부,' '베트남 신부' 등으로 불렸다. 이후 '외국 배우자', '신이민여성'으로 호칭이 변화하며 현재는 '신주민'으로 불린다. 보이는 바와 같이 이는 선주민의 인식 변화를 수반하는 변화이다. '배우자' 역할로 한정되던 데에서 '여성'으로 불렸다가, '이민'이라는 표현이 대륙 출신 배우자를 '이민자'로 칭하기도 애매한 정치적 맥락을 반영하여 결국 대만 땅에서 어울려 함께 살아가야 하는 '주민' 정체성을 강조하게 되었다(국민대통합위원회, 2017a).

대만 정부의 중앙정부에서 외국인 및 대륙 배우자를 대상으로 추진하는 신이민정책의 세부 추진내용은 다음과 같다. 크게 8대 중점목표를 설정하고, 목표별로 구체적인 조치를 추진하도록 하고 있다. 목표는 생활적응지도, 출산과 건강관리, 취업촉진, 교육, 안전, 법률제도, 자녀교육 및 양육 지원, 다문화 인식개선 등 생활의 전반을 포함한다. 대만 정부는 이주민에 대한 이러한 직접적인 지원 이외에도 대만인이 신주민을 비롯한 다른 문화 출신자를 평등하게 대하고 인정하는 긍정적 태도를 갖도록 유도하고 있다. 외국인 배우자를 대상으로 한 외국어 라디오와 TV 방송 프로그램을 확대하도록 장려하거나 공공미디어 상에서 언어적 소통문제를 고려하여 다언어로 문화와 생활 정보를 제공한다. 다문화 관련 평생교육과 홍보활동을 지원하여 사회구성원들이 이민자의 문화를 이해하도록 함으로써 대만인이 어려서부터 민족 간 평등과 상호존중을 수용하는 의식을 함양하도록 한다. 또한 민간단체 혹은 지역사회 차원에서 다문화 관련 행사를 개최하여 일반 대중의 참여를 장려하는 것도 포함된다.

이러한 정책의 주관 부처는 중앙정부 부처이고 지방정부가 협력하고 민간단체가 참여하는 구조이다. 이는 우리나라의 다문화가정지원

정책이 중앙정부가 중심이 되어 재원을 조달하고 이민자 정착지원의 전문성이 있는 민간단체의 인적자원으로 제공되는 형태와 유사하다. 예를 들어 다음에서 설명할 이주민 교육기관이자 지역사회 평생교육 기관 격인 커뮤니티대학은 '정부-커뮤니티대학-민간단체'의 협력 모형을 갖고 있다. 지역사회에 '커뮤니티대학'이라는 교육과 학습의 공간을 열고 이민자의 정착을 위한 합리적 지원뿐만 아니라 다문화사회로의 발전을 효과적으로 촉진할 수 있는 상호문화이해도 가능하게 했다고 볼 수 있다.

여기서는 주로 이민의 유입국으로서 대만을 다루었지만 대만인의 해외 유출도 상당하다. 대만인의 해외 이주는 20세기 초부터 시작되었다. 이들은 해외에 사는 중국인이라는 뜻의 '화교(華僑)'라고 불리며 태국, 말레이시아, 싱가포르 등으로 일찍이 진출했고, 일본의 식민지였을 때는 일본으로도 이주했다. 20세기 초반 우리나라에 살고 있던 화교들은 청나라 군대가 임오군란에 참전하면서 이들을 따라 한반도에 들어왔던 사람들을 시조로 한다. 이들 중 대만 국적을 취득한 사람이 많았으나 1992년에 한국이 한중(韓中) 수교와 함께 대만과 국교를 단절하면서 대한민국의 영주권자로 살아가며 갖가지 차별을 받고 있다. 한국 국적을 취득할 수 있지만 이는 중국인 또는 대만인으로서의 정체성에 대한 위협이 될 수 있어 선택하지 않는 이가 더 많다. 이런 상황은 일본에 거주하는 재일한인과 마찬가지이다.

미국이나 캐나다 등으로의 이민 행렬에 관해서도 대만이 우리보다 시기적으로 앞선다. 우리의 1970년대 미국 이민도, 이후 조기유학 붐도 대만이 10년 이상 먼저 겪은 해외이주였다. 이주한 가정의 가장이 본국으로 돌아와 생활비를 송금하고 어머니가 아이들을 돌보며 유학생활을 지속하는 '기러기가족', 즉 학술용어로는 '위성가족(satellite family)'도 대만이 우리보다 '원조'라고 본다.

4) 대만의 다문화시민교육

전술한 바와 같이 대만의 커뮤니티대학은 마을 단위 평생학습을 위한 지방정부와 민간단체의 협력모형이다. 여기에서 이루어지는 교육과 활동이 다문화시민교육의 역할을 톡톡히 하고 있다. 또한 우리나라로 치면 다문화가족의 2세대 지원에 초점을 두는 '신주민 횃불계획'을 진행하면서 이주민 자녀의 교육지원과 함께 지역주민 모두의 다문화인식을 제고하고 있다.

(1) 신주민을 지원하고 민족 간 이해를 증진하는 커뮤니티대학

대만에서 '마을'에 해당하는 단어는 사구(社區, community)이다. 마을의 대학을 뜻하는 '사구대학(社區大學, 社大)'은 종종 '커뮤니티대학(community college)'으로도 부르고 있어 여기에서는 '커뮤니티대학'으로 호칭한다. 대만에서는 1990년대 이후 교육 부문의 개혁에 대한 요구가 매우 거세게 일어났으며, 이러한 교육개혁운동은 성인교육과 평생교육이라는 측면에서 1990년대 말에 커뮤니티대학을 탄생시켰다. 1998년 타이베이시에 문산(文山)커뮤니티대학이 개교한 것을 시작으로 2009년에는 대만 전역에 119개의 커뮤니티대학과 그 분교가 개설되었다.

각 지방정부는 지역을 기반으로 설립된 커뮤니티대학을 각 지역에 흩어져 있는 신주민에게 그들이 필요로 하는 각종 지식을 전달하기 위한 가장 이상적인 교육기관으로 여겼다. 그래서 커뮤니티대학을 종종

'신주민대학'이라고도 부른다. 그러나 지방정부는 커뮤니티대학이 보유하고 있는 인력과 시설만으로는 신주민을 위한 효율적인 사업수행에 한계가 있다는 것을 체감하고 전문성과 예산의 부족을 해결하기 위해 전문성을 가진 민간단체들과의 협력을 추진했다. 이를 통해 신주민을 위한 '지방정부─커뮤니티대학─민간단체'가 연결된 협력 모형이 구축되었다. 지방정부 이외에 커뮤니티대학과 다양한 민간단체가 신이민정책의 집행에 참여하면서 '적응과 동화' 위주의 신주민정책에서 결혼이민자의 입장을 고려한 더욱 효과적인 '맞춤형 신이민정책'으로 발전해 나갈 수 있었다.

　타이베이시 민정국은 중산(中山)커뮤니티대학이 2003년 여름 개교함과 동시에 기타 3개 커뮤니티대학과 함께 민정국에서 시행하는 '타이베이시 신공민─외국인 배우자 지역성장반' 계획에 참여하도록 했다. '지역성장반' 계획은 외국인 배우자들이 공민으로서 알아야 하는 지식을 가르치는 과정이었다. 그리고 2004년 1학기에는 외국인 배우자들이 자녀를 직접 가르칠 수 있는 능력을 배양하는 과정인 '부모교육반(parental education)'을 개설했다. 초기엔 사업효과가 좋지 않은 것으로 나타났는데, 그 원인을 '적응 위주의 생활지도'가 외국인 배우자들의 요구에 부응하지 못했기 때문인 것으로 파악하고 이후 외국인 배우자들의 요구에 더욱 적극적으로 대응하고 그들의 본국 문화를 존중한다는 원칙을 확립했다. 이후 중산커뮤니티대학은 '외국인 배우자의 중국어학습'과 '베트남의 언어와 문화' 과정을 무료로 개설하고, 중국어 학습 때 대만에서 사용하는 주음부호 대신 알파벳 발음기호를 사용하여 외국인 배우자들이 보다 쉽게 중국어를 배울 수 있도록 했으며 동남아 문화를 학습하는 교재도 펴냈다. 또한 외국인 배우자를 위해

봉사활동을 벌이는 민간단체들과 협력하여 외국인 배우자의 가족뿐만 아니라 기타 대만인도 동남아 국가의 문화를 이해하고 배움으로써 다양한 문화에 대한 존중과 화합의 정신을 익힐 기회를 제공한다. 이에 커뮤니티대학은 신주민이 대학에 진학하여 학위를 취득하는 과정 역시 지원하고 있다. 또한 각 대학은 학과마다 약 2%의 쿼터를 추가하여 원래 학생의 입학권을 해치지 않고 신주민을 추가로 받아들이고 있다. 단, 이는 외국인 배우자에 한정되며 대륙 출신 배우자는 여전히 대학입학 시험을 치러야 한다는 조건이 붙는다.

커뮤니티대학은 단지 신주민 지원에 국한하지 않는다. 원주민 청소년 역시 대만 시민이자 원주민 집단의 미래로 이해하고 커뮤니티대학에서 이들을 중심으로 다양한 교육과정과 활동을 제공하고 있다. 전통 원주민 공예를 부흥하고 원주민 집단을 이해하고자 이들의 목소리를 듣는다. 각 원주민 집단의 노인 지도자를 초대해 그들의 지혜를 듣기도 하고 원주민 거주 지역의 전통 마을회관을 원주민의 건축 방식으로 다시 지어 주기도 하는 등 원주민 정체성을 보존하는 한편, 원주민 청년을 대상으로 이들이 현재 사회를 살아가는 데 필요한 각종 생활기술을 제공하기도 한다.

(2) '신주민횃불계획'의 이주민 자녀 교육지원과 다문화수용성 교육

대만에서는 신주민 자녀의 숫자가 빠르게 증가해 2030년이 되면 25세 이상 청장년 중 신주민의 자녀가 약 13.5%를 차지할 것으로 예상된다. 이를 위해 대만은 2012년부터 전국신주민횃불계획(全國新住民火炬計畫, 이하 횃불계획)이라는 정책을 실시하고 있다. 횃불계획은 이주민 자녀와 그 가족, 일반인 학생과 그 가족이 학교에서 만남의 장을 만든 뒤 자연스러운 참여와 교류를 유도하는 프로그램이다. 즉, 다문화 가정과 일반가정의 교류를 통해 다양성을 존중하는 방식으로 추진되어 온 것이 특징이다. 중앙정부 내정부와 교육부, 지방의 직할시와 현이 모두 주관 부처로 관여한다.

횃불계획 아래 대만은 신주민 자녀가 많은 학교를 중심으로 인적, 물적 자원을 통합해 체계적인 교육과 서비스를 지원하고 있다. 전교생 가운데 신주민의 자녀 수가 100명을 넘거나 10% 이상인 학교를 '횃불계획 중점학교'로 선정한 뒤 모국어 학습과 가정 방문, 다문화강좌, 체험캠프 등 10여 개의 사업을 실시한다. 특히 이들 사업 중 8개 사업은 일반 주민까지 누구나 참여할 수 있어 지역사회의 소통과 통합에 기여하고 있다.

횃불계획은 정부에서 적극적인 의지를 갖고 장기적 관점에서 추진했다는 점, 그리고 미래세대를 위한 정책이라는 점이 돋보인다. 대만은 가족과의 소통을 중시하여 신주민 자녀가 결혼이민자인 어머니의 출신국 언어를 배우게 하는 데 적극적인 점을 파악할 수 있다(황미혜, 2018). 또한 전체 학생과 지역사회 주민이 다문화에 대한 이해도를 높여 다문화에 대한 편견과 오해를 해소할 수 있었다는 것도 장점이다. 아울러 기존 교사가 다문화 관련 업무를 맡지 않고 학교별로 전담 인력을 채용하도록 하여 사업의 지속성과 효율성을 높였다는 점도 시사점이다.

횃불계획은 특별 사업이지만 일반적으로 대만의 모든 학생은 일반 교육과정에서 대만에 사는 사람들이 구사하는 모든 언어, 즉 국어인 표준 중국어 외에도 민난어, 객가어, 원주민어, 신주민어 중 한 가지를 선택해서 수료하고 있다. 그중 신주민 언어는 2019년에 초등교육과정에 추가로 편성되었다. 신주민어에는 기존 민난어, 객가어, 그리고 원주민어에 더해 베트남어, 인도네시아어, 태국어, 미얀마어, 캄보디아어, 말레이시아어, 필리핀어가 포함되어 있다(국민대통합위원회, 2017b). 초등학교 단계에서는 본토 언어와 신주민어 중 하나를 필수과목으로, 중학교와 고등학교 단계에서는 신주민어를 선택과목으로 하고 있다. 신주민어를 가르칠 수 있는 교사의 부족으로 적극적으로 결혼이민자를 대상으로 양성과정을 실시하며, 이들이 교사로서 자질과 전문성을 가질 수 있도록 다양한 노력을 거듭하고 있다. 이런 상황은 대만의 신주민 자녀의 수가 우리나라 다문화가정 자녀의 수보다 훨씬 많다는 점에서 그 정책적 중요성이 강조되고 있음을 고려할 필요가 있다. 즉, 대만 신주민 자녀는 전체 학생 대비 10%를 넘는 데 비해 한국의 다문화가정 자녀 수는 전체 학생의 3% 정도이다. 그럼에도 불구하고 대만의 사례는 계승어 전승과 그로 인한 정체성 형성 지원의 차원에서 우리나라 다문화가정 자녀들의 이중언어교육의 방향에 시사점이 있다고 할 것이다.

4. 맺는말: '서로 이웃 되기'의 선주민과 이주민의 과제

우리나라와 함께 아시아 대륙에 위치한 후발 이민국가인 일본과 대만 역시 다문화사회로의 변화 원인과 이민정책 등에서 다수의 공통점과 차이점을 갖고 있다. 이를 몇 가지로 나누어서 정리할 수 있다.

첫째, 양국 모두 공식적으로 이민정책이 없음에도 일찍부터 존재하던 올드커머, 원주민의 존재, 결혼이나 노동으로 유입된 외국인 등으로 인해 다문화사회가 되었다는 공통점이 있다. 일본은 단일민족과 단일문화가 익숙한 사회였다는 점에서 우리나라와 공통점이 있고, 대만은 일찍부터 존재해 온 소수민족의 존재로 인해 다원적인 문화에 보다 열려 있다는 점이 일본과 우리나라와는 다르다.

둘째, 일본과 대만 모두 지방자치단체와 민간단체의 협력으로 지역사회의 외국인 주민정책을 다양한 사업으로 일구어 낸 것을 공통점으로 볼 수 있다. 그러나 일본의 경우 중앙정부의 역할이 희박한 반면, 대만의 경우에는 중앙정부의 시책이 다문화정책의 전반을 이끌고 있다는 점은 차이점이다. 그럼에도 불구하고 일본과 대만의 사례는 지역의 외국인 주민이 어떻게 일상의 삶에 적응할 수 있는 역량을 얻고 지역사회의 구성원으로 자리매김하는가에 대한 관심을 잘 나타낸다는 점에서 크게 다르지 않다. 그 과정에서 '시민'이라는 개념보다는 '주민'이라는 개념이 더 잘 어울린다. 특히 일본의 경우 선주민의 참여를 '사회봉사활동'으로 규정하고 외국인과 일본인 주민 간의 차이를 '합법적인 다양성'으로 변화시켜 외국인이 행정 서비스를 받을 권리뿐 아니라 그들의 의견을 표명할 기회까지 얻을 수 있는 근거를 마련해 가고 있다는 점이 특징이다(한승미, 2003). 특히 가와사키시와 하마마쓰시의 사례는 우리나라에는 도시 수준에서 고려하고 실천할 수 있는 '함께 살아가기 위한 학습'의 개념 정립과 이를 구현할 새로운 플랫폼과 실천 모델의 도출에 시사점을 줄 수 있다고 보인다.

후발 이민국가인 이 두 국가의 상황과 우리나라의 상황은 앞서 다룬 그 어떤 국가보다 비슷하다는 것에서 시사점이 많다. 일본에서는 지역사회의 특색에 맞는 독창적이고 현실에 맞는 다문화정책을 발굴하고 실제 지역사회의 주민을 대상으로 이들이 상호이해를 획득하는 교육이 필요함을 다시 한번 확인할 수 있다. 다만 일본의 다문화공생정책이 주로 유입된 외국인의 일본어와 일본 문화에 대한 학습에 방점이 있고 여전히 시민권의 층위에서 논의되는 개념을 담지 못하고 있다는 비판은 새겨 둘 만하다.

한편, 대만의 다문화사회로의 정책 변화도 우리와 마찬가지로 결혼이민자의 유입에서 시작되었다는 점에서 우리 사회에 참고할 만한 사례가 많다. 물론 대만의 결혼이민자의 비율이 일본은 물론이고 한국보다도 높고 지원정책의 수립과 실천에서도 한국사회의 다문화가정지원정책과 적지 않은 차이가 존재하지만 앞으로 다문화가족을 지원하는 정책과 실천 확장에도 다양하게 참고할 수 있을 것으로 생각된다. 특히 커뮤니티대학 등 교육기관을 선주민과 이주민 모두의 상호문화교육을 위해 활용해 온 사례는 그중 시민교육과 관련하여 가장 큰 시사점이라 할 수 있다.

참고문헌

국민대통합위원회(2017a). [대만] 전국신주민(新住民)횃불계획 (1): 이주민 갈등 통합 사례. 행정안전부 대통령기록관.

대통령소속 국민대통합위원회(2017b). [대만] 전국신주민(新住民)횃불계획 (2): 이주민 갈등 통합 사례. 행정안전부 대통령기록관.

고혜원, 김상호(2010). 여성결혼이민자의 취업 지원 방안: 언어·문화 자원 활용 분야를 중심으로. 한국여성정책연구원.

박종우(2021). 대만 마을교육공동체의 평화교육에 관한 일고찰: 사구대학(社區大學)의 교육과정을 중심으로. 대만연구, 제19호, 9-32.

변수정, 조성호, 이상림, 서희정, 정준호, 이윤석(2014). 동아시아 국가의 다문화가족 현황 및 정책 비교연구. 한국보건사회연구원.

송용미(2007). 재일동포 민족교육의 역사적 변천과정 연구. 석사학위논문. 연세대학교 대학원.

송용미, 이로미(2022). 일본 가와사키 시 '다문화공생' 사례로 본 도시수준 '다문화평생학습'의 가능성. 다문화사회연구, 15(3), 155-193.

이로미, 송용미, 하란(2022). 상호문화도시 런던, 바르셀로나, 하마마쓰의 평생학습 실천사례 분석. 교육공동체연구와실천, 4(3), 131-161.

최병두(2011). 일본의 다문화사회로의 사회공간적 전환과정과 다문화공생 정책의 한계. 한국지역지리학회지, 17(1), 17-39.

한승미(2003). 일본의 '내향적 국제화'와 다문화주의의 실험: 가와사키 시및 가나가와 현의 외국인 대표자 회의를 중심으로. 한국문화인류학, 36(1), 119-147.

황미혜(2018). 대만의 결혼이민자 자녀를 위한 모어전승교육 연구. 아시아연구, 21(4), 145-172.

山田貴夫(1998). 川崎 における 外国人 との 共生 の 街づくりの 胎動. 都市問題, 89(6), 53-66.

元森絵里子, 坂口緑(2020). 川崎市 における 在日外国人施策 と 地域実践 多文化共生 の 先進地域 の 成り立ちと 現在. 明治学院大学 社会学部付属研究所研 究所年報, 50, 167–183.

川崎市 ふれあい 館, 桜本文化 センター 編(2018). だれもが力いっぱい 生きていくために-川崎市 ふれあい 館 30 年事業報告書 (88 ~'17). 川崎市 ふれあい 館·桜本 文化 センター.

<참고사이트>

가와사키시 국제교류센터. 다문화프로그램. http://www.kian.or.jp/topics/oyako.shtml

가와사키시 후레아이칸. 다문화프로그램. http://www.seikyu-sha.com/ fureai/ indcx.php?center = bumon & bumon = tabunka & rby =& csize = s & bg_colo r = b

<신문기사>

김태훈(2018). 일상 속 스스럼없는 외국의 다문화주의. 경향신문. (9월 16 일). https://m.khan.co.kr/national/national-general/article/201809 161037021#c2b

8장

가정에서의 다문화시민교육

1. 서론: 가정 다문화시민교육의 의미와 중요성

부모는 자녀들과 함께 일생 동안 친밀한 관계를 맺는 존재이다. 자녀가 독립할 때까지 상당히 긴 시간에 걸쳐 함께 살아가며 자녀의 삶에서 기본적인 기준과 방향을 설정하는 데 큰 역할을 한다(Ramsey, 2012, p.20). 그런데 이런 일이 이루어지는 곳이 바로 '가정'이다. 가정은 한 사람이 나고 자라며 성인이 되기까지 삶의 관점을 만들어 가는 전체 환경 중 가장 중요한 미시체계(microsystem)에 속한다. 이곳에서 자녀는 자신을 낳고 돌보는 '부모'라는 성인의 절대적인 영향을 받으며 자라난다. 이렇게 보면 가정은 한 사람의 평생학습이 최초로 시작되는 장이기도 하다.

따라서 한 사회의 시민, 그리고 글로벌화된 세계의 시민으로 살아가는 역량도 일찍부터 가정에서 부모 또는 주 양육자와 함께 시작될 수 있다. 최성환(2015)은 그간 다문화교육이 주로 이주민을 대상으로 하는 교육에 국한되거나 학생을 주 대상으로 학교에서 주로 이루어져 왔으며, 다문화교육이 그렇게 각인된 것은 시민교육의 차원에서 볼 때 자못 '근시안적인' 접근이었다고 주장한다. 즉, 다문화교육은 전 지구화 시대에 삶의 기회를 찾아 이주하는 사람들이 지속적으로 존재하는 상황에서 그 누구에게나 어느 사회에나 필수적인 교육이며, 다른 문화적 요소들과 더불어 공동체적 삶을 영위할 수 있는 기본 능력과 자세가 이제는 '세계시민적 교양'이 되었다는 것이다.

자녀가 이러한 역량을 키워 갈 수 있도록 지원하려면 부모 자신부터 다문화사회의 성인 시민으로서 역량을 갖추어야 할 것이다. 그러기 위해서는 먼저 부모부터 자신이 문화적으로 상대적인 존재임을 인식할 필요가 있다. 내가 속한 문화가 절대적인 가치를 지니는 것이 아님을 인지한다면 다문화사회의 시민으로서 역량을 갖추는 일에 더 많은 관심을 갖게 될 것이고, 그렇다면 자녀 역시 부모에 의해 이런 시민적 역량을 습득하는 출발선이 일찍, 그리고 더 잘 형성될 수 있을 것이다. 이렇게 부모가 참여하는 다문화시민교육의 효과는 유네스코가 정의한 바와 같이 '더 포용적이고, 정의롭고, 평화로운 세상을 만드는 데 이바지할 수 있도록 필요한 지식, 기능, 가치, 태도를 길러 주는 교육'인 세계시민교육과 자연스레 연결된다(유네스코, 2015, p.19). 이렇게 가정에서 시작된 다문화교육의 효과는 이후 자녀가 학교에 입학하면 가정과 학교의 공동 작업으로 연결되며, 그 성과가 더욱 뚜렷하게 나타날 것이다.

이 장에서는 초기 사회화의 현장인 가정이 다문화사회를 살아가는 데 필요한 시민성을 제고하는 데 그 역할이 크다는 점을 강조하며, 가정에서 시작되는 시민교육이 부모의 참여를 통해 조기에 시작되고 의미를 만들어 갈 수 있음을 제시한다. 먼저 부모부터 사회 내에 증가한 문화적 다양성을 이해하고 관련 지식과 기술을 습득한다면 자녀들이 고정관념과 편견 대신 다양성에 대한 이해를 높이며 세계시민으로 성장하도록 도울 수 있음을 여러 이론과 사례로 살펴본다. 또한 다문화가족 등 이주배경을 가진 가족이라면 자녀의 남다른 정체성 형성을 돕는 가정교육 역시 필요할 것이다. 이 역시 다문화시민교육에서 중요한 영역임을 주장하고 해당 방법론을 모색해 보고자 한다.

2. 가정에서 시작하는 다문화시민교육

1) '차이'와 '다양성'을 가르치는 적기

'차이'와 '다양성'에 대해 먼저 생각해 보자. '차이'는 '다르다'는 데 초점을 맞추고 다양성은 '여러 가지'라는 데 초점을 맞춘다. 이러한 '차이'와 '다양성'을 문화에 연결하면 '문화적 차이'와 '문화다양성'이라는 단어가 된다. 우선 '문화적 차이'는 사람들이 자신이 사는 곳에 적응하면서 만들어 온 각각의 생활방식이라고 볼 수 있기에 이런 문화적 차이는 지극히 자연스러운 것이라고 할 수 있다. 그럼에도 불구하고 우리는 이런 '차이'를 지배와 차별의 근거로 삼아 다른 이들을 차별하거나 지배해 온 인류의 역사를 종종 목격한다. 따라서 '문화다양성'은 이러한 '문화적 차이'가 극히 자연스러운 것이라는 점을 강조하고 존중하는 개념으로서, 여기에는 '권리' 개념이 필수적으로 들어간다. 즉, 남과 다를 수 있는 권리(right to be different)를 존중한다는 것이다(장한업, 2020, p.31).

그러면 '문화적 차이'와 '문화다양성'에 대한 이해를 가르치기에 가장 좋은 시기는 언제일까? 정답은 '빠를수록 좋다'이다. 이는 유아를 대상으로 한 여러 연구를 통해 확인된다. 영유아기와 아동기는 일생 중 가장 극적인 발달이 일어나는 시기이기 때문이다. 특히 영유아기는 아동이 어린이집이나 유치원 등 단체생활을 시작하기 전 가정에서만 생활하는 단계이므로, 이후 학교교육에서 중심을 담당할 교사를 비롯한 전문가 등이 아동의 삶 속으로 들어오기 전에 오로지 부모로 대표되는 주 양육자들에 의한 사회화가 일어나는 시기이다. 그렇기 때문에 영유아기를 부모의 영향력이 제일 큰 시기로 볼 수 있다.

다수의 연구에서 1~3세의 영유아조차 외모와 성, 연령 등 다양한 차이를 인식할 수 있다는 결과가 제시된다. 그중 대표적인 하나가 인종적 차이이다. 예를 들어 더만–스파크스와 동료들(Derman-Sparks et al., 1989)의 연구는 영아기부터 인종적 차이를 인식하기 시작하고, 유아기에 이를 때쯤에는 인종에 대한 기본 개념과 선호가 형성된다는 점을 이야기한다. 카츠(Katz, 1982) 역시 2~3세 유아도 피부색으로 사람을 구분하고 3~4세에 이르면 인종에 대한 기본 개념을 형성한다고 설명한다. 이런 연구는 아울러 유아가 3세 이후의 시기에는 이런 차이에 대한 인식과 함께 고정관념이나 편견을 형성하게 된다는 점을 지적한다. 예를 들어 미국에서 이루어진 유아 대상 인종선호 연구의 경우, 유아가 대체로 백인 인형을 흑인 인형보다 선호하고 있음을 보여 준다(Ramsey, 2012). 우리나라에서도 유아가 피부색과 머리 모양 등에 따라 인종적 차이를 인식했으며, 한국인, 백인, 흑인의 순으로 선호한다는 연구결과가 있다(장영희 외, 1999). 이렇게 인종이나 민족적 차이를 인지하는 것은 5~6세가 되면 더욱 확실해진다고 한다. 이때 유아가 타인을 탐색하는 과정에서 인종이나 민족 등에 편견과 고정관념을 갖게 된다면 이후 웬만해서는 바뀌기 어렵다는 것이다. 그러나 연구들은 마찬가지로 영유아기가 상대적으로 그 이후의 시기, 즉 아동기나 청소년기, 또는 성인기보다 인종이나 문화 등의 다양성 역시 좀 더 쉽게 받아들이는 경향을 보인다고 보고하고 있어 문화적 차이와 다양성에 대한 접근 또는 반편견 교육(anti-bias education)은 영유아기부터 그 진가가 드러난다고 할 수 있다(박찬옥 외, 2011).

2) 부모를 통한 사회화의 중요성

이렇게 한 아이가 일찍부터 '문화적 차이'와 '문화다양성'을 인식하는 과정에는 당연히 아이를 둘러싼 사회배경이 크게 작용하며 그 시작은 '가정'과 '부모'이다. '영유아기'라는 일생 중 가장 활발하게 발달하는 시기에 이루어진 부모를 통한 사회화는 일생에서 가장 중요한 무형식 학습(informal learning) 중 하나이며 자녀의 성장에 큰 영향을 미친다. 영유아가 사회화를 통해 다양성에 대한 인식과 고정관념, 나아가서 편견까지 형성한다는 연구결과를 볼 때, 부모 등 주 양육자가 가정에서 자녀들에게 다양성에 대해 어떤 인식을 형성하도록 명시적으로 때로는 암묵적으로 지원하고 있는가가 관건이 된다. 특히 '문화다양성'이라는 개념은 현재 자녀를 양육하고 있는 우리 사회 대부분의 부모들에게 상대적으로 낯선 것이다. 그들이 자라날 때는 겪어 보지 못한 경험이기 때문이다. 따라서 자신이 나서서 이런 방면으로 자녀의 학습을 지원해야 한다는 점을 어렵게 생각할 수도 있다. 부모의 적극적인 성찰과 학습이 필요한 것은 바로 이 때문이다.

주류와 비주류는 어느 사회에나 존재한다. 즉, 인간이 계급을 형성하고 어떤 이가 보다 더 큰 힘을 다른 이에게 행사하는 것은 인간사회의 보편적인 현상이다. 그러나 민주적인 사회에서는 이런 힘의 논리에 의한 현실을 인정하면서도 타인에 대한 이해와 상호의존성에 대한 태도를 가지는 것을 그만큼 중요하게 생각한다. 한 가정의 자녀가 다문화사회의 시민으로 자라나는 데는 한 사회를 구성하는 가장 작은 단위인 가정, 사회 규범, 법률이 포함되고 이 셋은 각기 상호작용을 한다. 다음 세대인 아동과 청소년이 우리 사회에 현실로 다가온 문화다양성을 이해하고 공존을 위한 행동과 실천으로 옮기는 데 부모의 역할은 자못 크다. 부모는 해당 사회정치적 세계의 거주자로서 그들이 자녀에게 일상적으로 보내는 신호는 그 세계에 의해 형성되며, 자녀의 오늘과 내일의 삶에 영향을 주기 때문이다(최성환, 2015; Nussbaum, 2010). 이를테면 부모가 이웃 주민에 대해 무심코 내뱉은 말이 어린 자녀에게는 마치 '스펀지가 물을 빨아들이듯' 흡수되는 것이다.

자녀에 대한 부모의 지대한 영향은 비고츠키(Vygotsky)가 말한 근접영역(Zone of Proximal Development, ZPD) 개념으로도 잘 설명된다. 비고츠키는 아동의 학습을, 주변에 있는 성인의 신념, 정책, 관습을 반영하는 특정한 시간과 장소에서 일어나는 사회적인 과정이라고 보았다(Ramsey, 2012, p.51). 예를 들어 어떤 부모가 '왜 김치를 자기네 나라 것이라고 하는 거야? 이런 나쁜 놈들'이라고 한다면 이 말을 들은 자녀는 어떤 생각을 할까? 한국에 살고 있는 중국인을 개개인의 독자성이나 고유성을 무시한 채 하나의 집단, 그것도 부정적 집단으로 바라볼 확률이 크다. 이는 올포트(Allport, 1954)가 말한 것처럼 '과잉범주화(overcategorization)'이자 고정관념, 편견이 된다(Ramsey, 2012에서 재인용). 어려서부터 이런 편견을 마주한 아동은 제반의 삶에서 대개 이분법적으로 판단하며, 누군가를 배제하거나 소외시키는 것을 당연하게 생각하기 쉬울 것이다(장정일, 2022). 그래서 비고츠키를 비롯한 사회구성주의자(social-constructivists)들의 언어를 빌리면, 부모를 통한 '부정적인 모델링(modeling)'의 한 사례가 되는 것이다.

3) 부모의 문화적 역량

유아교육 학자들은 아동이 아주 어릴 때부터 사회화가 그렇게 진행된다면 고정관념과 차별을 몸에 익히게 된다는 결론을 제시한다. 이를 볼 때 유아나 아동의 사회화에 가장 중요한 인물인 부모 또는 주 양육자가 해야 할 일이 자연스럽게 드러난다. 우선 부모 자신의 문화적 역량을 키워야 하고, 다음으로는 자녀의 문화적 역량을 키우는 데 필요한 지원을 해야 한다. 즉, 자신이 알고 느끼지 못하면 가르칠 수 없기에 부모 자신의 '문화적 역량(cultural competence)'이 키워드가 된다.

'문화적 역량'이란 간단하게 말해 다른 문화권에서 온 사람을 이해하고, 효율적으로 교류하며, 소통할 수 있는 능력이다. 지구상에 현존하는 모든 문화가 갖고 있는 자산을 인정하면서 한 사회 속 소수집단을 '결핍 모형(deficit model)'에 근거해 판단하려고 하는 자신의 사고를 근본적으로 전환해야 한다. 따라서 문화적 역량은 자신의 문화권 안에서만 세상을 바라보는 자문화중심주의(ethnocentrism)를 비판적으로 성찰하고 자신이 '문화적 존재'라는 것을 인식하는 데서 출발한다. 자신의 문화가 자신의 가치관이나 선입견을 형성하는 데 기초가 되었으며, 따라서 다른 문화권에서 온 사람도 그의 문화에 따라 가치관과 선입견을 형성한다는 것을 역지사지(易地思之)로 인식하는 것이다. 이렇게 생각하면 타인의 문화도 자신의 문화처럼 존중하며 대할 수 있다. 베넷(Bennet, 2007)의 말을 빌리면 자민족중심적 단계(ethnocentrism)에서 민족상대주의적 단계(ethnorelativism)로 진행하는 것이다.

이러한 인식이 갖추어졌다면 다음으로는 한국사회의 다문화적 변화를 이해하고 이런 변화가 요구하는 지식(knowledge)과 기술(skills)을 익히고 이를 삶의 태도(attitude)로 통합해 내야 한다. 최성환(2015)은 문화적 역량을 "남과 더불어 살아가자면 사람이면 누구나 알고 있어야 할 것을 생각하고 실행할 수 있는 능력"으로 정의했다. 특히 다문화사회로의 변화가 비교적 최근에 급속히 진행되어 온 우리 사회에서는 더욱 그렇다. 누스바움은 "모든 사회가 '공존을 추구하는 집단'과 '지배의 편이를 추구하는 집단'을 함께 보유하고 있기 때문에 시민교육은 어떻게 하면 전자의 시민을 더 많이 배양하고 후자의 시민을 더 적게 배양할지 그 방법에 관심을 기울여야 한다"라고 주장한다(Nussbaum, 2010). 자신이 속한 집단의 순수성을 과도하게 고집하는 생각은 타 집단에 대한 적개심뿐만 아니라 이런 적개심을 민감하게 인지하지 못하는 무감각을 양산할 뿐이라는 것이다(최성환, 2015). 그러나 자신의 문화배경에 대해 상대적으로, 그리고 민감하게 인식하는 상태로 변하면 타 집단 문화에 대해 알고, 지역사회에서 그 문화권에서 온 이웃을 만나며, 그들의 행동을 그들 문화의 맥락 안에서 이해하고 어울리기가 수월해진다.

이런 역량을 얻자면 적극적인 학습이 필요하다. 적극적으로 배우고 태도와 실천으로 얻은 인식과 지식을 드러내야 한다. 최성환(2015)은 이를 굳이 번역하지 않고 '컴패션(compassion)'이라고 영어 단어로 명명한다. 이는 공감을 바탕으로 남을 도울 수 있는 실천력을 뜻한다. 그런데 이 컴패션이 가진 양가적(兩價的) 특징이 우리 사회에서는 종종 문제가 될 수 있다는 점도 아울러 고려할 필요가 있다. 즉, 특정 집단끼리만 작용하는 컴패션은 혈연, 지연 등 각종 관계와 정(情)에 이끌린 도움의 손길에 머무르며, 앞서 제시한 대로 타인의 권리를 있는 그대로 인정하고 존중하는 단계로 발전하지 못한다.

우리 사회가 이런 점에서 어느 정도 문제를 노정하고 있다는 증거는 여기저기서 발견된다. 한 사례가 우리 사회에서 문화적 역량과 비슷한 개념으로 통용되는 국민 다문화수용성 조사결과이다. 국민 다문화수용성 조사는 2012년부터 3년 주기로 실시하고 있다. 2021년 결과는 직

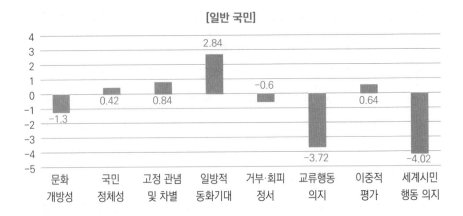

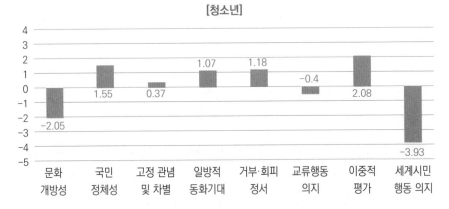

[그림 8-1] 다문화수용성 구성요소별 2018~2021년도 점수 차이

출처: 여성가족부(2021).

전 해인 2018년에 비해 청소년은 상승하고 성인은 하락하여 청소년과 성인 간의 격차가 더 커진 결과를 보여 주었다. 아동에게 자신을 둘러싼 세계와 그 속의 다양성을 인식하도록 가르치기 위해서는 성인, 즉 어른의 역량이 중요한데 사뭇 우려할 만한 결과이다. 이 조사는 성인과 청소년 모두 다문화수용성을 측정하는 8개의 요소로 구성된다. 문화개방성, 국민정체성, 고정관념 및 차별, 일방적 동화기대, 거부·회피 정서, 교류행동의지, 이중적 평가, 세계시민 행동 의지가 그것이다. 그중 성인은 '외부에 대한 개방성'과 관련한 세계시민 행동의지, 교류 행동의지, 문화개방성 등 여러 영역에서 점수가 하락했는데(여성가족부, 2021), 이는 다문화사회로의 변화가 가속화되고 있음에도 불구하고 점점 더 성인이 아동에게 문화다양성에 대해 가르치거나 모범을 보이기 어려운 상황이 형성되고 있음을 의미한다.

3. 자녀를 위한 부모의 실천

1) 부모의 다문화교육 접근법

자녀를 위한 부모의 실천은 '문화적 다양성의 이해와 수용 지원'이 키워드이다. 자녀가 다문화사회의 인재로 성장할 수 있도록 성원하는 마음을 갖고 자녀가 어릴 때부터 관련 문화적 다양성을 이해하고 수용할 수 있도록 지원할 필요가 있다. 이렇게 하려면 그간 유아다문화교육 분야에서 이룬 다양한 교육적 방법론과 성과를 알고 이를 가정에서도 적용하는 방법이 유효하다. 한 예로 슬리터와 그랜트(Sleeter & Grant, 2007)가 제안한 다문화교육 접근법(multicultural education approach)은 편견 감소 또는 아예 편견이 생기기 전에 이를 방지하고 어렸을 적부터 긍정적 상호작용을 지향하도록 돕는 방법을 제안한다. 이런 교육은 유치원이나 어린이집보다 더 이른 시기에 가정에서 부모가 직접 할 수 있는 것이다. 이에 부모가 관심을 두어야 할 다양성에 대해, 우리나라의 현실에 맞게 실재하는 다양성에 초점을 맞추어 다섯 가지로 정리하면 다음과 같다.

첫째, 인종 다양성이다. 자녀에게 어려서부터 인종 간 우열이 없다는 점을 강조할 필요가 있다. 러시아인을 어머니로 둔 아동이 학교폭력으로 추락사한 사건을 예로 들어 보자. 이 아동에 대한 폭력은 이 아동의 외모에 대한 놀림으로 시작되었다. 아동의 이웃이자 러시아에서 온 한 이주민은 "러시아 말보다 한국말을 더 잘하고 김치도 잘 먹고 게임도 같이 하는데, 아이들이 계속 괴롭혔다"라고 하면서 "러시아에서는 고려인 아이들을 안 괴롭히는데 왜 부모나 선생님들이 러시아나 한국이나 다른 나라지만 다 같은 사람이라는 것을 왜 안 가르쳐 주느냐"라고 목소리를 높였다(허정현, 2018). 이는 인종 다양성에 대하여 열린 생각을 학습하지 못한 아동이 만들어 낸 가슴 아픈 비극이다. 그런데 학부모와 교사, 이웃 중 그 어느 누구도 아동의 학습을 지원하지 않았거나 오히려 편견을 갖는 데 일조했다면 그 책임 소재에서 결코 자유로울 수 없을 것이다.

둘째, 성 역할에 대한 개방성이다. 인종과 문화 못지않게 성 역할의 인식은 유아기에 중요한 사회정서 발달의 하나이다. 유아 자신이 '남자' 또는 '여자'라는 성별 자아개념을 획득하고, 자신이 속한 사회에서 적합하게 여겨지는 남성과 여성의 성 역할을 자신의 것으로 내면화하며, 개인의 성이 외모나 행동에 관계없이 변하지 않는다는 성 항상성을 2~7세 사이에 습득한다. 또한 유아는 성에 따라 승인된 외모나 행동양식, 감정표현 방식에 대한 고정관념을 가지고 있거나 성 역할에 대한 편견이 강한 것으로 보고되고 있기도 하다(이선애 외, 2022). 스웨덴 어린이집과 유치원에서는 성별 고정관념을 해체하기 위해 젠더 페다고지(gender pedagogy)를 도입하고 있다. 남자 장난감, 여자 장난감 등을 구별하지 않도록 동물 인형 등을 사용하여 성별을 지칭하지 않는 방식으로 교육하거나 싱크대 앞에 서 있는 사람을 남성이나 여성으로 묘사하지 않고 아예 해골로 묘사하기도 한다. 그리고 남자아이, 여자아이를 별도로 지칭하지 않는 점도 눈에 띈다. 교사들은 대신 '친구들(friends)'이라는 표현을 쓰거나 학생들을 이름으로 부르며 2012년부터는 아예 성 중립적인 대명사 'hen'을 도입해 사용하고 있다. 또한 교사는 남자아이와 여자아이를 나눠 그룹을 만드는 것을 '차별 행위'로 생각하며 모든 아동에게 성별에 관계없이 다양한 활동을 경험하게 하고 있다. 나아가서 아동이 성별에 대한 고정관념을 갖고 있다면 적극적으로 개입한다. 예를 들면 그림을 그릴 때 한 아동이 소녀의 얼굴에만 긴 속눈썹을 그린다면 '소년들은 속눈썹이 없나요?'라고 질문하는 식이다. 이런 교육은 모든 사람에 대한 동등한 가치(equal value of all people)와 함께 여성과 남성, 소녀와 소년의 평등, 타인에 대한 이해와 공감(understanding and compassion for others)을 가르칠 수 있다(이로미 외, 2021; Erdol, 2019).

셋째, 계층(경제적 능력)의 다양성이다. 유아기에 형성된 부와 가난의 이미지는 이후 사회계층에 대한 개념과 태도 형성에 토대가 된다. 유아는 부유한 사람과 가난한 사람의 이미지를 몇 가지 단서로 비교적 쉽게 구분한다고 한다. 부유한 사람과 가난한 사람의 특성에 대한 아동의 인식에 관한 연구들 역시 아동은 가난한 아동보다 부유한 아동, 가진 것이 적은 아동보다 가진 것이 많은 아동을 긍정적으로 평가하는 것으로 나타난다(Ramsey, 2012). 최근 아동들이 아파트 이름이나 평수로 사람을 평가한다는 이야기가 간혹 들린다. 그런데 이는 부모에게 받은 영향도 크다. 신문의 사회년에서 볼 수 있는 몇몇 기사는 이런 추측에 힘을 싣는다. 어떤 부모들이 임대아파트 지역이 속하는 학교에 자녀가 배정받기를 거부하며 임대와 자가소유 아파트를 갈라 학교 배정을 해 달라고 했다는 기사가 그중 하나이다(김봉수, 2010). 그 부모들은 '거리가 멀고 통학로가 위험하다'는 이유를 대고 있지만 알고 보면 저소득층이나 북한이탈주민의 자녀와 내 아이가 한 학교에 다니는 것이 싫다는 게 진짜 이유라는 것이다. 혐오를 직접적으로 내세우지 않는 것처럼 위장하지만 이런 부모의 생각과 행동이 자녀에게 미칠 영향은 상당히 부정적일 것이다.

넷째, 장애에 대한 이해이다. 장애인은 사회적 편견과 차별에 가장 많이 노출된 집단이다. 그런데 유아는 장애인의 접촉 경험이 많지 않아 이해가 어려울 수 있다. 유아의 장애 개념에 대한 이해를 높이기 위해서는 장애를 가진 이들과의 접촉 경험이 매우 중요한데 사실 장애유아의 상당수는 분리되어 있기에 인식할 기회를 놓치는 것이 문제이다(Diamond, 1993). 장애유아와 비장애유아의 통합교육을 포함하여 유아의 장애 인식 증진을 위한 다양한 교육활동이 시도되고 있지만 아직 우리 사회에서는 갈 길이 먼 분야로 볼 수 있다.

다섯째, 가족 다양성이다. '4인 가족'을 '정상'으로 보는 시각은 최근엔 많이 사라졌지만 아직도 무자녀가족, 한부모가족, 조손가족, 재혼가족, 다문화가족 등 다양한 가족에 대한 사회적 편견이 존재한다(노주희, 김민진, 2013). 유아의 가족 형태에 대한 인식에 관한 연구들은 유아가 다양한 가족 형태를 어느 정도 인식하고 있으나 이해는 부족하다고 보고한다(박유정, 2010). 따라서 유아가 각각 소속되어 있는 집단인 '가정'이라는 사회 환경에 대해 그 다양성을 편견 없이 바라보도록 유도하는 일에 부모의 역할이 중요하다.

어린 시절 이러한 다양성에 대해 제대로 학습하지 않으면 주류가 아닌 쪽으로 다양성을 가진 이를 자신보다 열등한 존재로 취급하게 되고, 함부로 말하거나 행동해도, 심지어는 폭력을 행사해도 괜찮다는 생각이 들 위험이 있다. 부모부터 나서서 이런 일은 '전혀 괜찮지 않다'는 생각을 심어 주어야 사회가 바뀔 수 있다. 다문화가족 관련 조사에서도 다문화가족 아동이 자신의 다문화적 정체성에 대해 자랑스럽지 않게 생각하기 시작하는 시기가 초등학생 때로 나타난다. 이때 본격적으로 다른 아동들의 '거리두기'가 일어나기 때문이라는 것이다(양계민, 2016). 우리가 알아야 할 것은 이 우려스러운 현상의 시작이 그보다 훨씬 이전인 유아기라는 것이다. 앞에서 제시한 대로 아이들은 아주 어렸을 때부터 부모의 말과 행동에 지대한 영향을 받는다. 예를 들어 부모가 '왜놈에겐 반드시 이겨야 해'라고 말하거나 '가난한 나라 출신이니 불쌍하네'라고 말한다면 이들의 자녀는 과연 이웃이나 학교에서 이들 이주민을 어머니 또는 아버지로 둔 아이들과 잘 지낼 수 있을까? 또한 '이슬람 남자는 테러리스트'라고 말하는 부모의 자녀는 시리아나 아프가니스탄에서 온 난민이나 특별기여자의 자녀와 친구가 될 수 있을까?

2) 가정의 다문화시민교육 실천 방법

누스바움은 어릴 적 부지불식간에 형성되는 혐오감을 극복하기 위해 가정교육이 필요하며 중요하다고 강조한다. 학교는 아동에게 영향을 주는 공간 중 하나에 불과하다고 하면서 타인에 대한 관심과 그에 기초한 실천을 포괄하는 컴패션의 발전은 상당 부분 '가정'에 있다고 주장하며 부모의 자각과 관심을 촉구한다(Nussbaum, 2010). 또한 누스바움은 또래문화 내 관계 역시 하나의 강력한 역할을 수행한다고 보았다. 앞에서 러시아인 어머니를 둔 학생의 비극에서 본 바처럼 또래문화가 사회적으로 소수자를 약자화하고 소외와 배제의 경험을 안겨 주는 쪽으로 흘러가는 경우가 적지 않다. 그런데 상당수 부모는 아이가 아주 어릴 적부터 또래관계를 형성하는 데도 깊숙이 개입하므로 부모의 역할은 이모저모로 아동의 시민성을 형성하는 데 큰 영향을 준다고 볼 수 있다. [그림 8-2]는 부모가 수행할 수 있는 시민교육에 대한 누스바움의 제언을 소개하고 있다(최성환, 2015).

다양성에 대한 부모의 가정교육은 비고츠키에 의거하여 이렇게도 제언할 수 있다. 다양성을 멋진 것, 알고 싶은 것, 그리고 서구식 표현대로라면 축하할 만한(celebrating) 것으로 인식하도록 이끄는 것이

평가절하된 타인의 관점에서 세계를 볼 수 있는 능력 개발하기
인간의 허약성과 나약함이 수치스러운 것이 아니며 모든 인간은 타인의 도움이 필요하다는 기본 태도를 함양하기
먼 혹은 가까운 타자에게 진심으로 관심을 기울이는 능력 개발하기
부정적 태도나 혐오감 속에서 다양한 집단을 피하려는 성향 줄이기
다른 집단들에 관한 참된 실상을 (올바른 정보에 기초하여) 가르쳐 상투적 사고, 이미지와 혐오감 없애기
아이 하나하나를 책임 있는 행위자로 대함으로써 아이의 책임감을 키우기
반대 목소리를 내는 비판적 사유에 대한 기술과 용기, 비판적 사유 자체를 활발히 증진하기

[그림 8-2] 누스바움의 가정교육 제언

출처: 최성환(2015).

다. 부모들은 자녀들이 여러 문화에 대해 보다 잘 알아 갈 수 있는 다양한 경험을 선사하는 것이 좋다. 그중 각 문화를 경험할 수 있는 축제(festivals)나 음식(food)이 꼽힌다. 또한 부모들은 자녀들에게 어떤 문화권의 음식을 만들어 주거나 문화권에 대한 책을 읽어 줄 수도 있으며, 다른 문화권의 미술작품이나 공예를 즐기도록 지도할 수 있다. 이러한 경험은 자녀들에게 인상을 깊게 남기며 이후 해당 문화에 대한 친근함과 함께 타 문화권의 사람들에게 존중과 수용의 태도를 학습하는 데 기여한다. 이를 위해 다양한 문화에 대한 지식이나 자원을 적극적으로 찾아서 자녀를 교육할 필요가 있다. 책, 음악, 미술, 다양한 동영상 등 자녀가 의미를 찾을 수 있는 다문화적 자료원을 사용해서 교육할 수 있다. 예를 들어 서양문화의 동화뿐 아니라 아시아권 국가들의 동화도 많이 나와 있으므로 그림과 동화를 적극적으로 활용하거나 세계악기박물관 등 다양한 박물관을 찾아 아프리카의 토속적인 리듬이나 동남아시아의 타악기 소리 등 예술로 다양한 문화를 경험하게 하는 것도 좋다.

자녀에게 이렇게 불특정 다수의 문화를 접하게 할 수도 있지만 또한 부모는 자신이 살고 있는 마을과 동네, 지역사회에 존재하는 다양성에 대해서도 자녀에게 알려 줄 수 있다. 자녀와 함께 이웃의 타 문화권 사람을 만나고 친하게 지내면 이것이 다문화 가정교육의 보다 발전된 방법이자 구체적인 실천방안이 될 수 있다. 문화 이해에서 그저 '아는 것'과 다문화적 삶에 실천적으로 참여하는 것은 큰 차이가 있기 때문이다. 전자는 자신의 '폐쇄적인 앎'에서 벗어나지 않으려는 태도로 그냥 머릿속 지식으로 다른 문화를 받아들이는 것이다. 반면 후자는 자신의 삶 자체를 '문화화'의 과정으로 받아들이는 것으로 자신을 구성하는 본질적 요소로서 타자의 권리에 관심을 가지려는 태도이자 실천이 된다(최성환, 2015).

이에 '상징적 인정'만으로는 민주주의적 다문화사회를 이루지 못한다는 마르티니엘로(Martiniello, 2002)의 주장을 상기할 수 있다. 마르티니엘로는 문화다양성 논의가 민주주의와 사회정의의 논의 속으로 들어가야 한다고 주장한다. 즉, 문화다양성에 대한 상징적 인정만으로는 충분하지 않으며, 다문화적 민주주의를 촉진할 합법적인 수단, 즉 공공정책을 고려해야 하고 정치적인 부분에서 소수집단이 충분히 대표되도록 힘을 쏟아야 한다고 말한다. 이를 자녀교육에 적용하려면 어떤 일이 일어나야 할까? 그렇다면 자녀의 바람직한 행동과 태도를 직접 자신이 모델링하는 것이 필요하다. 예를 들어 부모가 이주민 등 다른 문화권에서 온 사람들을 만나고, 존중으로 대하며, 그들과 친구가 된다면 자녀 역시 그러할 것이다. 다양한 문화에 대해 부정적인 상을 형성하는 일은 크게 줄어들 것이고 동시에 자녀는 살아 있는 다문화를 접하고 느끼게 될 것이다.

4. 이주배경 가정의 특별한 노력

1) 이주배경 자녀 계승어교육의 필요성

그간 우리 사회에 이주배경이 있거나 문화다양성을 가진 가정이 증가해 왔으며 이들은 우리 사회가 다문화사회로 변화하는 데 큰 동력을 제공하고 있다. 이들 가정에서는 자녀의 정체성 지원 등의 문제가 별도로 존재한다. 모든 아동청소년이 자신과 다른 이들 사이에 존재하는 다양성에 대해 알고 고정관념과 선입견에 도전할 수 있도록 하는 것이 모든 부모와 주 양육자의 주요 관심사라면, 이주배경이 있는 가정에서는 부모가 자녀의 남다른 정체성을 어떻게 지원해야 할지를 알고 학습하며 행동에 옮기는 일이 비슷한 무게감의 과제로 다가올 것이다.

외국의 사례연구 결과는 서로 다른 인종 간 결혼으로 형성된 가정의 경우 자녀의 남다른 정체성에 대해 복합적으로 지원하는 것이 보다 긍정적인 결과를 가져옴을 시사한다. 예를 들어 스코틀랜드의 국제결혼 가정, 그중에서도 백인과 비백인의 결혼으로 이루어진 가정을 대상으로 한 연구(Pang, 2018)를 보자. 이 연구는 부모가 백인문화 일변도로 자녀의 사회화를 이끄는 경우가 많음에도 불구하고, 이런 백인 정체성의 지향이 결코 자녀들의 소유물로 완전히 전환되지 않는다는 점을 보여 준다. 서로 다른 인종적 배경을 지닌 부모 사이에서 주류인 '백인 정체성'으로 사회화된 자녀들은 사회에 널리 퍼진 인종적 고정관념에 의해 자신의 정체성을 종종 명료하게 입증하지 못하고 오히려 선택되지 않은 비(非)백인 쪽 문화자원의 부족으로 어려움을 겪는다는 결과를 제시한다.

이미 우리 사회는 '다문화가족 자녀 지원'이라는 명분으로 다양한 연구에서 이들의 삶에 결핍 모형을 들이대고 있다. 예를 들어 다문화 정책을 홍보하는 한 기사에는 농촌 다문화가정 자녀가 일반 가정의 자녀에 비해 대인관계와 자아정체성이 낮다는 연구결과를 제시한다. 그래서 이들의 해당 역량을 증진하고자 한국문화 중심의 놀이 프로그램을 개발하고 실시했더니 효과를 보였다는 것이다. 이 사례는 다문화가정의 자녀를 대인관계와 자아정체성 등에 결핍이 있는 사람으로 보고 있음을 은연중에 드러내고 있다(농촌진흥청, 2016). 이렇게 이들 아동청소년에게 주류문화적 자원을 '보완'하려고 하는 시도 자체를 비판하는 것은 아니지만 이주민이나 외국인인 부모의 언어, 즉 계승어(heritage language)와 문화로 대표되는 정체성의 중요성을 강조하는 것 역시 중요하다. 그리고 이를 위해 계승어와 문화를 익힐 수 있는 물리적·정서적 환경을 조성하는 것이 중요하다.

현재 계승어교육(heritage language education)의 중요성이 많은 공감을 받고 국가와 지자체의 정책과 사업으로 일부 추진되고 있지만, 그렇다고 계승어교육이 필요한 만큼 지속가능하게 이루어지고 있다고 보기는 어렵다. 우선 '어머니'로 종종 대표되는 이주민인 부모들부터 계승어교육에 동기부여가 되어 있지 않은 경우가 태반이다. 박은정(2022)의 연구도 이런 결과를 뒷받침한다. 이 연구에서 이주민 어머니들은 일반적으로 가정 내 모국어 사용이나 지원 서비스 이용에서 많은 어려움을 겪고 있으며, 특히 베트남 출신 어머니가 아이에게 모국어를 가르치는 데 가장 큰 압박을 받는 것으로 조사되었다. 또한 시부모와 동거하는 경우에는 계승어와 문화를 자녀에게 전수하는 데 더 부정적인 간섭을 받았음을 보여 준다. 언어의 구사와 문화이해, 그리고 정체성의 형성은 모두 연결되어 있다. 이주민 어머니가 위축될 때 자녀의 계승어와 문화가 유실될 우려가 크다는 것은 쉽게 예측할 수 있다. 다문화가정 어머니가 영어나 중국어를 구사한다면 그 언어는 미래 직업적 효용이 있다고 생각해서 배울 필요가 있고 그 외 언어는 배울 필요가 없다는 식의 태도를 보이는 가족도 있다. 다문화가족 내 인식 개선이 절실히 필요한 부분이 아닐 수 없다.

어머니와 아버지가 모두 같은 문화권에서 온 이주배경 가정의 경우, 가정에서 부모끼리 또는 자녀와도 계승어로 소통하지만 결국 어느 가정은 자녀의 계승어와 문화가 습득되고 유지되는 반면, 어느 가정에서는 유실이 일어나기도 한다. 리(Li, 2022)는 이를 결정짓는 것은 그 사회 전반의 단일언어주의(monolingualism)라고 주장한다. 단일언어주의 이데올로기가 가정에서 부모의 언어 선택과 교사의 교육을 좌우하며, 이런 실천이 종종 이주배경 가정의 자녀들이 계승어를 잃고 정착국의 언어만을 구사하게 만드는 압력이 된다는 것이다. 그러나 이주배경 가정의 자녀에게 계승어의 습득과 지원은 정체성 형성의 중요한 부분이자 이후 삶에서 역량으로 작용할 수 있다. 현재까지 다문화가정을 비롯한 이주배경 가정의 자녀가 이중언어를 습득할 경우 누릴 수 있는 유형·무형의 장점에 대해 더 많은 이야기를 보다 진지하게 공유할 필요가 있다.

우리나라에서도 다문화가족 내 이중언어 환경을 제고할 필요에 대해 논의가 없지 않았지만 계승어교육을 지속가능하게 할 수 있는 현실에는 이르지 못하고 있다. 2018년 다문화가족실태조사에 따르면 이중언어 지원사업의 실시에도 불구하고 다문화가족 내 이중언어 환경은 크게 개선되지 못했다는 분석도 이런 현실을 말해 준다(통계청. 2018).

2) 지역사회 지원 계승어교육의 성공 사례

아직 이주배경 가정의 자녀들을 대상으로 하는 계승어교육이 전반적으로 자리 잡지 못한 환경임에도 불구하고 지역사회에서 계승어교육이 제대로 자리 잡은 곳도 있다. 한 예로 경상북도에서는 2008년부터 도내 다문화가정 자녀의 글로벌 인재 양성 정책의 일환으로 체계적으로 이중언어 환경을 조성하고 이중언어 교육을 실시하고 있다. 이중언어 교육을 통해 부모 나라에 대한 이해를 높이고 부모–자녀 간의 친밀감을 높여 정서적 안정을 꾀하고 강점 강화와 학업능력 향상을 도모한다는 비전을 가지고, 23개 시·군 다문화가족지원센터에서 유아기 아동 및 초등학교 아동과 그 부모를 대상으로 이중언어 교육과 이중언어 환경 조성을 위한 부모교육을 실시하고 있다. 또한 4학년 이상의 고학년을 대상으로 여름방학과 겨울방학을 이용하여 2주간 이중언어 몰입캠프와 중국, 베트남 등 현지 대학에서 격년제로 2주간 엄마(혹은 아빠) 나라 언어캠프도 시행된다(박영채, 2019).

자녀가 이 캠프에 참가하기 위해서는 부모가 3시간가량의 부모교육에 참석해야 하는 필수조건이 있다. 이 부모교육에서 이중언어의 필요성과 중요성, 글로벌 인재로서의 가능성, 자녀의 정서적 지지체계를 유지하는 소통과 정보 제공, 자녀의 진로탐색 등의 주제를 다룬다. 또한 부모를 대상으로 부모역량 강화를 위한 교육요구 조사를 실시하기도 한다. 자녀들의 이중언어 능력이 높아질수록 처음에는 소극적이던 부모들도 점차 참여도와 적극성이 높아진다고 한다.

계승어교육을 수행할 수 있는 가장 좋은 교사는 누가 뭐래도 해당 언어와 문화를 지닌 부모이다. 그렇다면 이들에게는 이렇게 부모나 가족의 이중언어 관련 인식을 개선할 수 있는 교육과 함께 이중언어 사용을 위한 실질적인 방법에 대한 교육, 부모가 활용할 수 있는 교재와 교구 제공, 함께 할 수 있는 계승어교육 관련 자조모임의 조직과 운영 지원 등도 필요할 것이다. 또한 지역사회에서 적극적으로 이런 일을 도울 수 있을 것이며 선주민 학부모도 이주민 학부모와 함께 학부모 모임을 만들어 이주배경 아동청소년의 계승어교육을 옹호하고 선주민 자녀의 적극적인 외국어 교육과 연결한다면 보다 차원 높은 다문화 시민교육으로 발전해 나갈 수 있을 것이다.

5. 맺는말: 가정에서 시작되는 다문화시민교육의 과제

　가정은 한 사람의 평생학습이 최초로 시작되는 장이자 다문화시민교육의 유효한 장(場)이다. 이 장에서는 이러한 주장을 토대로 부모가 주도하는 가정교육이 자녀가 차이와 다양성에 대한 편견과 고정관념 대신 이해와 역량을 습득하도록 지원하는 사례와 방법을 다각도로 다루어 보았다.

　부모는 다문화시민교육의 유효한 행위자로서 어려서부터 자녀가 문화다양성 역량을 키워 갈 수 있도록 지원하고 자신 또한 다문화사회의 성인 시민으로서 역량을 가지고 살아가기 위해서는, 먼저 부모부터 자신이 문화적으로 상대적인 존재임을 인식할 필요가 있다. 그리고 지역사회에서 서로 다른 사람들을 만나고 이해하며 이웃으로 함께 살아가는 모습을 보여 주어야 할 것이다. 부모부터 이렇게 변화한다면 자녀 역시 단순히 '아는 다문화'를 넘어서 '행동하는 다문화' 역량을 키울 수 있다. 그러나 최근 성인의 다문화수용성 지표의 하락은 우려되는 부분이므로 가정에서부터 다문화시민교육을 실천할 필요가 있다고 주장한 학자들의 실천적인 방법론을 적극적으로 양육에 적용하여 시도해 볼 필요가 있다.

　이주민 가정에서는 자녀의 복합적인 정체성을 지원할 필요가 있다. 그중 핵심이 되는 계승어교육은 그 중요성이 국가와 지역 수준에서 공감되어 왔지만 지속가능하게 펼쳐지지 않은 문제가 있음을 지적했다. 특히 우리 사회에는 주로 홀로 국경을 건너온 어머니와 한국인 아버지로 구성된 다문화가족이 많다. 이 경우 외국인 정체성을 가진 어머니가 자녀에게 계승어교육을 적극적으로 하지 못하는 경우가 많고, 그 이유에는 다문화가족의 이중언어와 문화에 대한 낮은 인식, 사회 전반의 단일언어주의 등이 복합적으로 작용한다. 그럼에도 지역사회에서 우수한 계승어교육 사례도 산출되고 있는 점은 긍정적이며 앞으로 확산될 가능성도 높아지고 있다. 선주민 가족 역시 이를 옹호하고 지원하는 가운데 문화적 역량의 향상과 함께 사회 전반의 다문화시민성도 제고할 수 있을 것이다.

참고문헌

노주희, 김민진(2013). 그림책 읽기에 기초한 다양한 가족 형태에 대한 교육이 유아의 가족에 대한 인식에 미치는 영향. 어린이문학교육연구, 14(4), 207-232.

박유정(2010). 가족 관련 그림책을 이용한 교육활동이 유아의 가족 인식에 미치는 영향. 한국유아교육연구, 12, 171-194.

박은정(2022). 다문화 영유아의 이중언어 사용 영향 요인 및 지원 방안. 이슈페이퍼 04호. 육아정책연구소.

박찬옥, 한지희, 이예숙(2011). 다문화 교육활동이 유아의 창의성과 배려적 사고에 미치는 영향. 한국교육문제연구, 29(2), 157-179.

양계민(2016). 종단연구분석을 통한 다문화가족 자녀의 성장발달과 정책과제. 다문화아동청소년연구, 1(3), 3-21.

유네스코(2015). 세계시민교육: 학습 주제 및 학습 목표. 유네스코 아시아태평양 국제이해교육권 역. 유네스코 아시아태평양 국제이해교육원.

이선애, 백인경, 이로미(2021). 누리과정을 중심으로 한 유아다문화교육의 이론과 실제. 서울: 정민사.

이로미, 장서영, 조연숙, 하란(2021). 교육분야 양성평등정책 성과목표 및 과제

발굴을 위한 연구. 교육부.

장영희, 이숙재, 김혜실, 김정화(1999). 유아의 인종 인식에 대한 연구. 유아교육연구, 19(1), 95-110.

장한업(2020). 상호문화교육: 한국 다문화 사회의 교육적 대안. 서울: 박영사.

최성환(2015). 다문화 시민교육의 이념: M. 왈쩌의 관용론과 M. 누스바움의 시민교육론을 중심으로. 다문화콘텐츠연구, 18, 97-129.

Allport, G. W. (1954). *The nature of prejudice*. Canbridge: Addison-Wesley.

Bennett, C. I.(2007). *Multicultural education: Issues and perspectives*. New York: Wiley.

Derman-Sparks, L., & the A.B.C. Task Force.(1989). *Anti-bias curriculum: Tools for empowering young children*. Washington, DC: National Association for the Education of Young Children.

Diamond, K.(1993). Preschool outcomes, and clinical suggestions. *Topics in Early Childhood and Development, 4*, 123-129.

Erdol, T. A.(2019). Practicing gender pedagogy: The case of Egalia. *Eğitimde Nitel Araştırmalar Dergisi*, 7(4), 1365-1385.

Katz, P.A.(1982). Development of children's racial awareness and intergroup attitudes. In L.G. Katz (Ed.), *Current topics in early childhood education* (pp.17-54). Norwood, NJ: Ablex.

Li, G.(2022). Multilingualism as a Gift: Changing mindsets, changing worlds. keynote speech. Arts Multicultural Week. University of British Columbia. October 31, 2022.

Martiniello, M.(2002). 현대사회와 다문화주의: 다르게 평등하게 살기(윤진 역). 서울: 한울. (원저는 1997년 출간)

Nussbaum, M.(2010). *Not for Profit: Why democracy needs the humanities*. Princeton: Princeton University Press.

Pang, M.(2018). Negotiating the (non) negotiable: Connecting 'mixed-race' identities to 'mixed-race' families. *Journal of Intercultural Studies, 39*(4), 414-428.

Ramsey, P. G.(2012). 유아다문화교육론: 더불어 사는 세상에서 가르치고 배우기(박혜준 외 공역). 파주: 교문사. (원저는 2004년 출간)

Sleeter, C. E., & Grant, C. A.(2007). *Making choices for multicultural education: Five approaches to race, class, and gender* (4th ed.). New York: Wiley & Sons.

<참고사이트>

여성가족부(2021). 2021년 국민 다문화수용성 조사. http://www.mogef. go.kr/mp/pcd/mp_pcd_s001d.do?mid=plc503&bbtSn=704914

통계청(2018). 2018 전국다문화가족실태조사. https://kostat.go.kr/ unifSearch/search.es

<신문기사>

김봉수(2010). 임대아파트 옆 학교가 '왕따'당하는 사연. 아시아경제. (12월 16일). https://cm.asiae.co.kr/article/2010121512594847288

농촌진흥청(2016). 다문화자녀 대인관계, 자아정체성 키운다. 대한민국 정책 브리핑. (2월 24일). https://www.korea.kr/news/policyNewsView.do? newsId=156111790

박영채(2019). 인터뷰: 장흔성 다문화센터장: 한국사회는 이미 다문화사회입니다. 매일신문. (1월 2일). https://news.imaeil.com/page/view/ 201812 2513395433882

장정일(2022). 장정일의 플라톤 추방: 알기를 거부하는 열정. 뉴스인. (12월 23일). https://www.newsmin.co.kr/news/82837/?print=print

허정현(2018). 러시아에서 고려인 아이 안 괴롭혀… 한국 학교 교육 잘못. 한국일보. (11월 20일). https://www.hankookilbo.com/News/Read/2018112
01055099493?fbclid=IwAR1Yk8Jjj7sO4QrHxG9APUuoN-vkYZh8gbEP
kZrc4w-F5RRzbFH-sSTOR5Q

9장

학교에서의 다문화시민교육

1. 서론: 학교 다문화시민교육의 중요성

세계화가 급속히 진행되는 상황에서 인적 이동의 증대와 이질적 문화의 유입을 통한 사회의 다문화 현상은 이미 전 세계적인 추세가 되고 있다. 우리나라도 1990년대 초에 이주노동자가 들어오기 시작했고, 이후 농촌 총각들의 결혼을 위해 동남아시아 등지에서 결혼이민자들이 들어오면서 비교적 동질적이었던 인구 구성과 사회·문화적 환경이 빠르게 다원화되기 시작했다. 결혼이민자, 귀화자의 국내 거주기간이 15년 이상으로 장기화되면서 학령기 자녀의 비율도 꾸준히 증가하고 있다(여성가족부, 2022). 2020년 기준 초중등학교 다문화가정의 학생 수는 14만 7,378명으로 전년 대비 7.4% 증가했으며 2021년에는 16만 명으로 증가했다. 이들 중 43%가 9~24세에 해당되는데, 현재 초등학교의 다문화 학생 비율은 4.0%를 상회하며 중학생은 2.9%, 고등학생은 1.3%로 매년 증가하고 있다. [그림 9-1]은 초중고등학교의 다문화 학생 수 증가율을 보여 주는 자료이다.

이렇듯 학교현장에서 다문화적 변화가 급속하게 이루어지고 있으나 정작 학교에서는 다문화가정 자녀들의 사회적응과 학업성취, 나아가서 일반 학생의 다문화수용성을 높이기 위한 노력은 별로 이루어지지 않고 있다. 다문화가족의 청소년은 대체로 일반 청소년과는 상이한 발달과정을 겪고 있다. 가족체계 내의 문제를 시작으로 학교나 또래집단에서 정서적 고립과 주변화를 겪을 확률이 상대적으로 높고(최윤진 외, 2020), 학교생활에 적응하는 데도 어려움이 많다는 점이 이미 여러 연구에서 지적된 바 있다. 예컨대 주 양육자의 한국어가 서툰 경우, 자녀들은 언어 습득이 원활하지 않아 교과공부를 따라가기 어려울 뿐

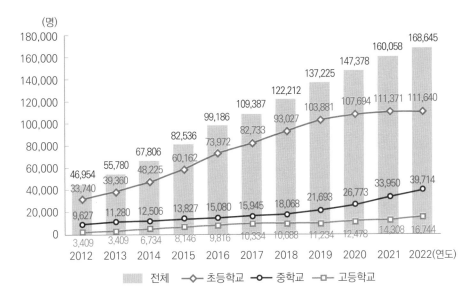

[그림 9-1] 초중고등학교의 다문화 학생 수

출처: 교육부(2022).

만 아니라 다른 일반 학생에 비해 교육 기회와 자원 그리고 환경 측면에서 불리한 조건에 처하게 되므로 학년이 높아질수록 학업성취도가 저조한 편이며 상급학교 진학률도 일반 학생에 비해 낮게 나타났다(김영화, 2010). 또한 2017년 한국청소년정책연구원에서 발행한 연구보고서에 따르면, 다문화가정의 청소년들은 학년이 올라갈수록 성적에 대한 만족도가 떨어지고, 학교공부에 어려움을 느낀다는 응답 비율이 증가하며 다문화청소년과 어머니 모두 학습과 진로에 대한 지원요구가 증가하는 것으로 나타났다. 2021년 다문화가족 실태조사에서도 다문화가족 자녀의 취학률은 일반 국민의 자녀에 비해 낮으며 특히 고등교육기관의 취학률은 일반 학생의 71.5%보다 31%나 낮게 나타났다(여성가족부, 2022). 성적이나 취학률뿐만 아니라 그들이 가지고 있는 다문화가족으로서의 자긍심이나 자아존중감도 전년도에 비해 낮아졌으며 자신의 정체성이나 자아존중감도 낮아진 것으로 보고되었다. 이러한 점들은 그들이 성장하면서 학교에서의 부적응, 자아정체성의 혼란 등에 의해 강화되며 나아가서 가정과 사회에 대한 불만으로 이어질 가능성도 크다는 우려가 있다(조영달 외, 2006). 다문화가정의 학생들이 겪고 있는 어려움을 종합해 보면 〈표 9-1〉과 같이 정리할 수 있다.

〈표 9-1〉 다문화가정의 자녀가 겪는 어려움

언어 및 기초학력 부진	• 기초학력 미달자가 상대적으로 높은 편임 • 부모의 언어 및 지원 부족으로 인한 학습 결손
따돌림과 학교 부적응	• 외모, 말투 등의 차이로 인한 따돌림 • 언어능력 부족으로 인한 학교 부적응 • 문화나 가치관의 차이로 인한 부적응
자아정체성 혼란	• 한국어, 한국문화에 익숙하지 않은 학부모와 정체성 문제(외국인 부모의 문화적 정체성 vs 한국사회의 문화적 정체성 간의 혼란)

출처: 설동훈 외(2005).

다행스럽게도 최근 자료에서는 자녀들의 차별경험이 감소했고, 학교폭력을 경험한 비율도 조금씩 감소한 것으로 나타났다(여성가족부, 2022). 이러한 결과에는 사회적인 차원에서 TV나 미디어를 통해 이주민에 대한 긍정적 요소가 부각되고 학교에서 다문화교육이 이루어진 것이 긍정적인 영향을 준 것으로 해석된다(심준영, 백민경, 2022). 이는 학교의 다문화교육이 의미가 있다는 것을 보여 준다. 특히 정규교과 외에 다문화 학생들의 학교생활 적응을 위한 프로그램, 학업성취도를 높이기 위한 노력, 정서적 어려움을 겪고 있는 학생에 대한 상담 및 심리치료 등이 긍정적 효과를 갖는 것으로 나타났다. 그러나 다른 한편에서는 다문화가정을 취약계층으로 규정하고 이들에 대한 별도의 지원과 정책의 필요성을 규정하는 것 자체가 이들에 대해 부정적 이미지를 형성할 수 있어 문제가 될 수 있다는 지적도 있다(양계민, 2017). 그럼에도 불구하고 다문화가정의 자녀들이 학교생활을 하면서 겪을 수 있는 다양한 어려움을 배려해 주고 보통의 다른 학생들과 같이 차별받지 않고 훌륭한 시민으로 성장할 수 있도록 다각적 차원의 지원이 필요하다. 또한 학교에서의 다문화교육 영향력이 크며 실효성도 큰 편이다. 그러므로 일반 학생들도 다문화주의를 수용하고 이주민에게 좀 더 개방적이고 관용적 태도를 갖도록 교육한다면 다문화사회의 실현도 훨씬 빨리 실현될 수 있을 것이다. 또한 다문화가정의 학생들도 편하게 적응할 수 있고 차별감이나 부정적 정체감으로 인한 어려움도 줄일 수 있을 것이다.

학교에서의 다문화시민교육의 역할은 평등한 교육과정을 제공함으로써 모두가 공평한 학습기회를 갖고 인간다운 삶을 살 수 있도록 돕는 것이다. 그런데 다른 사람의 문화와 가치를 이해하고 관용의 마음을 갖게 되는 '다문화주의' 내지 '다문화수용성'은 저절로 만들어지는 것이 아니라 교육을 통해 함양되고 지도되는 것이다. 학교는 아동이나 청소년의 다문화교육을 담당하는 핵심적인 기관이며 잠재적 교육과정을 통해 아동의 다문화수용성이 만들어지는 곳이기도 하다. 그러므로 이 장에서는 학교 다문화교육의 중요성과 함께 학교에서 어떻게 다문화교육을 실시해야 하며 어떤 내용을 포함해야 할지에 대해 살펴보고자 한다. 이와 함께 다문화교육을 위한 교사의 역할과 태도, 전문성 등에 대해 알아보고자 한다.

2. 학교 다문화시민교육의 필요성과 목표

1) 다문화시민교육의 개념과 지향점

학교는 다문화교육을 담당하는 중추적인 기관이다. 우리 사회는 다문화교육을 통해 다문화가정 자녀들의 적응과 학업성취를 도와 그들이 우리 사회의 일원이 될 수 있도록 이끌고 일반 학생의 다문화수용성을 길러 주는 것을 중요한 과제로 설정하고 있다. 이에 학교는 다양한 인종, 언어, 종교, 문화의 배경을 가진 학생들이 서로 존중하면서 공존할 수 있는 다문화적 자질을 갖출 수 있는 교육을 해야 한다. 그것이 다문화시민교육이다. 다문화시민교육은 평등교육을 추구하는 철학적 개념으로 교육과정의 개혁을 통해 학생과 교사, 시민이 다문화적 역량을 획득하여 사회정의를 실현하고자 하는 일종의 시민교육이자 교육실천운동이다. 사람들은 기본적으로 자신과 자신이 속한 집단의 문화와 가치 속에서 살아가기 때문에 쉽게 다른 사람들의 가치나 문화를 받아들이고 이해하려 하지 않는 경향이 있다. 따라서 교육을 통해 타인의 인권과 관용의 정신, 상호이해의 필요성 등을 알려 주고 상생을 위한 가치관을 심어 줄 필요가 있다. 다문화시민교육의 기본 목적은 다른 민족이나 문화에 대해 개방적인 태도를 갖고 감정이입을 하여 그들의 문화나 가치를 존중하면서 더불어 살아갈 수 있는 시민성을 기르는 것이다. 구체적인 교육목표로는 다문화가정 학생의 적응, 문화적 상대성과 다양성 수용, 문화적 편견의 해소, 다문화적 가치의 확산과 평등사회 도모, 미래사회를 위한 새문화 창조 등을 들 수 있다(오은순 외, 2007).

미국에서 다문화교육이 시작된 배경에는 이민자의 자녀들이 평등한 교육을 받고 평등한 시민으로 성장할 수 있도록 교육과정을 개혁하자는 교육목표가 있었다(Banks, 2007). 그러나 최근의 다문화교육은 단순히 이주민을 위한 이해와 적응교육을 넘어 내국민의 다문화수용성을 높이고 전 지구적 차원의 문제까지도 연대감을 갖고 함께 해결하고자 하는 세계시민성 교육을 포함하는 다문화시민교육으로 개념이 확대되고 있다. 결국 세계화시대의 시민교육은 다원적 가치를 수용할 수 있는 다원적 시민성을 기르는 것이라고 할 수 있으며 그 안에 다문화교육도 포함된다고 하겠다. 즉, 21세기의 세계시민교육은 한 개인이 그가 살고 있는 사회 속에서 한 시민으로서 살아갈 수 있는 능력뿐만 아니라 세계의 구성원, 미래사회의 주인으로서 다른 문화에 대한 이해와 관용, 나아가서 세계의 평화, 지구에 대한 책임감까지 갖고 행동하는 다문화시민성을 함양하는 것이다. 이런 맥락에서 향후 학교 다문화시민교육이 지향하는 교수·학습의 지향점을 그림으로 나타내면 [그림 9-2]와 같다.

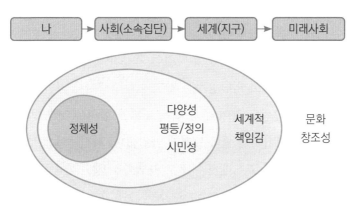

[그림 9-2] 다문화시민교육의 지향점

출처: 장인실 외(2012), p. 245에서 수정·보완

2) 학교 다문화시민교육을 위한 교육과정

뱅크스(Banks, 2007)는 다문화교육이란 "다양한 배경의 학생이 학교에서 모두가 평등한 교육을 받을 수 있도록 교육의 평등 내지 차별 제거를 위한 학교개혁운동"이라고 개념화하면서, 다문화교육은 사회통합을 지향하는 교육으로 민주적 가치를 전체 구성원에게 확장하는 교육이므로 소수집단만이 아니라 사회 전체 구성원을 위한 교육이어야 함을 강조했다. 이때 교육과정은 다문화시민교육의 핵심적인 것으로 모든 집단 학생들의 편견을 감소시킬 수 있도록 교육과정을 구성하고 학교문화와 구조가 학생의 다문화적 역량을 강화할 수 있도록 조직되어야 한다고 설명했다. 그러기 위해서는 교육과정이 분리되기보다는 이주민과 선주민이 함께할 수 있는 통합교육과정으로 구성되어야 하며 공평한 교수법을 사용하여 교실 내에서 평등한 교육이 이루어질 수 있도록 배려하면서 교육과정의 구성에 신경을 써야 한다고 주장했다.

그렇다면 평등한 교육이 되기 위한 다문화 교육과정은 어떻게 구성되어야 할까? 무엇보다 중요한 것은 다문화 교육과정뿐만 아니라 학교의 분위기가 다문화적이어야 한다는 점이다. 다문화적이어야 한다는 것은 학교환경 자체가 다문화 가정이나 자녀에 대해 차별적이지 않고 허용적이며 다문화적 민감성을 갖고 이주학생이나 일반 학생 모두의 다문화적 민감성을 높여 주기 위해 노력을 한다는 것을 의미한다. 이러한 학교 분위기는 누구나 느끼게 마련이다. 자신들이 대부분의 시간을 보내는 학교와 교실에서 누구도 차별하지 않고 존중하는 다문화적인 분위기가 조성된다면 그것 자체로 다문화수용성을 높일 수 있으며 모두가 편견없이 존중받으며 학습할 수 있는 최적의 환경이라 할 수 있다.

구체적으로 다문화교육을 실시할 때 그 교육과정에서 핵심적인 부분을 지적한다면 교육목표의 명료화, 목표에 맞는 내용의 선정과 조직, 다문화주의에 적합한 평가모형을 개발하는 것이다. 이에 대해 좀 더 자세히 살펴보자.

첫째, 다문화교육을 위한 핵심 가치는 인간의 존엄성과 보편적 인권의 존중, 문화적 다양성의 수용과 인정, 지구에 대한 존중, 세계공동체에 대한 책임감이다. 이러한 핵심 가치가 교육목표에 반영되어야 한다. 세부적인 교육목표로 베넷(Bennett, 2007)은 다음 여섯 가지 요소를 제시하고 있다.

① 학생들이 다양한 역사적 관점(multiple historical perspectives)을 이해하도록 하는 것이다. 이는 자신의 것을 포함하여 다양한 국가나 민족의 유산과 공헌에 대한 이해와 관점을 갖도록 하는 것이다.
② 문화적 의식(cultural consciousness)을 개발하는 것이다. 이는 개인적 차원의 세계관이나 인식을 갖고 다른 문화를 이해할 수 있는 역량을 의미한다.
③ 간문화적 역량(intercultural competence)을 개발하는 것이다. 간문화적 능력이란 문화 간 의사소통 능력으로 언어, 표시, 몸짓과 같이 의도된 의사소통 방식도 있으며, 신체언어와 같이 드러나지 않은 무의식적인 표시, 다른 문화에서 나타나는 관례 등을 이해할 수 있는 감정이입과 의사소통 능력 모두를 포함한다.
④ 인종차별, 성차별, 기타 모든 편견과 차별에 대항하는 것이다. 인종차별, 성차별을 포함한 모든 형태의 편견과 차별을 감소시키는 것은 기존의 고정관념을 버리고 평등과 정의로운 생각을 갖도록

하는 것이다.

⑤ 세계정세(state of the planet)와 글로벌 역학관계(global dynamics)를 인식하는 것이다. 이는 전 지구와 세계의 상태, 경향, 발전 모습 등을 알리고 공동의 문제를 해결하고자 하는 인식을 갖는 것이다.

⑥ 사회적 행동 기능(social action skills)을 개발하는 것이다. 이는 지구의 미래와 인류의 행복에 대한 책임감을 갖고 그것에 위협이 되는 문제를 해결할 수 있는 지식, 태도, 행위를 할 수 있는 능력의 함양을 의미한다.

베넷이 제시한 교육과정 구성의 여섯 가지 목표를 그림으로 나타내면 [그림 9-3]과 같다.

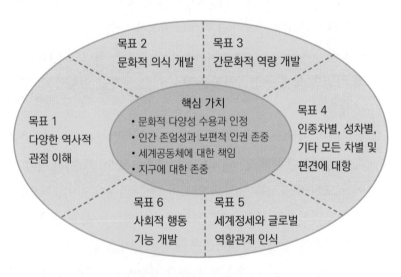

[그림 9-3] 다문화 교육과정의 목표

출처: Bennett(2007), p.32.

둘째로 고려해야 할 것은 교육 내용의 선정과 관련한 것이다. 이는 다문화시민교육에서 '무엇을 가르칠 것인가'를 결정하는 문제로 어떤 내용을 교육과정에 포함시킬 것인가를 정하는 일이다. 학교 다문화시민교육과정에서 다루어야 할 내용은 다양하다. 그중 가장 기본이 되는 내용은 다양한 민족이나 인종집단의 문화와 그들에 대한 지식이다. 문화란 '삶의 방식(way of life)'으로 각 집단이 가진 가치관이나 규범과 같은 비물질적인 문화뿐만 아니라 음식, 의복, 주거생활 등과 같은 물질적 문화를 모두 포함한다. 다양한 집단에 관한 지식으로는 그들 민족의 역사나 이주, 민족 정체성이나 민족적 동질감, 관점, 세계관, 공유하는 문화나 가치, 상징 등이 있을 수 있다(Banks, 2008). 그러나 무엇보다 교육 내용을 선정할 때 중요하게 고려해야 할 것은 '다문화적'이어야 한다는 점이다. 이는 그 사회를 구성하는 다양한 집단의 역사, 관점, 경험이 골고루 평등하게 반영되어야 한다는 것을 의미한다.

셋째, 어떻게 교육 내용을 구성하고 조직하는 것이 효율적인가 하는 문제를 고려해야 한다. 이에 대해 뱅크스(Banks, 2007)는 다음 4단계 모형을 제시한다.

제1단계인 기여적 접근법(contribution approach)은 소수집단이 주류 사회에 '기여한' 점을 강조함으로써 소수집단의 자긍심을 길러 주는 것이 목표이다. 교육과제에 다문화적 내용을 처음으로 통합할 때 이 접근법이 자주 사용된다. 예컨대 소수집단의 영웅, 명절, 축제와 같은 문화적 요소를 소개하는 방식이다. 그러나 이 접근법은 제도적인 문제점보다는 민족집단의 삶의 양식에 보다 집중하고, 인종주의, 불평등과 같은 사회구조적인 문제는 회피하는 측면이 있다는 한계점이 있다.

제2단계인 부가적 접근법(additive approach)은 소수집단 관련 단원이나 과목 등을 교육과정 내에 첨가하는 형태로 이루어진다. 즉, 교육과정의 기본적인 구조나 특성은 그대로 유지한 채 소수집단과 관련된 개념, 주제, 관점을 교육과정에 부가하는 방식이다. 부가되는 내용의 선정이나 기술이 주류적 관점에서 이루어진다는 점에서 불충분한 개혁이라고 볼 수 있다. 예컨대 미국 원주민이나 흑인에 관한 내용이 부가되더라도 백인의 관점에서 내용이 선택되고 기술되기 때문에 비판이 제기되기도 한다.

제3단계인 변혁적 접근법(transformation approach)은 교육과정의 기본적인 목표, 구조, 관점의 변화를 시도하는 것이다. 1, 2단계에서는 기존의 교육과정 체제를 그대로 유지하면서 다문화적 내용을 첨가하는 방식을 취했다면, 3단계에서는 새로운 관점에서 교육과정을 변혁하여 재구성하는 것이다. 즉, 사회가 다양한 문화, 인종, 종교의 상호작용과 통합을 통해 형성되었다고 보고 소수집단을 사회의 예외가 아니라 필수적인 부분으로 수용하여 교육과정을 재구성한다.

제4단계인 사회적 행동 접근법(social action approach)은 제3단계 변혁적 접근법에서 더 나아가서 학생들의 의사결정과 그에 따른 실천과 행동을 강조한다. 이 접근법은 학생들에게 사회변화에 필요한 지식, 기능, 가치를 함양하도록 하고 보다 민주적인 사회를 건설하는 데 목표를 두고 있다.

이상과 같은 뱅크스의 4단계 교육과정 개혁 모형을 그림으로 표시하면 [그림 9-4]와 같다. 그는 미국의 다문화교육이 주로 1, 2단계에 머물고 있으나 향후 교육과정이 진정한 다문화주의적 관점으로 개혁되려면 3, 4단계로 나아가야 한다고 주장했다. 현재 우리나라의 다문화 교육과정도 대부분 기여적, 부가적 접근법을 취하고 있어 제대로

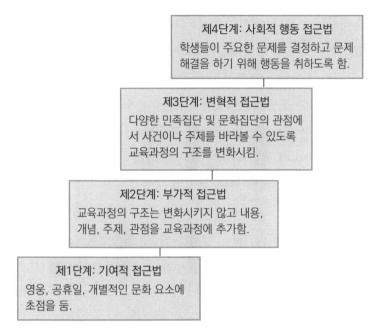

제4단계: 사회적 행동 접근법
학생들이 주요한 문제를 결정하고 문제
해결을 하기 위해 행동을 취하도록 함.

제3단계: 변혁적 접근법
다양한 민족집단 및 문화집단의 관점에
서 사건이나 주제를 바라볼 수 있도록
교육과정의 구조를 변화시킴.

제2단계: 부가적 접근법
교육과정의 구조는 변화시키지 않고 내용,
개념, 주제, 관점을 교육과정에 추가함.

제1단계: 기여적 접근법
영웅, 공휴일, 개별적인 문화 요소에
초점을 둠.

[그림 9-4] 다문화 교육과정 개혁을 위한 접근단계

출처: Banks(2008), p.70.

된 다문화교육 과정이라고 보기는 어려운 상황이다(박철희, 2007; 장인실 외, 2012). 따라서 점차 3, 4단계의 교육과정까지 포함하도록 노력해야 할 것이다.

3) 학교의 환경과 잠재적 교육과정

학교의 정규 교육과정뿐만 아니라 학교환경을 포함한 잠재적 교육과정도 학생의 다문화수용도에 막대한 영향을 미친다. 학생들은 수업시간뿐만 아니라 학교의 환경이나 분위기, 문화 등을 통해서도 느끼고 반응하기 때문이다. 이것이 잠재적 교육과정(hidden curriculum)이다. 학교의 환경이나 분위기가 다문화적일 때 학생들은 자연스럽게 다문화를 수용하게 된다. 예컨대 학교의 환경이 다양성을 존중하고 포용하는 분위기라고 느끼면 학생들은 저항감 없이 그 분위기를 수용하게 된다. 그러면서 학생들 대부분이 민족에 대한 차별이나 편견 없이 다양한 집단에 대한 긍정적인 태도를 갖게 될 것이며 다문화가정의 자녀도 자신의 정체성에 대한 불안감 없이 긍정적 자아감을 갖고 학업에 전념할 수 있을 것이다. 이러한 사실은 연구결과를 통해서도 입증되고 있다. 즉, 학교에서 경험한 차별, 부정적 정체성 등은 이주청소년의 자아정체감에 영향을 미치고, 이것이 학업성취도의 저하, 가정이나 사회에 대한 불만 등으로 이어진다는 것이다(조영달 외, 2006).

이 외에 학교의 물리적 환경, 교사와 교직원의 태도 등에서도 다문화적인지 아닌지 그 분위기를 감지할 수 있고 상담 프로그램의 여부 등도 학생에게 영향을 미친다고 한다. 이러한 점들을 종합하여 다문화적 학교 분위기를 만들기 위한 방안을 제시해 보면 다음과 같다.

첫째, 다문화적 학교는 문화적 다양성이 존중받고 있다는 것이 가시적으로 드러나도록 물리적 환경이 구성되어야 한다. 이를테면 다문화 이해를 위한 게시판을 만들거나 다문화 학생을 위한 자료실과 학습실을 구성하여 학생들에게 다양한 문화에 대한 정보를 습득하고 이해할 수 있도록 도와주는 것이다. 이러한 환경 조성은 학생들에게 자신들이 배려받는다는 느낌을 갖게 한다.

둘째, 교사나 교직원의 구성과 그들이 학생들에게 갖는 기대수준과 태도도 다문화적 환경 조성에 중요한 영향을 끼친다. 예컨대 소수집단의 학생들은 자신과 같은 배경을 가진 교사나 교직원에 대해 높은 신뢰와 만족감을 갖기 때문에 이중언어교사나 결혼이주여성을 교사나 방과후 교사 등으로 활용하면 좋을 것이다.

셋째, 다문화가정 학생을 위한 상담실을 운영하는 것이다. 다문화가정의 자녀들이 갖는 심리적인 문제나 진로의 문제 또는 학업상의 문제, 편견이나 차별 등으로 인한 갈등을 상담할 수 있는 교실이나 프로그램이 필요하다. 개인이 어려움을 겪을 때 그것을 의논할 곳이 있다는 것은 매우 중요하다. 그러나 무엇보다 중요한 것은 교사의 관심과 배려의 마음이다. 교사들이 평등교육에 관심을 갖고 차별을 줄이기 위한 노력을 한다는 것 자체가 소수자에게는 힘이 될 것이다. 이에 다문화적 소양이나 상담능력을 키울 필요가 있다.

4) 학교의 다문화교육 프로그램 사례

다문화교육 프로그램은 정형화된 틀이 있는 것이 아니기 때문에 학생들의 요구나 상황에 따라 융통성 있게 구성하는 것이 바람직하다. 학교 다문화교육을 위해서는 교과활동 시간뿐만 아니라 교과외 활동 시간을 활용할 수 있다. 교육 내용의 구성이나 적절한 교육적 개입을 통해 평등하게 상호작용이 이루어질 수 있도록 학습 분위기를 조성하는 것이 바람직하다.

국가평생교육진흥원에서 운영하는 중앙다문화교육센터는 해마다 다문화교육 우수사례 공모전을 열고 있다. 다음에 제시된 사례는 2022년에 수상한 다문화교육 프로그램이다.

〈사례 1〉

제목: 차별과 편견을 넘어(○○중학교 다문화교육 사례)

- 대상: 중학교 2학년

- 운영기간: 주 1회, 국어 교과재량 시간 활용

- 학습자료: 장애인, 여성차별, 왕따, 외모 지상주의, 외국인 노동자 문제, 학벌 제일 주의 등 인권 문제를 다룬 단편영화와 애니메이션 자료, EBS 'ⓔ 지식채널' 영상, 관련도서

- 운영취지:
1) 영상 자료를 통해 우리의 일상에서 일어날 수 있는 소수자에 대한 차별과 편견의 예를 살펴보고, 최근 급증하고 있는 결혼이주여성과 외국인 노동자의 관계를 생각해 본다.
2) 집단 따돌림, 외모, 학업과 같은 학교생활과 관련된 이야기에서 출발하여 다양한 문화집단을 이해하는 것으로 사고의 폭을 확장시켜 가도록 한다.

- 수업계획표

차시	주제	내용	학습자료	비고
1	수업계획 안내	독서인증제 안내		
2	인사 나누기	'우리 반 친구들 첫인상'		
3	마음 열기	'봄'	국악 애니메이션	
4	따돌림	동물농장	별별이야기1	편지 쓰기
5	학벌주의	사람이 되어야	별별이야기1	
6	장애인	낮잠	별별이야기1	건의문 쓰기
7	장애인	세 번째 소원	별별이야기2	
8	양성평등	아기가 생겼어요	별별이야기2	

〈사례 2〉

제목: 난민, With You 프로젝트(○○고등학교 다문화교육 사례)

- 대상: 고등학교 1학년
- 운영기간: 학기 내 창의적 체험활동, 꿈끼 탐색주간 활용
- 학습목표: 난민을 다룬 뉴스 기사, 영상을 보고 의견을 나눈 후 문화다양성 존중을 위한 공익광고 제작으로 작은 실천 과정에 참여한다.
- 운영취지: 국제화 및 세계화 시대의 중요한 현안 중 하나인 난민을 주제로 하여 이를 다문화적 관점에서 풀어내고, 학생들의 발달단계에 적절한 학습 내용과 활동으로 교육자료를 구성
- '난민' 문제 해결을 위한 작은 실천 과정에 참여함으로써, 배움을 실천하는 민주시민으로 공동체 역량, 의사소통 역량, 창의적 사고 역량, 심미적 감성 역량, 지식정보처리 역량을 기를 수 있게 한다.

- 수업계획표

차시	주제	내용	학습자료
1	시야 넓히기	생각의 변화 나누기	콩고 난민 남매 인터뷰 영상, 예멘 난민 관련 뉴스
2	문화다양성 이해	논리적 글쓰기로 나의 입장 표현하기	'종교적 옷차림 금지 논란' 토론 영상
3	문화다양성 존중 공익광고 만들기1	사전 모임-역할 정하기 영상 시청 후 모둠별 토론	JTBC 차이나는 클라스 54회 "이슬람, 테러의 종교인가?" 영상
4	문화다양성 존중 공익광고 만들기2	실현할 핵심 가치 정하기 공익광고 제작용 스토리보드 짜기	
5	문화다양성 존중 공익광고 만들기3	스토리보드 실사판 사진 찍고 동영상 완성하기	
6	문화다양성 존중 공익광고 만들기4	제출한 공익광고 감상 후 보고서 작성하기	
7	생활기록부 등재	제작한 공익광고 및 체험소감문 내용을 토대로 생활기록부 개인별 세부 특기사항에 기록하기	

출처: 국가평생교육진흥원 중앙다문화교육센터(2023).

4. 교사의 중요성과 전문성

1) 다문화교육을 위한 교사의 중요성

교사가 다문화학생의 현실을 파악하고 적극적으로 해결하고자 하는 의지를 갖는 것은 학교에서 차별이나 편견을 완화하는 데 중요한 영향을 미친다. 따라서 다문화교육이 제대로 이루어지기 위해서는 예비교사나 현직교사가 우선적으로 다문화교육에 대한 필요성에 동의하고 그것을 실천하고자 하는 의지를 가져야 한다. 교실 현장에서 교사가 학생에게 하는 상호작용의 방식이 학생의 학업성취도나 다문화수용성에 영향을 준다는 연구 보고가 있다. 예컨대 미국의 경우 베넷에 의하면, 교사들은 흑인이나 남미계 학생들에게는 작은 학업성취를 기대하고 문제행동을 일으킬 가능성이 높은 것으로 예상했으며 그러한 예상과 기대는 소수집단 학생의 자긍심과 학업성적에 부적 영향을 끼쳤다고 한다(Bennett, 2007). 우리나라의 경우에도 전혜진(2013)의 연구에서 초등교사와 학생이 상호작용을 하는 과정에서 다문화가정의 학생들에게 차별적으로 대하는 과정을 통해 어떻게 불평등이 발생하는지 분석했다. 이 외에 권미경, 김희경(2014)의 연구에서는 다문화가정 자녀의 낮은 학업성취는 높은 중도탈락, 장래직업 선택에서의 불평등, 부모계급의 재생산, 교육 불평등과 관련성이 높은 것으로 나타났다. 이러한 연구결과를 종합해 볼 때 교사와의 상호작용은 다문화가정 자녀의 학업성취도와 관련성이 높은 것으로 나타났으며 이는 이후 그들의 삶에도 지대한 영향을 미친다는 것을 알 수 있다. 특히 교사는 교육과정의 주체로서 학생들의 교육경험을 구성하고 운영하는 역할을 수행할 뿐만 아니라 잠재적 교육과정을 통해서도 학생들에게 다문화주의적 분위기를 조성할 수 있기 때문에 그 영향력이 매우 크다. 그러므로 교사의 다문화적 소양과 전문성 계발은 다문화교육의 성공 여부를 결정하는 중요한 요소라 할 수 있다.

2) 다문화교육을 위한 교사의 역량과 전문성

교사는 기본적으로 학교현장에서 학생들의 다양한 배경과 문화적 차이를 인식해야 하며 그들이 평등한 교육을 받을 수 있도록 교육과정을 개발해야 한다. 또한 학교가 모두를 평등하게 포용할 수 있도록 학교 환경과 분위기를 조성해야 한다. 그뿐만 아니라 교육과정의 운영 시 발생할 수 있는 문제에 대해 적절하게 대응할 수 있는 다문화적 능력을 갖추도록 노력해야 할 것이다.

그렇다면 교사가 다문화적 자질을 갖기 위해서는 어떤 역량이 필요할까? 이에 대해 퍼먼(Furman, 2008)의 연구에서는 다문화교육을 위한 교사의 역량 중 가장 중요한 요소로 다양한 문화와 인종, 민족 등에 대한 인식과 태도를 지적했다. 교실에서 교사는 학습자에게 중요한 학습모델이므로 교사의 문화적 편견은 즉각적으로 학생들에게 전달되기 때문이다. 게다가 교사가 가진 생각은 다문화 교육과정 구성에도 영향을 미쳐 평등한 교수·학습활동을 제공함에 있어 매우 중요하다. 이 외에도 교사는 다문화적 효능감과 함께 다문화수업을 진행할 수 있는 능력, 다문화가정의 자녀지도 능력, 다문화적 문제상황 해결능력 등 다양한 역량을 갖추어야 한다는 점이 제시되었다(모경환, 2007). 여기서 다문화적 효능감(multicultural efficacy)이란 학생들을 다문화적 환경에서 잘 가르칠 수 있다는 자신감을 말한다(Guyton & Wesche, 2005). 다문화적 효능감은 교사가 다문화적 환경에서 학생들을 위해 바람직한 결과를 산출하는 기능과 능력을 소유하고 있다는 신념을 의미하는 것으로 다문화교육을 실행하는 교사에게 필요한 자질 중 하나이다.

다음은 교사의 다문화효능감을 측정하는 질문지 사례이다.

〈교사의 다문화 효능감 척도 질문지 사례〉

- 나는 학생들이 문화적 다양성에 대처하는 능력을 함양하도록 지도할 수 있다.
- 나는 학생들이 다양한 관점에서 역사와 사회를 바라보도록 지도할 수 있다.
- 나는 다문화가정 자녀의 필요에 부응하는 수업방법을 적용할 수 있다.
- 나는 다문화적 교실에 적합한 학습자료를 개발할 수 있다.
- 나는 다양한 민족집단의 학생들이 서로 협력하도록 지도할 수 있다.
- 나는 다문화가정 자녀가 자신감을 갖도록 지도할 수 있다.

다음으로 효과적인 다문화교육을 위해 필요한 교사의 전문성에 대해 살펴보자. 이와 관련하여 마셜(Marshall, 2002)의 연구에서는 교사가 구체적으로 갖추어야 할 다문화적 능력으로 간문화적 지식과 능력, 학생, 학부모, 지역사회에 대한 관심과 지식, 효과적인 교수전략에 대한 습득 등을 제시했다. 무엇보다 교사는 자신이 완전히 가치중립적인 상태에서 가르치는 것이 아니라 문화적 가치판단에 기초하여 가르치고 행동하는 존재임을 인식해야 한다. 따라서 의도적으로라도 다문화가정 학생들을 인식하고 편견을 없애기 위해 노력해야 하며 평등한 교수법에 의해 모든 학생이 공평하게 대우받으며 학습할 수 있도록 모두에게 관심과 배려를 해 주려는 자세를 갖추어야 한다는 것이다. 이와 관련하여 모경환(2010)은 다문화교육을 위한 교사의 전문성을 다음과 같이 제시했다.

첫째, 교사의 다문화적 인식이 필요하다. 따라서 교사는 사회의 문화적 다양성에 대해 이해하고 자신의 다문화적 인식과 태도에 대해 성찰해야 한다. 그리고 문화적으로 상이한 집단과 효과적으로 상호작용을 할 수 있는 능력을 갖추도록 노력하면서 다문화가정의 학부모와 학생 그리고 지역사회에 대해 관심을 갖도록 해야 한다.

둘째, 다문화가정 출신의 학습자에 대한 관련 배경지식을 갖고 있어야 한다. 교사는 자신이 가르치는 다양한 소수집단에 대한 지식을 갖고 있어야 하며 각 집단의 핵심 가치, 중요한 역사적 경험, 문화 등에 대한 이해가 필요하다. 이러한 기초지식이 있어야만 다문화교육의 실행에서 적절한 내용을 조직하여 가르칠 수 있기 때문이다.

셋째, 학생의 인종적, 문화적, 언어적, 계층적 특징을 고려하여 수업을 조직하고 운영할 수 있는 기능을 갖추어야 하며 다문화교육 자료를 개발하고 활용할 수 있어야 한다. 예컨대 사진, 개념지도, 차트 등과 같은 시각적 자료를 적절하게 조직하여 교육적 효과를 높일 수 있는 기술을 익혀야 한다.

넷째, 다문화교육 전반에 대한 패러다임의 이해가 필요하다. 즉, 다문화교육을 바라보는 시각이 문화적 박탈(cultural deprivation paradigm)에 기초하는지 혹은 문화적 차이(cultural difference paradigm)에 기초하는지에 따라 교육적 정책과 교육적 실천방법이 달라지기 때문에 다문화교육에 대한 총체적 이해가 선행되어야 한다. 전자의 입장에서는 소수집단의 교육적 실패 요인이 그들의 문화적 결손에 있다고 여겨 그것을 변화시켜야 한다고 본다. 이러한 입장에서는 문화적으로 박탈된 그들의 문화적, 인지적 결손을 회복하도록 경험을 보완해 주는 것이 학교교육의 목표라고 본다. 그러나 후자의 입장에서는 소수집단의 문화적 결손은 그것이 실제 결손이 아니라 사회가 중시하는 주류문화와의 가치 차이 혹은 문화 차이에서 비롯된 것이라고 본다. 그러므로 그 차이를 존중하고 인정하면서 그에 부합하는 교육을 실시해야 한다고 주장한다. 결국, 어떤 패러다임을 수용하는가에 따라 다문화교육의 실천 방법도 달라질 수 있기 때문에 교사는 이에 대해 충분히 이해하고 있어야 하며 가급적 다양한 문화적 차이를 이해하고 존중하는 입장을 취하는 것이 바람직하다.

5. 맺는말: 학교 다문화시민교육을 위한 과제

그간 학교에서 이루어지는 다문화교육 프로그램이 학생들의 다문화수용성에 어떠한 영향을 미치는지에 대한 연구가 꾸준히 이어져 왔다. 이를테면 김현정(2014)은 초등학생의 경우, 다문화교육의 경험이 있는 아동이 다문화수용성의 전체 영역에서 인식 수준이 높게 나타났으며, 남혜림과 박선호(2015)는 초등영어수업에서 협력학습 모형을 활용한 결과, 영어능력과 다문화수용성 모두에서 긍정적인 변화가 나타났음을 보여 주었다. 또한 김영현(2021)은 사회과 논쟁 중심 수업과 설명 중심 수업이 다문화수용성에 미치는 영향을 분석한 결과, 논쟁식 수업이 설명식 수업보다 다문화수용성 향상에 더 효과적임을 확인했다. 이러한 연구들은 향후 학교 다문화교육의 중요성과 함께 학교에서 어떻게 다문화교육을 실시하는 것이 효과적인지에 대해 시사하는 바가 크다. 이러한 연구결과를 토대로 향후 학교 다문화시민교육의 과제에 대해 몇 가지 점을 제시해 보겠다.

첫째, 다문화교육의 대상을 확장할 필요가 있다. 현재 우리나라의 학교 다문화교육은 주로 다문화가정의 자녀에 대한 학교적응과 지도를 중점적으로 다루고 있어 일반 학생의 다문화시민성에 대한 교육은 별로 이루어지고 있지 않다. 아직도 우리의 교육현장에서는 다문화교육이 교육개혁으로 작동하기보다는 다문화가정 아동의 '장애'를 개선하기 위한 조치로 작동하고 있다는 비판이 있다(정민승 외, 2014). 진정한 다문화사회가 실현되기 위해서는 다문화가정의 자녀뿐만 아니라 일반 학생이나 시민의 다문화수용성이 전체적으로 형성되어야 한다. 따라서 다문화교육은 일부 소수자를 대상으로 하는 교육이 아니라 전체 학생들을 대상으로 실시되어야 한다.

둘째, 다문화교육의 내용적 확장이 필요하다. 현재 우리나라 학교에서 다문화교육은 주로 인지적 차원에서 다양한 문화를 소개하는 수준에 머무르고 있다(김동진, 이슬기, 2020). 다문화교육이 실효성 있는 개혁이 되기 위해서는 앞서 뱅크스가 지적한 바와 같이 1, 2단계의 기여적, 부가적 접근에서 점차 3, 4단계의 변혁적, 사회적 행동 접근으로 발전되어 가야 한다. 그러기 위해서는 단순한 문화이해를 넘어 인권, 반편견, 반차별 관련 내용까지 포함되도록 해야 한다.

셋째, 효과적인 교육방법과 프로그램 개발이 필요하다. 교사가 교실에서 활용할 수 있는 실제적인 다문화교육 방법과 프로그램이 있다면 훨씬 효과적으로 다문화교육을 실시할 수 있을 것이다. 그간의 교육으로 다문화주의에 대한 인식 전환은 어느 정도 이루어졌다고 볼 수 있으나 다문화적 교실환경 속에서 효과적으로 다문화 수업을 실시하기 위해서는 현장 관련 실천형 교육방법이 더 많이 적용되어야 할 것이다.

넷째, 다문화시민교육에 대한 개념적 재구조와 함께 이에 대한 학교 전체의 인식변화가 필요하다. 앞으로의 사회에서 요구되는 시민성은 분명 과거와는 차이가 있다. 그것은 단순히 문화적 차이에 대한 이해나 존중뿐만 아니라 전 지구적 차원의 문제와 그것을 해결하기 위한 시민으로서의 자질과 행동력까지 포함한다. 다문화교육에 대한 이러한 개념적 변화는 비단 다문화가정의 학생뿐만 아니라 일반 학생, 학부모, 지역사회까지 전반적으로 이루어질 필요가 있다.

다섯째, 학생들의 다문화적 시민성 형성에 교사가 얼마나 중요한 영향을 미치는지 교사 스스로 인식하고 먼저 변화해야 한다. 또한 다문화적 인식변화를 도모하고 다문화교육을 실시할 수 있는 교사의 육성이 필요하다. 따라서 먼저 교육을 담당할 교사들에 대한 다문화교육이 이루어져야 하며 그들이 직접 다문화교육을 실시할 수 있도록 교수능력 함양을 위한 연수 프로그램이 확충되어야 한다. 실제로 다문화교육 관련 직무연수를 이수한 교사의 경우, 다문화적 효능감과 인종적 다양성에 대한 태도가 유의미하게 향상되었다는 결과 보고(모경환, 2009)는 다문화교사교육의 중요성을 보여 주는 지표라 하겠다. 모두를 평등하게 대우한다는 것이 쉽지만은 않지만 그렇게 하는 것이 모두를 인간답게 대우하는 참교육임을 인식하고 노력하려는 자세가 중요하다.

참고문헌

교육부(2022). 2022년 교육기본통계 조사 결과 발표.

국가평생교육진흥원 중앙다문화교육지원센터(2023). 제14회 다문화교육 우수사례 공모전_수상작품집.

권미경, 김희경(2014). 학업성취와 문화 자본 지표 연구. 다문화가정을 중심으로. 한국교육문제연구, 32(4), 29-53.

김동진, 이슬기(2020). 학교다문화교육의 현황 분석. 문화교류와 다문화교육, 10(5), 253-275.

김영화(2010). 교육사회학. 파주: 교육과학사.

김영현(2021). 사회과 논쟁문제수업의 다문화 교육적 효과: 다문화수용성을 중심으로. 학습자중심교과교육연구, 21(8), 337-352.

김현정(2014). 아동의 다문화 수용성 관련 변인 연구. 학습자중심교과교육연구, 14(2), 449-468.

남혜림, 박선호(2015). 다문화 아동문학을 활용한 초등영어 협력학습 모형 개발 및 적용연구. 초등영어교육, 21(4), 171-198.

모경환(2007). 경기도 초·중등 교사들의 다문화적 효능감에 대한 조사 연구. 시민교육연구, 39(4), 163-182.

모경환(2009). 다문화교육 교사연수 프로그램 효과분석. 한국교원교육연구, 26(2), 75-99.

모경환(2010). 학교 다문화교육과정과 교사. 최충옥 외, 다문화교육의 이해 (pp.107-129). 파주: 양서원.

박철희(2007). 다문화교육의 관점에 기초한 초등 사회·도덕 교과서 내용에 대한 비판적 고찰. 교육사회학연구, 17(1), 109-129.

백목원 외(2016). 다문화 배경 학생에 대한 교사의 이중적 인식 연구. 다문화교육연구, 9(2), 57-88.

설동훈 외(2005). 국제결혼 이주여성 실태조사 및 보건·복지 지원 정책방안. 보건복지부.

심준영, 백민경(2022). 다문화 수용성 증진을 위한 리빙랩 프로젝트 현장 적용 연구. 실과교육연구, 28(3), 77-95.

양계민(2017). 다문화청소년 종단조사 및 정책방안연구. 세종: 한국청소년정책연구원.

여성가족부(2022). 전국다문화가족 실태조사.

오은순 외(2007). 다문화교육을 위한 교수-학습 지원 방안 연구(1). 충북 진천:

한국교육과정평가원.

장인실 외(2012). 다문화교육의 이해와 실천. 서울: 학지사.

전혜진(2013). 교육 불평등에 관한 부르디외 이론의 실증 연구. 석사학위논문. 이화여자대학교 대학원.

정민승 외(2014). 다문화교육론. 서울: 한국방송통신대학교출판부.

조영달, 윤희원, 권순희(2006). 다문화가정 교육지원을 위한 자료개발연구. 교육인적자원부.

Banks, J. A., & Banks, C, A. M.(2007). Multicultural education: Issues and perspectives. New York: Wiley.

Banks, J. A. & Banks, C, A. M.(2008). 다문화교육 입무(모경환 외 공역). 서울: 아카데미프레스. (원저는 2008년 출간)

Bennett, C. I.(2007). *Comprehensive multicultural education: Theory and research* (6th ed.). Boston: Allyn and Bacon.

Furman, J. S.(2008). Tensions in multicultural teacher education research: Demographics and the need to demonstrate effectiveness. *Education and Urban Society,* 41(1), 55-79.

Guyton. E. M., & Wesche, M. V.(2005). The efficacy: A study of construct dimensions, *American Educational Research Journal*, 31(3), 153-186.

Marshall, P. L.(2002). *Cultural diversity in our schools*. Belmont, CA: Wadsworth.

10장

지역사회에서의
다문화시민교육

1. 서론: 지역사회 중심 다문화시민교육의 의미와 중요성

현재 우리나라의 다문화교육은 주로 학교에서 이주민 자녀를 대상으로 실시되는 경향이 있다. 물론 학교의 다문화교육도 중요하지만 실제로 다문화가정 구성원이 살고 있는 곳은 지역사회이다. 만일 지역민과 지역사회의 분위기가 이주민을 차별하고 혐오하는 분위기라면 그 속에서 자라는 아동도 자연히 그런 태도나 행동을 따라 하게 될 것이다. 그러므로 다문화사회를 만들기 위해서는 학생을 대상으로 하는 학교교육도 중요하지만, 가정이나 지역사회의 어른들부터 다문화적 감수성과 다원적 시민성을 갖도록 교육해야 할 필요가 있다. 다문화 관련 문제는 아동이나 청소년의 개인적 문제뿐만 아니라 이주여성, 이주노동자의 문제이기도 하며, 지역주민과 지역사회 전체와 관련된 일이기도 하다. 이런 이유로 다문화교육은 평생교육적 패러다임 속에서 지역을 중심으로 이루어지는 것이 효과적이며 지역사회에서 성인을 대상으로 하는 다문화교육 역시 매우 중요한 의미를 갖는다.

사실상 아동의 시민성은 공적인 영역에서 교육을 통해 이루어지기도 하지만 가정이나 지역사회에서 어른의 말이나 행동을 통해 사회화되기도 한다. 예컨대 가정에서 부모가 이주민에 대해 어떻게 이야기하는지 혹은 다문화에 대한 지역사회 주민의 인식이나 분위기 등이 자녀에게 자연스럽게 전달되고 또 그것은 이주민들도 느끼게 된다. 그러므로 다문화가정이나 이주민에 대한 부정적 선입관이나 편견에서 벗어나 모두가 인간으로서 존중받고 살아갈 수 있는 평등한 사회를 만들기 위해서는 지역사회 구성원이 먼저 다른 문화나 집단의 가치관에 대해 이해하고 존중하는 마음을 갖도록 해야 한다. 그러기 위해서는 형식교육, 비형식교육, 무형식학습 등의 다양한 방법을 통해 지역사회의 다양한 교육기관들이 함께 연대하면서 베넷(Bennett, 2007)이 지적한 바와 같이 '교육개혁'이 이루어질 수 있도록 노력해야 할 것이다.

다문화교육이 지역 중심의 평생교육적 차원에서 이루어져야 하는 이유에 대해 구체적으로 설명하자면 다음과 같다.

첫째, 학교 다문화교육의 한계이다. 학교에서는 주로 이주민 자녀의 한국 적응에 초점을 두기 때문에 자신들의 문화를 습득할 기회를 박탈할 수 있으며 한국문화를 주류문화로 고정시킬 우려가 있다. 또한 교육방법에서도 주로 공급자 위주의 일방적 전달방식 교육을 실시하기 때문에 학습자를 스스로 의미를 구성하는 배움의 주체로 보지 않고 교수자 중심, 인지 중심의 교육으로 치우칠 가능성도 크다(오성배, 2022). 그러나 실제로 다문화수용성은 단지 다문화를 수용하는 태도만이 아니라 실제의 삶 속에서 다문화적으로 행동하는 것이 중요하므로 지식 위주의 학교교육만으로는 부족하다.

둘째, 다문화교육이 지역을 배제하고 관 주도, 국가 주도로 이루어질 경우, 다문화주의에 대한 담론과 정책에 함몰되어 이주민을 사회통합의 대상으로 간주하면서 동화주의 교육으로 빠질 우려가 있기 때문이다. 다문화교육은 비단 이주민만이 아니라 선주민 모두 성숙한 시민으로 길러 내야 하는 과제를 안고 있다. 그러기 위해서는 지역 차원에서 지역민 모두를 대상으로 하는 다문화적 시민성 교육이 되어야 한다.

셋째, 성인의 재교육이 더욱 필요하고 중요하기 때문이다. 그들은 대부분 과거의 시민교육을 통해 단일민족과 국가에 대한 충성심을 강요당해 왔으므로 일원적 시민성이 고착되어 있을 가능성이 높다. 하지만 이제는 세계화와 함께 다문화사회가 되었기 때문에 시민 개개인이 한 국가에 시민으로만 존재하는 것이 아니라 세계의 구성원이기도 하며 다양한 문화적 정체성을 갖기도 한다. 그러므로 자신의 다원적 정체성에 맞는 다원적 시민성으로 바꿔 나갈 필요성이 있다. 하지만 이러한 변화를 위한 교육기회를 일부러 마련하는 것이 쉽지는 않다. 이때 지역의 평생교육기관이 나서서 지역민을 위한 다문화교육을 실시한다면 지역사회 변화자(change agent)로서의 평생교육을 수행할 수 있다. 평생교육의 사회적 임무 중 하나가 교육과 학습을 통해 사회변혁을 꾀하는 시민운동적 성격을 띠고 있기에 더욱 그러하다(한승희, 2005).

넷째, 이주민을 위해서도 지역사회의 다문화교육이 중요하기 때문이다. 그들은 지역사회에서 이방인이 아니라 동일한 주민으로 함께 살아가고 싶어한다. 만일 이주민이 거주하고 있는 마을이 그들을 동일한 주민으로 인정하지 않고 이방인처럼 취급하는 분위기라면, 그들이 마음 놓고 지역주민들과 함께 학습할 수 없으며 지역사회에 대한 주인의식도 가질 수 없을 것이다. 그러므로 이주민을 따로 분리하여 한국문화에 동화되도록 가르치기보다는 지역사회의 선주민과 이주민이 함께 서로의 문화를 이해하고 받아들일 수 있도록 상호학습을 한다면 서로 인정하고 관용하는 태도를 기를 수 있을 것이다.

이러한 이유로 다문화교육은 학교 중심에서 벗어나 평생교육적 관점으로 확대하여 접근할 필요가 있으며, 지역사회를 기반으로 기획, 실천되는 것이 바람직하다. 이주민과 선주민의 삶을 바탕으로 지역사회의 특수한 맥락을 반영하면서 지역사회 내 다양한 자원과 시설의 연계를 통해 다문화교육이 이루어진다면 보다 효과적인 다문화교육이 될 수 있을 것이다. 이때 국가는 직접 나서기보다 지역사회에서 자체적으로 할 수 있도록 필요한 시설 및 재정적 도움을 주고 나아가서 필요한 법률적, 제도적 지원을 마련해 주는 방식으로 다문화교육을 지원하는 것이 바람직하다.

2. 지역사회 다문화교육의 실태와 문제점[1]

1) 지역사회의 다문화교육의 실태

앞에서 언급한 바와 같이 지역사회 중심의 다문화교육이 중요함에도 불구하고 실제로 지역사회에서 다문화교육은 별로 이루어지지 않고 있으며 이에 대한 연구도 부족한 편이다. 그동안 민간 부문에서는 시민사회단체를 중심으로 이주노동자 및 결혼이주여성의 인권 문제, 한국사회 적응을 돕기 위한 활동이 존재해 왔다. 그러나 이들 대부분은 한글교육, 한국예절교육, 문화교실 등으로 한국문화에 적응하기 위한 교육에 치우쳐 있어 진정한 다문화교육이라고 보기는 어려운 측면이 있다. 현재는 평생교육기관보다는 다문화지원센터를 중심으로 이주민 교육이 이루어지고 있는데 이들 프로그램은 교육보다는 복지쪽에 중점을 두고 있어 학습자의 요구를 충분히 담아내지 못하고 있고 평등적 관점에서 상호이해교육이 실시되지 못하고 있는 상황이다. 2015년에 수행된 '다문화교육의 실태 및 요구조사'를 중심으로 우리나라 다문화교육의 실태를 제시해 보면 다음과 같다.

첫째, 지역에서 다문화교육을 실시하고 있는 기관으로는 우선 학교

---

1   해당 내용은 저자의 발표 논문(이해주, 2015)에서 일부 발췌하여 재구성한 것이다.

나 교육청 관련 정규 교육시설이 많았으며 다문화가족 및 다문화지원센터가 중심이 되고 있다. 이 외에 사회복지관, 주민자치기관 등 다양한 평생교육기관에서도 다문화교육을 실시하고 있었지만, 관련 프로그램이 별로 많지는 않았다. 그뿐만 아니라 이들 기관에서는 다문화교육을 자신의 본업이 아니라 부수적인 일로 생각할 뿐, 다문화교육에 대한 사명감이나 절실함이 잘 느껴지지 않았다. 기타 종교기관이나 사회적 기업과 같은 곳에서 실시하는 경우도 있었다.

둘째, 조사된 프로그램의 내용을 영역별로 살펴보면 한국어교육, 다문화가족 관련 교육, 학력보완교육, 자녀학교적응 및 학습능력향상교육, 정체성교육, 한국문화 체험교육, 취업 및 직업교육, 시민교육 등으로 나타났다. 현재 기관마다 차이는 있으나 전체적으로 가장 많이 제공되는 다문화교육 프로그램은 한국어교육이었다.

셋째, 교육대상은 주로 이주민이나 다문화가정의 자녀를 대상으로 하고 있었다. 때때로 그들의 남편이나 가족을 대상으로 하는 경우도 있었으나 참여율이 저조한 편이었다. 또한 일반인을 대상으로 하는 다문화 이해 및 인식 개선 프로그램은 소수에 그쳤다. 그리고 대부분의 다문화교육이 이주민이나 내국인이 함께하기보다는 이주민만을 대상으로 하고 있기 때문에 상호 이해라는 다문화교육의 원칙은 별로 찾아볼 수 없었다.

넷째, 다문화교육을 담당하는 사람은 대부분 교육전문가보다는 일반 공무원이거나 사회복지사였고 평생교육사는 소수에 그쳤다. 하지만 다문화교육센터나 사회복지기관의 다문화 관련 프로그램을 운영하는 사람조차도 그들 기관에서 운영하는 프로그램이 대부분 교육 프로그램이기 때문에 실제로 교육전문가의 협조가 필요함을 강조했다.

그러나 현실적으로는 다문화가족지원센터와 평생교육기관 간의 연계가 잘 이루어지고 있지 않아 평생교육사의 진입이 어려운 실정이었다.

이상에서 살펴본 다문화교육의 실태를 정리하면 〈표 10-1〉과 같다.

〈표 10-1〉 기관별 다문화교육 프로그램 내용과 교육 대상

기관	주요 프로그램 내용	교육 대상자	교육 담당자
교육청, 각급 학교	한글교실, 한글문화체험, 한국어 상담교실, 기초문해교육, 다문화 이해교육, 다문화체험 활동, 세계의 의식주체험 및 세계의 문화 체험 활동, 다문화 인권교육, 다문화 도서 읽기, 체육활동, 진로 설명회 등	다문화가정 아동과 청소년, 결혼이주 여성, 다문화가정 부모	교사, 장학사, 공무원, 방과후지도사
다문화센터 (다문화가정 및 가족 지원센터)	결혼이민자 한국어교실, 예절 교실, 가족통합교육, 다문화가족 취업준비교육(운전면허, 컴퓨터), 고부관계 및 부부관계 개선, 가족 캠프, 국적취득 인터뷰 대비 교실, 문화탐방, 요리교실, 아버지 교실, 예비맘 교실, 다문화 인식 개선, 다문화 인권교육, 법률교육, 자조모임, 찾아가는 다문화교육 등	결혼이주여성과 자녀, 다문화 가족(배우자), 내국인	사회복지사, 한국어 교사, 전문강사
사회복지관, 주민자치 기관	직업능력개발교육, 컴퓨터교육, 각종 자격증 취득교육, 취업성공 패키지, 다문화 아동과 이주여성 한글교육, 소비자교육, 독서치료, 언어발달 지원 프로그램, 공예교실, 유리교실, 운전면허교육 등	결혼이주여성, 이주노동자, 다문화가정 자녀	사회복지사, 상담사, 전문강사

| 평생교육
기관
(여성회관,
시민대학,
문화원 등) | 부모역할교육, 자녀의 진로교육,
한글교육, 성교육 및 성폭력 예
방교육, 한국의 역사와 문화, 가
족 캠프, 가족 상담, 배우자 및
부부 교육, 다문화 이해교육, 이
주여성 취업 연계교육, 건강한
가정 만들기 등 | 결혼이주여성,
다문화가정
자녀, 다문화
가족 구성원,
일반인 | 평생교육사
전문강사,
다문화 강사 |
| 기타(종교
기관, 사회적
기업 등) | 한글교실, 요리교실, 직업과 취
업교육, 지역주민과 문화 나눔 | 결혼이주여성 | 종교인,
문해교사 |

2) 지역 중심 다문화교육의 문제점과 개선방안

앞의 실태조사를 통해 발견된 다문화교육의 문제점을 토대로 개선
방안을 제시해 보면 다음과 같다(이해주, 2015).

첫째, 다양한 기관에서 다문화교육을 실시하고 있지만 지역이나 기
관에 따른 특성화된 프로그램이 있기보다는 대부분 유사한 프로그램
을 다른 제목으로 진행하다 보니 내용이나 대상이 중복되어 교육 대상
자를 모집하기 어렵다고 한다. 이는 다문화교육의 대상을 주로 이주민
에만 초점을 두었기 때문일 수 있다. 그러므로 앞으로 다문화교육은
단지 이주민만을 대상으로 할 것이 아니라 내국민이나 지역주민으로
다각화할 필요가 있다.

둘째, 현재의 다문화교육이 관 주도로 다양한 부서에서 각자 이루
어지다 보니 부처 간 유사 혹은 중복 사업이 이루어지는 경우도 있으
며, 국가 차원의 종합적 총괄 없이 그때그때의 정책에 따라 단기적인
차원에서 이루어져 실효성에 의문의 여지가 있다. 그뿐만 아니라 지역
의 작은 봉사단체나 시민단체의 경우에는 의욕이 있어도 정부의 지원

을 받을 수 없어 그동안의 프로그램조차 아예 운영하지 못하는 경우도 있다. 이는 국가 전체적인 차원에서 다문화교육에 대한 계획이 부족한 데다 다문화교육에 대한 지원이 일정한 규모의 공공기관에만 주어지기 때문에 발생하는 문제이다. 다문화교육은 되도록 공공기관뿐 아니라 민간의 작은 단체들도 함께 참여할 수 있도록 지원하는 것이 바람직하다.

셋째, 상호인정문화의 부재이다. 원래 다문화교육의 지향성은 '다양한 문화에 대한 상호인정을 통해 서로에 대해 배려하고 존중하는 태도의 함양'이다. 하지만 현재 우리나라의 다문화교육은 주로 한국의 언어, 문화, 사회에 대한 소개와 적응 쪽으로 기울어져 있어 동화주의적 경향이 크다. 예컨대 결혼이주민의 자녀가 부모의 나라에 대한 자존감을 갖지 못한다면 결과적으로는 자신의 뿌리에 대해 긍정적인 생각을 갖지 못할 수 있으며 정체감의 문제가 생길 수 있다. 이런 문제를 해결하기 위해서는 이민자의 모국을 소개하는 시간을 갖거나 그들 부모가 직접 자국의 언어나 문화를 가르치는 시간을 갖게 하는 것도 효과적인 다문화교육 방법이 될 수 있다.

넷째, 지역사회 중심의 교육만 가지고는 인적, 물적 자원이 부족할 수 있다. 또한 장기적이고 체계적인 프로그램 제공에 한계가 있을 수 있으므로 지역 중심, 민간 차원을 중심으로 다문화교육을 실시한다고 해도 중앙 차원의 정책과 지원에도 신경을 쓰면서 네트워크를 해 나갈 필요가 있다.

다섯째, '다문화'라는 용어의 의미가 불분명하며 부정적 이미지를 갖고 있다는 점이다. 원래 다문화(多文化)란 다양한 문화를 가리키는 용어로 문화적 상대주의, 문화적 다양성과 개방성을 허용하자는 의미를 갖고 있다. 하지만 그 용어가 실제로 사용될 때는 이미 차별적 의미가 담겨 있어 이주민을 구별 짓고 차별하는 용어로 사용되고 있다는 점은 생각해 볼 문제이다. 이에 대해 좀 더 깊은 논의와 성찰이 요구되며 좀 더 좋은 용어로 개선할 필요가 있다.

3. 지역사회 중심 다문화교육의 실천방안 모색

현재의 다문화교육의 현황과 문제점을 토대로 향후 다문화교육의 지역화 모델을 구상해 보고 지역에서 다문화교육을 효과적으로 실천할 수 있는 방안에 대해 살펴보기로 하겠다.

1) 다문화교육의 지역화 모형

지역은 실제로 다양한 민족의 사람들이 모여 살면서 다양한 상호작용이 이루어지는 곳이다. 과거에는 지역마다 생활공동체 안에서 비형식적 학습이 이루어지곤 했다. 그러한 지역학습공동체의 한 모델로 론고의 지역화 모형을 참고할 수 있을 것이다(Longo, 2007; 김민호 외 2011에서 재인용). 그가 제시한 다문화교육의 지역화 모형의 특징을 제시하면 다음과 같다.

첫째, 지역사회 중심의 다문화교육 모형은 지역주민 개개인의 인권과 삶을 중심에 두고 지역사회 내 공동선의 실현을 지향한다.

둘째, 지역사회 중심의 다문화교육 모형은 지역주민에 의해 주도된다. 지역사회의 다양한 기관이나 단체에 의해 다문화교육이 자체적으로 이루어지므로 이들 간의 네트워킹을 통해 지역사회의 교육적 역량을 배가할 수도 있다.

셋째, 관 주도로 다문화교육이 이루어질 경우에는 특정 집단을 타깃으로 하여 일방적인 정책을 수립하고 교육을 하기 때문에 지역사회 구성원들이 함께 활동하면서 모두의 다문화적 가치와 태도를 확산시키는 데는 한계가 있다. 그러므로 지역화 모형에서는 지역사회 구성원 모두가 교육대상이 되어야 한다.

넷째, 다문화교육의 내용적인 측면에서 지역사회 중심 모형에서는 보편적 가치의 실현을 목적으로 하기 때문에 지역사회의 특징에 따라 그 내용이 달라진다. 하지만 국가나 관 주도의 다문화 모형에서는 특정 지역사회의 주민이나 이주민의 요구를 개별적으로 대응해 줄 수 없다. 지역 중심의 다문화교육에서는 경직된 문화적 집단주의를 지양하고 각 지역사회의 전통과 문화 그리고 사회적 특성에 맞는 교육을 해야 한다.

다섯째, 관 주도 모형은 다소 형식적이고 고정적인 측면이 있으나

〈표 10-2〉 다문화교육의 지역사회 중심 모형과 관 주도 모형의 비교

구분	지역사회 중심 모형	관 주도 모형
가치체계	공동선 추구 생활세계의 탈식민화	국가의 사회통합 요구 시장의 노동력 확보
추진 주체	시민사회 중심 각 단체의 잠재역량 결집	국가와 시장 중심 각 기관의 부족한 역량 보충
교육대상	지역사회 구성원 모두	다문화 관련 특정 집단
교육내용	보편적 가치 구현 지역주민의 정체성과 역할	동화주의, 경직된 집단문화주의 추상적 세계시민성
교육방법	교실 안팎의 참여식 학습	교실 내 전달식 수업

지역사회 중심의 다문화교육은 비형식적이고 유동적이다. 즉, 지역사회 중심으로 다문화교육이 이루어지는 경우에는 단지 교실 형태의 교육에 머물지 않고 지역의 다양한 장(場)에서 비형식적 형태로 교육과 학습이 이루어질 수 있으며 내용 또한 다양하게 변화시킬 수 있다.

2) 지역사회 중심 다문화교육의 대상과 내용

지역사회 중심의 다문화교육을 적극적으로 수용한다고 할 때 구체적으로 누구를 대상으로 어떤 내용을 가르칠 것인지 고민하게 될 것이다. 이때 고려해야 할 대상과 내용을 다각해 볼 필요가 있다. 우선 이주민을 대상으로 하는 적응 교육, 정체성 교육, 다문화가정 자녀 및 부모교육 등이 있을 수 있으며 일반 시민을 대상으로 하는 다문화 이해교육, 세계시민교육 등을 실시할 수 있다. 또한 다문화교육 담당자를 위한 교육도 중요하다. 다문화교육의 대상과 내용에 대해 좀 더 자세히 소개해 보겠다(양영자, 2007).

① **이주민을 위한 적응 교육 및 정체성 교육**: 이주민에게 우선적으로 필요한 것은 한국사회와 문화에 적응하는 것이다. 그러므로 이 프로그램에서는 한국사회나 문화에 대한 소개를 주 내용으로 한다. 예컨대 한국어, 한국요리, 한국관습이나 예절, 역사와 지리에 관한 내용을 포함할 수 있다. 또한 이주민의 정체성을 어떻게 형성하는가 역시 다문화시민교육의 중요한 과제이다. 이주민에게 일방적으로 기존의 정체성을 모두 버리고 한국사회에 무조건 동화되도록 강요하는 것은 바람직하지 않다. 그들 나름의 정체성을 그대로 유지하면서 동시에 한국인으로서의 정체성도 함께 가

질 수 있도록 다원적 정체성을 위한 교육이 필요하다. 나아가서 이주민들끼리 공동체를 형성하고 다양한 공동체 간의 모임이나 동아리 활동을 할 수 있도록 도와주는 것도 좋다.

② **다문화가정의 자녀 및 부모교육**: 다문화가정의 학령 아동은 한국어 부적응이나 부모의 경제적, 문화적 자본이 부족하여 학교에서 수업을 따라가기 어려운 경우가 많다. 또한 그들 부모의 경우 한국어가 능숙하지 못해 자녀교육에 어려움을 겪을 수 있다. 그러므로 이들에게 지역사회에서 특별교실을 만들어 학습지원을 하거나 그들 부모를 대상으로 한국 현실이나 자녀교육에 필요한 교육을 해 준다면 도움이 될 수 있을 것이다. 이러한 교육은 학교의 방과후 교실을 활용할 수도 있고 지역의 평생교육센터, 지역주민센터 등에서도 운영이 가능하다.

③ **선주민을 대상으로 하는 다문화 이해교육**: 다문화사회에서 모두가 함께 더불어 살아가기 위해서는 선주민을 대상으로 하는 소수자 이해증진교육이 필수적이다. 다수 쪽으로의 동화교육이 아니라 상호존중의 사회 분위기가 조성되어야 하며 이를 위해 타 문화 이해교육이 필요하다. 한국인도 이주민의 문화를 이해하고 우리 국민이 외국에서 겪을 수 있는 경험을 반성적으로 성찰하도록 하여 서로 공존할 수 있는 다문화사회를 만들어 갈 수 있도록 다문화시민성을 길러야 할 것이다.

④ **전 시민을 대상으로 하는 세계시민교육**: 현재 인류가 해결해야 하는 초국가적 이슈가 많이 있다. 예컨대 무분별한 개발과 성장 위주의 정책이 가져온 환경오염, 생태계의 파괴, 그로 인한 빈곤, 전쟁, 인권의 침해 등 악순환이 반복되는 세계적 차원의 문제가

많다. 이러한 문제들은 어느 특정 국가나 지역주민만의 힘으로는 해결이 불가능하다. 초국가적 문제에 대한 책임감과 이를 해결하려는 적극적 자세와 실천력이 필요하다. 과거의 일원주의적 시민성에서 세계시민성으로의 전환이 요구되므로 이에 대한 교육도 다문화시민교육에 포함되어야 할 것이다.

⑤ **다문화교육 담당자**: 다문화교육이 효율적으로 이루어지려면 그 교육을 담당하는 교수자가 먼저 다문화적 가치관을 갖고 있어야 한다. 그들의 신념이 곧바로 학습자에게 전파되기 때문이다. 따라서 학교에서 다문화교육을 담당하는 교사뿐만 아니라 지역의 평생교육기관에서 다문화 관련 교육을 담당할 평생교육자를 양성하는 것도 매우 중요하다. 다문화시민교육을 담당할 교강사는 기본적으로 국민과 외국인의 사회통합을 위한 다문화주의적 소양뿐만 아니라 다문화시민교육 전문가로서 지식과 방법을 갖추고 있어야 한다.

4. 지역사회 중심 다문화교육 프로그램 개발 및 예시

1) 다문화교육 프로그램의 개발과정

다문화교육 프로그램 개발과정은 일반적인 평생교육 프로그램 개발과정과 마찬가지로 기획, 설계, 실행과 운영, 평가의 단계를 거쳐 개발된다. 지역사회에서 다문화교육 프로그램을 개발하고자 할 때, 각 단계에서 이루어져야 하는 주요 내용을 간략히 소개하겠다.

(1) 기획단계

다문화교육 프로그램은 다문화적 시민을 길러 내는 가장 핵심적이고 실천적 요소이다. 기획단계는 프로그램을 개발하기 전 사전적 기초 준비과정으로 평생교육기관 전체의 조직체 분석과 상황분석, 학습자의 요구분석과 사회적 필요 분석 등을 통해 구체적인 프로그램의 교육 목표를 설정한다. 예컨대 교육대상을 정하고 학습자가 어떤 내용을 학습하고자 하는지 요구분석이 이루어져야 할 것이며, 프로그램을 운영하는 기관의 상황이 그러한 교육을 할 수 있는 여건이 있는지 등도 고려하여 구체적인 프로그램의 목표를 설정해야 한다. 교육목표는 학습자의 선정과 그들의 요구에 따라 달라질 수 있기 때문에 기획단계에서는 우선 학습자의 선정과 요구분석이 이루어져야 하며 그 요구 중 우선순위에 따라 교육목표를 기술한다.

① 학습 대상자의 선정과 요구분석

프로그램을 기획할 때 기획자가 가장 먼저 해야 할 일은 학습 대상자를 정하는 것이며, 그들이 무엇을 필요로 하는지를 분석하는 것이다. 학습 대상자가 누군지, 무엇을 원하는지, 어떤 학습양식을 지니고 있는지 등에 따라 교수·학습과정이 달라질 수 있기 때문에 학습자를 선정하고 이들의 교육적 요구를 분석하는 일은 무엇보다 중요하다. 이를 위해서는 다양한 학습자와 의사소통을 해야 하며 그들의 문화에서는 어떤 방식의 의사소통이 의미 있게 받아들여지는지도 파악해야 한다. 이 과정이 요구분석이다. 하지만 학습자의 요구뿐만 아니라 때로는 교수자의 철학 또는 사회적 요구에 따라 학습내용을 선정할 수도 있다. 이는 학습자의 요구만으로는 선정될 수 없는 다른 내용을 학습,

경험할 수 있는 기회를 제공할 수 있기 때문이다.

② 기관의 조직상황 및 환경분석

프로그램 개발의 요구와 필요를 명확히 한 뒤에는 교육기관의 이념과 철학, 조직구조와 가용자원에 대한 면밀한 분석이 필요하다. 프로그램 개발은 조직적 상황에서 이루어지기 때문에 교육기관의 철학과 제반 자원을 분석해야만 프로그램의 방향과 내용이 설정될 수 있다. 프로그램을 실시하고자 하는 기관의 조직분석을 할 때는 기관의 설립이념, 운영 목적, 기관의 주요 사업, 시설 현황 등을 분석해야 한다. 또는 거시적 차원에서 기관환경평가를 할 수도 있다. 이때 활용할 수 있는 방법으로 SWOT 분석이 있다. SWOT 분석이란 기관의 외부환경과 내부환경을 평가하는 것으로 기관의 장점(Strength), 약점(Weakness), 외부의 기회요소(Opportunity), 위험요소(Threat)를 분석하는 것이다.

③ 프로그램 목표의 설정

교육 대상의 요구와 필요에 기초하여 교육목적을 설정하고 나면 구체적인 학습목표를 설정해야 한다. 교육목표는 사회 전체가 추구하는 이념과 사회의 직접적인 요구를 반영해야 하며, 학습목표는 각 차시의 구체적이고 분명한 학습목표를 제시하는 것이다. 다문화시민교육의 교육목적은 학습자가 다문화적 감수성을 높이고 세계시민으로서의 기본적 가치와 태도를 갖도록 하는 것이다. 또한 지구가 직면하고 있는 문제점들을 이해하고 이를 해결하기 위해 적극적으로 참여하는 시민성을 함양하는 것이다. 다문화교육의 목표를 설정할 때 주의해야 할 점은 학습자, 사회, 교육 주체 세 영역 차원에서 다문화적 가치와 목적들이 기술되어 있는지 살펴보아야 한다는 것이다(김민호 외, 2011).

(2) 설계단계

프로그램의 설계단계에서는 기획단계에서 확인된 교육적 요구와 필요를 기초로 교육내용을 선정하고 조직화해야 한다. 먼저 해당 기관이나 단체가 추구하는 교육이념에 맞추어 구체적인 교과의 학습목표를 설정하고 그것을 실행하기 위한 학습내용를 선정하며, 이를 효과적으로 전달할 수 있는 교수·학습방법을 선택하여, 실시할 프로그램의 학습안을 구성하는 과정을 거친다. 이때 교육이 효과적으로 이루어지기 위해서는 학습자의 선행경험과 교육수준을 고려해야 한다. 내용을 편성할 때는 되도록 학습자의 선행경험과 지식이 학습과정의 일부가 되도록 구성하는 것이 좋다. 또한 학습자의 다양한 요구에 따라 융통성 있게 구성하도록 한다. 이때 포함해야 하는 내용으로 다음과 같은 요소가 있다(Nieke, 2006; 김혜온, 2012에서 재인용).

① **자문화중심성의 인식**: 사람들은 대부분 자신이 성장한 문화나 가치관을 기준으로 생각하고 판단하는 경향이 있다. 그리하여 자기와 다른 문화적 배경을 가진 사람을 만나면 이상하게 여기거나 무시하는 경향이 있다. 자신이 이러한 성향을 갖고 있다는 사실을 인식하는 것 자체가 다문화교육의 목표 중 하나이다.

② **문화적 차이의 인정**: 다문화교육에서는 소수집단의 언어, 의식주 생활, 종교 등의 차이를 인정하고, 주류문화에의 동화를 강요하지 않으며 더 나아가 각 문화의 교류를 통해 서로 풍요로운 삶을 살 수 있다는 점을 강조한다.

③ **관용(tolerance)**: 관용은 다른 문화나 문화 기준을 인정하는 태도를 의미한다. 사람들은 익숙하지 않은 것에 직면하면 불편해하거

나 이에 대해 방어적 태도를 갖게 되며 그러한 문화를 지닌 사람들을 거부하는 경향이 있다. 이때 나와 다른 문화나 집단에 대해 참아 주고 이해하려는 태도를 갖는 것이 관용이다. 이런 과정에서 자신의 문화 기준이 과연 옳은지 다시 한번 생각해 보고 양쪽의 관점을 모두 존중하고 받아들이는 자세가 필요하다.

④ **인종주의에 대한 경각심**: 나와 다른 인종에 대해 거부감을 갖고 무시하지 않아야 하며 모두가 동등한 사람임을 인정하고 평등주의적 태도를 갖고 행동해야 한다. 이때 인종주의적 경향을 무조건적으로 비판하기보다는 왜 거부감을 갖는지 한번쯤 다시 생각해 보고, 그 문제를 의식의 수준으로 끌어올려 솔직하게 토론해 보고 해결책을 찾도록 하는 것이 좋다.

⑤ **연대감의 지원**: 소수집단이 다른 소수집단과 연대감을 가질 수 있도록 지원해야 한다. 이를 통해 소수집단의 구성원은 자신의 문화에 대한 소속감과 자긍심을 가질 수 있으며 주류사회에서 자신의 목소리를 낼 수 있는 사회적 역량을 키우게 된다.

⑥ **'우리' 정체성에 대한 토론**: 정체성은 소속감과 관련된다. 따라서 '우리'의 범주가 어디까지인가를 토론함으로써 소속감을 확대하도록 한다. 어떤 의미에서 '우리 의식'은 경제발전에 기여했다는 긍정적인 평가도 할 수 있지만, 타 문화에 대한 배타성을 갖게 하는 단점도 있다. 이러한 문제점을 해소하기 위해서는 일반 시민들이 다른 민족이나 문화에 대해 열린 마음을 갖고 존중하는 태도가 필요하다. 나아가서 '우리'의 범주를 확대하여 세계시민으로서 의식을 갖고 행동할 수 있도록 돕는 것도 중요하다.

(3) 실행과 운영단계

프로그램의 실행과 운영단계는 조직된 프로그램 학습안에 따라 실제로 프로그램을 실천에 옮기는 단계이다. 프로그램의 실행과 운영단계를 통해 프로그램의 기획이 실천되는 것이기 때문에 교육자의 역량이 발휘되는 단계이기도 하며 많은 노력이 요구된다. 실행이 잘 이루어지기 위해서는 과정마다 관련된 요소가 정확하게 투입되어야 하며 투입요소에 대한 적절한 점검과 원활한 운영관리가 필요하다.

프로그램 실행과 운영 시 고려해야 할 사항으로는 첫째로 라포 (rapport)의 형성을 들 수 있다. 이를 위해서는 소집단 활동, 자기소개 시간 등을 통해 먼저 지도자와 학습자 간에 혹은 학습자 상호 간에 친밀한 분위기를 조성하는 것이 좋다. 둘째로 프로그램 실행과 운영은 결과보다는 과정 자체에 중점을 두고 진행하도록 하며 즉각적인 성과나 효과를 올리는 데 급급해서는 안 된다. 셋째로 다문화시민교육은 결과적으로 사람들의 마음을 변화시켜야 하는 것이기 때문에 일방적으로 강요하기보다는 가급적 지도자와 참여자의 의견을 존중하면서 비지시적 방법으로 이루어지는 것이 바람직하다. 넷째로 참여자에게 문제의식을 갖도록 하며 스스로 문제를 해결할 수 있도록 도와주는 것이 좋다.

(4) 평가단계

프로그램이 실행·운영되고 나면 그 결과에 대한 평가가 반드시 이루어져야 한다. 평가는 프로그램이 설정된 목표에 어느 정도 달성했는지, 교육과정이 계획대로 진행되었는지, 학습자의 학습과 성장에 기여했는지를 판단하는 과정이다. 다시 말해 프로그램의 성패, 가치효과를 판단하는 과정이라 할 수 있다. 평생교육 프로그램의 평가는 구체적으로 평생교육 프로그램이 원래의 계획대로 잘 진행되었는지 확인, 학습자의 성취 정도를 정확히 파악하여 이에 대처, 교육 수행에 영향을 미치는 여러 요인의 개선, 의사결정에 필요한 자료 제공이라는 목적을 갖는다(최운실, 2001). 그러나 평가결과에 지나치게 의존하는 것은 바람직하지 않다. 평가는 단지 학습자의 문제점을 진단하고 치료하며, 궁극적으로는 좋은 프로그램을 만들어 학습자에게 도움을 주기 위함이라는 사실을 기억해야 할 것이다. 따라서 평가결과는 반드시 피드백하여 다음 프로그램 개발에 적극 반영하도록 해야 한다.

(5) 다문화교육 프로그램 개발 시 유의 사항

다문화교육이 이주민을 위한 적응이나 동화교육이 아니라 모든 지역민의 다문화수용성을 높이고 함께 더불어 살아갈 수 있는 다원적 시민성을 함양시키기 위해서는 몇 가지 유의 사항이 있다.

첫째, 프로그램 개발 시 가급적 이주민을 위한 적응교육뿐만 아니라 일반 시민도 다른 문화를 이해할 수 있는 기회를 더 많이 제공해야 할 것이다. 이는 무조건 이주민이 한국문화에 동화되도록 강요할 것이 아니라 한국민도 이주민의 다양한 문화를 이해하고 수용할 수 있는 태도를 기르게 하기 위함이다.

둘째, 일회적인 이벤트성 프로그램보다는 계속적인 차원에서 시민의 의식과 태도를 넓혀 줄 수 있는 프로그램을 마련해야 할 것이다. 사람들의 의식과 태도는 단 한 번에 변화하지는 않는다. 태도가 내면화되고 행동화되도록 하기 위해서는 반복적인 학습이 필요하다.

셋째, 학습자를 일괄적으로 대상화하여 비슷한 교육내용을 제공하기보다는 각 학습집단의 특성과 요구를 분석하여 그들의 요구에 부합하는 교육내용을 중심으로 프로그램을 개발하는 것이 좋다. 다문화교육 프로그램이 실질적인 효과를 보기 위해서는 각 대상 집단의 요구에 부합해야 하기 때문이다.

넷째, 학생만을 대상으로 할 것이 아니라 그들의 부모, 친척, 나아가 지역주민 모두를 대상으로 하는 다문화교육 프로그램을 마련해야 할 것이다. 자녀의 가치관에 가장 큰 영향을 주는 것은 부모와 지역사회의 어른이라는 사실을 기억해야 할 것이다.

다섯째, 인종이라는 측면에서 한 발 더 나아가 성별, 장애, 연령 등 차별을 가져오는 다양한 요소들을 고려한 폭넓은 프로그램을 개발하고 운영할 필요가 있다. 기본적으로 다문화교육이 추구하는 것은 모든 사람이 인간적으로 대우받고 평등하게 살아갈 수 있는 사회이다. 따라서 인종이라는 요소 외에도 성별, 장애 등 다양한 사회적 불평등 요소를 극복할 수 있는 내용을 점차적으로 확대, 포함해야 할 것이다.

2) 지역사회 중심 다문화교육 프로그램의 사례

다문화가족과 일반가족의 통합 집단상담 프로그램

• 프로그램명: 부부간 이해를 위한 마음 열기/마음 나누기

• 운영 기간: 7월 6~20일 매주 토요일(09:00~16:50)

• 기관: 송파구 사단법인 아이코리아

• 대상: 지역 내 다문화가족(4가족), 비다문화가족(6가족)

• 기대효과: 다문화가족을 위한 전문적인 심리적 개입을 통해 다문화가족의 사회적 응력을 증진하고, 일반가족과의 통합프로그램을 통해 다문화 인식 개선과 개인의 정신건강 증진을 도모할 것으로 기대함.

• 학습 내용: 다문화가족과 일반가족이 모두 포함된 통합집단 심리상담프로그램을 운영하여 다문화가족의 사회 수용성 증진, 다문화 인식개선, 부부 및 문화 간의 소통 증진, 자존감 증진을 도모함. 미술치료, 음악치료, 모래놀이치료 프로그램 등 포함.

• 수업계획표: 음악 영역

차시	주제	내용	학습방법
1	OT & 집단상담	집단 소개	−전체 프로그램 소개 −참가자 소개 및 라포 형성
2~3	부부, 음악을 만나다,	부부의 리듬 우리의 '만남'	−각국의 언어로 인사 노래 −부부가 함께 '만남' 부르기
4~5	부부, 마음을 노래하다	음악을 통한 소통 너와 나의 행복	−노래 부르기 −긍정적 자원 탐색

• 수업계획표: 미술 영역

차시	주제	내용	방법
6~7	만지기 (Touching)	1. 얼굴 그리기로 마음 나누기 2. 배우자의 손	−신체 접촉 및 교감 나누기 −눈 맞춤, 접촉, 애착 표현

8~9	말하기
	(Talking)
		1. 말하지 않고 함께
		   그리기
		2. 나에 대해 이야기
		   하기
			−소통방법의 차이 알기
			−상대에 대한 이해 증진
			−배우자의 자신감 회복 돕기

• 수업계획표: 모래놀이 영역

차시	주제	내용	학습방법
10~11	부부, 서로를 이해하다	1. 함께 모래상자 만들기 2. 부부대화 방식 이해하기	−공동 활동을 통한 부부간 친밀성 증진 −부부간 의사소통 유형 이해 하기 −다문화 정체성: 긍정적 느낌 과 경험 갖기 −아내와 남편 서로의 문화 이 해하고 마음 나누기
12	종결 및 집단상담	종결	− 생각과 느낌을 공유하기

출처: 여성가족부, 재단법인 한국건강가정진흥원(2014).

5. 맺는말: 다문화교육의 지역화를 통한 지역공동체 형성

이주민이 실제 사는 곳은 지역이기 때문에 지역사회는 지역주민과
의 대면 폭이 가장 넓은 곳이다. 따라서 지역 중심의 다문화교육이 중
앙정부 차원의 교육보다 효과적일 수 있으며 주민들의 요구도 민감하
게 반영할 수 있다. 또한 주민의 다문화 인식을 높이면 자연스럽게 지
역주민과 이주민이 함께 어우러져 사는 지역공동체가 형성될 수 있기
때문에 현대사회의 문제인 지역공동체 재건에도 도움을 줄 수 있으리
라 기대한다.

후쿠야마(Fukuyama, 1996)는 적절한 공동체 의식은 상호신뢰와 규
범, 네트워크를 가능하게 함으로써 사회의 효율성을 높이는 기제가 된
다고 주장했다. 이주민과 선주민이 함께 신뢰하고 더불어 잘 사는 지
역사회를 만들게 되면 '사회자본(social capital)'으로서 가치를 갖는다.

지역사회 중심의 다문화시민교육은 다문화가정의 구성원뿐만 아니라 내국민, 지역사회 모두가 윈윈할 수 있는 좋은 방안이 될 수 있다. 서로를 이해함으로써 신뢰가 생기고 다양성을 통해 지역사회가 더 풍부해질 수 있다는 인식은 지역공동체를 부활시키는 촉매제가 될 것이다. 이에 다문화교육의 지역화를 꾀할 수 있는 방안을 모색해 보고자 한다.

첫째, 다문화시민교육으로 한국어를 잘 모르는 사람들에게 한글을 가르쳐 주는 한글교실을 운영할 수 있다. 기초문해교육의 역할을 할 뿐만 아니라 그들에게 한국사회의 시민, 세계시민으로서 권리와 의무를 할 수 있는 시민성 교육이 될 수 있다. 우선 지역사회에서 시민단체나 평생교육기관들이 적극적으로 나서서 이들에 대한 문해교육을 실시하는 것부터 시작하면서 점차 세계시민으로서의 시민성을 함양하는 방향으로 확장해 나가면 될 것이다.

둘째, 다문화시민교육은 이주민이나 그들의 자녀만을 대상으로 하기보다는 선주민과 함께 하는 프로그램으로 구성하는 것이 좋다. 이제까지의 다문화교육이 주로 '다문화가정의 아이들' 혹은 '다문화가정의 주부들'을 대상으로 진행해 왔지만, 다문화교육 관련 요구분석에 따르면(이해주, 2011) 이주민은 이주민만을 대상으로 하는 것보다는 선주민과 함께 하는 프로그램을 선호하며 일방적인 방향으로 이루어지기보다는 서로에게 도움이 되는 방식으로 운영되는 것을 바란다. 또한 지역주민들이 함께 만나 실질적인 관계를 맺을 수 있도록 프로그램을 기획하는 것이 좋다. 관계성은 다문화교육이 무엇인가를 위한 도구나 교육상품이 되는 것을 방지하게 하는 중요한 요소이기 때문이다.

셋째, 교육방법은 가능하면 지역사회를 이용한 체험 중심의 방법을 활용하는 것이 바람직하다. 예컨대 지역사회의 문제를 찾아보고 토론하기, 지역사회에서 차별이나 불평등이 일어나는 상황에 대해 조사하기, 문제를 해결하기 위한 모임에 참여하기와 같이 직접 참여하고 실천하는 방법을 활용할 수 있다. 지역사회 중심 교육은 '자기 삶의 터전인 지역공동체의 유지와 발전을 위해 지역공동체 사람들과 소통하는 가운데, 지역사회의 문제를 스스로 찾아 해결하는 방법'이다. 지역주민들끼리 학습동아리를 만들어 지역의 문제를 발견하고 함께 토론하면서 해결책을 찾아가는 방법을 활용하는 것은 참여적 시민성을 기르는 데 유용한 기제가 될 수 있다(김민호, 2013).

넷째, 지역사회 내에서 활용할 수 있는 인적, 물적 자원을 찾아내고 그들 간의 네트워크를 구축하는 일이다. 다문화시민교육이 제대로 이루어지기 위해서는 특정한 집단에 의한 교육보다는 지역민을 활용한 방법이 바람직하다. 지역사회에서 활용할 수 있는 가용 인력을 발굴하여 지역 단위에서 스스로 교육할 수 있는 힘을 기르는 것이 곧 자치이며 민주주의의 근간이 된다. 주민들 간의 네트워크를 만들면 독립적으로 살아갈 수 있는 힘이 길러진다. 그것이 곧 세력화(empowerment)이다.

다섯째, 다문화시민교육을 실시할 수 있는 전문가와 실천가를 육성하는 일이다. 지역사회에서 평생교육자나 교육전문가들을 활용하여 다문화시민교육 전문가로 거듭날 수 있도록 교육하고 훈련할 필요가 있다. 다문화 관련 지식과 능력을 갖추고 시민교육적 역량을 가진 전문적 지도자가 효과적인 교육방법으로 교육을 실시한다면 실효성 있는 다문화시민교육이 될 수 있을 것이다. 이때 필요한 다문화시민교육 전문가의 역량을 나타내면 〈표 10-3〉과 같다.

여섯째, 지역사회 중심으로 시민교육을 한다고 해도 국가나 시장과

〈표 10-3〉 다문화시민교육 전문가의 역량

역량군	역량
학습자 중심사고	학습자 이해, 학습자 지향성, 학습자에 대한 존중
문화적 유연성	개방성, 관용, 다문화 역량
교수 전문성	교수 능력, 수업 전개력, 내용 전문성, 외국어 능력과 신체 언어 능력, 자문화정책 이해
사회적 연계촉진	학습자 관계 확산, 갈등 조절과 해결

출처: 정민승 외(2013), p.188을 토대로 재구성.

도 협력적 관계를 유지하는 것이 바람직하다. 만일 국가나 시장과 연계되지 않으면 실질적인 지원을 받기가 어렵다. 그러므로 다문화시민교육이 국가의 지원을 받으며 제대로 이루어지고 실질적인 효과를 보기 위해서는 민간단체의 정체성을 훼손하지 않는 범위에서 지자체, 정부와도 연대하면서 협력하는 것이 좋다. 동시에 지역사회 유관기관끼리의 연대와 협력을 위한 네트워킹도 중요하다.

참고문헌

김민호 외(2011). 지역사회와 다문화교육. 서울: 학지사.

김민호(2013). 창조적 학습도시를 향한 시민의 권한 신장: '학습 없는 시민사회' '시민 없는 학습사회'를 넘어서기. 창조적 학습도시를 향한 시민의 권한. 동아시아 평생학습포럼, 1-10.

김혜온(2012). 다문화교육의 심리학적 이해. 서울: 학지사.

양영자(2007). 한국의 다문화교육 현황과 과제. 오경석 외, 한국에서의 다문화주의: 현실과 쟁점. 서울: 한울.

여성가족부, 재단법인 한국건강가정진흥원(2014). 2013년 지역다문화프로그램 사례집.

오성배(2022). 교과연계 모형을 적용한 국어과 다문화교육 교수·학습과정안 개발. 다문화사회연구, 15(2), 39-61.

이해주(2011). 지역중심평생교육의 회귀: 그 필요성과 전략의 탐색. 평생학습사회, 7(1), 43-59.

이해주(2015). 실태 및 요구조사를 통한 다문화교육의 개선방안 모색. 평생학습사회, 11(2), 109-132.

정민승, 이해주, 모경환, 차윤경(2013). 다문화교육론. 서울: 한국방송통신대학교출판문화원.

최운실(2001). 평생교육프로그램 연구동향과 예시적 분석 패러다임. 김신일, 한숭희(편), 평생교육학. 서울: 교육과학사.

한숭희(2005). 포스트모던 시대의 평생교육학. 서울: 집문당.

Bennett, I. C.(2007). *Comprehensive multicultural education: Theory and research* (6th ed). Boston: Allyn and Bacon.

Fukuyama, F.(1996). 트러스트(구승희 역). 서울: 한국경제신문사. (원저는 1995년 출간)

Nieke. W.(2006). *Iterkulturelle Erziehung und bildung*. Opladen: Leske und Budrich.

Longo, N. V.(2007). *Why community matters: Connecting education with civic life*. Albany, NY: State University of New York Press.

11장

인종과 차별

1. 서론: 우리 안의 인종주의

우리나라에도 인종에 따른 차별, 즉 인종주의(racism)라고 불릴 만한 차별이 있는가? 인종주의는 피부색과 같이 실재하는 외형적 차이를 바탕으로 경험적, 과학적 근거 없이 인간을 구별하고 기본권을 침해하는 이념이자 행위이다. 생물학적으로 여러 인종으로 구분될 수 있고, 그러한 구분이 신체적, 지적, 도덕적인 우열로 이어진다는 믿음에 기초하고 있지만 사실 그런 생물학적 요소는 존재하지 않으며 그렇게 믿도록 주문한 사회적 구성물(social construct)에 불과하다(김지혜, 2019). 그러나 이념으로서의 인종주의는 인종화(racialized)의 대상이 된 집단이 경험하는 불평등을 정당화하고, 집권층 집단의 우월성을 공식적으로 표명하려는 신념으로 작용해 왔다(Saloojee, 2003). 그런데 우리 사회에도 '인종'을 근거로 한 차별과 배제가 일어나고 있는가 하는 질문에 '글쎄?' 하며 고개를 갸우뚱하는 사람들이 있을 수 있다.

그렇다면 '인종'이 오래된 구분법이자 차별의 이유로 작용해 온 역사를 지닌 미국의 경우부터 생각해 보자. 이번에는 고개를 끄덕일 사람이 많을 것이다. 17세기, 유럽인 개척자들이 신대륙에 도착한 뒤로 '인종'은 차별을 정당화할 수 있는 이유가 되었다. 이들 유럽계 이민자는 원주민처럼 원래 이 땅에서 살고 있었던 사람들이나 아프리카 흑인을 포함해 나중에 이 땅에 도착한 사람들에게 자신들보다 더 낮은 지위를 주기 위해 자신들을 '백인(White)'이라고 칭했다. 인종에 따라 어떤 이들은 아예 법적으로 미국인이 될 수 없었고, 백인과 같은 버스에 탈 수도 없었다.

현재 미국은 그런 나라가 아니지만 인종으로 인한 사회적 동요는 여전하다. 대표적인 사례가 최근까지도 대규모 시위를 촉발하고 있는 흑백 갈등이다. 2020년 백인 경찰에 제압당해 "숨을 쉴 수가 없다(I can't breathe)"라는 말을 남기고 사망한 흑인 남성 조지 플로이드(George Floyd) 사건에 분노하며 미국 시민들은 곳곳에서 'Black Lives Matter(흑인의 생명도 소중하다)'라는 구호를 외치며 경찰의 폭력을 규탄한 바 있다. 그는 편의점에서 지불한 20달러를 위조지폐로 의심한 종업원의 신고로 경찰에 체포되는 과정에서 죽음에 이르게 되었다. 현장에서 촬영된 동영상은 소셜 미디어를 통해 빠르게 퍼졌고, 백인 경찰의 손에 죽어 가는 플로이드의 모습에 분노한 대중은 거리로 나왔다.

이보다 5년 앞서 2015년에 일어난 흑인 여성 샌드라 블랜드(Sandra Bland)의 자살 사건도 미국 사회를 들끓게 했던 사건 중 하나이다. 블랜드는 차를 몰고 가다가 깜빡이를 켜지 않고 우회전을 했다는 이유로 백인 경찰의 제지를 받았다. 범칙금 딱지를 떼고 갈 길을 가면 되었을 텐데 대화는 언쟁으로 이어졌다. 계속되는 경찰의 압박성 질문에 언성이 높아졌고, 결국 경찰은 블랜드를 땅에 쓰러뜨려 수갑을 채웠다. 그리고 블랜드는 사흘 뒤 유치장 안에서 목을 맨 채 발견되었다(Gladwell, 2020). 이 모든 과정이 근처 CCTV에 고스란히 담겼다. 이 영상을 본 사람들의 상당수는 무기를 소지하지 않은 여성을 경찰이 왜 그렇게 과격하게 제압했는지에 대해 의문을 갖게 되었다.

이런 사건은 미국인의 일상에서 빈번하게 일어난다. 그렇다면 이런 사건들은 앞서 정의한 인종주의가 개입해 일어나는 것일까, 아니면 경찰의 적법한 법 집행 중 생긴 불의의 사고일까? 나아가서 우리 사회에 설사 인종 문제가 있다고 하더라도 아직 이렇게 비극적인 일까지는 일어나지 않고 있지만 과연 다문화사회로 변해 가는 우리 사회는 별 문제가 없는 것일까?

이런 생각에 이르면 인종과 관련한 우리 사회의 차별과 배제를 보여 준 오래된 사건 하나를 떠올릴 수 있다. 2011년 우즈베키스탄에서 온 구수진(쿠르바노바 클리브리다) 씨는 부산의 한 사우나에서 입장을 거절당했다. 그는 자신이 귀화한 '한국인'이라고까지 말했지만 주인은 막무가내였다. 얼굴이 '외국인'이어서 손님들이 싫어하며 '에이즈에 걸렸을 수도 있다'라는 것이 이유였다(김선경, 2011). 구수진 씨는 결국 경찰에 신고했지만 경찰이 내놓은 해결방안은 그에게 다른 사우나의 위치를 가르쳐 준 것뿐이었다. 이 일이 일어난 지 십 년도 더 지났으나 현재도 같은 문제가 일어나지 않는다고 말할 수 있을까?

이 장에서는 다문화사회를 구성하는 중요한 요소 중 하나인 인종과 문화에 대한 성찰을 다룬다. 먼저 인종 관련 논란과 사회적 성찰이 중요한 이슈인 미국과 캐나다의 사례를 탐색한다. 그리고 우리 사회에 인종적 구분 혹은 문화적 차이에 의거한 구조적 배제나 차별이 발생하고 있는지와 관련된 논란과 주장을 일별하고 이에 대한 시민교육적 해법을 탐색하고자 한다.

2. 미국과 캐나다의 인종주의

우선 미국과 캐나다의 사례를 통해 인종주의에 의한 차별과 배제의 역사적인 사건과 그 파장을 알아본다. 인종에 근거한 뿌리 깊은 고정관념은 성별과 계층 등 다른 사회적 조건과 교차하여 서로 다른 모습의 차별을 생산해 내고 인종에 근거한 불편한 눈길을 보내는 데도 주저함이 없게 만든다.

1) 인종차별의 역사와 현재

신대륙에 도착하여 국가를 세운 유럽인 개척자들은 '모든 인간의 자유와 평등'을 새로운 국가의 이상으로 삼고 싶어 했다. 그래서 이를 독립선언문과 헌법에 담았다. '자유'와 '평등'은 프랑스 혁명을 시작으로 주창된 새로운 이상인데, 말하자면 그들은 새로운 국가를 만드는 당위성과 비전으로 이 개념을 채택해 자신들이 이런 새로운 이념을 중요하게 여긴다는 것을 보여 주고 싶었던 것이다.

그러나 초기 미국인들은 이런 이상과는 동떨어진 일을 서슴없이 저질렀다. 땅을 얻기 위해 원주민들을 속이거나 심지어 죽이는 행위를 당연하게 생각했고, 아프리카에서 사람을 데려와 노예로 삼고 인간 이하의 대우를 했다. 이들의 후손이 현재 미국의 흑인이다. 현재 미국 인구의 약 57%가 백인이며 그다음으로 높은 비율이 히스패닉(Hispanic), 즉 중남미 계통 이민자와 그들의 후손인데, 얼마 전까지만 해도 미국 내 인종적 분포 2위는 흑인이었다. 과거 노예로 부리던 사람들이었으니 이들에 대한 뿌리 깊은 차별이 있으리라는 것은 말할 필요도 없다. 1860년대에 일어난 남북전쟁에서 노예해방이 선언되었지만 인종차별은 미국인의 일상에 계속적으로 존재해 왔으며, 지금에 이르러서도 어떤 지역에서는 다른 지역보다 그 정도가 심하다.

예를 들어 2018년 영화 〈그린 북(Green Book)〉에는 1960년대 인종차별이 극심하던 미국 남부 흑인의 현실이 잘 나타난다. '그린 북'은 당시 미국 남부에서 흑인이 숙박할 수 있는 호텔의 목록을 담은 책을 이르는 말이었다. 당시 유명한 흑인 피아니스트 돈 셜리(Don Shirley)와

[그림 11-1] 영화 〈그린 북〉의 한 장면

그의 운전기사 토니 발레롱가(Tony Vallelonga)의 실화를 바탕으로 한 이 영화는 이탈리아계 이민자인 토니가 돈 셜리의 지방 공연을 같이 다니며 흑인에 대한 고정관념과 편견을 버리게 되는 과정을 잘 그리고 있다.

지금도 미국의 흑인들이 겪고 있는 문제는 심각하다. 예를 들어 흑인 거주 지역의 빈곤과 높은 실업률의 지속, 대도시 내 인종별 분리된 주거구역 등은 인종 간의 갈등을 야기하고, 불평등 구조를 더욱 심화시키며, '미국식 아파르트헤이트(American Apartheid)'라는 비난을 받고 있다(신지원 외, 2014).

한편 미국에는 다른 소수민족의 문제도 있다. 히스패닉으로 분류되는 사람들이 그중 하나이다. 흑인과 함께 히스패닉 노동자는 소득이 전 연령층에 걸쳐 백인보다 낮고 백인과는 다르게 고령으로 갈수록 정체되거나 하락하는 경향을 보인다(홍성훈, 2020).

이들에 대한 인종차별도 암묵적으로 그리고 가시적으로 존재한다. 트럼프 전 미국 대통령은 여러 번에 걸쳐 멕시코 출신 이민자와 민주당을 지지하는 흑인 유권자를 폄하하는 발언을 했고, 자신을 지지하는 백인 유권자에 대해서는 '좋은 유전자'라고 칭송하기도 했다.

아시아계 이주민은 어떨까? 1970년대 우리나라에서도 미국 이민 붐이 일었다. '미국에서는 누구나 노력하면 잘 살 수 있다'는, 소위 '아메리칸 드림'을 꿈꾸며 많은 사람들이 미국행 비행기에 올랐다. 현재 미국 내 한인은 무려 194만여 명에 이르는데, 한인을 포함한 아시아인에 대한 차별도 역사적으로 그 뿌리가 깊다. 미국의 「연방귀화법」에는 1790년 이래로 백인만이 귀화가 가능하다는 인종 요건이 있었으며 1870년에는 흑인에게도 귀화를 허용했으나 아시아 이민자는 1952년에 이르러서야 시민권을 획득할 수 있었다. 그러므로 무려 근 100년 동안 아시아에서 온 이민자들은 합법의 이름으로 다양한 차별을 감내해야 했다.

예를 들어 1882년의 「중국인 축출법(Chinese Exclusion Act)」은 이미 미국시민인 이들의 시민권을 박탈하는 근거로도 쓰였다. 미국이라는 국가의 기반을 건설하기 위해 미국에 와 있던 중국인 노동자들은 이 법률 때문에 고국 방문이 극도로 어려워졌고, 미국 내에서도 시민권을 얻지 못해 영원한 이방인으로 살 수밖에 없었다. 게다가 중국에서 새로이 미국에 입국하는 것이 엄격히 금지되었기 때문에 이미 성인 남성 노동자로서 미국에서 살아가던 사람들은 고국의 가족과 생이별을 하거나 가정을 꾸려 가지 못했다.

이런 일은 비슷한 상황에 있었던 이웃 국가 캐나다에서도 일어났다. 캐나다에 유입된 중국인 노동자들 역시 캐나다 대륙횡단 철도공사에 동원되는 등 현재 캐나다의 사회적 토대를 구축하는 데 기여한 바가 있다. 그런데도 당시 캐나다 정부는 그들의 유입과 정착을 줄이기 위해 차별적인 중국인 이민법을 제정하고 중국인 노동자에게 500달러에 이르는 인두세를 부과하기도 했다(이선애 외, 2021). 결론적으로 아시아인은 백인 중심의 국가 정체성을 강조하던 미국과 캐나다에서 '인종적 타자'였음을 잘 알 수 있다(김연진, 2009).

이렇게 미국 내 아시아인은 오래전 값싼 노동력을 이유로 유입되었으나 현재는 시간이 흘러 소위 '모범적 소수인종(model minority)'이라고 평가받으며 전술한 흑인이나 히스패닉과는 또 다른 위치를 차지하고 있다. 그러나 아시아인의 이런 위치가 결국은 지배세력의 프레임으로 작동하는 기제에 대해 우려하는 시각도 상당히 많다. 즉, 아시아인에게 다른 소수 인종에 대한 착취를 정당화하는 '중간적' 위치를 부여하여 결과적으로 아시아인이 종종 흑인 폭동의 희생양이 되기도 하는 등, 아시아인은 미국의 복잡한 인종적 층위 속에서 여전히 다양한 암묵적인 차별을 감내하며 살아가는 위치로 자리매김하게 되었다는 분석도 있다(정회옥, 2022).

2) 인종 프로파일링

팡과 박(Pang & Park, 2002)은 '미국인'이라는 말을 듣고 연상되는 이미지를 적어 보게 하는 실험을 했다. 그 결과, 실험 대상자의 성별, 인종, 문화적 배경과 상관없이 다수의 참여자들이 '백인 남성'의 이미지가 떠올랐다고 보고했다. 그렇다면 정확히 그 반대인 '흑인 여성'이 미국에서 가장 취약한 위치에 있음을 짐작할 수 있다. 인종적으로 '흑인'이고, 남성에 비해 오랫동안 차별받아 온 성별인 '여성'이며, 여기에 더해 '저학력'에 '미혼모'라면 저소득층이면서도 아이의 양육 때문에 일도 하기 어려운 상황에 놓여 있어 더욱 그럴 것이다. 그렇다면 다문화사회의 중요한 구성요소인 인종과 문화는 다른 사회적 조건들, 예를 들어 성별, 계급과 계층, 종교 등과 겹치는, 소위 '교차성(intersectionality)'이 존재한다는 점을 알 수 있다.

'교차성'의 개념은 미국의 흑인 여성 법학자인 크렌쇼(Crenshaw)가 1989년에 처음으로 사용했다. 자동차 회사인 제너럴모터스(General Motors)에서 정리 해고된 흑인 여성 노동자들이 회사를 상대로 차별금지법 위반 소송을 제기한 사건에서 그는 법률이 성차별과 인종차별을 별개로 다룬다고 비판했으며, 흑인 여성이 겪는 차별의 특수한 경험을 드러내기 위해 이들의 처지를 교차로(intersection)에 서 있는 상황에 비유했다. '흑인'이고 '여성'인 사람이 겪는 경험의 다층적 차원, 즉 성별과 인종이 서로 교차하여 차별을 만드는 다양한 방식을 다루려 했던 것이다(김지혜, 2019).

많은 사람들은 앞서 거론한 조지 플로이드와 샌드라 블랜드의 죽음이 흑인에게 사법적 의심의 눈초리를 보내고 이에 의거하여 권력을 행사하는 '인종 프로파일링(racial profiling)'이라고 주장한다. 특히 공권력의 집행(policing)에서 다수 경찰은 흑인을 '잠재적 범죄자'라고 생각하는 경우가 많고, 이는 그 어떤 사회경제적 배경보다 흑인이라는 인종적 요소가 크게 작동한다는 것을 의미한다. 이를 뒷받침하는 증거로 주로 제시되는 것은 흑인의 높은 범죄율이다. 특히 흑인 남성에 대해 '잠재적 범죄자'라는 고정관념이 작동한다. 1960년대 후반에 태어난 미국 흑인 남성 5명 중 1명은 35세가 되기 전 교도소에 한 번 이상 수감된 경험이 있다는 연구(Wilderman & Wang, 2017) 등은 미국에서 사회적 사실일 수 있다. 하지만 이러한 흑인의 높은 범죄율은 아주 어렸을 때부터 암묵적 편견에 시달리며 성장한 것과 무관치 않다는 주장에 대해서도 생각해 볼 필요가 있다(김승섭, 2019).

캐나다 역시 인종차별, 특히 흑인에 대한 차별에서 미국과 크게 다르지 않음을 보여 준다(Connely et al., 2014). 광역 토론토 지역에 거주하는 흑인들을 대상으로 하는 한 연구에서는 거의 대다수 흑인들이 경찰 등 공권력의 집행에서 부정적인 경험을 했다는 조사결과가 나왔다. 예를 들어 그냥 눈감아 줄 수 있는 일에도 대다수 흑인들은 제지를 받거나 심하면 수색을 당했으며, 특히 흑인 남성 청년들은 이런 불쾌한 경험을 더 많이 보고하고 있었다. 흑인 응답자 대다수는 경찰이 자신이 살고 있는 지역사회를 보호하는 역할을 충실히 하는 것에 지지를 보내고 있었지만 동시에 경찰이 흑인에 대해 인종적 편견을 갖고 있음을 지적했다. 이런 경찰의 관행에 가장 피해를 많이 본 흑인 남성 청년들이 '캐나다'라는 국가가 내걸어 온 '평등'이라는 이상이 제대로 실현되지 못하고 있다고 통렬히 비판한 것이다.

미국과 캐나다의 이러한 사례는 구조적 인종차별이 두 국가의 사회 전반에 내재되어 있음을 보여 준다. '인종화된 빈곤(racialized poverty)'의 문제를 비롯하여 소득, 실업률, 직업 유형에서 흑인을 비롯한 소위 '유색인종'의 사회적 지위는 백인에 비해 낮고, 사회적 유동성도 제약되어 있는 상황에서 이들의 위치는 자녀 세대로 대물림되기 쉽다.

3. 우리 사회의 인종주의

이어 우리나라로 눈을 돌려 한국인의 인종차별 가능성을 탐색하기 위해 두 가지 문제를 분석해 보고자 한다. 하나는 외국인 주민을 대상으로 출신 국가의 사회경제적 지위에 의거하여 차별이 이루어지는 경제 인종주의이고(박노자, 2016), 다른 하나는 예멘 난민 사건과 다문화 가정에 대한 담론 속에서 자주 나타나는 신인종주의이다(김범선, 조영한, 2021; 김현미, 2019).

1) 경제 인종주의

'경제 인종주의'의 다른 이름은 'GDP 인종주의'이다. 인종주의에 '국내총생산'을 뜻하는 GDP(Gross Domestic Product)를 덧붙인 이 개념은 러시아에서 한국으로 귀화한 학자인 박노자(朴露子, 티호노프 블라디미르)의 시각에서 시작되었다. 내부자인 한국인들이 어렴풋이 느끼고 있었던 것을 '인종적 외부자'인 그가 개념화한 경제 인종주의는 이 장의 서두에 나온 질문, '우리에게 인종주의가 있는가?'라는 질문과 날카롭게 연결된다.

박노자가 목격하고 관찰한 한국 사회의 인종주의는 '타자(他者, others)'의 출신국 GDP와 연동된다. 미국이나 영국 등 소위 '선진국'에서 온 외국인에게는 한국인의 따뜻한 정을 보여 주다가도 한국보다 가난한 나라에서 온 외국인이나 중국에서 온 동포에게는 마치 아랫사람을 대하듯 하는데, 이것이 정확하게 세계 속에서 출신국의 사회경제적 지위와 들어맞는다는 점을 표현한 것이다. 이는 우리 사회의 제한적인 노동 수입 기조에서 주로 단순 기능직 노동자로 살아가는 외국인에 대한 다양한 인권침해로 연결되고 있다. 예를 들어 비전문취업 외국인 노동자의 약 60%가 집이 아닌 컨테이너나 비닐하우스 등 가건물에서 살아가고 있다는 점은 이들에게 제대로 된 주거 공간을 주지 않아도 된다는 의식이 잠재되어 있지 않은가 하는 의심이 들기에 충분하다(이주미, 2021).

박노자(2021)는 또한 이런 상황을 최근 사회현상이자 문제로 부상한 중국 혐오, 즉 혐중(嫌中)과도 연관 짓는다. 그는 한국의 근대 민족주의 담론 형성은 사실 탈(脫)중국화의 과정이었음을 지적한다. 그리고 《독립신문》을 발간한 한국 지식인들이 말하는 '독립(獨立)'은 이후 식민 지배를 하게 된 일본으로부터의 독립이 아니라 '중국'으로부터의 독립이었다는 사실을 상기시킨다. 이런 상황에서 중국인에 대한 혐오는 두 축으로 갈라졌는데, 한 축은 한국전쟁에서 적국(敵國)이었던 '중공(中共)'에 대한 반공주의적 인식으로 귀결된 것이고, 다른 한 축은 국내에 들어와서 삶을 꾸려가고 있는 중국인 '화교'에 대한 경제적 탄압 정책으로 이어진 것이라고 분석한다. 이런 상황은 중국의 개혁개방과 1992년 한중 수교로 차이나타운이 생기고 중국어 학습 열풍이 부는 등 일견 달라지는 듯했으나, 중국이 미국과 각을 세우기 시작하자 자유와 민주와는 거리가 먼 중국의 일당 독재체제, 신장 위구르 소수민족 탄압 등 중국의 인권유린에 대한 비판과 함께 각종 중국 혐오 표현이 다시 힘을 얻기 시작한 것이다.

이런 상황은 '동포에 의한 다문화화(化)'라는 측면을 강하게 가진 우리나라에 경고음을 유발한다. 현재 한국 거주 외국인은 약 200만 명이고 그중 40%가 중국 국적을 갖고 있으며 이들 중 대다수가 대한민국 수립 이전에 고국을 떠났던 사람들과 그들의 후손인 '재외동포'이다. 중국에서 온 대다수의 재외동포는 여타 외국인 노동자와 마찬가지로 고용허가제에 따라 공장 등 제조업은 물론이고 식당 종업원, 가사노동자, 간병노동자 등의 직종에서 일할 때 별도의 허가를 받고 있다. 이런 상황에서 혐중은 사회경제적 지위와 계급, 성별과 연결되어 다양한 차별을 유발한다. 얼마 전 몇몇 영화에서 중국 동포들을 조직폭력배로 묘사하고 그들이 많이 살고 있는 지역을 '폭력배의 소굴'로 묘사한 것이 한 사례가 될 것이다. 이러한 고정관념은 우리 사회가 다양성이 공존하는 사회로 도약하는 데 장애물로 작용할 것이 분명해 보인다.

2) 신(新)인종주의

박노자가 제시한 경제 인종주의(GDP 인종주의)는 넓게 보아 '신(新)인종주의'의 하나로 볼 수 있다. 이 '신인종주의'는 특히 예멘 난민 사건을 통해 우리 사회에서 새롭게 떠올랐지만(김현미, 2019), 사실 따지고 보면 애초 다문화가정을 지원하겠다고 시작된 다문화주의의 담론 안에도 신인종주의가 은밀하게 작동하고 있다고 지적하는 학자들도 있다(김범선, 조영한, 2021).

우선 2018년 예멘 난민 500여 명이 제주도에 상륙한 일을 떠올려 보자. 김현미(2019)는 난민 수용을 반대하는 한 국민청원의 논리가 '국민'과 '난민'을 이분화하고 있으며 신인종주의의 배제 논리와 맞닿아 있음을 주장한다. 특히 '예멘인'과 '남성'의 교집합이 '이슬람 혐오(Islamophobia)'와 '테러리스트'로 이미지화된 것은 '난민이라는 법적 상태가 인종화된 사건'이라고 본다. 특히 이 사건에는 인종적 특성만이 아니라 종교와 문화, 성별도 개입하여 작동한다. 즉, 특정 종교와 문화 자체에 문제적 특징이 있고 거기에 어떤 성별이 더해져 그들 모두를 '잠재적 여성 억압자'로 바라보는 시각이 수면 위로 드러났으며, 이런 과정을 통해 난민의 입국 허가와 불허라는 문제가 안보와 여성 인권의 문제로 비화되었다. 김현미(2019)는 이를 '신인종주의의 한국적 착종'으로 본다. 김나미(2018) 역시 '한국은 성폭력이 없고 여성의 인권이 잘 보장되는 나라인데 이슬람교를 믿는 예멘에서 온 남성은 모두 잠재적 여성 인권 침해자이다'라는 대립구조 속에서 이 문제를 바라보는 한국인이 상당수였다는 점을 지적한다. 그리고 이 사안을 놓고 보수 정치인, 근본주의 기독교인, 청년, 여성 등 서로 공통점이 별로 없는 집단들이 한목소리를 낸 점을 들어 '여성 인권의 이름으로 맺는 위험한 연대'가 갖는 문제점을 제기한다.

우리에게 익숙한 '다문화'도 이와 다르지 않다. 이전부터 '다문화'라는 용어 사용을 통해 인종주의가 이미 우리 사회의 일상에 뿌리를 내렸다고 보는 학자들도 있다. "한국에서 '다문화'라는 말이 없어졌으면 좋겠어요"라는 말은 대다수 다문화가족 구성원들에게 공감을 얻고 있다. 김범선과 조영한(2021)은 다문화가족이 취약계층과 동일시되고 사회적 낙인이 되는 구조 속에서 편견과 차별이 출신국에 따라 달라지며 때로는 선의(善意)의 외피까지 쓰고 있는 인종주의가 일상화되는 것에 대한 성찰이 필요하다고 말한다.

이런 생각은《선량한 차별주의자》를 통해 선량한 사람도 사실은 '차별주의자'일 수 있다는 김지혜(2019)의 주장과 연결된다. 우리 중 많은 사람들이 예멘 난민이나 다문화가족 등 우리 사회에서 이주배경을 가진 사람들에 대한 오해나 편견을 통해 알게 모르게 차별을 일상적으로 행할 수 있고, 그럼에도 불구하고 누군가가 자신을 '차별주의자'로 부른다면 대부분이 정색하며 부인할 것이다.

4. 인종주의에 대항하는 다문화시민교육의 해법

외국과 우리 사회의 인종과 문화에 관한 상황을 탐색해 본 결과, 전술한 인종주의가 '인종'뿐만 아니라 계급, 성별, 연령, 성적지향, 장애 등 다양한 사회적 조건과 교차하여 사회 곳곳에서 고정관념과 편견을 형성하고 이에 근거하여 소외와 배제가 이루어져 왔다는 점이 문제라고 할 수 있다(Ramsey, 2012). 따라서 이런 고정관념과 편견에 대항하는 강력한 시민교육적 해법이 그 어느 때보다도 절실한 상황이다. 그간 우리 사회의 다문화교육이 주로 인종과 민족만을 다루어 왔으나, 이미 세계의 많은 학자들이 다문화교육을 계층, 성별, 성적지향 등을 포함하여 폭넓게 다루고 있는 것을 볼 때(Banks, 2006), 다문화시민교육 역시 다양성은 물론이고 다양한 사회적 조건들의 교차성을 반영하여 보다 많은 시민들의 인식과 성찰, 그리고 이에 근거한 행동의 변화를 끌어내야 할 것이다.

이러한 다문화시민교육은 모두에게 절실히 요청된다. 김지혜(2019)의 《선량한 차별주의자》를 다시 소환해 보자. 우리에게 익숙한 일상에서 나의 위치로 인해 나와 다르게 보이는 타인의 불평등이 보이지 않게 되어 '선량한 차별주의자'가 되는 대부분의 사람들은 차별을 경계하는 시민들이다. 다문화시민교육은 실제 삶에서 자신이 문득문득 그리고 명시적, 암묵적으로 차별을 행하고 살아가고 있다는 점을 상기시킨다. 다문화사회로 이행되면서 다양한 사람들이 이 사회를 함께 만들고 살아가고 있다는 점을 학습하고 성찰하는 기회를 제공받아야 할 필요가 있다.

인종, 문화, 사회계층 등 다양한 요인이 서로 교차하는 상황에서 소수자나 비주류에 속하는 사람들이 고정관념이나 편견에 희생되지 않고 평등한 대우를 받을 수 있도록 지원하는 교육은 물론이고 모든 시민이 다양한 인종적, 문화적 환경에서 행복하게 살아갈 수 있도록 하는 지식과 기술, 태도의 배양은 누구에게나 필요하다. 이를 '다문화시민성'이라고 부를 수 있다. 이런 역량이 갖추어졌을 경우 성인 이주민은 자신이 정착하고자 하는 새로운 국가와 사회에 소속감을 가지고 자신의 다양성이 사회에 보탬이 되도록 노력하며 자녀의 다면적인 정체성 형성도 도울 것이다. 그리고 선주민들은 이주민과 이웃으로, 지역과 국가사회의 구성원으로 다양한 활동을 함께해 나가며 자녀들을 세계시민으로 양육할 수 있다는 자신감을 고양하게 될 것이다(Connely et al., 2014). 이렇게 생각할 때 우리의 다문화시민교육은 다음과 같은 점을 잘 반영해야 한다.

첫째, 다문화수용성의 제고에 대한 관심이 필요하다. 일반 시민들, 특히 한국 성인의 다문화수용성 지수가 갈수록 낮아지고 있는 상황은 우리 사회의 미래를 암울하게 한다. 특히 '다른 인종과 이웃하고 싶지 않다'는 문항에서는 더욱 그렇다. 2010~2014년 측정된 세계 가치조사에서 인종에 대한 명시적 편견을 측정하는 해당 문항의 응답 수치가 34.1%에 달했는데, 스웨덴은 2.8%, 미국은 5.6%였던 점을 보면 이 수치는 많은 생각을 하게 한다.

김승섭(2020)은 이 수치가 두 가지 차원에서 우려스럽다고 본다. 우선 우리 사회의 인종차별이 생각보다 매우 심각하다는 점이며 그다음으로는 인종차별 성향을 보고하는 것에 대한 최소한의 자기검열조차 하지 않았다는 점이다. 실제로 인종차별이 무척 심각한 미국 사회에서조차 한 자릿수의 수치가 나온 이유는 자신이 '인종차별주의자'로 비치는 것을 꺼리는 체면 또는 긴장이 존재하기 때문이다. 이에 비해 한국인은 그러한 눈치조차 보지 않는다는 점은 분명 성찰이 필요한 부분이다. 이런 명시적 편견 이외에 암묵적 편견은 더욱 깊이 자리 잡고 있을 것이다. 차별인 줄도 모르고 차별하는 일을 일상적으로 하고 있지는 않은지 스스로 자문하는 것은 물론이고 모두에게 같은 기준을 적용하는 일이 도리어 다양성을 지닌 누군가를 불리하게 만드는 차별이 될 수 있음을 논의하는 것 역시 다문화시민교육을 통해 할 수 있을 것이다.

둘째, 문화다양성에 대한 직업인, 각계 전문가, 사회지도층의 인식을 높이는 일이 필요하다. 앞서 살펴본 샌드라 블랜드나 조지 플로이드 사건에서 경찰은 '자신의 책무를 충실히 했을 뿐'이라고 강변한다. 이들처럼 대다수 직업인이나 전문가들은 자신을 합리적인 사람이라고 생각하고 인권을 존중하며 자신이 피부색이나 성별에 따라 다르게 행동하지 않는다고 믿는다. 그러나 다양한 연구결과에서 실제로 그렇지 않다는 점을 보여 준다. 과학을 신봉하는 전문가인 의사가 인종에 따라 진단과 치료를 다르게 했을 것이라고 믿기 힘들지만, 흑인이나 히스패닉 환자에게는 진통제의 양을 백인의 절반 정도만 처방했다는 연구를 비롯하여 유색인종 환자가 백인과 동등한 치료를 받지 못한다는 사실을 입증하는 연구가 많다. 의료진 중에서 이렇게 눈에 띄는 인종적 편견을 가진 사람은 소수였지만 그들이 미치는 사회적 영향력이 큰 만큼 전문가의 암묵적 편견을 우려할 수밖에 없다.

교육자도 마찬가지이다. 한 연구에서는 아이들의 문제행동을 발견하라는 지시를 받은 유치원 교사들이 바라보는 대상을 추적했다. 추적한 결과에 따르면 교사들의 눈길이 여아보다는 남아에게, 백인 아동보다는 흑인 아동에게 머물렀으며 그중 성별보다 더 결정적인 요인은 인종, 즉 아이의 피부색이었다는 것이다. 의심의 눈으로 더 오래 바라보면 뭐라도 꼬투리 잡을 일이 더 보이게 마련이다(김승섭, 2020).

이렇게 경찰, 의사, 교사 등의 직업인도 그렇지만 한 사회구성원 모두에게 절대적 영향을 끼치는 정치인 또는 사회지도층의 문화적 역량은 이들이 가진 권위나 권력의 크기를 고려할 때 특히 중요할 수밖에 없다. 앞서 본 미국 트럼프 전 대통령의 사례와 마찬가지로 우리 사회에도 한 지방자치단체장이 다문화가족의 아동과 청소년을 향해 '잡종강세'를 운운하는 일이 있었다. '좋은 뜻으로 한 말'이라고 억울함을 호소하는 그 역시 '선량한 차별주의자'일 수 있지만 그러한 사건이 사회에 미치는 파장은 대단히 크다.

셋째, 미디어가 끼치는 부정적인 영향도 시민교육을 통해 바로잡을 수 있으며 오히려 미디어를 통해 다문화시민성을 제고하는 효과를 거둘 수 있을 것이다. 앞에서 중국 동포들의 거주지를 폭력이 난무하는 곳으로 그린 영화들의 문제점을 거론했지만 최근에는 미디어에서 소수자의 비중을 늘리고 그들을 부각시키는 경우도 많다. 미국의 영화와 TV 프로그램에서 여성, 흑인, 아시아인이 주인공 역할을 맡는 것이 한 사례이다. 이는 차별받는 존재였던 흑인과 아시아인, 여성이 소외되었다가 사회 전면으로 나서게 된 현상을 보여 준다. 이런 흐름은 '피시(political correctness, PC)', 즉 '정치적 올바름'이라는 단어로 곧잘 표현되는데, 이는 모든 종류의 편견을 배제하자는 신념을 바탕으로 한 사회적 운동의 성격을 띤다. 그러나 이런 흐름을 '아무도 불편하게 해선 안 된다'라고 해석하고 이에 대해 불편함을 호소하는 사람 또한 늘어나면서 반작용도 생기고 있다. 이 역시 다문화 시민사회에 필요한 성찰의 주제가 될 것이며, 대화를 통해 '함께 살아가는 학습'을 실천하는 가운데 해결의 실마리를 찾을 수 있을 것이다.

고정관념을 직시하고 모두가 평등하고 행복할 수 있는 사회를 만드

[그림 11-2] 영화 〈드라이빙 미스 데이지〉와 〈그린 북〉의 한 장면

는 데는 상당한 시간이 걸린다. 이는 미국의 경우에서도 잘 볼 수 있다. 한 영화평론가는 1989년 미국 영화 〈드라이빙 미스 데이지(Driving Miss Daisy)〉와 2018년 영화 〈그린 북(Green Book)〉을 비교하며 영화에서 흑인이 운전석에서 뒷좌석으로 가는 데 걸린 시간이 무려 30년이었다고 이야기한 바 있다(김세윤, 2019). 그만큼 인종과 문화에 대한 명시적, 암묵적 편견과 차별을 수정하는 데는 일회성 캠페인이나 특강이 아닌, 중장기적이고 면밀한 교육적 접근이 필요한 것이다.

뱅크스가 제시한 문화발전 유형론(Banks, 2006)은 다섯 단계로 구성되어 있다. 1단계 '문화심리적 포로상태(cultural psychological captivity)'에 머무르는 개인이 하나의 큰 사회 속에서 자신의 문화집단에 대해 부정적인 고정관념과 신념을 갖고 있다면, 2단계 '문화적 캡슐화

'(cultural encapsulation)' 상태에 있는 사람은 자신의 문화가 타인의 문화보다 우월하다는 것을 확인하고자 애쓴다고 한다. 3단계부터 '문화적 정체성을 확인하는(cultural identity clarification)' 일이 시작된다. 자신의 문화적 정체성을 이해하고 자신이 속한 문화집단에 대한 명확하고 긍정적인 태도를 개발하려고 노력하는 단계인 것이다. 4단계는 자신의 문화 공동체와 다른 문화 공동체 양쪽에서 효과적으로 기능할 수 있게 되는 '이중문화주의(biculturalism)'이고, 5단계는 타 집단에 대해 알고 명확하고 성찰적이며 긍정적인 태도를 갖는 '다문화주의 및 성찰적 민족주의(multiculturalism and reflective nationalism)'이다. 마지막 6단계로 문화적 인식이 세계 수준으로 확장되는 '글로벌리즘 및 글로벌 역량(globalism and global competency)'의 단계에 들어선다.

시민들이 국가적, 지역적, 세계적 정체성을 명확히 인식하여 자기 것으로 만들고, 인권을 내면화하여 자신의 문화 공동체에서는 물론이고 국가 내의 다른 문화권에서도 효과적으로 기능하도록 지식, 기술, 태도를 배우는 데 다양한 형태와 수준의 시민교육이 큰 역할을 할 것이다. 우선 학교를 중심으로 하는 교육은 모든 학생이 단일한 국가적 정체성(unity)과 함께 사회 내부의 다양성(diversity)에 대해 폭넓게 이해할 수 있도록 지원해야 한다. 그래야 학생들이 각자의 문화, 국가, 세계에서 정체성을 파악하고 이것을 조합해 자신의 정체성으로 만들어 나갈 수 있을 것이다. 또한 일반 시민들, 다양한 영역의 전문가와 사회지도층 역시 일터와 지역사회에서 다양한 기회를 통해 다문화수용성을 제고할 수 있도록 각별히 관심을 기울여야 한다.

5. 맺음말: 공존을 위한 숙의(熟議)

이 장은 우리나라에도 인종에 따른 차별, 즉 인종주의(racism)라고 불릴 만한 차별이 있는가 하는 질문으로 시작했다. 인종과 문화는 대부분의 사회에서 하나의 중요한 사회적 조건으로 작용한다. 인종주의는 피부색을 비롯한 인간의 다양한 차이로 인간을 구별하고 기본권을 침해하는 잘못된 이념이자 행위이므로 다문화시민교육을 통해 인종적, 문화적 다양성이 증가하는 우리 사회에 인종주의가 발을 들이지 못하도록 해야 할 것이다.

미국 등 인종 갈등이 상존하는 국가들은 물론이고 급속하게 다문화 사회로 변화하고 있는 우리 사회 역시 인종과 문화를 비롯한 다양한 사회적 조건에 대한 명시적 또는 암묵적 편견이 존재한다. 이 장에서는 이를 경제 인종주의와 신인종주의의 개념과 사례를 들어 성찰했다. 인종적, 문화적 다양성이 증가하고 있는 우리 사회의 변화에 대해 시민사회의 다각적인 논의가 충분히 이루어지지 않은 상태에서 난민을 비롯한 다양한 이주민 집단에 대한 혐오와 편견, 그리고 차별이 때로는 일상 속에서 때로는 대규모 시위를 통해 전개된 상황을 통해 현재 우리 사회 다문화교육의 한계와 앞으로 나아가야 할 방향성을 읽을 수 있다. 인종, 국적, 피부색, 계층, 종교 등으로 인해 누구도 차별받지 않아야 함을 확인하고 다양성을 존중하는 인식을 함양하도록 하는 시민교육이 곧 다문화교육이라는 점을 다시 한번 상기한다면, 현행 다문화교육의 대표적인 소외집단인 난민을 비롯한 다양한 이주민 집단에 대한 이해를 견인하고 함께 살아가는 방법을 논의하는 것이 다문화시민교육의 중요한 방향성이 되어야 할 것이다(김진희, 이로미, 2019).

캐나다처럼 다문화주의를 채택하고 다양한 사람들을 사회구성원으로 인정하는 논의를 상당 기간 진행해 온 서구 사회에서조차 소수자의 권리 문제와 외부자를 포함한 세계시민적 성원권 문제를 함께 논의하는 것은 쉬운 일이 아니었다. 따라서 우리 사회의 문제를 숙의하고 해법을 모색하는 일은 지금, 바로 여기의 가장 중요한 과제 중 하나가 될 것이다.

참고문헌

김나미(2018). '여성인권'의 이름으로 맺는 '위험한 연대': 예멘 난민수용반대 청원과 이슬라모포비아. 제3시대, 134, 2-5.

김범선, 조영한(2021). 한국의 일상적 인종주의에 대한 고찰. 한국언론학보 65(1), 71-103.

김연진(2009). 이민과 귀화, 그리고 미국의 국가정체성: 아시아계 이민자의 귀화 청원 관련 인종적 딜레마를 중심으로. 미국사연구, 29, 63-95.

김지혜 (2019). 선량한 차별주의자. 서울: 창비.

김진희, 이로미(2019). 세계시민성 관점에서 본 제주도 예멘 난민 사태와 한국 다문화교육의 과제. 다문화교육연구, 12(3), 37-64.

김현미(2019). 예멘 난민 '위기'를 통해 본 인종화와 신인종주의. 신인종주의와 난민: 낙인을 짊어지는 연대는 가능한가. 제63차 사회인문학포럼.

박노자(2016). 주식회사 대한민국: 헬조선에서 민란이 일어나지 않는 이유. 서울: 한겨레출판.

신지원, 이로미, 이창원, 류소진(2014). 제도적·구조적 인종주의와 반인종차별 정책. 한국사회학회 사회학대회 논문집, 365-367.

이선애, 백인경, 이로미(2021). 누리과정을 중심으로 한 유아다문화교육의 이론과 실제. 파주: 정민사.

이주미(2021). 이주노동자의 주거와 생활 실태 및 정책 과제. 보건복지포럼, 2021(5), 57-72.

정회옥 (2022). 아시아인이라는 이유. 서울: 후마니타스.

홍성훈 (2020). 코로나19를 통해 본 미국의 인종별 격차 문제. 국제노동브리프, 7월호, 73-82. 세종: 한국노동연구원.

Banks, J. A.(2006). *Race, culture, and education: The selected works of James A. Banks*. London: Routledge.

Connely, K., Wisdom, M., Newman-Bremang, K., Cukier, W., Neuman, K., & Grant, C.(2014). *The Black experience project*. Canada: Diversity Institute.

Gladwell, M.(2020). 타인의 해석(유강은 역, 김경일 감수). 파주: 김영사. (원저는 2019년 출간)

Pang, V. O., & Park, C. D.(2002). Self regulation: Using strategic questions to engage pre-service teachers in reflection and writing about prejudicial attitudes and beliefs. In annual meeting of the American Educational Research Association, New Orleans.

Ramsey, P. G.(2012). 유아다문화교육론: 더불어 사는 세상에서 가르치고 배우기. 파주: 교문사. (원저는 2004년 출간)

Saloojee, A.(2003). Social inclusion, anti-racism and democratic citizenship. Working Paper Series: Perspective on Social Inclusion. Toronto: Laidlaw Foundation.

Wildeman, C., & Wang, E. A.(2017). Mass incarceration, public health, and widening inequality in the USA. *The Lancet, 389*(10077), 1464-1474.

김세윤(2019). 30년이 지난 후, 영화 〈그린 북〉이 만들어졌다. 시사인. (1월 9일). https://www.sisain.co.kr/news/articleView.html?idxno=33728

김선경(2011). "에이즈 우려" 귀화 외국인 사우나서 문전박대. 연합뉴스. (10월 13일). https://www.yna.co.kr/view/AKR20111013127800052

김승섭(2019). 미국의 흑인 범죄율은 무엇을 말하는가. 시사인. (3월 9일). https://www.sisain.co.kr/news/articleView.html?idxno=40901

박노자(2021). 혐오의 뿌리: 한국적 근대와 "혐중". 박노자 블로그. https://blog.naver.com/vladimir_tikhonov/222516654084

12장

여성과 차별

1. 서론: 여성이라는 렌즈를 통해 본 차별

여성은 단지 여성이라는 이유로 많은 차별을 받아 왔다. 전통적으로 여성은 사적 영역에서 엄청난 일을 수행하면서도 사회적 인정이나 보상은커녕 자신의 견해나 목소리를 내지 않도록 교육받으면서 침묵을 지키며 살아왔다. 유엔의 한 보고서에 따르면, 여성은 세계 전체 노동시간의 66%를 행하고 있는 반면, 세계 전체 소득의 10%를 벌고 전체 부의 1%만을 소유하고 있으며 세계 빈곤층의 50%를 차지한다고 한다. 이는 여성이 많은 일을 하면서도 정당한 인정이나 대가를 받지 못하고 있음을 보여 준다. 왜 이런 일이 발생한 것일까? 여성이 원래 남성보다 열등한 존재이기 때문일까? 여성은 원래 공적 영역에는 관심도 없고 참여할 능력이 없어서일까? 만일 그렇지 않다면 왜 이러한 차이가 만들어진 것이며, 그 과정에서 교육은 어떤 역할을 하면서 차별을 만들어 낸 것일까?

여성은 오랫동안 공사 이분법에 의한 역할분할로 인해 사적 영역에서 남성을 보좌하거나 아이들을 양육하는 일을 수행해 오면서 일찍부터 공적 영역과 자신들을 분리해 왔다. 그 결과 정치참여나 사회참여율이 남성에 비해 저조한 편이었고 그로 인해 경제적 대가를 받지 못했으며, 사회적 인정도 제대로 받지 못했다(배성동 외, 1975; Hess & Torney, 1967). 여성운동이 일어나기 이전에는 이를 당연한 것으로 받아들였으나 1970년대 여성운동이 시작되면서부터는 성별에 의한 공사의 분리가 원래 여성이 공적 능력이 없어서인지 아니면 가부장적 이데올로기로 인한 사회화의 영향 때문인지에 대한 연구가 활발하게 진행되었다.

커크패트릭(Kirkpatrick, 1974), 사피로(Sapiro, 1983)와 같은 여성학자들은 현존하는 성역할 제도가 여성의 정치참여를 저해하는 중요한 요인임을 지적했다. 사피로(1983)는 여성의 정치참여와 교육, 결혼 여부, 자녀의 양육 여부, 직업, 사영역화(privatization: 여성의 영역은 가정이라는 고정관념의 인식 정도)의 관계를 분석했고, 그 결과 결혼한 여성, 아이가 있는 여성, 전업주부, 성고정관념이 높은 여성일수록 정치에 대한 관심이 적으며 정치참여에 소극적임을 발견해 냈다.

이후 여성교육학자들도 기존의 성역할기대(gender role expectation)로 남녀의 성차가 생겼고 그에 따라 여성에 대한 편견과 차별이 만들어졌음을 제시했다. 대표적인 연구결과가 길리건(Gilligan, 1997)의 저서 《다른 목소리로(In a different voice: Psychological theory)》이다. 길리건은 콜버그(Kholberg)의 도덕성 발달이론이 남성 중심적 시각이라고 비판하면서 여성과 남성의 가치판단 기준이 다름을 주장했다. 즉, 남성이 개인의 권리나 정의를 중심으로 하는 윤리(ethics of justice)를 가지고 있는 데 반해 여성은 인간관계나 돌봄을 중심으로 한 윤리관(ethics of care)에 기초하여 판단하는 경향이 있다고 설명했다. 콜버그는 최상의 도덕발달 단계가 인간의 권리와 정의를 깊이 이해하는 것에서 나온다고 판단하고 남성이 여성보다 도덕적으로 우위에 있다고 주장했지만, 길리건은 여성들의 판단 근거인 타인에 대한 배려와 관계, 책임감 역시 매우 중요한 가치라고 강조한다. 이러한 남녀판단의 차이는 남녀 간의 우열에 의한 것이 아니라 여성과 남성의 문화나 가치의 차이에 의해 생겨난 것이며, 남녀의 판단 근거는 동등한 가치를 갖는다고 주장한다. 그뿐만 아니라 이러한 차이의 발생이 생래적인 것이라기보다 교육을 통해 사회화되거나 재생산되어 왔다고 주장한다. 다시 말해 오랫동안 여성에게는 타인을 돌보거나 가족을 살리는 역할을 맡겨 왔고 남성에게는 객관적 규범이나 독립적 판단을 해야 하는 공적 영역의 역할을 부여해 왔기 때문에 각기 다른 능력이 발달되었을 뿐이라는 것이다. 결과적으로 남녀의 능력 차이는 원래부터 존재하는 것이 아니라 어떤 것을 더 강화하고 사회화하느냐에 따라 달라진 것이므로 그것을 가지고 남녀 간의 우열을 논하는 것은 정당하지 않다는 것이다. 나아가서 여성의 판단기준인 타인에 대한 배려와 돌봄의 윤리는 결코 정의의 윤리보다 저급한 것이 아니며 보살핌 부재로 생겨나는 현대사회의 여러 가지 문제를 해결할 수 있는 매우 중요한 도덕적 가치라고 주장한다.

인간발달에서 친밀함, 공유, 나눔을 향한 요구와 능력은 매우 중요한 요소이다. 그런데 그간의 발달이론에서는 인간성장의 단계를 자율성과 독립심을 준거로 규정함으로써 남을 돌보거나 서로 나누면서 지역공동체를 유지, 형성하려는 인간의 능력은 경시되거나 무시되었다. 하지만 오늘날 사회에서 발생하는 여러 가지 문제가 관계와 돌봄의 상실로 인해 발생하고 있음을 고려할 때 앞으로 여성주의적 가치와 판단에 대한 비판적 성찰이 필요하다. 그러므로 이 장에서는 그간 여성의 삶이 어떠했는지 조망해 보고 어떻게 여성이 사회적 역할에서 배제되어 왔는지와 관련된 사회화과정을 분석한다. 또한 그 과정에서 교육이 어떤 역할을 수행해 왔는지 살펴보면서 여성차별의 현상과 문제점에 대해 생각해 보고자 한다. 이를 토대로 향후 여성교육의 방향과 과제를 살펴볼 것이다.

2. 여성과 교육

1) 여성의 삶과 교육

여성의 삶을 이해하기 위해서는 그동안 여성이 어떻게 사회화되고, 어떠한 교육을 받아 왔는가를 이해할 필요가 있다. 전통사회에서 여성은 '암탉이 울면 집안이 망한다', '여자가 똑똑하면 박복하다', '남편은 하늘이고 아내는 땅이다' 등의 이야기를 들으며 자랐다. 이러한 사회적 통념이나 관습은 여성으로 하여금 스스로 자신의 역할이나 이미지를 그에 걸맞게 고착시키면서 공적인 역할을 하는 전문가의 길이 아닌 가정에 헌신하는 현모양처의 길을 가도록 촉진해 왔다. 그렇지 않은 경우, 자신은 매력 있는 여성이 되지 못하여 남성의 사랑을 받지 못할까 하는 불안감을 갖게 되어 이중적 억압을 감당해야만 했다. 그 과정에 교육도 한몫을 했다. 예컨대 수업시간에 선생님들은 여학생에게 '훌륭하고 똑똑하다'라는 말보다는 '예쁘고 아름답다'라는 말로 칭찬하면서 순종적인 여성상과 그 역할에 필요한 방향으로 사회화시켜 나갔고 공사 이분법에 의한 전통적 성고정관념을 재생산하는 역할을 수행했다. 특히 조선시대 유교식의 윤리관은 가정교육을 통해 '여자는 ○○해야 한다'라는 식의 가치를 암묵적으로 여성 자신이나 사회에 각인시키면서 여성의 의식이나 행동양식을 지배해 왔다(유현옥, 2001).

그런데 역사를 거슬러 삼국시대로 올라가 보면 당시 여성은 남성과 유사하게 활동하면서 적극적이고 개방적인 사고와 행동을 했다는 기록이 남아 있다(정세화, 1994). 불교적 전통이 강했던 삼국시대나 고려시대는 조선시대에 비해 여성이 상대적으로 자유분방한 삶을 살았던 것으로 보인다. 그러나 유교적 색채가 강했던 조선시대에는 여성에게 성리학적 우주론인 음양의 원리에 입각한 남녀유별과 효의 원리에 입각한 현모양처 교육을 강조했으며 남녀의 역할분리에 따라 남성은 공적 영역, 여성은 사적 영역의 일을 담당하도록 사회화시켰다. 그렇기 때문에 여성에게 굳이 지적인 영역과 관련된 교육을 시킬 필요도 없었으며 자녀교육, 가사, 부모봉양과 관련된 일에만 종사하도록 종용하여 여성을 공적 역할에서 배제시켰던 것이다.

그뿐만 아니라 형식적 학교교육에서도 남성 중심적 이데올로기에 기초하여 여성에게는 주로 사적 영역에서 필요로 하는 지식만을 제공했으며, 교육 내용도 여성의 삶이나 현실과는 동떨어진 객체화된 내용 위주로 가르치면서 여성을 소외시켰다. 그 과정에서 여성은 스스로를 남성보다 결핍된, 열등한 존재로 인식하게 되었으며 남성을 돕는 보조적 존재로 양육되었다. 명목상으로는 남녀가 평등하므로 자신이 원하는 삶을 살 수 있도록 각자의 능력을 개발할 수 있는 평등한 교육을 제공해야 한다고 천명했지만, 실제 교육과정이나 잠재적 교육과정에서는 남성 중심의 언어와 문화, 가치가 중심이 되었기 때문에 자연히 여성의 언어와 가치, 삶은 주변적인 것으로 인식되었다. 실제로 그동안 학교교육은 가부장적 사회의 유지와 전통적 가치를 존속시키기 위해 구조화된 교육을 실시함으로써 상당 부분 성별에 따른 차별적인 교육을 해 왔음이 지적되었다(김지은, 2020). 즉, 학교의 공식적, 잠재적 교육과정을 통해 전통적 공사 이분법에 의한 사회화가 이루어지면서 남녀 역할이 재생산되어 왔던 것이다.

교육에서 파생된 이러한 영향으로 남성은 지배와 권력을 갖고 여성은 이에 자연스럽게 예속되는 결과를 가져왔다. 게다가 교육결과의 배분이라는 측면에서는 더한 차별이 이루어졌다. 같은 교육을 받았어도 남성에게 더 많은 기회를 제공함으로써 유능한 여성의 사회진출을 제한해 왔던 것이다. '유리천장'이란 말이 이러한 현실을 잘 표현해 준다. 이 같은 현실에도 불구하고 어떤 사람은 여성이 사회진출을 제대로 하지 못하는 이유가 남녀불평등의 문제가 아닌 여성 개인의 능력과 자질 문제라고 그 원인을 축소하기도 한다. 과연 여성은 남성보다 결핍된 존재인가?

2) 성차(性差)의 형성과정

성차와 관련된 논의는 크게 생물학적 차이로 인한 선천적인 문제라는 입장과, 사회적인 억압구조와 성차별로 인한 사회화의 결과로 후천적 문제라는 입장으로 나뉜다. 전자의 생물학적 접근에서는 남성과 여성의 성차가 발생하는 것은 생물학적인 요인에 따른 것으로 생득적인 차이라고 설명한다. 이 접근법에서는 여성과 남성의 호르몬 분비량이나 호르몬 농도 차이로 인해 서로 다른 성적 차이가 만들어진다고 주장한다. 예컨대 매코비(Maccoby, 1983)는 각종 테스트를 통해 남성은 여성에 비해 공간지각능력이 뛰어나며, 여성은 언어능력이 뛰어나다고 보고했고, 저학년에서는 여아의 성적이 우수하나 고학년으로 가면 남아가 앞선다고 설명했다. 생물학적 접근법에는 성편견과 성차별이 생물학적 특성에 의한 자연적인 현상이라고 강조하며 성차별을 정당화하는 측면이 있다. 그러나 그는 지적으로 우수한 남아일수록 여성적 기질을 지니고 있고, 우수한 여아일수록 남성적 기질을 지니고 있다는 점을 지적하면서 지능과 성격의 관계가 반드시 일치하는 것은 아니며 남녀 교차적인 성향이 나타날 때 더 우수한 능력이 발현한다고 밝혔다(Maccoby, 1983).

한편 후자의 접근법은 사회학적 접근으로 성차가 사회화과정을 통한 양육의 결과라고 보는 입장이다. 예컨대 하이먼(Hyman, 1959)이나 그린스타인(Greenstein, 1968) 등은 성차 발생의 원인이 사회화과정 때문이며 아동은 어린 시절 자신에게 주어진 성역할 기대에 부응하여 행동하는 경향이 있다고 주장했다. 즉, 여아의 경우에는 어려서부터 정치나 공적 영역에 참여하는 것보다 사적 영역에서 가사나 육아 관련 부분에 관심을 갖도록 사회화되었기 때문에 남아에 비해 정치적 문제나 공적 문제에 비교적 관심을 덜 갖게 된 것이라고 설명한다.

한편 립셋(Lipset, 1963)이나 알몬드와 버바(Almond & Verba, 1963) 같은 학자들은 사회화 외에도 사회적 상황이나 사회구조적 요인을 제기한다. 즉, 여성의 경우에는 결혼 후 육아와 가사로 인해 사회적 참여가 제한되거나 사회구조 자체가 남성 중심적이어서 구조적으로 여성들의 사회참여를 어렵게 만든다는 것이다. 이러한 사회학적 접근에서는 후천적 혹은 상황적 요인을 여성 개인의 능력 차이로 몰아가고 여성에게 열등감을 조장하는 사회 분위기와 인식을 비판하면서 성차가 발생하는 이유는 여성이 열등하기 때문이 아니라 그들에게 불리한 사회적 상황이나 사회화과정 때문이라고 설명한다. 그러므로 평등한 사회가 되기 위해서는 전통적 성고정관념에서 벗어나 여성에게 평등한 교육을 제공하고, 전통적인 가부장적 사회제도와 문화를 변혁시켜야 한다고 주장한다. 나아가서 결혼으로 생기는 여성의 가사나 육아의 부담을 남성과 함께 나눌 수 있는 방안을 사회적으로 모색할 필요가 있음을 강조한다.

세계인권선언 제2조에서 모든 사람은 '인종, 피부색, 성별, 언어, 종교 등에 의해 차별받지 않으며, 이 선언에 있는 모든 권리와 자유를 누릴 권리가 있다'라는 선언과 함께 어떠한 경우에도 차별이 있어서는 안 된다고 명시하고 있다. 그러나 현실에서는 성별에 따라 사회적 역할이 다르고 다양한 불평등 요소들로 인해 여성의 사회참여가 제한되고 여성의 인권이 침해되어 왔다. 특히 우리 사회에서는 전통적으로 성차별적 이중 기준을 남녀 사이의 생물학적, 심리적, 기질적 차이에서 나온 자연스러운 것으로 간주해 왔고, 이런 이유로 교육에서 젠더(gender) 문제를 심각하게 고려하지 못했다.

성에 따라 분화된 교육관의 정당성에 대한 비판 중에서 가장 심각하게 제기되는 내용은 교육이 성별 간의 정치적 불평등을 재생산한다는 점이다. 예컨대 전통적으로 여성에게 가정은 '거칠고 냉정한 현실'에 대한 따뜻한 안식처로서 기능해야 한다고 이야기하면서 공적 영역에 대한 관심을 아예 갖지 못하게 하거나 그에 필요한 교육을 거의 제공하지 않기도 했다. 그러나 산업사회에 들어오면서 경제적으로 교환가치가 있는 지식이나 기술만을 중시하게 되었고 사용가치가 높더라도 교환가치가 없는 일, 즉 돈으로 환산될 수 없는 일에 대해서는 가치를 인정하지 않게 되었다. 그 결과 경제적 이권이나 신뢰성, 사회적 영향력은 점차 '현실'적 가치가 있는 경험이나 역할 쪽으로 기울게 되었다(유현옥, 2001). 이러한 변화는 가정의 가치나 덕에 기초한 사적 영역에 대한 사회적 인정에도 영향을 주게 됨으로써 두 영역 간의 정치적 힘에서 불평등을 가져왔다. 여성의 역할을 경제적 의미가 없는 하찮은 것으로 인식하게 되었고, 그에 따라 여성은 '공적 목소리(public voice)'를 가지지 못한 채 침묵하는 존재가 되었다. 이에 여성주의 학자들은 그동안 여성이 해 왔던 역할에 대해서도 동등한 사회적 인정이 필요하며, 여성도 자신이 원하는 역할을 수행할 수 있도록 교육하고, 자신의 목소리를 내면서 사회참여를 할 수 있도록 도와주어야 한다고 주장한다(Gilligan, 1979). 그것이 여성주의 교육의 주요 철학이다.

3. 여성주의 교육의 의미와 필요성

1) 여성주의(feminism)란?

여성주의는 여성이 단지 성별 때문에, 즉 여성이라는 이유로 사회적 불이익을 받는다는 믿음에서 출발한다(곽삼근, 2008). 여성주의(feminism)는 근대가 만들어 놓은 이분법적 사유와 그 사유가 구획해 놓은 위계적, 차별적 사유를 비판하고, 현상과 경험에서의 다양한 '차이'가 '차별'이 되지 않도록 논리와 명분을 구성하는 것이라고 할 수 있다. 페미니즘 이론에서는 그동안의 남성 중심적 사회에 문제를 제기하고 남성만이 누려 왔던 사회, 경제, 정치적 권리를 여성도 평등하게 누릴 자격이 있음을 주장한다(송현주, 2009). 그들은 젠더분리를 전제로 한 공과 사, 보편성과 특수성 간의 이분법적 논리에 의해 여성이 배제되고 차별되고 있음을 지적한다. 이는 학자들의 관점에 따라 다양한 이론[1]으로 발전되어 나갔지만 근본적으로 여성주의는 성차별의 원인과 구조를 분석하고 그 극복방안을 모색함으로써 여성운동의 이론적 기반을 제공했다(곽삼근 외, 2015). 여성주의 이론에서는 여성의 삶이 단지 생물학적 조건만이 아니라 사회적, 심리적 조건과도 깊이 연관되어

---

1 페미니즘에는 시각에 따라 자유주의 페미니즘, 마르크스 페미니즘, 급진적 페미니즘 등 다양한 이론이 있다. 각각의 주요 주장과 내용에 대해서는 곽삼근 외 (2015), pp.105-119 참조.

있음을 주장하면서 생물학적 성차가 사회적, 심리적 차별로 이어지지 않도록 성차별의 원인과 구조를 분석하고 여성의 의식화를 통한 세력화를 도모하여 당당한 여성이 되는 것을 목표로 삼았다.

여성주의자들은 19세기 후반부터 시작되어 여성의 동등한 권리와 참여에 대한 주장을 이어 왔다. 20세기 중후반을 거치면서는 여성이라는 준거뿐만 아니라 여성 내부에 있는 인종, 계층, 문화 등 다양한 차이의 교차성(intersectionality) 문제까지 거론하면서 여성차별이 다양하게 존재함을 제기했다. 여기서 교차성의 문제란 여성이라는 성별 요소뿐만이 아니라 또 다른 차별의 원인인 흑인, 하층민, 장애라는 요소가 있으면 더한 차별이 이루어진다는 것을 의미한다.

영화 〈히든 피겨스(Hidden Figures)〉는 수학적 천재성을 지닌 흑인 여성이 겪는 사회적 차별을 보여 줌으로써 미국사회에 존재하는 성뿐만 아니라 인종, 사회계층 등의 교차성에 의한 차별의 심각성을 지적

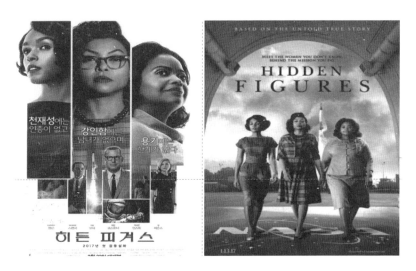

[그림 12-1] 영화 〈히든 피겨스〉의 포스터

한다. 이 영화는 나사에서 활약한 천재 흑인 여성들의 실화를 바탕으로 인종차별, 여성 인권 등 미국의 흑역사를 정면으로 응시하며 편견과 차별에 대한 엄중한 메시지를 전달한다. 천재적인 수학 능력을 지닌 캐서린 존슨, NASA 흑인 여성들의 리더이자 프로그래머 도로시 본, 흑인 여성 최초의 NASA 엔지니어를 꿈꾸는 메리 잭슨, 이들은 미국 항공우주국 나사에 근무하며 각자 자신의 전문 분야에서 최고의 실력을 발휘한다. 하지만 흑인 여성들만 모여서 계산원으로 근무하는 곳에서 그들은 흑인과 여성이라는 낙인과 싸워야 했으며, 탁월한 실력과 수행 능력에도 흑인이라는 이유로 관리직에 오를 수 없는 부당한 상황 등을 보여 준다.

2) 여성주의 교육(feminist pedagogy)의 목적과 필요성

여성주의 교육은 1970년대 미국에서 커다란 관심을 불러일으켰던 자유주의적 여성주의 운동(liberal feminist movement)를 기초로 그동안의 성차별적 학교 교육과정 내에 있던 억압적 요소들을 인지하여 '성평등적 교육'을 실천하려는 교육운동이다. 여성주의 교육은 그동안 전통적 교육과정에서 배제되어 왔던 여성의 경험과 사고를 동등하게 교육과정에 포함시키고 여성의 경험과 가치와 관련된 지식을 합법적인 실체로 인정하여 학교교육에서 여성의 존재와 목소리를 주체적인 위치로 자리매김하는 것을 목적으로 한다(송현주, 2001).

티스델(Tisdell, 1998)은 모든 여성주의 교육이 공유하는 세 가지 관점을 다음과 같이 제시한다. 첫째로 여성주의 교육은 여성에게 그들의 삶을 효과적이고 긍정적으로 변화하게 할 수 있는 능력을 키우도록 도와준다는 점, 둘째로 학습의 조력자인 가르치는 교사와 배우는 학생 그리고 그들 사이에 놓여 있는 지식이 서로 개별적으로 존재하는 것이 아니라 연관되고 관계 맺어지는 것을 중요하게 여긴다는 점, 셋째로 이러한 과정을 통해 여성의 세력화를 목적으로 한다는 점이다.

여성주의 교육은 여성의 입장에서 여성이 주체가 되는 교육, 즉 여성에 의한, 여성을 위한, 여성의 학습이 되어야 한다고 주장하면서 궁극적으로는 모든 억압받는 소수집단을 위한 교육을 추구한다. 여성주의 교육에서는 단지 여성이라는 렌즈를 통해 교육적 불평등 현상을 조망하지만, 사실은 그 외의 다양한 준거에 의해 자행되는 불평등 교육 현상에 대해서도 비판적 시각을 가져야 한다고 주장한다. 결과적으로 여성주의 교육은 과거 전통주의적 교육에 대한 대안적 패러다임으로 평등한 사회를 구축하기 위한 교육적 차원의 노력이라 할 수 있다. 나아가서 전통적인 공사 이분법에 의한 분리, 중심과 주변이라는 분리(separateness) 등에서 벗어나 서로 연결되어 있음(connectedness)을 인식하고, 상대방을 배려하고 존중하는 새로운 세계로의 변화를 위한 변혁적 시도라고 하겠다.

궁극적으로 여성주의 교육이 추구하는 교육은 성평등적 교육이다. 성평등적 교육이란 남녀 모두에게 동일한 교육을 한다기보다는 남성이나 여성의 문화나 가치를 존중하면서 평등한 사회적 인정과 배려가 이루어지도록 하는 교육을 의미한다. 즉, 가정적 삶의 영역에 대한 지식, 기술, 태도 등도 공적 삶의 영역에 해당하는 지식과 견주어 결코 열등한 것이 아니며 양쪽의 특성을 서로 존중하면서 누구나 자신이 원하는 것을 선택할 수 있도록 전 사회적 차원에서 새롭게 인식할 필요가 있다는 뜻이다.

특히 현대사회에서 여성주의 교육이 중요시되는 이유는 첫째로 여성 자신의 자기정체성 확립을 위해서이다. 여성이 그동안의 사회적 통념의 억압에서 벗어나 동등한 하나의 인간으로서 자신의 정체감을 가질 때 진정한 민주주의의 실현이 가능해질 것이다. 인구의 절반을 억압한 상태에서 민주주의 실현은 불가능하다. 둘째로 사회적 차원에서 여성의 역할이 요구되기 때문이다. 미래의 사회에서는 생활정치가 더 중시되므로 여성의 사회참여가 필요하다. 여성은 그동안 지역과 가정에서 다양한 경험을 하고 가족의 생활 및 복지와 관련된 문제들을 해결해 왔기 때문에 사람들을 살리고 지속가능한 사회를 만드는 데 더 뛰어난 능력을 발휘할 수 있다. 그러므로 앞으로 모든 사람이 안전하게 살수 있고 지구를 포함한 세계가 더 민주적으로, 윤리적으로, 친환경적으로 되기 위해서는 여성들의 적극적인 사회참여가 요구되며 여성 리더도 더 많이 배출되어야 할 것이다. 이제는 여성의 역할을 사적 영역에서 가족의 삶을 책임지는 것에 국한시킬 것이 아니라, 사회 전체를 위해 모든 생명이 안전하고 지속가능할 수 있는 일에도 적극적으로 나설수 있도록 사회적 기반과 여건을 마련해야 할 것이다. 그렇다면 그동안 왜, 어떻게 여성들의 사회참여를 배제해 왔는지를 살펴보자.

4. 여성주의 관점에서 본 시민성 논의[2]

1) 시민성과 젠더

시민성(citizenship)이란 개인으로서 요구되는 자질이라기보다는 특

---

2   해당 내용은 저자의 발표 논문(이해주, 2015)에서 일부 발췌하여 재구성한 것이다.

정한 공동체의 구성원, 즉 시민이라는 지위에서 요구되는 자질을 지칭하며, 공동체의 구성원으로서 지녀야 할 책임, 공동목적, 공동체 의식 등의 의미를 담고 있다(Butts, 1988). 하지만 시민성이 무엇인가에 대한 구체적인 내용은 시대와 상황에 따라 조금씩 달랐고 강조점도 변화해 왔다. 마셜(Marshall, 1977)은 시민성의 개념을 세 가지로 구분하고 시대에 따라 강조하는 바가 달라진다는 점을 지적한 바 있다.

그러나 여성주의적 차원에서는 마셜의 이러한 논의가 다분히 남성 중심적 시각에서 이루어지고 있으며 여성의 입장이나 현실은 전혀 고려되지 않고 있다고 비판한다(Lister, 2003). 이를테면 여성은 참정권 투쟁으로 정치권을 획득한 이후에도 오랫동안 가정 내의 종속적 위치에서 해방되지 못하고 신체적 자유나 정치참여가 제한되었으며, 복지국가에서도 사회권으로부터 배제되거나 차등화되고 있다는 점을 지적한다.

리스터(Lister, 2003)는 역사적으로 시민성 관련 논의에서 여성이 배제되고 있음을 지적하면서 그 이유를 다음과 같이 설명했다. 첫째로 시민권을 공적 영역에 국한된 권리로 제한된 해석을 함으로써 사적 영역의 권리는 배제했다는 점이다. 근대 모더니즘의 대표적 사유방식인 이분법적 사유방식에서는 남성과 여성을 각기 공적 영역과 사적 영역을 담당하는 사람으로 분리하고, 공적 영역에서 일하는 남성만을 시민으로 규정했다. 여성은 사적 영역의 일을 담당하는 사람들로서 감성적이고 비합리적이며 나약하기 때문에 시민의 역할을 수행하기에 부적절하다고 간주했고 따라서 자연스럽게 시민의 지위에서 제외시켜 왔다는 것이다. 둘째로 차별적 보편화(differentiated universalism)의 문제를 제기한다. 법률적으로 시민권은 누구에게나 부여되는 보편적 권리라고 되어 있다. 하지만 실제로는 재산, 인종, 성별, 계급 등의 차이에 따라 시민권이 차별화되고 불평등하게 적용되고 있음을 지적한다. 여성의 입장에서 볼 때, 보편적 평등이란 남성들 간의 보편주의를 의미할 뿐이고 여성에게는 적용되지 않으며 그 안에는 다분히 가부장적 편견이나 백인 우월주의가 작동하고 있다. 보편적 평등론은 사회의 기득권층만을 위해 작동할 뿐 실제로는 사회 내의 권력 요소들이 간과된 채 그럴듯하게 포장되고 이데올로기화되어, 다른 집단을 시민적 지위에서 배제하면서 현실을 은폐하고 지속시키는 요인으로 작용해 왔다는 것이다(Taylor, 1989).

한편 서구 근대사회의 사상적 기초를 제공한 자유주의 정치학에서는 공(公)과 사(私)를 엄격히 구분했으며, 공적 영역에 해당되는 사회 영역은 국가와 시민사회만을 의미했다. 시민사회는 국민국가의 구성원이자 주권자인 시민으로 구성되어 있으며, 시민들 간의 계약을 통한 합의에 기초하여 작동하는 영역이다. 근대적 시민은 이성을 가진 존재이자 평등하고 자유로운 존재로서 신체적으로 구속되지 않을 법적 권리 혹은 시민적 권리(civil right)를 국가로부터 보장받았다. 하지만 여기에 사적 영역에 속하는 가족에 대한 논의는 잊혀진 영역으로 배제되었던 것이다(Pateman, 1989).

시민권에 관한 공적 영역과 사적 영역의 구분은 매우 중요한 의미가 있다. 과거의 사회에서 통용되는 시민권의 개념은 공적 영역에서의 시민과 국가와의 관계, 시민과 시민 간의 관계에 한해서만 적용되어 왔기 때문에 부부간의 문제나 갈등, 가족 내에서 발생하는 보살핌의 노동과 관련된 문제는 사적인 일로 치부되어 시민권의 논의에서 아예 배제했다. 그러나 현대사회에서는 점차 사회적 삶의 정치적 영역과 비정치적 영역이 융합되고 사적 영역에 속하는 도덕적, 경제적 행위양식과 공적인 영역의 행위양식 간 구분이 점차 모호해지고 있다. 그뿐만 아니라 개발지상주의로 인한 환경문제가 심각한 상태에 이르렀기 때문에 모든 시민이 공사를 넘나들며 적극적으로 참여해야만 이 문제를 해결할 수 있게 되었다. 바로 이런 상황 때문에 공사 이분법에 의한 가부장적 시민권의 한계가 드러난 것이다.

2) 여성주의 시민성

시민성 관련 논의가 남성 중심적으로 진행되면서 여성은 자연히 공적 영역에 관심을 두지 않고 사적 영역에서 침묵하면서 살게 되었다. 하지만 '자유로운 개인' 혹은 '능동적 시민'의 뒤에는 늘 그의 아내, 어머니 등 돌보는 자로서의 여성이 있었다. 이들이 제공하는 재화와 가사 서비스를 통해서만이 남성 시민의 자유로운 시민참여가 가능했다는 점을 여성주의자들은 지적한다(Pateman, 1989). 그들은 젠더화된 사회, 전통적인 가족 역할에 대한 고려가 없는 자유주의적 정의는 온전한 것이 될 수 없음을 강조하면서 모두에게 평등한 자유가 실현되기 위해서는 궁극적으로 젠더화된 사회제도가 폐지되어야 하며, 남녀 모두에게 공평한 직업선택의 자유가 주어져야 한다고 주장한다(Okin, 1989; 이선미, 2004에서 재인용). 이러한 주장들이 시사하는 점은 공적 권력의 대부분을 지배하는 사람들이 일반적으로 시민의 지도자로 인식되지만 그 뒤에는 여성의 희생과 헌신이 있으며, 더 중요한 것은 시민들이 날마다 유지하는 생활세계의 모습이 대체로 공적 논쟁의 관심밖에 존재해 왔다는 것이다. 여성은 인간의 생존에 결정적인 억할을 담당해 왔지만 각 세대를 위한 돌봄 과업이 시민성의 내용과는 무관한 것이었다는 점은 분명 문제가 아닐 수 없다.

19세기 후반, 페미니즘 이론이 등장하면서 여성들이 목소리를 내기 시작한다. 앞서도 언급했듯이 여성주의자들은 공과 사의 이분법적 논리에 의해 여성이 시민적 지위에서 배제되었고 이로 인해 시민성의 젠더 불평등이 초래되었음을 지적한다. 또한 여성이 이제껏 봉사해 온 돌봄이나 타인에 대한 배려 역시 중요한 시민성임을 주장하면서 젠더에 따른 사회적 권력의 불균형을 시정하기 위해 여성주의 시민성을 제기한다(조형 외, 2006; Lister, 2003).

여성주의 시민성이란 법적 지위로서의 시민적 권리에 더하여 여성주의 의식과 실천, 비전을 갖는 시민이 개인적이며 집합적인 차원의 행동과 실천을 하면서 삶의 공간을 여성주의화해 가는 정치적 능력이자 가치론적 덕성을 의미한다(윤혜린, 2006). 여기서 시민권이란 시민적 권리(civil right)와는 구별되는 것으로 권리확보만을 의미하는 것이 아니라 사회에 대한 책임성과 가치 및 덕성을 담지하는 시민성을 의미한다. 여성주의자들은 공적 영역에 국한된 권리, 국가가 형식적으로 부여하는 권리로 개념화되는 자유주의 시민권의 한계를 극복하기 위해 여성을 비롯한 다양한 집단과 사적 영역의 권리를 포함시킬 것과, 관심(concern), 보살핌(care), 관계(connectedness)의 가치를 중시하고 여성의 정치에 대한 참여 권리를 포함하는 방향으로 시민권의 개념을 재구성할 것을 제안한다(장미경, 2001; Mouffe, 1992). 그러나 사실 남성과는 다른 여성의 가치와 경험의 차이를 존중하는 시민권의 개념으로 여성주의 시민성을 새로 창출할 것인가 아니면 남성 중심의 기존 시민권의 보편화를 통해 여성에게도 시민권의 확대를 추구할 것인가에 대해

서는 학자에 따라 견해차가 있으며, 이 문제는 딜레마이기도 하다.[3]

하지만 여성주의 시민성에서 강조하는 바는 여성들이 '시민' 또한 권리의 주체, 의무의 담지자를 넘어 시민성(citizenship)의 구현자로서 '시민화' 될 때, 협애한 자기이익(자국, 자기사회집단 등) 추구를 넘어설 수 있다는 것이다(윤혜린, 2006). 따라서 여성주의 시민성은 단지 시민성의 영역을 공적 영역에서 사적 영역까지 확대한 것만이 아니라 자국의 이익을 넘어 다양한 가치와 문화를 존중하는 다문화적 시민성까지 포괄한다. 따라서 여성주의 시민성 담론에서는 비단 여성뿐만 아니라 사회의 소수집단에 대한 차별을 중지하고 인종, 계층, 문화에 대한 차이를 이해하고 존중할 것을 요구한다(Lister, 2003; Mouffe, 1992). 그리하여 여성주의 시민운동은 단지 여성집단의 권익운동에 머무는 것이 아니라 사회 전체의 가치를 변혁하는 하나의 대안운동으로 확장되고 있다. 예컨대 1960년대 서구를 중심으로 이루어진 신사회운동[4]의 내용에 여성운동이 포함되어 있는 것을 지적할 수 있다. 당시의 신사회운동은 공적이지도 사적이지도 않은 제3의 영역에 대한 시민들의 참여운동이었으며 이는 계급이나 민족을 넘어서는 환경문제, 성차별, 지

---

3 울스턴크래프트 딜레마(Wollstonecraft Dilemma): 남성 중심의 기존 시민권의 보편화를 통해 여성에게 시민권 확대를 추구할 것인가 아니면 남성과는 다른 여성의 가치와 경험의 차이를 존중하는 시민권의 개념을 새로이 창출할 것인가의 딜레마를 의미한다. 여성주의 시민성의 논의에서도 이에 대한 입장 차이가 있다.

4 신사회운동은 자유주의 정치이론에 깔려 있는 공사의 이원적 분리의 틀 안에서는 쉽게 받아들여질 수 없는 주제들을 정치화했다. 이를테면 자연환경과 인위적 환경에 대한 관심까지도 포함하는 생태, 환경운동, 정체성과 존엄성의 보호 그리고 성별, 나이, 종족, 언어, 지역 능에 의해 차별받는 사람들을 위한 인권운동, 반전운동과 평화운동, 재화와 용역의 생산과 분배에서 '대안적인' 또는 '공동체적' 양식을 주장하는 운동들이 이에 해당된다(정수복, 1993).

역문제, 전쟁방지와 평화문제로까지 이어졌다. 여성주의 시민운동가들은 이러한 시민운동들과 연대하면서 국경을 넘어선 전 지구적 연대, 평화, 생명, 다양성 등 탈위계적 가치와의 실천적 결합을 주장하는 한편, 가부장제 사회의 젠더화된 가치체계에서 벗어나 모두가 존중받는 평등한 사회를 만들기 위한 변화의 주도자로서 여성이 주체가 될 것을 요구했다.

5. 맺는말: 성평등적 관점의 교육방안 모색

자본주의가 가져온 경쟁의 논리나 발전의 논리는 우리 사회를 풍요롭게 하기는 했지만 그로 인해 발생하는 다양한 문제들, 예컨대 부자와 빈자의 갈등, 상대적 빈곤, 계급이나 민족을 넘어서는 전 지구적 환경문제, 지역 간 문화적·종교적 갈등, 그 외 전쟁이나 평화 문제 등은 해결해 주지 못했다. 이러한 문제를 해결하기 위해서는 상대방에 대한 배려와 관심, 상생의 논리, 보살핌, 관계성과 같은 여성주의적 가치가 현대사회의 제 문제를 최소화하고 지속가능한 지구사회를 만들어 갈 수 있는 대안이 될 수 있다. 모든 시민이 올바른 가치를 가지고 함께 살아가는 사회를 만들기 위해 우리는 이에 필요한 사회적 자질과 능력을 키워 줘야 한다. 그러나 현실의 교육과정에는 아직도 성차별적 요소들이 남아 있어 비판적 인식과 함께 성평등적 관점의 교육이 필요하다. 성평등적 교육을 통해 남녀 간의 생물학적 성의 차이로 인해 역할을 제한하기보다는 남녀 모두에게 선택권을 주고 각자 원하는 삶을 살수 있도록 기회를 제공해야 한다. 그뿐만 아니라 누구나 자신의 능력에 따라 사회에서 일할 수 있도록 기회의 평등이 보장되어야 한다. 명목적 평등이 아니라 실질적 평등이 이루어진 사회를 만들기 위해 향후 여성교육의 방향과 과제를 다음과 같이 제시한다.

첫째, 교육적인 차원에서 남녀에게 평등한 기회를 제공해야 한다. 나아가서 교육과정에서도 고정된 역할을 가르치지 않고 누구나 자신의 목표에 따라 성장할 수 있도록 다양한 모습을 보여 주어야 할 것이다.

둘째, 사회구조적인 측면에서는 여성에게도 평등한 고용기회가 제공되어야 하고, 여성이 임금이나 승진에서도 차별받지 않고 자신의 업무능력만으로 평가받을 수 있는 기반이 마련되어야 한다. 또한 사회제도적인 측면으로는 「남녀고용평등법」과 「여성발전기본법」 등을 통해 실제로 여성이 평등하게 일할 수 있도록 법과 제도적 뒷받침이 필요하다.

셋째, 사회문화적인 측면에서 변화도 중요하다. 일단 사회적으로 여성도 동등하게 존중받고 평등한 인간으로 대우받는 분위기가 마련되어야 하며, 성평등을 위한 민감성을 높이고 성불평등을 감소시키기 위해 노력해야 한다. 문화는 오랜 시간 전통으로 이어져 왔기 때문에 쉽게 바뀌지 않는다. 이때 교육의 역할이 매우 중요하다. 교육을 통해 그동안의 사회화 과정에서 생긴 편견과 차별이 해체될 수 있도록 의식화 내지 재사회화가 이루어져야 할 것이다.

넷째, 여성들이 힘을 모을 수 있도록 세력화 작업이 필요하다. 이를테면 여성단체들이 연합하여 하나의 압력단체로서 역할을 수행할 수 있다. 여성단체들이 네트워킹을 하여 서로 의사소통을 하고 연계망을 구성하는 것은 상호협력 체제를 구축하기 위해 필수적이다. 여성의 세력화를 통해 정당운동, 시민운동, 환경운동, 인권운동 등을 전개한다면 지금보다 훨씬 더 안전하고 평등한 사회를 만들 수 있을 것이다.

다섯째, 가장 중요한 것은 변화를 위한 여성 자신들의 노력이다. 여성들 스스로 인간으로서의 기본적 권리와 시민으로서의 주체의식을 가질 수 있도록 의식화되어야 한다. 그러기 위해서는 전통적인 이분법적 사고에서 벗어나 한 인간으로서 그리고 한 사회의 시민으로서 자신의 존재를 인식하고 사회에 대한 책임감을 가져야 한다. 여성의 시민사회에 대한 참여는 개인적 차원의 욕구충족을 넘어 시민의 일원으로서 갖추어야 할 사회적 책무이기도 하기 때문이다.

참고문헌

곽삼근(2008). 여성주의 교육학: 학습 리더십의 출현과 그 의미. 서울: 이화여자대학교출판부.

곽삼근 외(2015). 여성교육개론. 파주: 교육과학사.

김지은(2020). 성평등 관점에서 본 아동문학의 현황과 쟁점: 성역할 고정관념을 중심으로. 한국아동청소년문학회, 27, 7-52.

김지혜(2019). 선량한 차별주의자. 파주: 창비.

김희주(2018). 한부모 결혼이민자여성의 사회적 배제 경험에 대한 질적연구. 가족과 문화, 30(2), 129-170.

배성동 외(1975). 한국의 정치참여 형태와 그 특성. 제1회 한국정치학회, 재북미한국인 정치학회 협동학술대회 논문집.

송현주(2001). 여성주의 교육(feminist pedagogy)의 이론적 접근. 곽삼근 외, 여성교육개론(pp.81-109). 파주: 교육과학사.

송현주(2009). 여성주의 교육(feminist pedagogy)의 이론적 접근. 김재인 외.

여성교육개론 개정판(pp.93-119). 파주: 교육과학사.

유현옥(2001). 교육에서의 여성소외 극복을 위한 교육철학의 역할. 곽삼근 외, 여성교육개론(pp.49-80). 파주: 교육과학사.

윤혜린(2006). 지구시민사회 맥락에서 본 여성주의 시민의 정체성. 조형 외, 여성주의 시티즌십의 모색(pp.71-107). 서울: 이화여자대학교출판부.

이선미(2004). 능동적 시민과 참여의 정치. 한양대학교 제 3섹터 연구소. 한국 학술진흥재단.

이해주(2015). 여성주의 관점에서 본 시민성과 글로벌 시민교육. 여성평생교육, 제16집.

장미경(2001). 시민권(citizenship) 개념의 의미확장과 변화: 자유주의 시민권 개념을 넘어서. 한국사회학, 35(6), 55-77.

정수복(1993). 새로운 사회운동과 참여민주주의. 서울: 문학과 지성사.

정세화(1994). 한국여성교육의 이념연구. 서울: 성지출판사.

조형 외(2006). 여성주의 시티즌십의 모색. 서울: 이화여자대학교출판부.

행정안전부(2021). 2020년 국가공무원 인사통계. 세종: 행정안전부.

Almond, G.A., & Verba, S.(1963). *The civil culture*. Princeton: Princeton University Press.

Butts, R. F. (1988). A personal preface. In C. F. Bahmueller (Ed.), CIVITAS: *A frame work for civic education*. Calabasas, CA: Center for Civic Education.

Gilligan, C.(1979). In a difference voice: Women's conceptions of self and morality. *Harvard Educational Review, 47*(4), 481-517.

Gilligan, C.(1997). 다른 목소리로: 심리 이론과 여성의 발달(허란주 역). 서울: 동녘. (원저는 1982년 출간)

Greenstein, F. I.(1968). Political socialization. *International Encyclopedia of social Science, 14*, 71-101.

Hess, R. D., & Torney, J. V.(1967). *The development of political attitude in children*. Chicago: Alding.

Hyman, H.(1959). *Political socialization*. New York: The Free Press.

Kirkpartrick, J. (1974). *Politic women*. New York: Basic Book.

Lipset, S. M.(1963). *Political man*. New York: Anchor Books.

Lister, R.(2003). *Citizenship: Feminist perspectives*. Basingstoke: Palgrave Macmillan.

Maccoby, E. E.(1983). 性差의 형성과정(정세화, 오현경 공역). 서울: 이화여자대학교출판부. (원저는 1966년 출간)

Marshall T. H.(1977). *Class, citizenship and social development*. Chicago & London: University of Chicago Press.

Mouffe, C.(1992). Feminism, citizenship, and radical democratic politics. In J. Butler & J. W. Scott (Eds.), *Feminist theorize the politica*. New York: Routledge.

Okin, S. M.(1989). *Justice, gender and family*. New York: Basic Books.

Pateman, C.(1989). *The disorder of women*. Polity Press.

Phillips, A.(1991). *Citizenship and feminist politics*. In G. Andrews (Ed.), *Citizenship*. London: Lawrens & Wishart.

Sapiro, V.(1983). *The politic integration of women: Roles, socialization and politics*. Urbana: University of Illinois Press.

Taylor, D.(1989). *Citizenship and social power*. Critical social policy, 26.

Tisdell, E. J.(1998). Poststructural feminist pedagogies: The possibilities and Imitations of a feminist emancipatory adult learning theory and practice. *Adult Education Quarterly, 48*(3), 139-156.

13장

장애와 차별

1. 서론: 장애, 우리 모두의 문제

인간이 가진 사회적 조건의 하나이자 다문화시민교육에서 다루어야 할 중요한 구성요소에 대한 마지막 장으로 장애로 인한 인권의 침해와 차별, 시민교육적 해법에 대해 생각해 보고자 한다. '장애(disability)'만큼 '차별'이라는 단어와 잘 연결되는 단어가 없어 보이는 것처럼, 장애인에 대한 차별의 역사는 길고 전 세계적으로 수많은 과제가 산적해 있다. 장애와 비장애를 막론하고 우리 모두 동일한 인권을 갖고 있음을 머리로는 알고 있지만 실제 삶의 영역에서는 서로 다른 주장이 팽팽하게 부딪히는 모습이 수시로 목격된다.

인간은 자신을 다른 사람의 처지에 놓고 성찰할 수 있는 존재이다. 그런데 장애를 둘러싼 사회적 논쟁에서 '역지사지'의 정신을 만나기는 쉽지 않다. 오히려 장애인을 특별한 배려가 필요한 집단, 한정된 자원을 많이 배분해야 하는 부담을 가져오는 집단쯤으로 여기는 모습을 자주 만난다. 즉, 우리 중 상당수가 장애를 '남의 문제'로 생각하는 경우가 많다. 미디어들도 종종 '일반 시민 대 장애인'의 구도를 형성하면서 '우리' 아닌 '그들'로 간주하는 태도를 사실상 조장하기도 한다(언론인권센터, 2022).

그러나 '장애'는 이 책에서 다룬 어떤 사회적 조건보다도 시민의 '역지사지'가 가능하고 자연스러운 조건이다. 누구나 인생의 중후반 이후에는 신체적, 정신적으로 어려움이 부쩍 늘어나기 때문에 정도의 차이는 있지만 우리 모두 언젠가는 장애인이 된다고 볼 수 있기 때문이다. 또한 사고나 질병으로 인한 후천적 장애인이 압도적으로 많다는 점 역시 누구라도 언제든지 장애인이 될 수 있다는 가능성을 말한다. 그런

점에서 장애인의 인권은 나 자신의 인권과 무관하지 않음을 알고, 우리 사회를 보다 안전하고 건강하게 살아갈 수 있는 곳으로 만드는 것에 관심을 둘 필요가 있다.

결론적으로 장애인은 소수자이지만 우리의 가족이자 직장 동료, 마을 이웃, 우리 자신이다. 보건복지부는 매년 4월 20일 장애인의 날을 전후로 등록장애인 통계를 발표하는데 2022년 통계를 기준으로 우리나라 등록 장애인은 265만 3,000명으로 전체 인구 대비 5.2%를 차지한다(보건복지부, 2023). 그렇다면 100명 중 5명은 장애인인 셈이다. 이 수치는 우리 사회 외국인의 비율과 비슷하다. 최근 외국인을 비교적 주변에서 쉽게 볼 수 있는데, 그와 같은 비율로 우리의 삶 속에서 장애를 가진 이들을 만날 수 있는지에 대해 자연스럽게 생각이 미치게 된다. 동시에 '눈으로 보이는 장애' 못지않게 '눈에 잘 보이지 않는 장애'도 있음을 생각해 보아야 하며, 사랑하는 가족과 이웃, 친구의 장애로 인해 마음을 쓰고 있는 사람도 많다는 점을 상기해 볼 필요도 있다. 이렇게 '장애'는 생각보다 훨씬 '소수자만의 문제'를 넘어선다.

이 장에서는 '장애'라는 사회적 조건 역시 앞선 인종, 문화, 성별과 마찬가지로 인간의 다양성 중 하나로 보는 관점을 통해, 장애에 관한 이분법적 관점을 지양하고 장애를 포용하는 시민사회 학습의 방향성을 모색해 보고자 한다. 첫째, '정상성'에서 벗어나는 상태를 지칭하는 개념으로 장애를 바라보는 익숙한 시선부터 인간 다양성의 하나로 간주하는 새로운 이해를 만나 본다. 둘째, 장애아동의 교육권에 대한 고찰을 시작으로 장애인의 인권과 시민권에 관한 국제 협약과 국내 현실을 두루 검토해 본다. 셋째, 장애 이해와 공감을 위한 학습이 우리 모두에게 필요한 시민교육이라는 점을 강조하고, 이러한 학습이 모두가 함께 살아가는 사회를 만드는 방법을 찾아내는 실천적인 학습이 되어야 할 필요가 있다는 점에서 다양한 교육적 방안을 모색해 본다.

2. 장애의 이해

1) 정상성과 비정상성

우선 우리나라에서 장애로 인정되는 상태인 장애유형을 살펴보자. '신체적 장애'와 '정신적 장애'의 두 가지 구분을 통틀어 모두 15개 유형이 있다. 신체적 장애는 다시 '외부기능 장애'와 '내부기관 장애'로 분류된다. 신체적 장애이자 외부기능 장애에 속하는 지체장애, 청각장애, 뇌병변장애, 언어장애, 시각장애, 안면장애가 있고 내부기관 장애에 속하는 신장장애, 호흡기장애, 심장장애, 장루/요루장애, 간장애, 뇌전증장애가 있다. 그리고 정신적 장애에 속하는 유형으로는 지적장애, 자폐성장애, 정신장애 등 세 가지가 있다. 이런 15개 장애유형 중 지체장애 비율(44.3%)이 가장 높다(보건복지부, 2023).

장애를 분류하는 또 하나의 기준은 장애를 갖게 된 시점에 따라 구분하는 '선천적 장애'와 '후천적 장애'이다. 많은 이들은 태어날 때부터 장애를 갖고 태어나는 경우가 대부분일 것이라고 생각하는데 놀랍게도 후천적 장애인이 훨씬 많다(이웅수, 2018). 예를 들어 지체장애인 10명 중 9명은 사고나 질병 등에 의한 후천적 장애인이며, 이들이 장애인이 되는 가장 큰 원인은 교통사고를 비롯한 불의의 사고나 질병이다.

장애를 이해할 때 생각해 보아야 할 또 다른 하나는 장애를 기준으로 '정상'과 '비정상'을 구분하는 통념이다. 우리는 대부분 '장애=비정상'이라는 도식을 가지고 있다. 장애인이 대다수의 '정상인'으로부터 일정 부분 분리되어 살아가는 현실에 대해서도 '안타깝지만 어쩔 수 없지'라는 입장으로 기운다. 그러나 유엔장애인권리협약(UN Convention on the Rights of Persons with Disabilities, CRPD)은 장애인이 동등한 선택권을 갖고 독립적으로 생활하며 지역사회에 포함될 권리를 인정하고 있고, 이는 세계 각국에서의 장애인 탈(脫)시설 조류와도 연결된다.

푸코(Foucault)는 자신의 저서 《광기의 역사》에서 '정상성'과 '일탈'의 구분은 사회구조에 따라서도, 그리고 시대에 따라서도 달라진다고 했는데, 장애담론에서도 당연히 '정상성'에 관한 논쟁이 오랜 시간 이어져 왔다. 예를 들어 미국의 경우, 1970년대에 장애가 '사회적 개념(social construct)'임이 처음으로 주장되었다(Oliver, 1990). 객관적이고 개인적인 개념인 '손상(impairment)'과는 다른 개념으로서 '장애(disability)'는 사회가 이들의 활동에 불이익과 제한을 주고 주류사회 참여를 배제하는 하나의 현상'이라는 것이다(UPIAS, 1976). 이렇게 사회적으로 어떤 손상을 어떻게 바라보는가에 따라 그 의미와 결과가 달라진다는 개념은 그 뒤로도 많은 학자에 의해서 주장되어 왔다. 그 중 하나로 셰익스피어(Shakespeare, 2006)는 손상(impairment)과 장애(disability)를 구별하고 전자는 개인적이고 사적인 데 반해 후자는 구조적이고 공적이라고 주장하면서, 장애인이 가진 '손상'을 이유로 그를 곧바로 사회적으로 배제되는 구조로 밀어 넣어 버리는 세간의 인식이 가진 문제점을 날카롭게 지적한 바 있다.

정리하면 '장애'를 사회적 개념으로 보는 관점에 따르면 한 인간을 둘러싼 사회적 환경이 관건이며, 한 사회가 어떤 사람을 장애인으로 만들 수도 있고 아닐 수도 있다. 또는 장애를 문젯거리로 만들 수도 아닐 수도 있다(Alevriadou & Lang, 2011). 한 예로 미국의 의학인류학자인 그로스(Groce)는 자신의 저서《마서즈 비니어드 섬 사람들은 수화로 말한다》에서 수화가 공용어가 된 한 사회의 사례를 제기한다. 미국의 한 마을인 마서즈 비니어드(Martha's Vineyard)의 주민은 오래전부터 이어온 근친혼의 폐해로 상당수가 청각장애를 갖게 되었다. 이들은 이에 대한 사회적 해법으로 수어(手語, sign language)를 공용어로 쓰기로 합의한다. 서로 다르지만 소통할 수 있는 언어를 고민했던 결과이다. 작은 사회의 한 사례일 뿐이지만 장애에 관해 이런 식의 사회적 해법이 실제로 보다 많은 사회에서 가능할 수 있음을 보여 준다.

◆ '정상'과 '비정상'을 둘러싼 가장 뜨거운 논란: 성 정체성

현재 우리 사회에서 정상과 비정상을 둘러싼 가장 뜨거운 논란은 성 정체성(sexual identity)에 관한 것이 아닐까? 2021년 작 다큐멘터리 〈너에게 가는 길〉은 이성애(heterosexuality)에 정상성을, 그리고 그 외의 성적 지향(sexual orientation)에 비정상성을 부여하는 우리 사회에서 성 소수자 자녀를 둔 두 어머니에 대한 이야기를 담고 있다.

〈너에게 가는 길〉은 성 소수자 자녀를 둔 '나비'와 '비비안'에 관한 다큐멘터리이다. 소방대원인 나비의 딸은 자신의 정체성을 남자로 생각하고 결국 트랜스젠더(transgender)의 삶을 선택해서 필요한 일을 하나씩 해 나간다. 나비는 이 과정을 딸과 함께하며 한국 법원에서 성별 정정허가를 받기가 얼마나 어려운지 실감하게 된다. 항공승무원인 비비안의 아들은 부모에게 '커밍아웃'을 하고 난 후 부모의 인정 속에 독립한 후 동성 파트너와 함께 살아간다.

[그림 13-1] 영화 〈너에게 가는 길〉의 포스터

출처: https://movie.daum.net/moviedb/main?movieId=149618

이 영화는 두 어머니가 성 소수자인 자녀와 관계를 맺는 각각의 방식을 보여 준다. 영화는 이들이 자식에 대한 애정을 표현하는 것에서 더 나아가서 '인간 대 인간'으로 서로를 존중하는 관계를 만들기 위해 애쓰는 모습을 담았다. 그리고 결국 자녀의 인간으로서 권리에 대해 자각하고 이 사회에 그 주장을 드러내는 단계에 동참하며 한 걸음 한 걸음 나아가고 있음을 보여 준다.

2) '장애'와 다양성

정상-비정상의 이분법을 거부하는 이런 주장에서 더 나아가서 일반적으로 '장애'로 여겨지는 상태가 '손상'도 아니며 '인간 다양성의 일부'라는 주장도 상당한 반향을 얻고 있다. 이런 입장은 자폐 스펙트럼 장애(Autism Spectrum Disorder, ASD)를 비롯한 다양한 정신장애를 인간 다양성의 측면에서 바라보자는 주장인 '신경다양성(neurodiversity)' 개념과 맞닿아 있다. 따라서 신경다양성은 '전형적(typical)'이거나 '정상적(normal)'이라는 것이 사회적으로 정의되는 개념이라고 주장하며 이를 발달장애와 학습장애 등에 적용하여 비전형적인 성장과 발달을 보이는 아동과 청소년의 상태를 신경학적 '다름' 또는 '차이'를 가진 것으로 정의한다. 성별, 인종, 문화, 종교 등 '다양성'을 중심으로 하는 다양한 담론 중 비교적 신생이론에 속한다.

미국의 문화인류학자 그린커(Grinker)는 자폐 스펙트럼 장애 등 소위 '정신질환'으로 분류되는 다양한 상태가 자본주의, 전쟁, 의료화라는 세 가지 흐름이 만든 '사회적 낙인'이라는 주장을 편다(장동석, 2022; Grinker, 2022). 사실 멀지 않은 과거에 자폐증(autism)에서 자폐 스펙트럼 장애(ASD)로 그 명칭이 바뀐 이유 중 하나는 스펙트럼(spectrum)이라는 개념을 도입할 필요성에 의해서이다. '자폐'라는 상태는 하나의 단일한 현상이 아닌 사회적 소통 능력에 어려움을 겪는 다양하고 광범위한 증상의 연속선상에 있다는 것이다(Autism Speaks, 2023). 따라서 소위 '정상'과 '비정상'의 경계가 불분명하며, 어쩌면 '정상'이라는 단일한 상태는 사실상 존재하지 않는 개념이 될 수 있다. 한편 '정상'이라는 표준이 있는 한 '다양성'은 존중받기 어렵다. '정상'은 '비정상'이라는 명목으로 다양성의 일부를 배척하기 때문이다. 그래서 다양한 사람이 모인 사회에 정상이라는 '표준'이 있으면, 많은 사람이 자신의 기준이 '표준'이 되도록 하기 위해 투쟁하게 되고, 그러다 보면 소수자는 '약자'가 되어 온갖 어려움을 경험한다(송민령, 2016).

실버만(Silberman)의 저서 《뉴로트라이브(Neuro tribes)》 역시 이런 입장을 갖고 있다. 특정 정신상태가 왜 '장애'로 이름 붙여졌는지에 대한 지난(至難)한 역사를 정리해 들려준다. 그는 세계 최고 IT 인재가 모인다는 미국 캘리포니아의 실리콘 밸리에 자폐를 가진 프로그래머가 많다는 사실을 제시하면서, 이를 하나의 고유성을 지닌 종족, 즉 뉴로트라이브(neurotribe)로 정의한다(Silberman, 2018). 자폐 성향을 가진 사람들은 일반적으로 대다수의 사람들이 지루해하는 반복적인 일이나 고도의 정밀성을 요하는 일을 잘 해내는데, 이들의 이런 고유한 성향과 능력 덕분에 이들이 사회를 살아가는 데 부족하기는커녕, 오히려 남보다 나은 성과를 낼 가능성이 있음을 짚어 준다.

언뜻 낯설게 들릴 수도 있지만 사실 조금만 관심을 기울이면 우리 주변에서도 장애가 '사회적 개념'임을 인지할 수 있는 사례가 다수 있다. 가장 대중적인 사례는 2022년에 화제를 모은 드라마 〈이상한 변호사 우영우〉일 것이다. 그래도 현재는 자폐스펙트럼을 가진 이들이 이만큼이라도 '사회적 쓸모'를 인정받는 일도 생기기 시작했지만, 과거 독일에서 나치가 점령하던 시대에 이들이 생체실험의 대상이 되고 알게 모르게 죽임을 당했다는 역사적 사실도 있었다. 현대에 이르러 장애를 이유로 죽임을 당하는 이런 극단적인 비극은 거의 일어나지 않는다. 그런데 지금에 이르러서도 이들의 권리가 잘 보장된다고 하기도 어렵고, 오히려 차별은 암묵적으로 이들의 삶 속에 스며들어 있는 경우가 많다. 예를 들어 담임교사가 절레절레 고개를 젓던 '산만하고 엉뚱한 아이'는 현대에 이르러 '주의력 결핍 과잉행동 장애(Attention Deficit & Hyperactive Disorder, ADHD)'라는 병명을 가진 '정신질환자'가 된다. 그러나 그린커에 따르면 ADHD 환자의 폭증 역시 고도화한 의료화와 제약업계를 비롯한 자본논리의 영향이 크다는 것이다(Grinker, 2022). 정신의학자인 프랜시스(Frances) 역시 자신의 저서《정신병을 만드는 사람들(Saving normal)》에서 인간의 다양한 심리 증상을 정신질환으로 규정한 결과 정신장애의 진단이 폭증하고 이에 따른 약물의 과잉처방이 초래되었다는 진단을 내리고 있다(Frances, 2014). 흥미로운 것은 프랜시스 그 자신이 정신장애 진단의 '바이블'로 삼는《정신질환 진단 및 통계 편람(Diagnostic and Statistical Manual of Mental Disorders, DSM)》의 개정작업에서 핵심적인 역할을 맡았던 인물이라는 점이다. 이런 측면에서 그의 주장은 '내부고발' 또는 '양심선언'으로 읽히는 측면이 크다.

이상의 논의와 같이 장애를 규정하는 문제는 생각보다 훨씬 더 복잡하며, 생각보다 훨씬 더 많은 수의 사람에게 직간접적인 영향을 주고 있다. 우선 인간인 이상 사고나 질병으로부터 자유로울 수 없는 상황에서 누구나 뜻하지 않게 장애인이 될 수 있으며, 누구나 노년기의 어느 시점 이후부터 임종 시까지 장애에 준하는 건강 문제를 겪는다. 또한 자녀 등 가족의 장애로 인해 삶에 크고 작은 영향을 받는 사람까지 합치면 '장애'가 남의 일이 아닌 사람의 수는 기하급수적으로 늘어날 것이다. 그야말로 '소수자'의 문제가 아닌 것이다. 결론적으로 장애는 소수자의 문제이면서 다수의 문제이자 사회 전체의 문제로 확장된다. 더욱 본격적으로 장애인에 대한 불평등이 아닌 평등이, 배제가 아닌 포용이 우리 사회 전 영역에서 더 활발하게 논의되어야 할 필요성 중 하나가 바로 여기에 있다.

3. 장애인의 인권과 시민권

1) 장애아동의 교육권: 서진학교의 사례

장애에 별 관심이 없었던 사람들도 아마 2017년 당시 장애를 가진 자녀를 둔 엄마들이 무릎을 꿇고 학교 설립을 애원하던 모습을 기억할 것이다. 이런 진통 끝에 태어난 학교가 서울에서 17년 만에 지어진 '서진학교'이다. 시간이 흐르며 그 모습도 점점 잊히고 그 뒤의 근황도 들리지 않다가 2021년에 눈길을 끄는 몇몇 기사가 나왔다.

그중 하나는 이 학교가 건축상 대상을 받았다는 내용의 기사였다. 특수학교 학생의 삶과 그들의 교육적 필요가 어떤 것인지를 이 기사를 통해 대략적으로 확인할 수 있다. 서진학교는 'ㅁ'자 모양의 학교 건물 가운데 정원이 있다. 발달장애의 특성 중 하나가 공간지각 능력이 일반인과는 다르다는 점이기 때문에, 학생들이 교실을 찾지 못하고 헤매는 경우에도 한 층에서 맴돌도록 디자인한 것이다. 초등학교부터 중학교, 고등학교, 그리고 졸업 후 2년 과정인 전공과까지 모두 한 건물에 있어 한 학생이 입학하면 14년을 여기에서 생활한다. 일반 학교에는 없는 세탁실, 감각운동실, 여가생활실 등 다양한 특별실이 있으며, 학생들은 일상생활부터 직업훈련까지 많은 과정을 이 '학교'라는 공간에서 배운다. 일반 학교에 비해 학생 수는 적고 교사와 직원의 수는 많다. 한 학급당 초·중학교는 6명, 고등학교는 7명인데 한 반당 담임교사 외에 수업 보조교사가 두 명씩 배치된다. 그러다 보니 학생 수는 170명인데 교직원 수는 123명으로 학생 수에 버금간다(한은화, 2021).

서진학교에 대한 또 다른 기사는 이 학교 이야기를 담은 다큐멘터리 〈학교 가는 길〉에 대한 것이다. 학교 설립에 반대한 일부 주민 중 한 명

[그림 13-2] 영화 〈학교 가는 길〉의 포스터

출처: https://movie.daum.net/moviedb/main?movieId=144226

이 이 다큐멘터리의 배급과 상영을 중지해 달라는 가처분신청을 냈으며, 이후에도 실제 상영이 이루어질 때까지 순탄하지 않은 과정을 거쳤다(조윤영, 2021).

　서진학교를 둘러싸고 일어난 이런 일련의 사건은 장애아동의 교육권이 다른 아동의 권리와 동일한 무게로 인식되기가 얼마나 어려운 일인지를 보여 준다. 그러나 이들이 큰 어려움 없이 자라나서 지역사회의 주민으로, 그리고 한국사회의 시민으로 권리와 의무를 이행하면서 다른 이들과 함께 살아가게 된다면 그것이 곧 우리 사회가 모두의 시민권이 보장되는 사회임을 알 수 있는 하나의 잣대가 될 것이다. 앞서 언급한 유엔장애인권리협약(CRPD)은 장애인 중에서도 장애를 가진 아동에 특별한 강조점을 넣었다. 우선 아동을 '보호의 대상'에서 '권리

〈표 13-1〉유엔장애인권리협약(CRPD)의 일반원칙

구분	내용
원칙 1	천부적인 존엄성, 선택의 자유를 포함한 개인의 자율성 및 자립에 대한 존중(Respect for inherent dignity, individual autonomy including the freedom to make one's own choices, and independence of persons)
원칙 2	비차별(Non-discrimination)
원칙 3	완전하고 효과적인 사회 참여 및 통합(Full and effective participation and inclusion in society)
원칙 4	인간의 다양성과 인류의 한 부분으로서의 장애인의 차이에 대한 존중 및 수용(Respect for difference and acceptance of persons with disabilities as part of human diversity and humanity)
원칙 5	기회의 균등(Equality of opportunity)
원칙 6	접근성(Accessibility)
원칙 7	남녀의 평등(Equality between men and women)
원칙 8	장애아동의 점진적 발달능력 및 정체성 유지를 위한 장애아동 권리에 대한 존중(Respect for the evolving capacities of children with disabilities and respect for the right of children with disabilities to preserve their identities)

를 가진 주체'로 전환한 유엔아동권리협약(Convention on the Rights of the Child, CRC)과 마찬가지로 장애아동 역시 장애인이기 이전에 아동이며, 따라서 다른 아동과 마찬가지로 놀고 배우며 건강하게 성장할 권리가 있다는 점을 강조했다. 그러나 장애아동이 한 사회에서 최선의 삶을 살아갈 수 있도록 하는 사회적인 고려가 아직은 상당히 부족한 상황이며, 이는 한국사회 시민교육의 중요한 주제가 아닐 수 없다.

2) 장애인의 인권과 시민권

세계 여러 국가는 장애의 문제가 곧 '인권'의 문제임을 인식하고 있다. 유엔장애인권리협약(CRPD)은 장애인의 인권을 가장 구체적이고 명료하게 규정해 놓았다. 장애의 맥락에서 인권을 설명하고, 장애인의 인권을 보호하고 증진하는 방법을 명확히 한다. 특히 제3조 일반원칙(general principles)은 〈표 13-1〉에 제시된 바와 같이 여덟 가지 원칙을 담고 있다.

이 협약을 비준한 국가는 입법 및 적절한 행정적 조치를 할 의무가 있다. 우리나라도 2008년에 이 협약을 비준했으니 이 의무의 점진적인 실현을 약속한 것이다. 그러나 우리 사회가 장애인의 권리가 잘 보장되는 사회라고 체감하기는 아직 어렵다. 우선 우리나라 장애인 권리 수호의 대표적인 법인 「장애인차별금지법」을 보자. 이 법은 교육과 고용을 포함한 모든 생활영역에서 장애인의 참여와 평등권을 보장하는 것이 골자이다. 하지만 앞서 서진학교의 사례를 보면 이 법률이 선포하는 이상과 현실의 거리는 여전히 멀다는 점을 교육 영역의 현실을 통해 짐작할 수 있다. 장애인 고용 문제도 마찬가지이다. 장애인 의무고용제를 기초로 장애인의 고용을 통한 사회통합을 위한 법률과 정책 수단을 발전시켜 왔지만 여러 제약적인 요건과 인식 부족 등의 이유로 장애인의 노동시장 배제 문제는 여전히 큰 문제로 남아 있다(김명수, 2012).

교육과 고용 외의 영역 중 최근 불거진 논란은 장애인의 이동권(right of mobility)이다. 우리가 길에서 지체장애인을 좀처럼 만나기 어려운 이유 중 하나가 바로 이들의 제한된 이동권 때문이다. 2022년에 사회를 장식했던 논란 가운데 가장 뜨거웠던 이슈 중 하나가 전국장애인연대(전장연)의 지하철 시위일 것이다. 전장연 시위에 대한 찬성과 반대 관련 기사가 연일 미디어에 오르내리는 가운데 자연스레 드러난 것은 이 사건을 '장애인 이동의 권리 대 시민의 권리'로 보는 시각이다. 경찰청, 서울교통공사, 서울시가 표명한 입장에서 이를 잘 읽을 수 있다. 이들 공공기관들이 낸 입장은 이 시위가 아무리 사회적 약자의 의사표현이라고 하더라도 '시민'의 권리를 과도하게 침해한다는 시각을 드러낸다(박지영, 2022). 그러나 이런 시각은 무엇보다도 장애인을 시민으로부터 분리하고 있다는 점, 시위의 과격성을 부각하면서 권리에 대한 주장의 정당성에 대한 고찰을 어렵게 한다는 면에서 시민사회 전체가 숙의해야 할 사안이다.

> ## '시민권 열차'에 타지 못한 저는 아직 승강장에 있습니다: 서울경찰청장에게 보내는 박경석 대표의 편지
>
> **그것은 제 개인적 비극이 아닌 장애인에게 가해진 구조적 차별이었습니다**
>
> 2001년 1월 22일, 오이도역에서 리프트 추락 참사가 일어났습니다. 이 사건을 계기로 2001년 2월 6일, 장애인들이 서울역 지하철로를 점거했습니다. 그 철로 위에 저도 있었습니다. 이 일로 인해 저는 남대문경찰서에 연행되고 벌금 300만 원을 받았습니다.
>
> 이후로 셀 수 없을 만큼 연행되고 경찰 조사를 받으며 유치장과 구치소에 끌려 들어갔습니다. 저는 그때마다 경찰 조사에 대해 불응한 적이 한 번도 없으며, 각종 법률에 의해 재판받고 그에 따른 처벌을 받았습니다.
>
> 김광호 서울경찰청장님, 그럼에도 불구하고 22년이 흐른 지금도 왜 출근길 지하철에서 장애인의 권리를 외치고 있을까요. 그 이유에 대해

진지하게 고민해 줄 것을 부탁드려 봅니다.

보건복지부가 발표한 2020년 장애인실태조사에는 장애인의 외출 빈도가 나와 있습니다. 이 조사에 따르면 장애인 인구의 12.9%가 월 1~3회 외출하고, 32.9%는 주 1~3회 외출한다고 합니다. '전혀 외출하지 않음'도 8.8%나 됩니다.

2001년 오이도역 리프트 추락 참사로 지하철 철로를 점거했을 당시 '장애인 인구의 70.5%가 한 달에 5회도 외출하지 못한다'는 통계가 있었습니다. 2020년 장애인실태조사는 당시의 조사와 비교했을 때 비장애인의 입장에서 보자면 많은 변화가 있다고 생각할 것입니다.

그러나 중증장애인의 입장은 다릅니다. 아직도 집구석 골방에 처박혀 살고, 배제와 격리를 '보호'라고 치장하는 장애인거주시설에서 살아가야만 하는 중증장애인의 입장에서는 '많은 변화'가 아니라 '지독한 차별이 지속되고 있으며 변화할 가능성이 전혀 보이지 않는다'고 읽힙니다.

저는 1983년, 24세에 행글라이딩을 타다가 떨어져 하반신마비 장애를 가지게 되었습니다. 그때 5년간 죽음을 생각하며 집구석 골방에 처박혀 살았습니다. 그때 저의 외출은 '죽어서 천당이라도 가야 한다'는 어머니의 눈물에 못 이겨 일주일에 한 번 교회 가는 게 전부였습니다. 그러니까 5년간 저의 외출은 월 4~5회였습니다.

2001년 이동권 투쟁을 하며 '장애인의 70.5%가 한 달에 5회도 외출하지 못한다'는 통계를 봤을 때, 그 현실은 제 개인의 비극적 경험이 아닌 '장애인이 겪는 뼈저린 구조적 차별'의 문제임을 깨달았습니다.

그 현실은 지금도 여전합니다. 서울이 아닌 지역에서 살아가는 중증장애인들은 친구를 만나려면 일주일 전에 장애인콜택시를 예약해야만 합니다. 휠체어를 이용하는 사람은 고속버스와 시외버스는 아예 탈 수도 없습니다. 이 비참한 경험을 '예전보다 좋아졌다'는 기준으로,

'그나마 이거라도 감사하다'는 마음으로 살기를 강요당하고 있는 게 장애인의 현실입니다.

　법과 상식, 공정이라는 기준에 대해 이 사회에서 지독한 차별을 감당해야 하는 중증장애인의 입장에서 한번 바라봐 주십시오. 비장애인의 시각에서 보는 것과 시민권이 박탈된 차별받는 장애인의 입장에서 보는 것은 하늘과 땅의 차이입니다. (후략)

출처: 비마이너, https://www.beminor.com/news/articleView.html?idxno= 24638

이는 최근의 장애인 탈(脫)시설 움직임을 둘러싼 논란과도 연결된다. 장애인 탈시설화(deinstitutionalization)는 세계적으로 1960년대에 시작되었다. 장애인처럼 특별한 필요를 가진 사람들도 남과 마찬가지의 주거환경(equal living condition)을 누리는 것이 시민권의 원칙에 부합한다는 것이다(Alevriadou & Lang, 2011). 유엔장애인권리협약에 비준한 국가 중 다수는 이에 따라 지적장애가 있는 사람들을 수용해 왔던 대규모 시설을 줄여 가고 있으며, 수용되었던 이들이 지역사회에서 남과 어울려 자율성을 가지고 살도록 노력을 기울이고 있다. 이들 국가는 특히 집단적으로 수용된 이들의 삶이 코로나19 팬데믹 상황에서 어떤 위중한 위험에 처했는지에 대한 인식을 기반으로 장애인의 거주환경에도 변화가 필요함을 일깨우고 있다.

　미국의 경우 그간의 탈시설화의 성과는 다양한 종단 실증연구로 검증되고 있다. 탈시설은 당사자 장애인과 그 가족에게 자립성 증대, 도전적 행동의 감소, 만족감 증대, 가족의 행복감 상승을 가져올 뿐 아니라 공적의료 지출 비용을 감소시키므로 국가가 선택할 수 있는 효과적

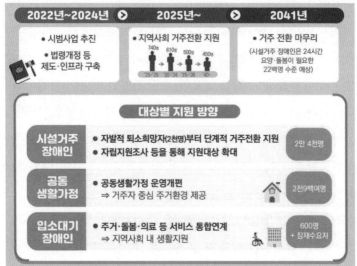

[그림 13-3] 탈시설 장애인 지역사회 자립지원 로드맵

출처: 보건복지부 보도자료(2021).

인 장애인 정책의 대안이 될 수 있다는 결론이다(문영민, 2021). 우리나라 정부는 이미 2014년 유엔장애인권리위원회로부터 탈시설 정책의 추진을 권고받았다. 그리고 유엔장애인권리위원회는 탈시설 정책을 잘 이행하지 않는 나라를 위해 2017년에 일반논평(general comments) 5호를 발표하여 장애인을 시설에 수용하는 것은 학대이자 차별 행위라고 다시 한번 밝혔다. 이에 따라 2019년에 국가인권위원회는 국무총리에게 '장애인 탈시설 로드맵 마련을 위한 정책권고'를 한 바 있고, 정부는 2021년에 '탈시설 장애인 지역사회 자립지원 로드맵'을 발표했다. 이 로드맵은 집단시설에 거주하는 장애인이 앞으로 20년 동안 단계적으로 지역사회로 나와 자립할 수 있도록 돕는 방안을 담고 있다.

탈시설 전환이 갈 길은 아직 멀고도 험하다. 우선 우리나라 로드맵 자체가 '시설 폐쇄'를 목표로 하는 것이 아니라 '시설 소규모화'를 목표로 한다는 점에서 장애계의 비판이 있고(허현덕, 2021), 장애인과 가족 사이에서도 탈시설을 원하지 않는 비율이 무척 높게 나타난다는 점도 그렇다(정다혜, 2022). 자녀들을 폐쇄적인 시설에 살게 하고 싶은 부모는 없을 것이지만 그렇다고 해도 시설을 나온 이들이 지역사회에서 잘 살아갈 수 있는 지원체계가 아직 제대로 마련되어 있지 않다는 점을 보여 주는 현실이기도 하다.

4. 장애 이해를 둘러싼 시민교육

지금까지 논의를 통해 알 수 있는 것은 장애 이해와 공감을 위한 학습이 필요하다는 것이다. 또한 이러한 학습은 장애에 대한 일반적인 계도적 교육이나 피상적인 이해의 수준을 벗어나 모두가 함께 살아가는 사회를 만드는 방법을 찾아내는 실천적인 학습이 되어야 할 필요가 있다. 여기서는 두 가지 논의를 담았다. 첫째, 장애인식개선교육의 현재와 나아가야 할 방향성을 고찰해 본다. 둘째, 발달상의 어려움을 겪고 있어 가정과 학교, 지역사회의 도움이 필요한 아동과 청소년의 삶을 지원하는 방안을 모색해 본다.

1) 장애인식개선교육의 현재와 미래

우리 정부는 「장애인복지법」과 「장애인고용촉진 및 직업재활법」에 따라 국가기관, 지방자치단체, 학교 및 공공기관 등에서 장애인식개선교육을 의무적으로 이행하도록 하고 있다. 교육목표는 장애인에 대한 사회적 편견과 차별 제거, 장애인의 사회참여와 권리보장 증진, 장애인과 비장애인 통합사회 조성이다. 장애 및 장애인에 대한 이해와 긍정적 인식의 제고, 장애인의 인권과 관련한 법과 제도, 장애가 가지는 다양성에 대한 존중, 장애인의 자율성 및 자립에 대한 존중, 장애인 보조기구 및 장애인 편의시설 등의 접근성에 대한 이해, 그 밖에 장애인에 대한 인식을 개선할 수 있는 내용을 담고 있다. 그러나 장애인식개선교육은 이와 같은 교육 내용에서도 여전히 장애의 치료와 극복에 초점을 맞추고 있다. 장애인의 어려움이 비장애인 중심의 제도적, 환경적 장벽에 의해 야기된다는 점보다는 일차적으로 개인의 불행이자 개별적으로 극복해야 할 문제로 왜곡될 우려가 있다는 비판 역시 지속적으로 제기되고 있음을 주목할 필요가 있다.

그중 직장 내 장애인식개선교육을 예로 들어 보자. 이 교육은 장애인이 비장애인과 다름없는 권리를 가졌다는 점을 강조하는 한편, 장애인과 함께 일할 때 알아 두어야 할 상식을 장애의 유형별로 담고 있다. 예를 들어 시각장애인을 위해 각 상황을 상세히 설명하도록 노력하고, 낯선 곳에 방문할 경우 그곳의 시설 파악을 돕고, 이동에 불편이 없도록 약간 앞서 가면서 상세하게 알려 주거나 지팡이 반대쪽 팔을 잡고 이동하는 등 실제 장애인과 함께 일하는 데 필요한 지식이 다수 포함되어 있다. 또한 정부는 장애인식개선교육 실적관리 시스템을 도입하고 교육결과에 대한 효과성을 제고하기 위해 노력하고 있다.

그럼에도 불구하고 장애인식개선교육으로 얻으려는 성과가 불분명하다거나 현재 수준에 머물러서는 안 된다는 주장도 상당하다. 예를 들어 백영은(2021)은 직장 내 장애인 인식개선 교육을 통해 많은 사람이 장애가 무엇인지, 장애인 동료와 일하는 방법은 어떤 것이 있는지 등에 대해 과거보다 더 잘 알게 되었다는 점을 성과로 꼽고 있다. 그러나 현재의 교육방법이 강의 일변도이고 단순하다는 점은 큰 문제이며, 참여자들이 간접체험 등 교육방법의 다양화를 요구하고 있다는 점을 지적했고, 또한 교육 내용도 비장애인에게 장애인에 대한 이해를 일방적으로 요구하는 형식에 그치는 것도 문제가 있음을 지적하며 장애인과 비장애인 간의 양방향적인 교육이 이루어질 필요가 있음을 지적한다. 박승희 외(2021) 역시 직장 내 장애인식개선교육에 향후 질적으로 우수하면서도 활용도가 높은 프로그램이 개발, 제공되어야 할 필요가 있다고 말한다. 장애인식개선교육이 법정의무교육으로 지정되어 강화되고 있는 현 실태는 장애인 고용 확대와 유지를 위해서 바람직하기는 하지만 현재 교육은 다양한 한계를 지니고 있다는 것이다. 이들이 예로 든 한계 중 하나는 성희롱예방교육, 개인정보보호교육과 같은 다른 의무교육에 비해 매우 추상적인 내용을 다루어야 한다는 점에서 장애인식개선교육은 본질적인 어려움이 있다는 것이다. 장애인식개선의 목표와 내용에 대한 명확성이 부족하며, 인식개선보다는 장애이해에 초점을 맞추고 있어 고용 현장에 적용하는 데 한계가 있으며, 효과적인 교육을 위한 구체적 지침도 부족하고, 대면 강의로 진행될 경우 강사의 역량에서 차이가 있으며, 아울러 강사양성 체계도 허술함을 지적하고 있다.

학교에서 장애인식개선교육을 개선하려는 다양한 시도도 감지된다. 예를 들어 최현주와 이미숙(2020)의 연구는 독서와 연극을 활용하여 보다 참여 중심적으로 설계된 장애인식개선교육을 통해 초등학생의 장애인에 대한 인식과 태도가 어떻게 변화했는지를 살펴보았다. 그 결과, 비장애학생은 평소 장애학생을 이해할 수 있는 경험이 부족했고 이에 따라 장애학생에게 심리적 거리감을 느끼고 있었으나, 교육을 통해 장애가 있는 등장인물의 역할을 연기하면서 장애인의 어려움을 체험할 수 있었다. 따라서 이러한 교육 내용과 방법이 일상생활에서 장애학생에 대해 긍정적 태도를 형성하고 실천하는 데 영향을 미쳤음을 보고하고 있다.

2) 발달장애 아동청소년을 지원하는 성인들의 네트워킹

'아동의 발달장애(developmental disorders of children)'는 《정신질환 진단 및 통계 편람 제5판(DSM-5)》에 신경발달장애의 하위목록으로 존재한다. 지적 장애, 의사소통 장애, 자폐 스펙트럼 장애(ASD), 주의력 결핍 과잉행동 장애(ADHD), 특정학습 장애(Learning Disabilities, LD) 등이 포함되어 있다. 《정신질환 진단 및 통계 편람》은 글자 그대로 '정신질환 및 진단'의 기준이므로 이런 장애는 자연스럽게 '정신질환'의 이름을 갖게 되는데 이는 성장과 발달 시기에 있는 아동과 청소년의 삶에 지대한 영향을 미치는 두려운 개념이 된다. 그러나 이를 앞서 소개한 '신경다양성' 개념으로 보면 신경전형적(neurotypical)인 다수에 비해 소수이지만 있는 그대로 존중을 받아야 하며, 남다른 특성으로 인해 그가 속한 사회에 기여할 수 있고 그렇게 되도록 도와야 한다고 이해할 수 있다.

암스트롱(Armstrong, 2017)은 아동청소년의 발달장애는 뇌의 활동에 대한 최신 연구에 근거하여 지금까지와는 다르게 다양성을 존중하면서 이루어져야 한다고 주장한다. 이런 방향으로 가려면 현재의 학교는 많은 부분에서 변화가 필요하다. 학교 역시 사실상 한 사회 내 '힘의 논리'를 반영하는 기관 중 하나로, 그 안에서 학생의 경험은 서로 아주 다르다. 이런 상태에서 발달장애의 경계에 있는 상당수의 학생들은 장애가 있다고도, 없다고도 할 수 있는 불확실한 상태로 인해 일반 학교의 천편일률적인 구조 속에서 따돌림 등의 고통을 겪기 십상이다. 이런 아동이 진단받았거나 의심받는 질환명은 고기능 ASD, ADHD, 학습 장애 등이다. 신경다양성을 환대(celebrating neurodiversity)하는 것은 아동과 청소년의 '결핍(deficit)'에 초점을 두는 것이 아니라 '강점(strength)'에 무게를 두는 교육으로 가능하다. 이는 〈표 13-2〉와 같은 모델로, 기존 특수교육과 상당한 차이를 가진다.

특수학교만이 아니라 일반학교에서도 이런 아동청소년의 다양성을 환대하고 필요에 따른 교육을 실시할 경우, '함께 살아가는 사회'로의 진화를 한 단계 더 도모할 수 있다. 이를 위해서는 당사자 아동과 청소년을 둘러싼 성인의 평생학습을 통한 시민교육적 접근이 필요할 것이다.

〈표 13-2〉 결핍 기반 특수교육과 강점 기반 특수교육의 비교

구분	결핍 기반 특수교육	강점 기반 특수교육 (신경다양성 이론에 기반)
초점	장애	다양성
평가	결핍을 감지하기 위한 평가	강점과 어려움 평가
교육적 접근	약점 수정	강점을 구축하고 도전을 극복하기 위해 사용
이론적 기초	유전학, 신경생물학	진화심리생물학, 사회 및 생태 이론
특별한 도움이 필요한 학생들의 뇌에 대한 견해	많은 경우 뇌가 손상되었거나 기능 장애가 있거나 무질서한 것으로 봄	모든 인간 두뇌의 자연스러운 인간 변이의 일부
프로그램 목적	교육목표 충족	인간의 잠재력 개발
교육의 목적	장애와 함께 사는 법 습득	자신의 강점을 극대화하고 약점을 최소화하는 학습

출처: Armstrong(2017).

우선 이들의 부모를 지원하는 교육적 접근이 필요하다. '장애'의 무게가 큰 사회일수록 '낙인'에 대한 공포도 크다. 부모가 아동 주변의 양육자, 교육자, 전문가와 아동의 상황을 자연스레 공유할 수 있는 분위기가 조성된다면 현재 부모가 겪는 어려움의 절반 정도는 사라질 수 있을 것이다. 부모는 교사나 의사와 같은 전문가와 동등한 위치에서 소통하도록 지원받고, 사회는 이들의 남다른 양육 경험도 전형적인 아동을 기르는 부모처럼 사회 속에서 인정받는 경험으로 자리 잡도록 지원할 필요가 있다. 또한 교사의 역할 변화도 필요하다. 아동의 사회적 관계를 통한 성장과 발달을 학교와 교사가 맡아야 한다는 데는 이견이 있기가 어려운 점을 생각해 볼 때, 이에 대한 논의에서 교사의 역할

이 배제되거나 축소되어서는 안 될 것이다. 의사 역시 마찬가지이다. 의사는 발달장애 아동청소년의 생태계 속 가장 중요한 전문가 중 하나로, 진단을 담당하는 소아정신과 전문의만이 아니라 다른 진료 분야에서도 이들 의료 현장의 전문가들의 지식, 기능, 태도가 해당 아동의 성장과 가족에게 미치는 영향력은 클 수밖에 없다. 이웃도 할 수 있는 일이 많다. 이웃의 아이가 보이는 다양성을 인정하고 수용하려고 하는 이웃 역시 상황에 따른 크고 작은 역할을 할 수 있다. 이런 이웃들은 '조금 다른 아이'를 기르는 부모가 일상의 고단함을 내려놓고 쉴 수 있는 작은 여유와 기댈 수 있는 언덕을 제공할 것이다.

그런데 쳇바퀴처럼 돌아가는 바쁜 사회 속에서 인권교육이나 다문화교육 등과 마찬가지로 현재 장애에 대한 우리 사회의 인식을 방치한다면 이런 교육과 학습도 같은 운명을 맞기 쉽다. 장애를 이해하고 필요를 지원하는 교육은 시민성을 갖춘 시민을 길러 내는 교육과 등치되지만 이런 교육을 위한 시간을 낼 수 있는 사람이 많지 않다. 그러나 다양성을 기꺼이 받아들이고 편안해하며 다양성이 가져오는 새로움을 경탄의 눈으로 공유함으로써 성장할 수 있는 기회는 얼마든지 있다. 최근 앞서 언급한 드라마 〈이상한 변호사 우영우〉 등 미디어를 통해 이런 인식이 어느 정도 제고되고 있는 것은 사뭇 반가운 일이다. 미디어가 담고 있는 내용에 대한 적극적 성찰과 사유를 권유하는 개인적 학습활동과 그런 학습의 결과를 나누는 마을 차원의 다양한 소모임 등은 우리의 삶을 풍요롭게 할 가능성을 한층 높일 것이다.

5. 맺음말: 역지사지를 통한 시민 되기

다문화사회는 시민의 다양한 정체성을 있는 그대로 인정하고 모두가 같은 권리를 향유할 수 있도록 지원하는 사회이다. 인종이나 문화적 정체성의 다양성 말고도 그 어떤 사회적 조건의 다양성에도 공적 인정과 통합을 모색하는 것이 진정한 다문화사회이다(Martiniello, 2022). 장애 역시 다문화사회의 관심 한가운데에 있다. 전 세계적으로 약 10억 명의 장애인이 있으며, 그중 80%가 개발도상국에 살고 있다. 장애인은 상당수 그 사회에서 가난한 사람들과 겹치며, 이주배경과 장애가 겹칠 경우에도 이중의 차별과 소외에 고스란히 노출될 것이다.

10억 명이 넘는 장애인 중 많은 사람이 가장 기본적인 인권조차 일상적으로 거부당하고 있다는 세계적 차원에 대해 생각해 보는 것은 세계시민교육의 일환이 될 것이다. 우리 사회 역시 아직 거의 모든 시민이 장애를 그 자체로 큰 '장애물'로 인식하는 측면이 크다. 그런 점에서 장애인의 인권이 모두의 인권과 같다는 것을 인지하고 사회구조와 시민의 인식을 현재보다 더 낫게 만드는 일에 관심을 두는 것이 바로 '함께 사는 사회'를 위한 시민사회의 학습이라는 점을 다시 한번 상기할 필요가 있다.

지속가능한 사회를 꿈꾸는 데 필수적인 교육은 그 자체로 '포용적이고 공평한 양질의 교육 보장과 모두를 위한 평생학습 기회 증진'이라는 사명을 갖고 지속가능발전목표(Sustainable Development Goals, SDGs) 중 하나로 제시되어 있다. 모든 아동, 청소년, 성인이 질 높은 교육을 받을 권리를 보장하겠다는 약속은 아직 미완(未完)이며, 이를 이행하기 위해서는 장애인에게 동일한 기준을 적용하고 같은 대우를 하는 것이 차별이 될 수 있다는 것을 우선적으로 인식해야 한다. 애초에 수많은 기준이 비장애인에게 유리하게 기울어진 '공정성'이라는 점을 알아채야 하는 것이다(김지혜, 2019). 이런 인식에 합의한다면 우리는 장애인에게 필요한 교육을 생애주기를 통해 제공하는 일에, 그리고 장애인과 비장애인이 함께 서로의 관계를 구축하면서 지속가능한 미래 사회로 함께 갈 방법에 관심을 두게 될 것이다(UNESCO, 2022). 그렇다면 장애를 주제로 하는 다문화시민교육은 비장애인의 '장애인식 개선'과 장애인을 위한 '특별한 학습적 고려'라는 두 가지의 산술적 합을 넘어선다.

한편 이 장에서는 신경다양성에 대한 논의를 다루었다. 여기서 다루지 않은 다른 다양성 역시 마찬가지이다. 생물 다양성이 높은 삼림일수록 더욱 안정적이라고 한다. 동식물이 더 많아질수록 숲의 질은 더욱 향상되고 풍부한 생태계를 유지할 수 있다는 것이다. 우리가 살고 있는 지구도 마찬가지로 다양성의 존중이 우리를 살릴 수 있을 것이며, 이는 다문화사회의 신념과 방향, 과제와 일치한다. 다문화사회로의 변화를 비롯해 급속도로 변화하고 있는 우리 사회에 필요한 시민성을 제고하는 교육은 개인적 혹은 집합적 경계 너머에 위치한 '타자'의 이야기를 듣는 것으로 시작한다(임현진, 공석기, 2023). 이로부터 시작되는, 함께하는 자발적 활동을 통해 비로소 우리는 우리 사회의 시민됨을 넘어 지구의 시민으로 성장할 수 있을 것이며 이를 다문화시민교육의 유산으로 후대에 물려줄 수 있을 것이다.

김명수(2012). 장애인 고용정책의 개선방향에 관한 연구: 장애인고용촉진 및 직업재활법과 장애인차별금지 및 권리구제 등에 관한 법률을 중심으로. 홍익법학, 13(1), 175-222.

김지혜(2019). 선량한 차별주의자. 서울: 창비.

박승희, 양여경, 이현주(2021). 직장 내 장애인식개선교육, 그 개선 성과가 무엇이길 원하는가?: 직장인 대상 장애인식개선교육의 질적 지표 개발. 한국특수교육학회 학술대회, pp.302-326.

백영은(2021). 직장 내 장애인 인식개선 교육효과 연구. 한국장애인고용공단 고용개발원 토론회, 55-65.

보건복지부(2021). 탈시설 장애인 지역사회 자립지원 로드맵. 보건복지부 보도자료.

보건복지부(2023). 2022년 등록장애인 통계. 보건복지부 보도자료.

문영민(2021). 미국 장애인 탈시설화 정책의 최근 동향과 이슈. 국제사회보장리뷰, 2021(겨울), 84-96.

임현진, 공석기(2023). 한국 시민사회운동의 새로운 미래는 있는가: 시민성 갖춘 '풀뿌리 지구시민' 길러야. 신년특별기획시리즈. 월간중앙 202305호. (4월 17일). https://jmagazine.joins.com/monthly/view/337757

최현주, 이미숙(2020). 초등학생의 장애인식 개선을 위한 독서교육 및 교육연극 프로그램 참여 경험. 지적장애연구, 22(2), 127-149.

Alevriadou, A., & Lang, L.(2011). *Active citizenship and contexts of special education*. CiCe.

Armstrong, T.(2017). Neurodiversity: The future of special education?. *Educational Leadership, 74*(7), 10-16.

Frances, A.(2014). 정신병을 만드는 사람들: 한 정신 의학자의 정신병 산업에 대

한 경고(김명남 역). 서울: 사이언스북스. (원저는 2014년 출간)

Grinker, R. R.(2022). 정상은 없다: 문화는 어떻게 비정상의 낙인을 만들어내는가(정해영 역). 서울: 메멘토. (원저는 2021년 출간)

Groce, N. E.(2003). 마서즈 비니어드 섬 사람들은 수화로 말한다: 장애수용의 사회학(박승희 역). 파주: 한길사. (원저는 1988년 출간)

Martiniello, M.(2002). 현대사회와 다문화주의: 다르게 평등하게 살기(윤진 역). 파주: 한울. (원저는 1997년 출간)

Oliver, M.(1990). Critical texts in social work and the welfare state the politics of disablement. Recuperado de https://disability-studies. leeds. ac. Uk/library.

Shakespeare, T.(2006). *Disability rights and wrongs*. New York: Routledge.

Silberman, S.(2018). 뉴로트라이브: 자폐증의 잃어버린 역사와 신경다양성의 미래(강병철 역). 서울: 알마. (원저는 2016년 출간)

UNESCO(2022). *Reimagining our futures together: A new social contract for education*. International Commission on the Futures of Education. Paris: UNESCO.

UPIAS(1976). *Fundamental principles of disability*. London: Union of the Physically Impaired Against Segregation.

<참고사이트>

Autism Speaks(2023). 자폐스펙트럼장애. https://www.autismspeaks.org/ sites/default/files/100_day_kit_korean.pdf

언론인권센터(2022). 전장연 시위, 제대로 된 분석 기사가 필요하다. (3월 28일). https://blog.naver.com/cfmrhr/222685032366

<신문기사>

박지영(2022). "장애인단체는 싸울 상대" "약점 찾아야" 서울교통공사의

'혐오 여론전'. 한겨레. (3월 30일). https://www.hani.co.kr/arti/society/society_general/1035284.html

송민령(2016). 개성을 통해 다양성을 살려내는 딥러닝의 시대로. 사이언스온. (2월 23일). http://scienceon.hani.co.kr/470304

이웅수(2018). 장애인 10명 중 9명은 후천적 장애인. KBS 뉴스. (8월 29일). https://news.kbs.co.kr/news/view.do?ncd=183606

장동석(2022). '우영우'는 비정상? 자본주의·전쟁이 만든 낙인. 문화일보. (7월 22일). http://m.munhwa.com/mnews/view.html?no=2022072201032212000001

정다혜(2022). 시설 장애인들이 탈시설을 원치 않는 진짜 이유. 비마이너. (5월 12일). https://www.beminor.com/news/articleView.html?idxno=23356

조윤영(2021). '무릎 호소' 서진학교 이야기 담은 '학교 가는 길'…상영 중단 위기. 한겨레. (8월 3일). https://www.hani.co.kr/arti/society/society_general/1006180.html

한은화(2021). "이건 기적"…엄마들의 무릎호소 '서진학교' 놀라운 반전. 중앙일보. (9월 11일). https://www.joongang.co.kr/article/25006221#home

허현덕(2021). 정부, 결국 탈시설 없는 '거주시설 변환' 중심 로드맵 내놔. 비마이너. (8월 2일). https://www.beminor.com/news/articleView.html?idxno=21773

글로벌 사회를 위한
다문화시민교육의 방향과 과제

1. 서론: 이제 우리는?

오늘날 우리는 이른바 '지구촌 사회(global society)'에 살고 있다. 매년 세계 인구 80억 중 3억 명(전체 인구의 5%) 정도의 인구가 국가 간 이동을 하며, 전 세계 사람들이 뉴스를 통해 지구 반대편에서 일어나는 사건과 사고를 듣기도 하고 동시에 비슷한 문화와 스포츠를 즐기기도 한다. 그렇기 때문에 현대를 살아가는 사람들은 국가에 대한 정체성만을 갖는 것이 아니라 다른 집단이나 지역에 대한 정체감도 함께 갖는 경우가 많다. 결과적으로 현대인들의 일상과 의식 자체가 시·공간적으로 확산되고 있다고 하겠다. 그뿐만 아니라 이제 세계는 서로 연결되어 있어 다른 국가의 환경오염이 우리나라에 직접적인 영향을 미치기도 하고 한 국가의 전쟁이나 테러가 다른 국가의 안전과 평화에 영향을 미치기도 한다. 대기오염으로 인한 오존층의 파괴와 열대우림의 훼손은 다른 지역의 사막화를 가져와 세계적 차원에서 기아와 빈곤 문제가 심화되고 있다. 또한 남극과 북극 지역의 해빙 현상으로 지구의 안전과 지속가능성에 대해 우리 모두 불안해하고 있다. 이렇듯 세계는 이미 우리의 삶 속에 깊숙이 들어와 있다. 우리는 지역사회에서 이미 다른 나라 사람들과 이웃이 되어 함께 살고 있으며 그들이 도와주지 않으면 우리 경제가 움직이지 않을 수도 있다.

현실이 이런데도 민족주의적 사고에 갇혀 일원주의적 국가관만을 고집하거나 이주민들을 차별하면서 그들의 인권을 침해한다면 그것은 개인적인 차원에서도 불행한 일이며 국가적인 차원에서도 직무유기를 하고 있는 것이다. 국가는 사회의 변화에 따라 그에 적절한 시민성을 갖추도록 시민을 육성할 의무가 있기 때문이다. 우리가 추구하는 미래사회는 모든 사람들이 인종, 성별, 계층에 상관없이 각각의 문화와 가치를 존중받으며 인간답게 살 수 있는 평등한 사회이다. 그러나 다문화주의를 수용하고 모두가 평등한 사회를 만드는 것이 현실적으로 쉽지만은 않다. 실제 다문화사회는 다양한 가치와 문화적 집단이 혼재되어 있어 갈등의 소지가 항시 잠재되어 있다. 이를 미연에 예방하기 위한 대책과 교육이 필요하다. 그것이 다문화시민교육의 시대적 당위성이라 할 수 있다.

다문화시민교육은 평등한 사회를 구현하기 위한 교육의 일환으로 소수자의 특성이나 가치를 동등하게 인정하고 수용하자는 철학에서 출발한다. 다문화교육의 확산과 제도화의 근저에는 다양성이 사회의 자산을 풍부하게 함과 동시에 사회구성원들에게 타 문화를 체험할 수 있는 기회를 제공하고 개인의 자아실현과 개인적, 공적 문제의 인식과 해결에 기여한다는 믿음이 자리 잡고 있다. 다양한 형태의 자치를 수용하고 권장하는 것이 인권과 자유, 민주주의 등과 같은 보편적인 문화원리에 부합되는 일이며 동시에 사회통합과 발전을 위해 바람직한 일이라는 명제를 시민들이 받아들이는 것을 목적으로 한다. 시민들이 그에 필요한 다원적 시민성을 갖추도록 하는 것이 다문화시민교육의 목표이다.

교육방법적 차원에서도 다문화시민교육은 소수집단을 다수의 문화 속으로 끌어들이고 동화시키기 위한 교육이 아니라 서로 이해하고 존중하면서 서로가 변화하기 위한 교육이 되어야 한다. 그러므로 선주민들도 이주민들의 가치나 문화를 수용하기 위해 함께 노력해야 한다. 특히 우리나라의 경우 오랫동안 단일민족, 단일문화의 가치와 전통을 중심으로 살아왔기 때문에 다른 나라의 문화를 평등하게 존중하고 인정하면서 동일한 지원을 해 주어야 한다는 다문화주의 (multiculturalism)를 수용한다는 것이 쉽지만은 않다. 국가를 넘어선 가치를 실현한다는 것이 이상적이기는 하나 현실에 적용할 때는 많은 이해관계의 조정이 필요하다. 특히 이주민의 권리는 '권리 없는 사람들의 권리'라는 점에서 결정적인 순간에 사회 갈등을 조정하기가 어려울 수 있다(구정화, 2013). 그뿐만 아니라 '나의 몫' 혹은 '나의 자리'를 누군가에게 양보하거나 나누어주어야 하는 상황도 발생하기 때문에 쉽게 모든 사람들이 받아들이지 못할 수 있다.

이에 교육을 통해 왜 우리가 타인의 인권을 존중해야 하는지 그리고 왜 타집단의 가치나 문화도 이해하고 수용해야 하는지, 다양성이 단일성보다 왜 좋은지, 그것이 나와 어떤 관련이 있고 어떻게 도움이 되는지, 그렇지 않았을 때 어떤 문제가 발생하는지에 대해 설명해 주어야 한다. 그 속에서 우리가 고민해야 할 문제는 다른 집단의 특성과 가치를 존중해 주면서 동시에 사회 전체의 통합과 안정을 어떻게 이룰 것인가 하는 점이며 이를 위해 어떤 방향으로 교육해야 할 것인지에 대해 대책을 세워야 할 것이다. 그것이 앞으로 다문화시민교육이 해결해야 할 과제라고 할 수 있다.

따라서 이 장에서는 현대사회에서 일어나는 다양한 문제를 분석하고 미래사회가 좀 더 평등하고 안전하며 지속가능한 사회가 되도록 다문화시민교육의 방향과 전략에 대해 생각해 보고자 한다.

2. 다문화사회의 현실과 문제

1) 다문화사회로 인한 국내 현실과 문제

경제협력개발기구(OECD)에서는 총인구 대비 외국인의 비율이 5%를 넘으면 '다문화, 다인종 국가'로 분류한다. 우리나라의 경우 지난해 한국 체류 외국인의 수가 200만 명을 넘었으며 외국인 평균 비율이 4.3%이고, 일부 지방자치단체의 경우 15%에 육박하고 있다(장세정, 2023). 우리나라가 다문화사회로 가속화되는 다양한 원인 중 대표적인 것으로 외국인 노동자 유입 및 국제결혼 증가, 재외동포에 대한 영주자격 확대 등을 들 수 있다(교육부, 2019). 특히 2000년대 초 외국인 노동자와 국제결혼이 급증하여 국내 다문화가정이 증가했다. 2020년에 결혼이민자 및 국적 취득자는 37만 2,884명, 다문화가정 자녀는 27만 5,990명으로 집계되었다(여성가족부, 2021). 다문화가정 자녀의 수는 2007년 4만 4,258명과 비교하여 6배 이상 증가한 수치이다.

한편 북한이탈주민의 경우에는 2020년 12월 말 기준 총 3만 3,752명이었다. 2009년 연간 3,000명 가까이 입국하면서 증가했다가 2012년 김정은 정권 출범 이후 접경지역 통제 강화 등으로 연간 약 1,000~1,500명 수준으로 감소했다(통일부, 2020). 그러나 외국인 유학생의 수는 점차 증가하고 있는 상황이다. 교육부(2020)의 교육 기본통계 자료에 따르면, 2020년 4월 1일을 기준으로 재한 외국인 유학생 수는 15만 3,695명에 이른다. 코로나19로 인하여 2019년에 비하여 다소 감소한 수치이기는 하지만, 국내에 거주하는 외국인 유학생의 수는 2006년 3만 2,557명에서 2015년엔 9만 1,332명으로 10년 사이 3배 가까이 증가했으며, 이후로도 지속적인 증가세에 있다(교육부, 2020). 이러한 유학생 증가의 배경에는 교육부의 2013년부터 2023년까지 외국인 유학생 20만 명 유치를 목표로 한다는 '스터디코리아 프로젝트(Study Korea Project)'가 있으며 대한민국의 학령인구로 인해 각 대학들이 적극적으로 유학생 유치를 위해 노력하면서 향후 유학생들은 지속적으로 증가할 것으로 예측된다.

이렇듯 놀랄 만한 속도로 한국의 다문화화가 진행되고 있지만, 정부는 이주민에 대해 통일된 정책을 내놓지 못하고 있으며 다문화교육에 대한 효과적인 방안도 제시하지 못하고 있다. 그러나 현장에서는 그동안 우리 사회가 경험하지 못했던 다양한 문제와 갈등, 인권침해가 일어나고 있다. 예컨대 이주민들은 언어적 장애나 피부색 등의 이유로 놀림, 따돌림, 폭력과 폭언에 시달리기도 하며 각종 사회적 차별을 받고 있기도 하다. 또한 이주노동자들의 경우에는 임금을 제대로 받지 못하는 경우도 있으며 체류기간이 지나 불법노동자가 되어 본국으로 추방되거나 감금조치를 받기도 한다. 게다가 이주여성들은 인신매매성 국제결혼으로 인해 인권침해에 쉽게 노출되어 있다고 한다(한국염, 2007).

한편 북한이탈주민의 경우에는 언어적 어려움은 없지만 남북한 체제상의 차이에서 오는 적응의 어려움이 다른 이주민보다 크며 이들에 대한 문화적 편견이나 배타성으로 이들은 사회적, 경제적 어려움을 겪고 있다(김영만, 2005). 중국동포들의 경우 '이주노동자'와 '동포'라는 이중적 정체성으로 이주민 정책의 사각지대에 있으며 관심이나 배려를 받지 못하고 있다고 한다. 한 연구조사에 따르면, 중국동포의 37%가 차별받은 경험이 있다고 응답했으며 이주민 통합 정도를 나타내는 또 다른 지표인 가구소득, 주거, 건강상태와 의료접근권 등에서도 차별을 경험하고 있다고 응답했다(이로미, 최서리, 2015).

앞의 연구결과들은 한국사회에 만연한 이주민에 대한 사회구조적 문제와 문화적 편견이 그들의 한국사회 적응에 큰 걸림돌이라는 것을 보여 준다. 이러한 현상은 이민 1세대에서만 일어나는 것이 아니라 대를 이어 나타난다. 이주민 아동의 경우에는 언어적 장애와 부모의 적절한 지도 부족으로 인해 학교 부적응, 학업성취도 저하, 중도탈락 등의 문제를 겪을 수 있으며, 이것은 훗날 노동시장 진입과정에 또 다른 장애물이 될 수도 있다(김영화, 2010). 그 결과 이주민 자녀들이 사회적으로 낙오되거나 소외될 가능성이 높으며, 이들이 열악한 생활을 하다가 사회부적응자가 된다면 이는 사회문제로 확대될 수 있다. 이러한 문제들은 미국이나 유럽과 같은 다문화사회를 먼저 경험했던 나라에서 이미 발생했던 일이기도 하다.

서구 여러 나라들이 다문화사회로 진입한 배경은 다양하다. 하지만 대부분 저출산과 고령화의 가속화 과정에서 경제활동인구의 감소를 경험했다. 이러한 상황에서 값싼 노동력을 구하기 위해 이주노동자들을 유입하기 시작했고, 이들에게 저임금으로 단순미숙련 업무를 맡김으로써 당면한 사회 경제적 문제를 해결하고자 했다(김영순 외, 2016). 그러나 이주민의 숫자가 증가하면서 내국인과 소수자의 갈등이 늘어났고 익숙하지 않음에 대한 거부감이나 외국인 혐오라는 뜻의 '제노포비아(xenophobia)' 등 다양한 문제가 제기되면서 다문화교육의 필요성이 절실해졌다.

다음에 제시된 시는 네팔의 이주노동자가 한국에 이주해 온 이주노동자의 노동현실과 삶을 그린 시이다. 외국인이기 때문에 그들은 한국의 법에 의해 보호받지 못하고 기계처럼 일할 수밖에 없다고 한다. 이

기계

서로즈 서르버하라

친구야, 여기는 기계의 도시란다
여기는 재스민과 천일홍들이 애정을 뿌리며 웃지 않는다
새들도 평화의 노래를 부르지 않는다
여기는 사람들이
기계의 거친 소음과 함께 깨어난다
하루 종일 기계와 함께 기계의 속도로 움직인다
(중략)

사람이 만든 기계와 기계가 만든 사람들이
서로 부딪히다가
저녁에는 자신이 살아있는지조차 알 수가 없구나

친구야 여기는 기계의 도시란다
여기는 사람이 기계를 작동시키지 않고
기계가 사람을 작동시킨다

출처: 모헌 까르끼(2021).

시는 이주노동자의 인권침해 현실을 보여 준 것이다. 처음에는 인권 침해에 대해 침묵할지 모르지만 이것이 계속되면 분노와 갈등으로 확대될 수 있다. 소수집단에 대한 다수집단의 몰이해와 냉담은 사회 전체의 통합을 저해하는 요인이 될 수 있다. 따라서 다문화사회에서 근본적으로 해결해야 할 점은 모든 사람의 기본적 인권을 존중하면서 각 집단의 문화와 가치도 존중해 주면서 함께 더불어 살아가는 사회를 만들어 가는 것이 모두에게 도움이 될 것이다. 사실 관점을 바꿔 생각해 보자면, 우리나라 사람들도 외국에 나가 이주민의 삶을 살기도 하고, 유학을 떠나 외국에 살기도 한다. 역지사지의 마음으로 이주민들을 이해하고 환대한다면 사회갈등을 줄일 수 있을 것이며 좀 더 평등한 사회를 만들어 갈 수 있을 것이다.

2) 국제적 차원의 지속가능성 문제와 세계시민교육

세계화시대가 도래하면서 더 높은 임금, 더 좋은 삶의 조건을 찾아 많은 사람들이 이주하고 있다. 모두 다문화사회의 등장을 인정하고 다문화주의를 주창하고 있지만 현실에서는 국가 간의 경쟁과 경계는 더 강화되고 주류 중심의 동화주의 경향도 여전히 존재하고 있다. 또한 자국의 정치적 소요나 전쟁 등의 이유로 어쩔 수 없이 국경을 넘는 이주민도 증가하고 있다. 이들은 모두 평화로운 삶과 생존을 위해 국경을 넘지만 현실의 삶은 평화와 거리가 멀고 인권 탄압, 인종주의, 차별과 혐오 등으로 고통받고 있다. 나아가서 국제적으로 불평등, 빈부의 격차, 지역적 빈곤 등이 커지고 있고 기후문제, 생태위기와 같은 전 지구적 차원의 문제들도 매년 심화되고 있어 지구의 지속가능성에 대한 문제들이 심각하게 논의되고 있다.

이러한 지구적 문제현상은 국가적 경계를 넘어 지구시민사회의 연대 필요성을 가져왔다. 지구시민사회의 출현은 시민권과 문화권을 전 지구적인 차원의 보편권리로 확장하는 데 기여했다(Nussbaum & Cohen, 2003). 전 세계적으로도 발생하고 있는 온난화, 가뭄, 홍수, 화재 등의 환경 문제는 이미 한계치를 넘어 세계인들의 생존을 위협하고 있어 하루빨리 전 세계 시민들이 나서서 지속가능한 사회를 만들기 위한 노력이 시급해졌다. 이에 시민교육을 신자유주의적 세계화에 저항하는 다문화주의와 다원적 시민성을 위한 교육으로 전환시켜야 한다는 논의들이 제기되고 있다(박휴용, 2012; 이해주 2016). 마이어스(Myers, 2006)도 시민교육에 대한 국가 중심적 접근은 전 지구적 관점을 함양하는 데 방해가 될 수 있다고 지적하면서 앞으로는 세계적 관점에서 문제를 분석하고 행동하는 세계시민교육이 필요하다고 역설했다.

세계시민교육이란 국가적 경계를 넘어서 세계화된 사회환경에서 필요한 보편적 시민의식을 함양하도록 하기 위한 교육이다(Osler & Starkey, 2006). 이는 학습자들에게 자기의 소속 국가와 세계와의 관계를 전체로(as a whole) 이해하게 함으로써 세계를 하나로 인식하도록 하는 총체적 교육 접근이다. 때로는 세계시민성과 특정 국가에 속하는 시민으로서 권리와 책임은 양립하기 어려울 수 있다. 한 국가에 대한 충성심과 세계적 가치관이 불일치할 때 개인은 정체성의 혼동과 갈등을 경험한다. 이때 풀뿌리 자치기구와 공공영역에 속하는 시민사회에서 국가주의적 패권주의에 맞서면서 인권적 가치에 기초하여 판단할 수 있는 세계시민적 역량을 길러 줄 필요가 있다. 세계시민교육은 제국주의나 냉전으로 인한 부정적 결과에 대응하여 평등, 인권, 정의를 구현하려는 도덕적이고 윤리적인 시민을 육성하고자 하는 교육이다. 또한 폐쇄적·국가주의적 경계를 넘어 세계적으로 일어나고 있는 인종차별주의나 구조적 불평등에 저항하는 힘을 길러 주고자 하는 교육이다. 여기에는 사회적 약자를 위한 인권교육, 안전과 평화를 위한 교육 등이 포함되며 전 지구적 차원에서 책임감을 가지고 지속가능한 사회를 만들기 위해 노력하는 시민을 길러 내는 교육, 즉 지속가능발전을 위한 교육(Education for Sustainable Development, ESD)도 포함된다.

3. 지속가능발전을 위한 교육(ESD)과 인권[1]

1) 지속가능발전이란 무엇인가?

지속가능발전(Sustainable Development, SD)이란 '미래 세대의 필요를 충족시킬 수 있는 능력에 손상을 주지 않으면서 현 세대의 필요를 충족시키는 발전'을 의미한다(WCED, 2005). 이는 현재의 개발이 미래세대의 삶의 질을 파괴하지 않는 선에서 지구 전체의 여러 가지 문제를 고려하면서 지속가능한 발전을 꾀해야 함을 의미한다.

그런데 용어의 모호함과 개념의 다면성으로 인해 지속가능발전은 통일된 하나의 모델이나 방안을 제시하지 못하고 여러 논의를 거치며 다양한 영역을 포함하는 방식으로 발전해 왔다. 사실상 지속가능한 발전이란 개념이 처음으로 등장한 곳은 1971년 스위스 푸넥스에서 열린 한 심포지엄에서였다. 당시 학자들은 '지속가능발전은 가능한가?'라는 질문에 대해 대부분 부정적인 입장을 보였다. 이들은 경제성장을 멈추지 않는다면 자연의 고갈 또는 환경오염으로 인류는 어려운 상황에 직면하게 될 것이라고 경고했다. 그러나 푸넥스에 모인 과학자들과 경제학자들은 중도의 입장을 제시하면서 '지속가능발전'의 가능성을 인정하고 '생태개발(ecodevelopment)'이라는 개념을 만들어 냈다(Loïc, 2009). 당시 참여자들은 앞으로는 환경 훼손과 파괴를 최소화하면서

---

1 해당 내용은 저자의 논문(이해주, 2020)에서 일부 발췌하여 재구성한 것이다.

경제개발을 꾀해야 한다는 의미로 생태개발을 제안했다. 그들은 향후 지속가능한 발전을 위해서는 부의 창출과 재화의 생산, 그리고 자연에 대한 존중이 양립할 수 있는 지점까지만 개발이 허용되어야 한다고 주장했다. 그렇지 않고 경제개발이 계속될 경우 인구 증가, 자연 황폐화 등으로 미래세대의 발전에 큰 위협이 될 것임을 경고했다(Meadows et al., 2004).

지속가능발전을 둘러싼 논의는 산업화시대의 개발과 성장방식에 대한 비판적 성찰을 제공했고, 국제사회 또는 개별국가 수준의 경제시스템과 사회시스템, 개인의 삶의 방식과 성장방식 등을 제시하는 담론의 역할을 했다(지승현, 남영숙, 2010). 지속가능발전을 위해 가장 중요한 것은 사람들이 지난 산업화시대의 발전 패러다임을 버리고 지속가능성을 위한 삶의 방식을 받아들이려는 인식의 전환과 행동의 변화이다. 그렇기 때문에 교육의 역할이 매우 중요하다. 유엔기후기구(Intergovernmental Panel on Climate Change, IPCC)에서 내놓은 제4차 보고서에 따르면, 지구의 온도가 1도에서 6도까지 상승하면 해수면이 50센티미터 올라가고 이로 인해 가뭄과 폭풍, 홍수 등이 발생할 것이라고 한다(Bernhard Potter, 2011). 이미 지구의 온도는 회복할 수 있는 지점(tipping point)을 상회하고 있어 매해 지구 곳곳에서 이상징후들이 나타나고 있다. 사실상 환경문제는 경제문제와 얽혀 있고 이는 또 다른 사회문제와 연결되기 때문에 인간의 삶 전체와 관련된다고 할 수 있다. 예컨대 지구 한편에서 이루어지는 산업화와 발전을 위한 경제활동이 다른 쪽에서 기후변화와 생태계의 혼란, 기아, 빈곤을 일으키면서 결과적으로는 모든 사람의 인권문제로까지 연결된다.

2) 지속가능발전을 위한 교육(ESD)의 개념과 내용

지속가능발전을 어떻게 규정하는가는 지속가능발전을 위한 교육의 목표와 내용에도 영향을 미친다. 2000년대 초기에는 지속가능발전을 위한 교육(Education for Sustainable Development, ESD)이 '생태적 지속가능한 미래를 실현시킬 수 있는 가치와 능력, 지식, 기능을 습득하기 위한 교육'을 의미하는 것으로 비교적 명확했다. 따라서 당시에는 지속가능발전을 위한 교육이란 환경교육이나 생태주의적 개발교육을 의미했다. 그러나 2002년 이후 지속가능발전에 대해 '환경보존뿐 아니라 경제성장, 사회복지라는 상호 의존적인 요소들을 통합적이고 조화롭게 추구하는 인류사회의 새로운 발전전략'이라고 광의의 개념으로 정의함에 따라 ESD는 생태교육, 환경교육, 나아가서 사회, 경제적 요소까지 포괄하면서 경제번영의 창조적 해법, 실행 가능한 환경보전방법, 혁신적인 자원절약기술, 타인에 대한 배려와 존중, 다문화적 관점, 시민사회의 정치학습, 공정무역 및 협동조합 등의 주제를 다루는 것으로 확대되었다(허준, 윤창국, 2015). 그리하여 2005년, 유네스코에서는 지속가능발전을 위한 교육(ESD)을 "지속가능한 미래와 사회변혁을 위해 필요한 가치, 행동, 삶의 방식을 배울 수 있는 사회를 지향한다"라고 정의했다. ESD는 지속가능발전의 이념과 가치, 실제를 교육과 학습의 모든 측면과 통합하여 모든 개인이 인도적이고, 사회적으로 정의롭고, 경제적으로 성장가능하며, 생태적으로 지속가능한 미래에 기여할 수 있도록 하는 가치, 능력, 지식, 기능 등을 습득할 기회를 제공하는 교육을 의미한다. 그 후 유네스코가 ESD를 본격적인 교육의제로 설정하고 각국이 이에 대한 관심을 보이면서 그 의미도 분화되고 다양해졌다.

2009년 본(Bonn) 선언에서는 지속가능발전을 위한 교육을 포괄적 교육이념으로 보면서 유네스코가 천명하고 있는 만인을 위한 교육 (education for all)을 실현하는 이념이자 현재 또는 미래에 닥칠지도 모를 인류에 대한 도전에 효과적으로 대응하는 데 필요한 가치, 원칙, 실천에 근거한 이념임을 분명히 했다(UNESCO, 2009). 그러나 지속가능 발전을 위한 교육과 관련하여 통일된 교육모델이나 내용이 없다는 것이 단점이기도 하나, 그 대신 다른 영역의 교육과도 함께 연계할 수 있다는 것이 장점으로 여겨지기도 한다. 현대사회와 같은 세계화시대에는 전 지구적 차원에서 발생하는 문제가 많기 때문에 세계가 공동체적 차원에서 사고하고 행동해야만 지속가능한 발전을 이룰 수 있다. 이런 맥락에서 세계화 관련 논의들은 지속가능발전을 위한 교육의 논의와 이어질 수 있으며 그것은 곧바로 인권과도 연결된다. 따라서 지속가능 발전을 위한 교육의 내용은 환경문제뿐만 아니라 인권, 경제정의, 사회정의, 나아가서 세계시민성의 내용과도 연결된다. 그러므로 지속가

〈표 14-1〉 ESD의 교육영역과 내용

영역 구분	중간 영역 구분	세부 교육 내용(사례)
지속가능성 교육 혹은 지속가능발전교육	환경교육 영역	건강과 지속가능한 환경, 평화교육 문화적 다양성과 상호이해교육
	사회 및 경제 영역	빈곤 문제, 자연재해와 식량 문제 이주와 도시 문제, 이주민의 인권 자연자원의 감소 등
지속가능사회를 위한 실천	실천 영역	인권, 성평등, 소수자 문제 다문화주의와 세계시민교육 등

자료: 김태경(2006)을 참조하여 재구성.

능발전을 위한 교육의 내용은 인권교육이나 세계시민교육의 내용과도 서로 연계될 수 있으며 서로 보완하면서 시너지 효과를 낼 수 있다. 지속가능발전교육을 위한 교육의 영역과 내용을 소개하면 〈표 14-1〉과 같다. 이러한 내용은 다문화주의나 세계시민교육의 내용과도 연결시키면서 상황에 따라 융통성 있게 적용 가능하다.

3) 다문화시민교육과 지속가능발전을 위한 교육(ESD)의 관련성

다문화시민교육이란 기본적으로 다문화사회에서 능동적으로 적응하며 사회의 바람직한 발전을 위해 기여할 수 있는 시민으로서의 자질을 함양하기 위한 교육이다. 따라서 다문화시민교육의 목표는 한 공동체 내에서 다양한 집단의 문화와 가치를 존중하고 인정하는 태도뿐만 아니라 나아가 글로벌 사회에서 요구하는 시민으로서의 자질과 행동양식을 함양하도록 하는 것이다. 또한 다문화시민교육은 인종적, 성적, 문화적, 종교적 편견과 그에 기인하는 갈등을 예방하고 공존의 '모두스 비벤디(modus vivendi)'[2]를 습득하기 위한 교육이라고 할 수 있다(최성환, 2015). 여기에는 이주민과의 공존뿐만 아니라 인간과 다른 생명체, 지구 전체와의 공존도 포함된다. 진정한 다문화사회를 만들기 위해서는 나의 인권뿐 아니라 타인에 대한 인권도 존중하고 다른 민족의 문화나 가치를 인정하고 관용하는 태도와 행동양식을 기르기 위한 인권교육을 기초로, 다른 집단의 특성이나 생활양식을 존중하는 다문화시민교육이 필요하다. 그러나 이러한 문제를 국내로 유입되는 이주민에만 국한하는 것은 근시안적 시각이다. 다양한 유형의 문화적 소수

---

2 '모두스 비벤디(modus vivendi)'란 더불어 사는 생활양식을 의미한다.

자들의 문제와 지구화시대에 발생하는 여러 문제에 대해서도 네트워크를 형성하여 해결하고자 하는 자세와 능력은 이제 '세계시민적 교양'이라고 할 수 있다(Sung, 2009). 이런 의미에서 다문화시민교육은 지구의 지속가능성 문제까지도 비판적으로 인식하고 함께 해결하고자 하는 지속가능발전을 위한 교육(ESD)과도 관련되며 나아가서 세계시민으로서의 책임감을 통감하면서 지구의 문제를 함께 해결하고자 하는 세계시민교육으로까지 확대, 연결된다고 할 수 있다. 이러한 문제는 각기 따로 존재하는 문제가 아니라 상호연결되어 있다. 따라서 개인의 인간다운 삶과 타인에 대한 존중, 지구의 안전과 지속가능발전을 위한 교육은 개별적으로 다루기보다 전체적으로 통합적 맥락에서 이루어질 필요가 있다.

교육은 개인의 기본적 욕구를 충족하고 자신의 능력을 신장시키기 위해서 필요하지만, 한 시민으로서 생활을 영위하기 위해 그리고 타인을 존중하고 이웃과 더불어 살기 위한 기술과 태도를 습득하기 위해서도 필요하다. 이런 이유로 교육을 받을 권리는 그 자체로 인간답게 살기 위한 기본적 인권에 해당된다. 따라서 모든 국민은 국가로부터 교육을 받을 권리가 있으며 국가는 이를 수행할 책임이 있다. 교육에서 지속가능성은 경제, 문화, 사회의 지속가능성뿐만 아니라 근본적으로 '내 삶의 지속가능성'과 동시에 '타인의 삶의 지속가능성'이 보장될 때 가능하다(Landorf et al., 2008). 결과적으로 모든 사람들의 삶이 서로 연결되어 있음을 인식하고 공동체적 입장에서 함께 더불어 살아가기 위한 교육, 그것이 바로 시민교육이다.

유사한 맥락에서 성인교육학자인 자비스(Jarvis), 양(Yang) 등은 홀리즘(holism) 이론을 교육이론에 도입하고 있다. 교육과 관련하여 홀리즘은 전체 교수·학습 상황에 초점을 맞춘 기능적, 통합적, 일반적 교육모델로 정의된다(이희수, 2009; Kim, 2005). 홀리즘(holism)은 전체가 부분의 합보다 크다는 믿음에 기초하여 광범위한 전략적 교육과정을 제공한다. 홀리스틱 교육의 기본원리는 연관, 포용, 균형이다. 연관(connectedness)은 교육과정에 대한 파편화된 접근에서 탈피하여 모든 학습수준에서 연결을 시도하려는 것이며, 포용(inclusion)은 모든 유형의 사람들을 포함하고 타인을 배려하는 자세이다.

　지속가능한 사회를 위해서는 개발과 환경보존 사이의 균형(balance)이 필요하다. 어디까지 개발을 계속해야 할지에 대한 다양한 입장 차이로 사회적 갈등이 빚어질 수 있다. 이때 우선적 기준으로 고려해야 하는 것이 인권이다. 시민들의 인권적 민감성이 요구되는 이유이다. 자신의 인권뿐 아니라 타인의 인권, 특히 약자의 인권까지도 배려하면서 해결점을 찾아가야 하기 때문에 시민교육은 부분적 차원의 수업보다는 전체적인 차원에서 다양한 관점을 고려하면서 모두의 인권과 지구의 지속가능발전을 함께 생각하는 통합적인 교육이 되어야 한다. 인간의 권리 실현과 지속가능발전의 실현은 서로 필수적 조건으로 작용한다. 인간과 인간, 그리고 인간과 자연은 분리되어 존재하는 것이 아니라 서로 연결되어 존재하는 것이므로 상호 관련되어 있음을 인식하고 서로 배려하고 존중하는 자세가 필요하다. 이러한 관계성을 이해하고 서로에 대한 연대감과 책임감을 갖는 시민성을 길러 내는 것이 다문화시민교육이며, 이것이 세계시민으로서의 자질(세계시민성)이다.

4. 다문화시민교육의 방향과 과제

1) 다문화사회의 실현을 위한 다문화시민교육의 방향

바람직한 다문화시민교육에 정형화된 공식이 있는 것은 아니다. 각 사회의 상황에 따라 발생하는 문제들을 해결하면서 좀 더 평등한 사회를 만들어 가고자 하는 노력이 중요하다. 그럼에도 불구하고 우리가 지켜야 하는 기본원칙은 어떤 경우든 이주민의 보편적 인권이 보장되어야 한다는 것이고 그들과 상생하기 위한 노력이 함께 이루어져야 한다는 것이다. 다문화사회란 문화적 다양성이 존중되어 다양한 문화가 공존, 상생하는 사회를 전제로 하기 때문이다.

박경태(2012)는 다문화사회의 유형화를 위한 준거로 제도적 측면과 문화적 측면을 제시하면서, 사회제도가 얼마나 평등한가 혹은 계층화되어 있는가, 문화적으로 얼마나 동질화를 요구하는가 혹은 이질화를 허용하는가를 기준으로 각기 다른 분석 틀을 제시했다. 어떤 유형이 더 이상적이고 바람직한가에 대해서는 국가에 따라 상황에 따라 다르게 적용해 왔기 때문에 한마디로 정리할 수는 없지만, 대개는 제도적으로 더 평등화되어 있고 문화적으로 다원화되는 쪽으로 발전하는 것을 바람직한 방향으로 본다.

현재 미국의 다문화교육협회(National Association for Multicultural Education)는 다문화교육을 '문화적 차이와 다양성을 존중하고 사회정의를 촉진함으로써 학교와 사회에서 나타나는 모든 형태의 차별에 도전하는 교육'이라고 밝히고 있다. 이러한 정의는 미국독립선언, 유엔의 세계인권선언 등 인류의 정신적 유산에 들어가 있는 자유, 평등, 정의, 인간의 존엄성에 바탕을 둔 철학적 개념이자 정치적 선언이라고 할 수 있다(최종덕, 2011). 그동안 다문화 국가들이 겪었던 경험과 그들의 교훈을 바탕으로 한국의 현실과 상황을 고려하면서 향후 우리나라 다문화시민교육이 나아가야 할 방향을 정리해 보면 다음과 같다.

첫째, 가장 기본적인 원칙은 보편적 인권에 대한 인정이다. 어떤 경우에도 이주민의 기본적 인권이 보장되어야 한다는 인식이 기본이 되어야 한다. 이는 이주민의 인권만을 의미하는 것이 아니라 여성, 장애인, 성 소수자와 같은 소수자의 인권에 대해서도 인식의 확장이 이루어져야 한다는 점을 의미한다. 현재 우리나라 다문화교육은 소수자문화에 대한 담론의 부족과 관주도의 다문화정책으로 인한 소수자문화 왜곡, 다문화사회 주체들의 주변화와 배제 등의 문제로 비판받고 있다(김희정, 2007; 오경석 외, 2007). 따라서 다문화교육에서 모든 인간에 대한 보편적 인권의 존중과 관용 등이 기본적인 방향으로 설정되어야 할 것이다.

둘째, 다문화주의(multiculturalism)의 수용이다. 진정으로 다문화주의화주의가 수용되기 위해서는 ① 모든 인종은 존엄하고 평등하다는 점(equality), ② 모든 문화는 각기 존경받을 만하다는 점(dignity), ③ 정부의 동일한 지원이 있어야 한다는 점(equal support)을 받아들여야 한다. 물론 이러한 다문화주의를 현실에서 받아들이기 어려울 수 있다. 하지만 관점을 바꾸면 단일성보다는 다양성이 장점이 많다는 것을 알 수 있다. 다양성이 있으면 다양한 생각을 해 볼 수 있고, 더 다양한 방식의 삶을 살 수도 있다. 이제는 무조건 단일민족만을 고집하기보다는 다른 민족이나 다른 집단의 사람들과 어떻게 협력하면서 상생할 것인가를 고민하는 것이 바람직할 것이다.

셋째, 다양성의 존중과 함께 사회적 통합성을 고려해야 한다. 다양성을 존중한다는 것은 다양한 민족의 문화나 언어가 하나로 동화되지 않고 공존하는 방향으로 나아감을 의미한다. 하지만 동시에 다양한 문화나 소속감을 가진 사람들을 어떻게 하나의 정치공동체로 통합할 것인가 하는 문제를 고민해야 한다. 이를 위해서는 공동체를 생각하는 공공성, 공익성을 생각하는 마음, 동료 시민의 입장에서 사고하는 감정이입, 평등한 시민으로서 상대방에 대한 배려의 자세 등이 필요하다(조형 외, 2006).

넷째, 지역 중심의 다문화교육이 이루어져야 한다는 점이다. 세계화로 인해 우리가 나아가야 할 방향은 지구 전체적인 차원에서 기획되어야 하지만 구체적인 행동은 지역을 기초로 이루어져야 한다(Think globally, Act locally!). 지역사회는 우리의 삶이 이루어지는 현장이다. 이주민들의 삶도 지역사회에서 시작된다. 지역에서 이주민들이 더 이상 이방인이 되지 않도록 지역 내 다양한 사람들과 상호작용을 하면서 서로를 통해 배우는 평생교육과정이 필요하다. 그 과정에 타인에 대한 인권존중과 배려의 정신, 지속가능사회를 만들기 위한 생태운동, 이주민들에게 그들의 문화와 언어 배우기, 세계시민교육 등을 포함하는 다문화시민교육이 실시되면 좋을 것이다.

2) 다문화시민교육을 위한 구체적 전략과 과제

다문화교육은 단순한 지식의 전달이 아니라 실천적 태도의 함양을 목표로 한다는 점에서 '사고의 훈련'이며 '의식교육'이다(Banks, 2009). 이런 의미에서 다문화교육은 단순한 교육이라기보다는 다원화된 공동체에서 시민으로서의 자질을 기르는 시민교육이 되어야 한다. 그러나 의식만 있고 실천하지 않는다면 아무런 소용이 없다. 향후 다문화시민교육을 실천할 때 필요한 전략과 과제를 제시해 보고자 한다.

첫째, 우리나라의 다문화정책이나 교육은 주로 '관주도형 다문화주의'로 이루어지고 있다는 점이 문제점으로 지적된다. 또한 결혼이민자나 국내 혼혈아동에 대해 한국인으로 동화시키려는 정책을 추진하면서 동시에 장기체류 외국인 노동자에 대해서는 배제 혹은 차별이라는 이중적 태도를 보이고 있다. 이러한 상황에서 효과적으로 다문화교육을 실시하기 위해서는 소수 학생의 학교교육과 사회적응교육을 포함하여 다수학생의 문화적 다양성 이해교육, 문화소수자들에 대한 편견과 차별 해소 교육이 필요하다. 교육방법은 주입이나 강요보다는 토론이나 대화를 통해 점차적으로 실시할 필요가 있다. 또한 이러한 교육들이 사회적 통합의 방향에서 이루어질 수 있도록 개방적 다문화교육 전략을 활용하는 것이 바람직하다.

둘째, 다문화교육의 대상을 확대하는 일이다. 이제까지 다문화교육은 주로 이주민만을 대상으로 진행해 왔다. 상호 존중과 인정을 위한 다문화교육이 이루어지도록 하기 위해서는 이주민뿐만 아니라 선주민을 대상으로 하는 교육도 필요하다. 선주민의 태도나 행동방식도 재조정할 수 있어야 하기 때문이다. 뱅크스는 다문화적인 국가에서는 하나됨(unity)과 다양성(diversity) 사이에 조화가 이루어져야 한다고 했다. 또한 다양성으로 생기는 갈등이 학생들에게 보다 성찰적, 문화적, 국가적, 세계적 정체성을 개발하고 그들의 마을이나 도시를 더욱 민주적이고 세계적으로 만드는 시민적 행동을 할 수 있도록 돕는 시민교육이 필요하다고 했다. 이러한 성찰적인 시민성은 내국민에게도 키워 줄 필요가 있으며 아이들뿐만 아니라 그들의 부모나 지역주민까지도 함양되도록 해야 한다.

셋째, 다문화시민교육의 내용이 확장되는 것이다. 이제까지 다문화교육은 이주민을 대상으로 하는 언어나 사회적응 프로그램이 중심이 되어 왔다. 하지만 유관 내용을 통합해 교육한다면 더 큰 시너지 효과가 나올 것이다. 인권교육, 상호문화이해교육, 나아가서 다문화적 시민성, 지구의 지속가능성과 관련된 교육, 평화교육, 세계시민성 등까지 포괄할 수 있는 내용으로 확장될 필요가 있다. 누스바움은 다문화시민교육의 내용으로 타인을 단순한 수단이 아니라 목적으로 인식하는 능력, 공감적 관심의 능력(empathy), 입장전환의 사고 등이 기본이 되어야 함을 주장한 바 있다(Nussbaum, 2011).

넷째, 다문화시민교육을 위한 장(場)이 확대되어야 한다. 아동만이 아니라 지역의 성인들에게도 다문화적 의식변화가 필요하다. 그러므로 제도권 학교에서만 시민교육을 실시하기보다는 사회 전반적으로 다문화주의를 확산시키기 위한 교육이 평생교육적 차원에서 이루어질 필요가 있다. 실제로 시민교육의 출발은 어린아이의 교육에서 시작되기 때문에 특히 가정교육이 중요하다. 가정에서 부모가 어떤 생각을 갖고 어떻게 이주민을 대하며 지구문제를 생각하는가는 그대로 자녀들에게 투영된다. 또한 지역사회의 어른들의 행동이 그대로 어린이들에게 보여지기 때문에 성인들의 다문화적 시민성이 중요하다. 따라서 성인들의 다문화적 시민성 함양을 위해 시민사회단체나 평생교육기관, 지역자치단체 등 관련 교육기관과 단체들이 모두 연계하여 다문화시민교육을 실시한다면 더 큰 효과를 볼 수 있을 것이다.

5. 맺는말: 다문화시민교육을 위한 평생교육적 노력

유네스코는 이미 1970년대에 '만인을 위한 교육(education for all, EFA)'이라는 기치하에 학교교육을 충분히 받지 못한 사람들에게 평생교육의 기회를 제공함으로써 모든 이의 인권을 실현하고자 했다. EFA를 천명함으로써 결국 교육을 통해 모두가 인간답게 살 수 있고 삶의 질이 향상된다는 교육 철학을 드러낸 셈이다. 특히 유네스코 21세기 국제교육위원회는 학습을 위한 네 가지 기둥(Four pillow of Learning)이라는 주요 원칙으로 알기 위한 학습(learning to know), 행동하기 위한 학습(learning to do), 존재를 위한 학습(learning to be) 그리고 더불어 살아가기 위한 학습(learning to live together)을 제시한 바 있다. 더불어 살아가기 위한 학습은 '타인'의 존재를 필수적으로 상정하므로 나와 다른 성향, 경험의 다름을 넘어 인종, 언어, 문화까지도 이해하고 존중하는 태도의 함양을 지향한다. 이는 향후 다문화사회에서 이주민들과 함께 잘 살기 위해 평생교육적 차원에서 무엇을 해야 하는지를 시사하는 것이라 하겠다. 파텔(Patel, 2022)은 '함께 더불어 살기 위한 학습'에 대해 '상대방의 언어와 문화 등을 존중함으로써 갈등을 예방하고 완화하는 것을 주요내용으로 하는 학습'이라고 설명하면서 이를 위해서는 '학습자 자신에 대한 이해'가 선행되어야 함을 강조했다. 자신을 상대적 존재로 이해하려고 노력하면 타인의 처지와 행동에 대해 이해할 수 있기 때문이다. 자신에 대한 이해에서 출발하여 타인에 대한 이해와 존중의 마음을 기르고 함께 살아가기 위한 태도를 갖도록 하는 것이 바로 다문화시민교육의 목적이다.

민주주의 사회의 기본 전제는 국가통치에 국민이 참여하는 것이고,

국가는 국민의 꿈과 희망, 가능성을 실현할 수 있도록 돕는 것이다. 같은 맥락에서 민주주의 사회의 주요한 교육 목적은 학생들이 공적인 공동체에 효과적으로 참여하는 데 필요한 지식, 가치, 기능을 습득하도록 돕는 것이다. 그런데 그러한 국민의 기본적 권리가 특정한 집단에만 허용되고 다른 집단에는 허용되지 않는다면 그것은 부당하며 불평등한 것이라고 할 수 있다. 그러므로 다문화시민교육은 모든 학생들이 다양한 종족, 인종, 문화집단의 사람들과 적극적으로 상호작용을 하면서 그들의 공동체를 좀 더 민주적이며 평등하게 만들도록 필요한 지식과 가치, 기능의 습득을 지원하는 것이어야 한다.

지금껏 우리는 한 국가를 중심으로, 다수자의 가치나 문화를 기본으로 하여 살아왔다. 학교도 당연하게 다수자의 가치, 문화, 언어를 중심으로 운영되어 왔기 때문에 소수자들은 적응 자체가 어려웠을 것이고 그들의 학업성취도는 낮을 수밖에 없었다. 그런데도 소수자들은 학업상의 차이가 자신들이 열등하기 때문으로 생각하고 그로 인한 차이와 차별을 감내하면서 묵묵히 살아왔던 것이다. 모두가 존중받으며 평등하게 살아가기 위해서는 이러한 악순환의 고리를 깨뜨려야 하며, 그것을 위해 교육개혁이 필요하다. 다문화교육은 바로 그 개혁을 위한 교육과정상의 변화를 추구하는 것이다(Banks, 2009). 즉, 다수자뿐만 아니라 소수자의 가치나 문화도 인정하고 그것을 동등하게 교육과정에 반영하여 누구도 소외되지 않고 당당하게 학습할 수 있도록 돕고자 하는 것이다. 따라서 다문화시민교육에서는 이주민 문제뿐만 아니라 인종차별, 성차별, 계급차별, 장애인차별, 성 소수자 차별 등 각종 차별 문제를 포함하며 나아가서 모두가 안전하고 지속가능한 사회에서 살 수 있도록 지구사회에서 발생하는 다양한 문제들에 대해서도 인지하고 함께 대처하고자 하는 자세와 능력을 길러 주어야 한다. 이를 위해 구체적으로 어떻게 세계의 시민들이 연대하고 행동할 것인가 하는 문제는 향후 다문화시민교육의 실천과제라고 하겠다.

참고문헌

강순원 외(2019). 국제이해교육 페다고지. 서울: 살림터.

구정화(2013). 초등 교사의 사회적 소수자에 대한 인식 연구. 시민교육연구, 45(3), 31-53.

교육부(2019), 2019년 교육기본통계. 세종: 교육부.

교육부(2020), 2020년 교육기본통계. 세종: 교육부.

김영만(2005). 대한민국에 사는 탈북자(새터민)들의 적응실태. 파주: 한국학술정보.

김영순 외(2016). 처음 만나는 다문화교육. 경기: 북코리아.

김영화(2010). 교육사회학. 파주: 교육과학사.

김희정(2007). 한국의 관주도형 다문화주의. 오경석 외, 한국에서의 다문화주의: 현실과 쟁점(pp.57-80). 파주: 한울아카데미.

김태경(2006). 지속가능발전을 위한 교육(ESD)과 지속가능성을 위한 (경제)교육. 환경교육, 19(3), 67-79.

모헌 까르끼(2021). 네팔 노동자의 시를 통해 본 한국기업의 얼굴. 타인의 얼굴로 보는 다문화와 시민정치. 한국방송통신대학교 통합인문학연구소, 제24차 정기학술대회 자료집.

박경태(2012). 다문화시대의 변화와 통합. 다문화 이해증진 프로젝트 '다다익선 강사워크숍' 자료집. 여성가족부.

박휴용(2012). 다문화주의와 관련된 몇 가지 쟁점들. 철학연구, 107, 1-26.

여성가족부(2021). 전국 다문화가족 실태조사.

오경석 외(2007). 어떤 다문화주의인가?. 오경석 외, 한국에서의 다문화주의: 현실과 쟁점(pp.21-56). 파주: 한울아카데미.

이로미, 최서리(2015). 국내거주 중국동포의 사례를 통해 살펴 본 이주민 평생 교육의 과제. 평생학습사회, 11(2), 133-160.

이해주(2016). 중년기 여성의 시민성 발달과 시민참여에 관한 연구. 통합인문 학연구, 8(2), 219-249.

이해주(2020). 인권교육과 지속가능발전의 연계를 위한 평생교육적 방안모 색. 법과인권교육연구, 13(1), 1-25.

이희수(2009). 홀리스틱 과점에서 지속가능발전의 평생교육적 의미. 홀리스틱 교육연구, 13(1), 37-59.

조형 외(2006). 여성주의 시티즌십의 모색. 서울: 이화여자대학교출판부.

지승현, 남영숙(2010). 지속가능발전 교육에서 고려해야 할 지속가능발전의 학문적 특성. 한국환경교육학회 학술대회 자료집. 12.

지종화 외(2009). 다문화 정책이론 확립을 위한 탐색적 연구. 사회복지정책, 36(2), 471-501.

채보미(2015). 초등 사회과에서의 지속가능발전교육 프로그램이 세계시민의 식에 미치는 영향. 석사학위논문. 서울교육대학교 대학원.

최성환(2015). 다문화 시민교육의 이념: 왈쩌의 관용론과 누스바움의 시민교 육론을 중심으로. 다문화콘텐츠연구. 제18집. 중앙대학교.

최종덕(2011). 다문화사회와 다문화시민교육의 방향. 한국교원대학교 교육연 구원.

한국염(2007). 이주여성의 인권실태 및 대책-이주의 여성화와 이주여성 인권 보호의 과제. 한국성폭력상담소 발간자료, pp.70-86.

허준, 윤창국(2015). 지속가능발전교육(Education for Sustainable Development: ESD) 담론의 평생교육적 함의. 평생교육학연구, 21(2), 23-44.

Banks, J. A.(2008). 다문화시민교육론(김용신, 김형기 공역). 파주: 교육과학사. (원저는 2008년 출간)

Bernhard, P.(2011). 기후변화의 먹이사슬: 가해자와 피해자, 그리고 이득을 보는 사람들(정현경 역). 고양: 이후. (원저는 2008년 출간)

Kim, B.(2005). Teilhard de chardin and holistic education. In J. Miller et al. (Eds.), *Holistic learning and spirituality in education*. New York: State University of New York Press.

Landoref, H., Doscher, S., & Rocco, T.(2008). Education for sustainable human development: Toward a definition. *Theory and Research in Education, 6*(2), 221-236.

Loïc, C.(2009). 지속 가능한 발전(윤인숙 역). 서울: 현실문화. (원저는 2007년 출간)

Meadows, D. H., Randers, D. L., & Meadows, J.(2012). 성장의 한계(김병순 역). 서울: 갈라파고스. (원저는 2004년 출간)

Myers, J. P.(2006). Rethinking the social studies curriculum in the context of globalization: education for global citizenship in the US. *Theory and Research in Social Studies Education, 34*(3), 370-394.

Nussbaum. C. M.(2011). 학교는 시장이 아니다(우석영 역). 서울: 궁리. (원저는 2010년 출간)

Nussbaum, M., & Cohen, J.(2003). 나라를 사랑한다는 것: 애국주의와 세계시민주의의 한계 논쟁(오인영 역). 서울: 도서출판 삼인. (원저는 1996년 출간)

Osler, A., & Starkey, H.(2006). Education for democratic citizenship: A review of research, policy and practice 1995-2005. *Research Papers in Education, 21*(4), 433-466.

Patel, J.(2022). Learning to leve together harnomiously: A conceptual framework. *Cambridge Journal of Education, 52*(3), 327-347.

Sung, S. H.(2009). Living as citizen in the multicultural society. Incheon Education Internationa Symposium. Inha University.

UNESCO(2005). *United Nations decade of education for sustainable. development(2004-2014): International implementation scheme.* UNESCO.

UNESCO(2009). *UNESCO World Conference on Education for sustainable. development, proceedings.* Bonn: UNESCO, Federal Ministry of Education and Research (BMBF) & German Commission for UNESCO.

WCED(2005). 우리 공동의 미래(조형준, 홍성태 공역). 서울: 새물결. (원저는 2005년 출간)

장세정(2023). 재외동포청 다음은 열린 대한민국 만들 '이민청'. 중앙일보. (6월 5일). https://www.joongang.co.kr/article/25167604

통일부(2020). 홈페이지 주요사업 내 북한이탈주민정책 현황. (5월 16일). https://www.unikorea.go.kr/unikorea/business/NKDefectorsPolicy/status/lately/